Reform der Gewerbesteuer und Finanzausgleich

Europäische Hochschulschriften
Publications Universitaires Européennes
European University Studies

Reihe V
Volks- und Betriebswirtschaft

Série V Series V
Sciences économiques, gestion d'entreprise
Economics and Management

Bd./Vol. 3261

PETER LANG
Frankfurt am Main · Berlin · Bern · Bruxelles · New York · Oxford · Wien

Michael Tröger

Reform der Gewerbesteuer und Finanzausgleich

PETER LANG
Internationaler Verlag der Wissenschaften

Bibliografische Information der Deutschen Nationalbibliothek
Die Deutsche Nationalbibliothek verzeichnet diese Publikation in der Deutschen Nationalbibliografie; detaillierte bibliografische Daten sind im Internet über <http://www.d-nb.de> abrufbar.

Zugl.: Würzburg, Univ., Diss., 2006

D 20
ISSN 0531-7339
ISBN 978-3-631-56422-6

www.peterlang.de

Für Sabine, Margret und Kurt

Vorwort

Die vorliegende Arbeit entstand während meiner Tätigkeit als wissenschaftlicher Mitarbeiter am Lehrstuhl für Finanzwissenschaft an der Bayerischen Julius-Maximilians-Universität Würzburg in den Jahren 2002 bis 2006. Mein erster und besonderer Dank geht daher an meinen Doktorvater Professor Dr. Hans Fehr. Durch seine Diskussionsbereitschaft und Präsenz sowie seine methodischen und inhaltlichen Anregungen hat er mich stets aktiv unterstützt und meine Arbeit konsequent gefördert. Zudem hat er mir einen großen Freiraum zum wissenschaftlichen Arbeiten gewährt. Bedanken möchte ich mich auch bei Professor Dr. Norbert Berthold, der so freundlich war, das Zweitgutachten zu übernehmen.

Während meiner Zeit am Lehrstuhl hatte ich das große Glück, vielen netten Assistentenkollegen begegnen zu dürfen. Dank zollen möchte ich Dipl.-Vw. Dina Dreisbach, die mir in der Schlussphase meiner Arbeit den Rücken – soweit es ihr möglich war – freigehalten hat. Ein Dankeschön gebührt an dieser Stelle auch Dipl.-Vw. Gitte Halder und Dr. Sabine Jokisch. In der Anfangsphase meiner Arbeit haben sie mich geduldig in die Geheimnisse von Fortran und LaTeX eingeweiht. Darüber hinaus hat mir Sabine Jokisch, die für meine Anliegen immer offene Ohren hatte, in zahllosen Diskussionen wertvolle Hinweise gegeben. Auf meine persönliche Beraterin konnte ich mich stets verlassen. Meiner Schwester Sigrid, meiner Schwägerin Daniela, meiner Freundin Wolke und meinen Schwiegereltern Margret und Herbert möchte ich hiermit ebenso Dank zollen. Sie haben teils bewusst, teils unbewusst zur Fertigstellung dieser Arbeit beigetragen.

Einen besonderen Dank gilt meinen Eltern Margret und Kurt, ohne deren moralische Unterstützung weder mein Studium noch diese Dissertation jemals möglich gewesen wären. „Last but not least“ danke ich meiner Frau Sabine. Sie ertrug über einen ganz erheblichen Zeitraum meine schlechten Launen und Phasen geistiger Abwesenheit. Ihrer liebevollen Geduld, ihres Zuspruchs und ihrer Unterstützung konnte ich mir stets sicher sein. Ihr und meinen Eltern widme ich daher diese Arbeit.

Inhaltsverzeichnis

Tabellenverzeichnis

Abbildungsverzeichnis

Symbolverzeichnis

Verwendete Variablen in Kapitel 3

$\mathcal{B}$	Menge aller Länder mit Ausgleichsberechtigung
$\mathcal{B}^+$	Menge aller ausgleichsberechtigten Länder mit Leistungsschwäche
$\mathcal{B}^-$	Menge aller ausgleichsberechtigten Länder ohne Leistungsschwäche
$\mathcal{BRD}$	Menge aller Bundesländer
$\mathcal{BRD}^+$	Menge aller Länder ohne Empfangsberechtigung
$\mathcal{BRD}^-$	Menge aller Länder mit Empfangsberechtigung
$\mathcal{K}$	Menge aller Landkreise in Bayern
$\mathcal{O}$	Menge aller ostdeutschen Länder
$\mathcal{P}$	Menge aller Länder mit Ausgleichsverpflichtung
$\mathcal{G}$	Menge aller Gemeinden in Bayern
$\mathcal{R}$	Menge aller kreisfreien Gemeinden in Bayern
$\mathcal{S}$	Menge aller kreisangehörigen Gemeinden in Bayern
$\mathcal{W}$	Menge aller alten Bundesländer
A_s	Gesamtansatz der Gemeinde s
AM_i	Ausgleichsmesszahl des Landes i
AZ_i^1	Vorläufige Ausgleichszuweisung des ausgleichsberechtigten Landes i
AB_i^1	Vorläufige Ausgleichsbeitrag des ausgleichspflichtigen Landes i
AB_i^2	Korrigierter Ausgleichsbeitrag des ausgleichspflichtigen Landes i
AZ_i^2	Endgültige Ausgleichszuweisung des ausgleichsberechtigten Landes i
AB_i^3	Endgültiger Ausgleichsbeitrag des ausgleichspflichtigen Landes i
AG_s	Ausgangsmesszahl der Gemeinde s
AL_s	Durchschnittliche Zahl der Arbeitslosen in der Gemeinde s
C	Zuweisungsvolumen für Zuweisungen gemäß Art. 1b FAG-BY
E^1	Erste Einwohnerstufe beim Hauptansatz
E^2	Zweite Einwohnerstufe beim Hauptansatz
E^3	Dritte Einwohnerstufe beim Hauptansatz
E^4	Vierte Einwohnerstufe beim Hauptansatz
E^5	Fünfte Einwohnerstufe beim Hauptansatz
E^6	Sechste Einwohnerstufe beim Hauptansatz
E^7	Siebte Einwohnerstufe beim Hauptansatz
E^8	Einwohnerstufe für Gemeindegrößen über der siebten Einwohnerstufe
EZ_i^1	Fehlbetrags-Bundesergänzungszuweisung eines leistungsschwachen Landes i
EZ_i^2	Bundesergänzungszuweisungen eines Landes gemäß § 11 III FAG-BL
EZ_i^3	Bundesergänzungszuweisungen eines Landes gemäß § 11 IIIa FAG-BL
EZ_i^4	Bundesergänzungszuweisungen eines Landes gemäß § 11 IV FAG-BL
EA_i^0	Ergänzungsanteil des empfangsberechtigten Landes i

EA_i^1	Gekürzter Ergänzungsanteil des empfangsberechtigten Landes i
E_s	Einwohnerzahl der Gemeinde s bei Ermittlung der Ausgangsmesszahl
FM_i	Finanzkraftmesszahl des Landes i
FT_i^{GrA}	Steuerkraftzahl des Landes i bei der Grundsteuer A
FT_i^{GrB}	Steuerkraftzahl des Landes i bei der Grundsteuer B
FT_i^{Gew}	Steuerkraftzahl des Landes i bei der Gewerbesteuer
G_i	Anzahl der Gemeinden des Landes i
GB_i^{GrA}	Grundbeträge der Gemeinden des Landes i bei der Grundsteuer A
GB_i^{GrB}	Grundbeträge der Gemeinden des Landes i bei der Grundsteuer B
GB_i^{Gew}	Grundbeträge der Gemeinden des Landes i bei der Gewerbesteuer
H^{GrA}	Nivellierungshebesatz der Grundsteuer A
H^{GrB}	Nivellierungshebesatz der Grundsteuer B
H^{Gew}	Nivellierungshebesatz der Gewerbesteuer
H_s^{GrA}	Örtlicher Hebesatz der Grundsteuer A der Gemeinde s
H_s^{GrB}	Örtlicher Hebesatz der Grundsteuer B der Gemeinde s
H_s^{Gew}	Örtlicher Hebesatz der Gewerbesteuer der Gemeinde s
H_{is}^{Gew}	Örtlicher Hebesatz der Gewerbesteuer der Gemeinde s im Land i
M	Gemeindeschlüsselmasse
M^R	Summe der allgemeinen Schlüsselzuweisungen
N	Anzahl der Gemeinden in Bayern
N_i	Einwohnerzahl des Landes i
N_i^V	Einwohnerzahl des Landes i des Vorjahres
N_s	Einwohnerzahl der Gemeinde s
N_s^{NW}	Personen mit Nebenwohnung in der Gemeinde s
N_s^{SK}	Zahl nicht kasernierter Mitglieder ausländischer Streitkräfte in der Gemeinde s
PA_1	Pauschalabzüge beim allgemeinen Steuerverbund gemäß Art. 1 II FAG-BY
PA_2	Pauschalabzüge beim allgemeinen Steuerverbund gemäß Art. 1 III 2 FAG-BY
PR_i	Kürzungsbeitrag des Landes i bei der Finanzkraftberechnung
RA_i	Restanteil des Landes i an der Umsatzsteuer
SH_l	Sozialhilfeausgaben des Landkreises l
SH_s	Sozialhilfeausgaben der kreisfreien Gemeinde s
$SZ_s^{1,V}$	Allgemeine Schlüsselzuweisung der Gemeinde s des Vorjahresfinanzausgleichs
$SZ_s^{2,V}$	Sonderschlüsselzuweisung der Gemeinde s des Vorjahresfinanzausgleichs
SM_s	Steuerkraftmesszahl der Gemeinde s
SZ_s^1	Allgemeine Schlüsselzuweisung der Gemeinde s
SZ_s^2	Sonderschlüsselzuweisung der Gemeinde s
SK_s^{GrA}	Steuerkraftzahl für die Grundsteuer A der Gemeinde s
SK_s^{GrB}	Steuerkraftzahl für die Grundsteuer B der Gemeinde s
SK_s^{Gew}	Steuerkraftzahl für die Gewerbesteuer der Gemeinde s

SK_s^U	Steuerkraftzahl für die Umsatzsteuer der Gemeinde *s*
SK_s^E	Steuerkraftzahl für die Einkommensteuer der Gemeinde *s*
T^U	Umsatzsteuer im Bundesgebiet
T^{FDE}	Festbetrag aus dem Länderanteil an der Umsatzsteuer
$T_i^{Auf,V}$	Steuern nach dem Aufkommen des Landes *i* des Vorjahres
T_i^{Lohn}	Lohnsteuer im Land *i*
T_i^{VE}	Veranlagte Einkommensteuer im Land *i*
$T_i^{(Lohn+VE)^-}$	Erstattungen bei der Einkommensteuer im Land *i*
T_i^{ZA}	Zinsabschlag im Land *i*
T_i^K	Körperschaftsteuer im Land *i*
$T_i^{K^-}$	Erstattungen bei der Körperschaftsteuer im Land *i*
T_i^{NVE}	Kapitalertragsteuer im Land *i*
$T_i^{NVE^-}$	Erstattungen bei der Kapitalertragsteuer im Land *i*
T_i^{Erb}	Erbschaftsteuer im Land *i*
T_i^V	Vermögensteuer im Land *i*
T_i^{Kfz}	Kraftfahrzeugsteuer im Land *i*
T_i^{Bier}	Biersteuer im Land *i*
T_i^{Sp}	Spielbankabgabe im Land *i*
T_i^{GE}	Grunderwerbsteuer im Land *i*
T_i^F	Feuerschutzsteuer im Land *i*
T_i^{RL}	Rennwett- und Lotteriesteuer im Land *i*
$T_i^{G:U}$	Gemeindeanteil des Landes *i* an der Umsatzsteuer
$T_i^{L:GewU}$	Einnahmen des Landes *i* aus der Normalumlage der Gewerbesteuer
$T_i^{L:GewUZ}$	Weitere Einnahmen des Landes *i* aus der Gewerbesteuer
$T_i^{B:GewU}$	Einnahmen des Bundes aus der Normalumlage im Land *i*
T_i^{Fo}	Einnahmen aus der Förderabgabe des Landes *i*
T_i^{GrA}	Aufkommen der Grundsteuer A der Gemeinden des Landes *i*
T_i^{GrB}	Aufkommen der Grundsteuer B der Gemeinden des Landes *i*
T_i^{Gew}	Aufkommen der Gewerbesteuer (brutto) der Gemeinden des Landes *i*
T_i^{FA}	Länderfinanzkraft des Landes *i*
T_i^G	Gemeindefinanzkraft des Landes *i*
$T_i^{L:U}$	Anteil des Landes *i* an der Umsatzsteuer
$T^{B:U}$	Umsatzsteuereinnahmen des Bundes
$T^{L:U}$	Umsatzsteuereinnahmen der Länderebene
$T^{G:U}$	Umsatzsteuereinnahmen der Gemeindeebene
$T_i^{B:E+K}$	Anteil des Bundes an der Einkommen- und Körperschaftsteuer im Land *i*
$T_i^{L:E+K}$	Anteil des Landes *i* an der Einkommen- und Körperschaftsteuer
$T_i^{G:E}$	Gemeindeanteil eines Landes *i* an der Einkommensteuer
T_i^{Auf}	Steuern nach dem Aufkommen des Landes *i*
T_i^{Land}	Summe der Landessteuern des Landes *i*
T_s^{GrA}	Aufkommen der Grundsteuer A der Gemeinde *s*
T_s^{GrB}	Aufkommen der Grundsteuer B der Gemeinde *s*

T_s^{Gew}	Aufkommen der Gewerbesteuer (brutto) der Gemeinde *s*
T_{is}^{Gew}	Aufkommen der Gewerbesteuer (brutto) der Gemeinde *s* im Land *i*
T_s^{SPA}	Einnahmen aus der Spielbankabgabe der Gemeinde *s*
$T_s^{G:U}$	Einnahmen der Gemeinde *s* aus der Umsatzsteuer
$T_s^{G:E}$	Einnahmen der Gemeinde *s* aus der Einkommensteuer
UG_s	Umlagegrundlagen der kreisfreien Gemeinde *s*
UG_l	Umlagegrundlagen des Landkreises *l*
UB_i	Überabschöpfung des ausgleichspflichtigen Landes *i*
U_s^K	Kreisumlagebelastung der kreisangehörigen Gemeinde *s*
U_s^B	Bezirksumlagebelastung der kreisfreien Gemeinde *s*
VA_i	Vorweganteil des Landes *i* an der Umsatzsteuer
VG^{E+K}	Landesanteil an der Einkommen- und Körperschaftsteuer im Verbundzeitraum
VG^U	Landesanteil an der Umsatzsteuer im Verbundzeitraum
VG^{LFA}	Einnahmen bzw. Ausgaben im Länderfinanzausgleich im Verbundzeitraum
VG^{GewUG}	Einnahmen des Landes aus der Gewerbesteuerumlage im Verbundzeitraum
X_i^B	Differenz von 1 und der relativen Position des ausgleichsberechtigten Landes *i*
X_i^P	Differenz von der relativen Position des ausgleichspflichtigen Landes *i* und 1
Y	Einheitlicher Grundbetrag zur Bestimmung der Ausgangsmesszahl
Z_i^{Lohn}	Zerlegungsbetrag bei der Lohnsteuer des Landes *i*
Z_i^{ZA}	Zerlegungsbetrag beim Zinsabschlag des Landes *i*
Z_i^K	Zerlegungsbetrag bei der Körperschaftsteuer des Landes *i*
a_s	Differenz der Gemeinde *s* beim Strukturschwächeansatz
b_s^{SH}	Belastungssatz der kreisfreien Gemeinde *s* beim Sozialhilfeansatz
b^{SH}	Landesdurchschnittlicher Belastungssatz beim Sozialhilfeansatz
b_s^{SS}	Belastungssatz der Gemeinde *s* beim Strukturschwächeansatz
b^{SS}	Landesdurchschnittlicher Belastungssatz beim Strukturschwächeansatz
d_i	Differenz des Landes *i* bei dem Vergleich der Pro-Kopf-Steuereinnahmen
f_s	Fiktiver Beteiligungsbetrag je Einwohner der Gemeinde *s*
f	Halber fiktiver landesdurchschnittlicher Beteiligungsbetrag je Einwohner
m_s	Summe aus Haupt- und Ergänzungsansätzen der Gemeinde *s*
n_j	Zuweisungsberechtigten Gemeinden beim Schritt *j* im Iterationsverfahren
t^{Auf}	Durchschnittlichen Pro-Kopf-Steuereinnahmen der Länder
t_i^{Auf}	Pro-Kopf-Steuereinnahmen des Landes *i*
$t^{Auf,V}$	Durchschnittlichen Pro-Kopf-Steuereinnahmen der Länder des Vorjahres

$t_i^{Auf,V}$	Pro-Kopf-Steuereinnahmen des Landes i des Vorjahres
u_s^K	Kreisumlagesatz der kreisangehörigen Gemeinde s
u_s^B	Bezirksumlagesatz der kreisfreien Gemeinde s
v_s^1	Eränzungsansatz der kreisfreien Gemeinde s
v_s^2	Ergänzungsansatz für Sozialhilfe der kreisfreien Gemeinde s
v_s^3	Ergänzungsansatz für Strukturschwäche der Gemeinde s
w_s	Hauptansatz der Gemeinde s
α^B	Anteil des Bundes an der Umsatzsteuer
α^L	Anteil der Länder an der Umsatzsteuer
β	Prozentsatz für Verteilung der Umsatzsteuer nach der Einwohnerzahl
γ_i^L	Einwohnerwertung des Landes i zum Ausgleich der Länderfinanzkraft
γ_i^G	Einwohnerwertung des Landes i zum Ausgleich der Gemeindefinanzkraft
γ_1	Einwohnerwertung bei der ersten Einwohnerstufe des Hauptansatzes
γ_2	Einwohnerwertung bei der zweiten Einwohnerstufe des Hauptansatzes
γ_3	Einwohnerwertung bei der dritten Einwohnerstufe des Hauptansatzes
γ_4	Einwohnerwertung bei der vierten Einwohnerstufe des Hauptansatzes
γ_5	Einwohnerwertung bei der fünften Einwohnerstufe des Hauptansatzes
γ_6	Einwohnerwertung bei der sechsten Einwohnerstufe des Hauptansatzes
γ_7	Einwohnerwertung bei der siebten Einwohnerstufe des Hauptansatzes
γ_8	Prozentsatz für Einwohnerstufen über der siebten Einwohnerstufe
δ_1	Bundesvervielfältiger für Normalumlage
δ_2	Landesvervielfältiger für Normalumlage
δ_3	Landesvervielfältiger für Solidarpakt (alte Länder)
δ_4	Landesvervielfältiger für Fonds Deutsche Einheit (alte Länder)
ζ	Anteil, zu dem der Hauptansatz in den Ansatz für kreisfreie Gemeinden eingeht
θ_1^G	Anteil der Gemeinden an der Lohn- und veranlagten Einkommensteuer
θ_2^G	Anteil der Gemeinden am Zinsabschlag
θ^B	Anteil des Bundes an der staatlichen Einkommen- und Körperschaftsteuer
θ^L	Anteil der Länder an der staatlichen Einkommen- und Körperschaftsteuer
θ_i^U	Anteil des Landes i am Gemeindeanteil an der Umsatzsteuer
ϑ_1	Anteil am fiktiven landesdurchschnittlichen Beteiligungsbetrag je Einwohner
ϑ_2	Unterer Anrechnungssatz für den Beteiligungsbetrag
ϑ_3	Oberer Anrechnungssatz für den Beteiligungsbetrag
ι	Prozentsatz zur Ermittlung der Leistungsschwäche
κ^B	Vorabanteil des Bundes an der Umsatzsteuer
κ^G	Vorabanteil der Gemeinden an der Umsatzsteuer
λ_1	Multiplikator beim Strukturschwächeansatz
λ_2	Schranke beim Strukturschwächeansatz

λ_3	Anrechnungssatz beim Strukturschwächeansatz
λ_4	Maximaler Prozentsatz beim Strukturschwächeansatz
ν^K	Anteil, zu dem die Schlüsselzuweisungen in die Kreisumlage einfließen
ν^B	Anteil, zu dem die Schlüsselzuweisungen in die Bezirksumlage einfließen
ξ	Anteilsatz der nicht kasernierten Mitglieder ausländischer Streitkräfte
π	Anteil, zu dem die Gemeindefinanzkraft berücksichtigt wird
ϖ^B	Anteil der ausgleichsberechtigen Länder an Überabschöpfungen
ϖ^P	Anteil der ausgleichspflichtigen Länder an Überabschöpfungen
φ_1	Anrechnungssatz des unterdurchchnittlichen Belastungssatzes
φ_2	Anrechnungssatz der Differenz zum landesdurschnittlichen Belastungssatz
φ_3	Multiplikator beim Sozialhilfeansatz
ρ_1	Grenzwert für den Landesdurchschnitt
ρ_2	Ausgleichssatz bei der Gewährung von Sonderschlüsselzuweisungen
ρ	Prozentsatz der durchschnittlichen Pro-Kopf-Steuereinnahmen
σ	Ausgleichssatz bei den allgemeinen Schlüsselzuweisungen
ς	Prämiensatz bei der Finanzkraftberechnung
τ	Anteilssatz, zu dem Spielbankabgabeeinnahmen berücksichtigt werden
υ	Deckelungsgrenze beim Länderfinanzausgleich i. e. S.
ϕ_1^B	Untere Grenze bei relativen Positionen unter 100 v. H.
ϕ_2^B	Mittlere Grenze bei relativen Positionen unter 100 v. H.
ϕ_3^B	Obere Grenze bei relativen Positionen unter 100 v. H.
ϕ_1^P	Obere Grenze bei relativen Positionen über 100 v. H.
ϕ_2^P	Mittlere Grenze bei relativen Positionen über 100 v. H.
ϕ_3^P	Untere Grenze bei relativen Positionen über 100 v. H.
χ	Ausgleichssatz bei Fehlbetrags-Bundesergänzungszuweisungen
ψ_1	Verbundquote beim allgemeinen Steuerverbund in Bayern
ψ_2	Anteil der bayerischen Gemeinden an der Schlüsselmasse

Verwendete Variablen in Kapitel 4

B	Reaktionsfunktion der föderalen Ebene
C_1	Privater Konsum in der 1. Periode
C_2	Privater Konsum in der 2. Periode
E	Erstausstattung des Haushalts
F	Produktionsfunktion
G	Föderales öffentliches Gut
K	Kapital
M	Finanzausgleichsmasse des kommunalen Finanzausgleichs
N	Anzahl der lokalen Gebietskörperschaften
R	Einnahmen der föderalen Ebene je lokaler Gebietskörperschaft
S	Ersparnis
T	Föderaler Steuersatz

T^*	Gleichgewichtiger föderaler Steuersatz
U	Nutzenfunktion
V	Indirekte Nutzenfunktion
b	Reaktionsfunktion der lokalen Gebietskörperschaft
g	Lokales öffentliches Gut
i	Zählvariable
j	Zählvariable
r_i	Einnahmen der lokalen Gebietskörperschaft i
t_i	Lokaler Steuersatz der lokalen Gebietskörperschaft i
t^*	Gleichgewichtiger lokaler Steuersatz
u	Umlagenvervielfältiger
Γ	Teilnutzenfunktion
Υ	Teilnutzenfunktion
β	Steuerverbundquote
θ	Gesamtstaatlichen Einnahmen
π_i	Renteneinkommen des Haushalts in der lokalen Gebietskörperschaft i
λ	Anteil der öffentlichen Ausgaben an den Einnahmen einer Gebietskörperschaft
ρ	Nettoverzinsung
τ	Konsolidierter Steuersatz
τ^*	Gleichgewichtiger konsolidierter Steuersatz

Abkürzungsverzeichnis

Art.	Artikel
BB	Brandenburg
BE	Berlin
bzgl.	bezüglich
BGBl.	Bundesgesetzblatt
BW	Baden-Württemberg
BY	Bayern
bzw.	beziehungsweise
d. h.	das heißt
Diff.	Differenz
DM	Deutsche Mark
EStG	Einkommensteuergesetz
FAG-BL	Gesetz über den Finanzausgleich zwischen Bund und Ländern
FAGDV-BY	Durchführungsverordnung zum Finanzausgleichsgesetz in Bayern
FAG-BY	Finanzausgleichsgesetz in Bayern
GewStG	Gewerbesteuergesetz
GFRG	Gemeindefinanzreformgesetz
GG	Grundgesetz
GVBl.	Gesetz- und Verordnungsblatt
HB	Bremen
HE	Hessen
HH	Hamburg
Hrsg.	Herausgeber
HS	Halbsatz
i. V. m.	in Verbindung mit
KFA	Kommunaler Finanzausgleich
KStG	Körperschaftsteuergesetz
LFA i. e. S.	Länderfinanzausgleich im engeren Sinne
Max.	Maximum
MH	Anteil der Gemeinden mit Grenzbelastungen von mindestens 100 v. H.
Mill.	Millionen
Min.	Minimum
Mrd.	Milliarden
MV	Mecklenburg-Vorpommern
MW	Mittelwert
NI	Niedersachsen
NW	Nordrhein-Westfalen
RP	Rheinland-Pfalz
SH	Schleswig-Holstein

SL	Saarland
SN	Sachsen
ST	Sachsen-Anhalt
SVR	Sachverständigenrat zur Begutachtung der gesamtwirtschaftlichen Entwicklung
TH	Thüringen
u. a.	und andere
USA	Vereinigte Staaten von Amerika
vgl.	vergleiche
v. H.	vom Hundert
z. B.	zum Beispiel
ZerlG	Zerlegungsgesetz

Verzeichnis der verwendeten Gesetzestexte

Einkommensteuergesetz (EStG) in der Fassung der Bekanntmachung vom 19. Oktober 2002 (BGBl. I S. 4210), zuletzt geändert durch das Gesetz zur Beschränkung der Verlustverrechnung im Zusammenhang mit Steuerstundungsmodellen vom 22. Dezember 2005 (BGBl. I S. 3683).

Gesetz über den Finanzausgleich zwischen Bund und Ländern (FAG-BL) in der Fassung der Bekanntmachung vom 20. Dezember 2001 (BGBl. I S. 3955), zuletzt geändert durch Viertes Gesetz für moderne Dienstleistungen am Arbeitsmarkt vom 24. Dezember 2003 (BGBl. I S. 2954).

Gesetz über den Finanzausgleich zwischen Staat, Gemeinden und Gemeindeverbänden (FAG-BY) in der Fassung der Bekanntmachung vom 16. Juli 2004 (GVBl. Bayern S. 334).

Gesetz zur Neuordnung der Gemeindefinanzen (GFRG) in der Fassung der Bekanntmachung vom 04. April 2001 (BGBl. I S. 482), zuletzt geändert durch das Gesetz zur Änderung des Gewerbesteuergesetzes und anderer Gesetze vom 23. Dezember 2003 (BGBl. I S. 2922).

Gewerbesteuergesetz (GewStG) in der Fassung der Bekanntmachung vom 15. Oktober 2002 (BGBl. I S. 4167), zuletzt geändert durch das Haushaltsbegleitgesetz vom 29. Dezember 2003 (BGBl. I S. 3076).

Grundgesetz (GG) in der Fassung der Bekanntmachung vom 23. Mai 1949 (BGBl. I S. 1), zuletzt geändert durch das Gesetz zur Änderung des Grundgesetzes vom 26. November 2001 (BGBl. I S. 3219).

Körperschaftsteuergesetz (KStG) in der Fassung der Bekanntmachung vom 15. Oktober 2002 (BGBl. I S. 4144), zuletzt geändert durch das Gesetz zur Änderung des Versicherungsaufsichtsgesetzes und anderer Gesetze vom 15. Dezember 2004 (BGBl. I S. 3416).

Verordnung zur Durchführung des Gesetzes über den Finanzausgleich zwischen Staat, Gemeinden und Gemeindeverbänden (FAGDV-BY) in der Fassung der Bekanntmachung vom 19. Juli 2002 (GVBl. Bayern S. 418).

Zerlegungsgesetz (ZerlG) in der Fassung der Bekanntmachung vom 06. August 1998 (BGBl. I S. 1998), zuletzt geändert durch das Steueränderungsgesetz 2003 vom 15. Dezember 2003 (BGBl. I S. 2645).

Kapitel 1

Einleitung

Die vertikalen und horizontalen Finanzbeziehungen sind in Politik und Wissenschaft seit langem ein viel diskutiertes Thema der deutschen Finanzpolitik. Immer wieder kam es in der Vergangenheit zu heftigen Auseinandersetzungen um die Ausgestaltung des deutschen Finanzausgleichssystems, die sogar bis vor das Bundesverfassungsgericht getragen wurden. Naturgemäß geht es den beteiligten Gebietskörperschaften dabei in erster Linie darum, die eigene finanzielle Position zu verbessern oder alte Besitzstände zu wahren. In der Debatte zur Reform des Finanzausgleichs jedoch, die schon bald nach dem Inkrafttreten des Solidarpakts 1995 einsetzte, wurden zunächst vor allem von wissenschaftlicher Seite ökonomische Argumente mehr und mehr in den Vordergrund der Reformdebatte gerückt. Kernpunkt der wissenschaftlichen Auseindersetzung war hier die Frage, ob das deutsche Finanzausgleichssystem übernivellierend und leistungshemmend wirkt und somit den einzelnen Gebietskörperschaften weitestgehend die Anreize zur Pflege ihrer gegenwärtigen Steuerquellen genommen werden. Dieses Anreizargument spielt mittlerweile auch in den politischen Beratungen über die Ausgestaltung der föderalen Finanzbeziehungen eine Rolle. Das jüngste Beispiel hierfür ist die Neuordnung des Länderfinanzausgleichs, die im Jahr 2001 beschlossen wurde. In den politischen Beratungen über den ab dem Jahr 2005 geltenden Finanzausgleich einigten sich damals die Länder, einerseits die Verteilungswirkungen der Reform zu begrenzen, andererseits aber auch die Anreizelemente im Ausgleichsmechanismus zu verstärken. Jedoch deuten erste wissenschaftliche Arbeiten darauf hin, dass die Reform des Länderfinanzausgleichs in erster Linie ein politischer Kompromiss ist, der kurzfristig die Reformdiskussion über die Gestaltung der föderalen Finanzbeziehungen beendete, aber mittel- bis langfristig die Debatte um die Verteilungswirkungen und insbesondere um die Anreizstrukturen des Finanzausgleichs wieder entfachen wird.[1] Es erscheint jedoch noch aus einem ganz anderen Grund fraglich, ob die im Jahr 2001 von der Politik beschlossene Balance zwischen Verteilungs- und Allokationszielen gewahrt werden kann. Eine Neujustierung der föderalen Finanzbeziehungen könnte auch aufgrund der Krise der Gemeindefinanzen erforderlich sein, die in jüngster Zeit wieder in den Fokus der Öffentlichkeit gerückt ist.

Die öffentlichen Haushalte leiden schon seit Jahren unter schweren Finanzproblemen. Besonders dramatisch ist die Lage in den Gemeinden. Dabei betrifft die seit längerem überfällige Reform der Gemeindefinanzen sowohl die Einnahmen als auch die Ausgaben der Gemeinden. Nach Art. 28 II GG ist den Gemeinden garantiert, alle Angelegenheiten der örtlichen Gemeinschaft in eigener Verantwortung regeln zu können. Die Wahrnehmung dieser sogenannten Selbstverwaltungsaufgaben setzt allerdings voraus, dass die Gemeinden auch nach Erfüllung der ihnen zugewiesenen Pflichtaufgaben noch über eine angemessene Finanzausstattung verfügen. Außerdem müssen die Gemeinden auch über eine gewisse Finanzautonomie verfügen. Sie sollten also in der Lage sein, zumindest in begrenztem Umfang eigene Steuereinnahmen zu erzielen. Diese beiden Bedingungen sind

---

[1] Für eine Analyse dieser jüngsten Finanzausgleichsreform siehe FEHR (2001), LENK (2001) und FEHR und TRÖGER (2003a).

jedoch gegenwärtig nur unzureichend erfüllt. Was die Finanzausstattung betrifft, so sehen sich die Gemeinden seit Jahren mit wachsenden Ausgaben für ihre Pflichtaufgaben konfrontiert, die ihnen nur noch wenig Spielräume zur Finanzierung ihrer Selbstverwaltungsaufgaben belassen. Bei den Pflichtaufgaben „Soziale Leistungen" beispielsweise sind seit

Tabelle 1.1: Ausgaben und Einnahmen der Kommunen[a]

Arten	1998	1999	2000	2001	2002	2003	2004
Personalausgaben	38,7	39,2	39,6	39,4	40,0	40,5	40,5
Laufender Sachaufwand	26,6	27,5	28,2	28,8	29,4	29,1	29,1
Soziale Leistungen	26,1	26,0	26,3	26,9	28,1	30,4	31,9
Sachinvestitionen	24,7	24,6	24,7	24,3	23,7	21,4	19,7
Sonstige Ausgaben	26,4	26,5	27,3	28,9	28,8	28,4	28,0
Bereinigte Ausgaben	142,5	143,8	146,1	148,3	150,0	149,8	149,2
Steuern, darunter	48,6	51,0	52,0	49,1	47,6	46,8	51,2
Gewerbesteuer (netto)	18,5	19,4	19,4	17,2	15,8	15,1	20,6
Grundsteuern	7,4	7,7	7,9	8,1	8,3	8,6	8,8
Zuweisungen	46,7	46,9	48,5	47,7	48,6	46,6	47,4
Sonstige Einnahmen	49,4	48,0	47,5	47,4	50,1	48,0	46,7
Bereinigte Einnahmen	144,7	145,9	148,0	144,2	146,3	141,4	145,3

[a] in Mrd. Euro
Quelle: BUNDESMINISTERIUM DER FINANZEN (2005a, S. 59ff.).

dem Jahr 1998 die Ausgaben von rund 26 Mrd. Euro auf knapp 32 Mrd. Euro im Jahr 2004 gestiegen. Gleichzeitig sind die Ausgaben für Investitionen im gleichen Zeitraum von gut 25 Mrd. Euro auf rund 20 Mrd. Euro heruntergefahren worden (vgl. Tabelle 1.1). Auch die Finanzautonomie ist gering. Rund ein Drittel der Gemeindeeinnahmen, die in Tabelle 1.1 ausgewiesen sind, entfällt auf Zuweisungen der Länder. Bei diesen Zuweisungen handelt es sich vor allem um Leistungen des kommunalen Finanzausgleichs, zu dessen Durchführung die Länder gemäß Art. 106 VII GG verpflichet sind. Allerdings haben die Gemeinden keinen direkten Einfluss auf Umfang und Gestaltung des kommunalen Finanzausgleichs. Sie verfügen bei diesen Einnahmen somit über keine Autonomie. Ein weiteres Drittel der Gemeindeeinnahmen bilden die sonstigen Einnahmen wie z. B. die Gebühren, die für die verschiedenen kommunalen Leistungen erhoben werden. Nur rund ein Drittel der kommunalen Gesamteinnahmen fließt somit den Gemeinden aus eigenen Steuereinnahmen zu. Doch selbst bei diesen Einnahmequellen verfügen die Gemeinden nur über eine geringe Finanzautonomie. Denn nur bei der Gewerbesteuer und den beiden Grundsteuern können die Gemeinden über die eigene Hebesatzentscheidung die Höhe der Einnahmen autonom festlegen. Eine Gemeindefinanzreform muss also vor allem darauf zielen, die Finanzautonomie der Gemeinden zu stärken und ihnen bei den Ausgaben wieder Raum zur Wahrnehmung ihrer Selbstverwaltungsaufgaben zu verschaffen. Dabei stellt die Reform der Gewerbesteuer ein zentrales Element dar. Da die Gewerbesteuereinnahmen aber auch als Berechnungsgrundlage in das deutsche Finanzausgleichssystem einfließen, stellen sich in diesem Zusammenhang zwei Fragen: Eine erste Frage betrifft die finanziellen Konsequenzen einer Gewerbesteuerreform, die sich für Bund, Länder und Gemeinden über das Finanzausgleichssystem ergeben. Eine zweite Fragestellung ist demgegenüber eng verknüpft mit der Forderung nach einer Stärkung der Finanzautonomie. Es geht dabei um die Frage, inwiefern durch das deutsche Finanzausgleichssystem diejenigen Entscheidungen der kommunalen politischen Entscheidungsträger verzerrt werden, die in einem direkten Zusammenhang mit der Pflege der neuen kommunalen Steuerquellen stehen. Um die finanzwissenschaftlichen Erkenntnisse zum Finanzausgleich in diesem Bereich zu erweitern, wird es Aufgabe dieser Arbeit sein, die allokativen und distributiven Aspekte des Finanzausgleichs im Kontext einer Gewerbesteuerreform zu untersuchen.

Das nachfolgende Kapitel befasst sich daher zunächst mit der aktuellen Diskussion um eine Reform der Gewerbesteuer. Dabei wird die Ausgestaltung der bestehenden Gewerbesteuer kurz skizziert und die Bedeutung für die kommunalen Haushalte herausgearbeitet. Darauf aufbauend werden dann die Defizite der Gewerbesteuer problematisiert, um den Reformbedarf bei dieser kommunalen Steuerquelle aufzuzeigen. Das Kapitel wird durch eine Darstellung der jüngsten Reformbemühungen und den damit verbundenen Konsequenzen für diese Arbeit abgeschlossen.

Im dritten Kapitel wird der Grundstein gelegt, um in dieser Arbeit die distributiven Aspekte des Finanzausgleichs im Kontext einer Gewerbesteuerreform beleuchten zu können. Dazu werden die horizontalen und vertikalen Finanzausgleichsmechanismen ausführlich dargestellt. Somit können die finanziellen Verflechtungen zwischen Bund, Ländern und Gemeinden, die sich aus einem Regelungsgeflecht von Verfassungsnormen und einfachgesetzlicher Umsetzung ergeben, aufgezeigt werden.

Daran anschließend erfolgt in Kapitel 4 eine ausführliche Untersuchung der Effizienzwirkungen des Finanzausgleichs. Dazu werden die allokativen Wirkungen des deutschen Finanzausgleichs in Bezug auf solche kommunalen Entscheidungsparameter problematisiert, die in direktem Zusammenhang mit der Pflege der bestehenden Gewerbesteuer stehen. Anhand dieser hier vorgestellten theoretischen und empirischen Erkenntnisse wird somit eine wichtige Voraussetzung geschaffen, um die allokativen Aspekte des Finanzausgleichs im Kontext einer Gemeindesteuerreform hinterfragen zu können.

In Kapitel 5 wird zunächst das Simulationsmodell kurz vorgestellt, das unterstützend für die Analyse der allokativen und distributiven Aspekte des Finanzausgleichs im Kontext einer Gewerbesteuerreform eingesetzt wird. Anschließend erfolgt eine kurze Beschreibung des für die Simulationen verwendeten Datensatzes. Das Kapitel wird durch die Beschreibung des anhand des Simulationsmodells ermittelten Referenzszenarios, das für die Analysen in den nachfolgenden Kapiteln zugrunde gelegt wird, abgeschlossen.

Unter Berücksichtigung der in den vorherigen Kapiteln gewonnenen Erkenntnisse werden in Kapitel 6 die allokativen und distributiven Aspekte des Finanzausgleichs im Kontext einer Gewerbesteuerreform anhand des Simulationsmodells analysiert. Aufgrund der Vielzahl möglicher Konzepte für eine Gewerbesteuerreform beschränkt sich dabei die Analyse auf zwei Konzepte jüngeren Datums.

Daran anschließend befasst sich Kapitel 7 auf der Grundlage der Erkenntnisse aus den vorangegangenen Kapiteln mit potentiellen Reformen bei den die Gemeindefinanzen tangierenden Finanzausgleichsmechanismen. Zunächst werden dazu Überlegungen angestellt, welche Anforderungen an Finanzausgleichsreformkonzepte gestellt werden sollten.

Anschließend erfolgt eine Darstellung und Bewertung ausgewählter Finanzausgleichsreformoptionen. Von besonderer Bedeutung sind dabei die allokativen und distributiven Wirkungen der vorgestellten Reformmöglichkeiten.

Abgeschlossen wird diese Arbeit durch eine Zusammenfassung der wesentlichen Ergebnisse, die in Kapitel 8 erfolgt.

Kapitel 2

Hintergrund der Untersuchung

Die öffentlichen Haushalte leiden nun schon seit Jahren unter schweren Finanzproblemen. Besonders prekär ist die Lage bei den Kommunen. Die Krise bei den Gemeindefinanzen ist vielschichtig und struktureller Natur. Eine grundlegende Reform des Gemeindefinanzsystems ist somit schon seit längerem überfällig. Ein zentrales einnahmeseitiges Element stellt dabei die Reform der Gewerbesteuer dar, die auch im Focus dieser Arbeit steht. In diesem Kapitel soll daher zunächst einmal die gegenwärtige Diskussion um eine derartige Gemeindesteuerreform und damit der Hintergrund dieser Arbeit näher beleuchtet werden. Dazu wird in einem ersten Schritt die Gewerbesteuer kurz vorgestellt und ihre Bedeutung für die kommunalen Haushalte analysiert. Darauf aufbauend werden dann die Vor- und Nachteile der Gewerbesteuer anhand finanzwissenschaftlicher Kriterien diskutiert, um den Reformbedarf bei dieser kommunalen Steuerquelle aufzuzeigen. In einem dritten Schritt wird dann ein kurzer Überblick über den Stand der Reformbemühungen gegeben, bevor die wichtigsten Ergebnisse zusammengefasst und daraus die zentralen Fragestellungen dieser Arbeit abgeleitet werden.

2.1 Wesen und Bedeutung der Gewerbesteuer

Die Gewerbesteuer ist eine der wichtigsten Steuern in Deutschland. Im Jahr 2003 betrug ihr Aufkommen bundesweit rund 24,1 Mrd. Euro (vgl. BUNDESMINSTERIUM DER FINANZEN (2004)). Somit entfielen rund 5 v. H. des gesamten Steueraufkommens in Deutschland auf diese Steuer. Damit war sie neben der Lohn- und Einkommensteuer, der Umsatzsteuer und der Mineralölsteuer die Steuer mit dem viertgrößten Aufkommen, noch vor der Körperschaftsteuer.

2.1.1 Ausgestaltung

Die gesetzliche Grundlage der Gewerbesteuer ist das Gewerbesteuergesetz (GewStG), das im Rahmen der konkurrierenden Gesetzgebung nach Art. 105 II GG vom Bund erlassen wird. Während die Gesetzgebungshoheit beim Bund liegt, hat die Gemeinde hingegen das (Satzungs-)Recht, einen Hebesatz nach Maßgabe des § 16 GewStG eigenständig festzusetzen. Die Gemeinde hat somit einen wesentlichen Einfluss auf die Höhe der Gewerbesteuer, die von den in ihrer Gemarktung liegenden steuerpflichtigen Unternehmen zu entrichten ist. Da den Gemeinden das Gewerbesteueraufkommen nach Art. 106 VI GG zusteht, ist somit sichergesellt, dass sie eine autonome Finanzpolitik, wie sie die kommunale Selbstverwaltungsgarantie gemäß Art. 28 GG fordert, betreiben können.

Die Gewerbesteuer ist als eine der beiden Realsteuern neben der Grundsteuer eine Objektsteuer. Anders als eine Subjektsteuer knüpft sie nicht an die steuerliche Leistungsfähigkeit einer Person an, sondern an einen Steuergegenstand (vgl. SCHÖNE (1999, S. 18)). Steuergegenstand der Gewerbesteuer ist nach § 2 I GewStG der Gewerbebetrieb, soweit er im Inland betrieben wird.[2] Die gewerblichen Unternehmen werden unterschieden in Gewerbebetriebe kraft Betätigung, kraft Rechtsform und kraft wirtschaftlichen Geschäftsbetriebs (vgl. ROSE (2004, S. 207f.)).[3] Diese Begrenzung der Gewerbesteuer auf Gewerbebetriebe wurde ursprünglich mit dem Äquivalenzprinzip gerechtfertigt. Gewerbesteuerpflichtig sollten demnach nur diejenigen Unternehmen sein, die durch ihre Ansiedlung die Gemeinde besonders belasten, z. B. durch Luft- und Gewässerverunreinigungen einer Produktionsstätte, und die einen besonderen Nutzen aus der Bereitstellung öffentlicher Güter wie z. B. Infrastruktur ziehen. Die Gewerbesteuer setzte sich ursprünglich aus drei Teilsteuern zusammen. Nach der Abschaffung der Lohnsummensteuer seit dem 01.01.1980 und der Gewerbekapitalsteuer seit dem 01.01.1998 wird die Gewerbesteuer gegenwärtig nur noch als Gewerbeertragsteuer erhoben, da der Gewerbeertrag nach § 6 GewStG die einzige Besteuerungsgrundlage der Gewerbesteuer darstellt. Ausgangsgröße für die Ermittlung des Gewerbeertrags ist gemäß § 7 GewStG der nach den Vorschriften des Einkommensteuer- bzw. Körperschaftsteuergesetzes (EStG bzw. KStG) ermittelte Gewinn (Verlust) aus Gewerbebetrieb[4], vermehrt um die in § 8 GewStG enthaltenden Hinzurechnungen[5] und vermindert um die in § 9 GewStG vorgesehenen Kürzungen[6]. Diese Modifikationen sind deshalb vorgesehen, um zum einen dem Objektcharakter der Gewerbesteuer Rechnung zu tragen und zum anderen Doppelbelastungen mit anderen Steuern zu vermeiden (vgl. BROER (2001, S. 713) und HABERSTOCK und BREITHECKER (2000, S. 77)). Entsteht nach diesen Modifikationen der positiven oder negativen Ausgangsgröße durch Hinzurechnungen und Kürzungen ein negativer Wert, so ist dieser Fehlbetrag in den folgenden Jahren, sobald und soweit positive Gewerbeerträge entstehen, zu berücksichtigen. Dieser Vortrag nach § 10a GewStG ist bis zu einem Betrag von 1 Mill. Euro unbeschränkt, darüber hinaus allerdings nur bis zu 60 v. H. möglich.[7] Ist der Gewerbeertrag aus der Ausgangsgröße unter Berücksichtigung der Zurechnungen,

---

[2]Das GewStG unterscheidet zwei Arten des Gewerbebetriebs. Neben dem stehenden Gewerbebetrieb nach §§ 2 ff. GewStG gibt es auch den Reisegewerbebetrieb gemäß § 35a GewStG. Siehe dazu ausführlicher ZENTHÖFER und LEBEN (1999).

[3]Zu den einzelnen Formen des Gewerbebetriebes siehe ZENTHÖFER und LEBEN (1999), SCHÖNE (1999) und ROSE (2004).

[4]Eine Besonderheit bei der Ermittlung der Gewerbesteuer liegt darin, dass die Gewerbesteuer wegen ihrer Abzugsfähigkeit bei der Ermittlung des Gewinns aus Gewerbebetrieb auch den daraus abgeleiteten Gewerbeertrag mindert. Mit anderen Worten wird zur Ermittlung der Gewerbesteuer der Gewerbeertrag benötigt, der wiederum abhängig ist von der Gewerbesteuer. Zu dieser Problematik der Abzugsfähigkeit der Gewerbesteuer und deren mathematischer Lösung siehe z. B. HABERSTOCK und BREITHECKER (2000, S. 80ff.).

[5]Zu den zahlreichen Hinzurechnungen zählen etwa Dauerschuldzinsen, Renten und dauernde Lasten bestimmter Einstehungsgründe, Gewinnanteile stiller Gesellschafter, Miet- und Pachtzinsen, Verlustanteile aus Mitunternehmergemeinschaften, ausschüttungsbedingte Teilwertabschreibungen und Spenden von körperschaftsteuerpflichtigen Gewerbetreibenden (vgl. dazu ausführlich ROSE (2004, S. 211ff.)).

[6]Zu den Kürzungen zählen beipielsweise die Grundbesitzabzüge, Gewinnbeteiligungen aus Kapitalgesellschaftsbeteiligungen, Anteile nicht im Inland gelegener Betriebsstätten, Miet- und Pachtzinsen, Gewinnanteile aus Mitunternehmergemeinschaften und Spenden in bestimmter Höhe (vgl. dazu ROSE (2004, S. 227ff.)).

[7]Diese Vortragbarkeit ist an Bedingungen wie z. B. die Erfordernis der Unternehmensgleichheit und Unternehmergleichheit gebunden. Siehe dazu SCHÖNE (1999, S. 56ff.) und ROSE (2004, S. 232f.).

Kürzungen und des Gewerbeverlustes positiv, so ist er nach § 11 I 3 GewStG zunächst auf volle 100 Euro abzurunden und – bei Gewerbebetrieben von natürlichen Personen und Personengesellschaften – um einen Freibetrag in Höhe von 24.500 Euro zu vermindern (vgl. § 11 I 3 GewStG). Ist der Gewerbeertrag geringer als 24.500 Euro, so reduziert sich der Freibetrag auf die Höhe des Gewerbeertrages.[8] Der abgerundete und gegebenenfalls um einen Freibetrag geminderte Gewerbeertrag wird nun in einen Steuermessbetrag verwandelt, der die Steuerbemessungsgrundlage bildet. Dies geschieht durch die Anwendung der in § 11 II und III GewStG aufgeführten Steuermesszahlen. Die allgemeine Steuermesszahl beträgt gemäß § 11 II Nr. 2 GewStG 5 v. H. Als Steuermessbetrag ergeben sich so in der Regel 5 v. H. des maßgebenden Gewerbeertrages. Für Gewerbebetriebe von natürlichen Personen und Personengesellschaften sind nach § 11 II Nr. 1 GewStG die Steuermesszahlen von 1 v. H. bis 5 v. H. gestaffelt, wobei die Staffelung in Schritten von jeweils 12.000 Euro erfolgt.[9] Durch die Anwendung des für den Erhebungszeitraum festgesetzten Hundertsatzes (sogenannter Hebesatz) auf den Steuermessbetrag – bzw. den auf die Gemeinden entfallenden Zerlegungsanteil – wird die Gewerbesteuer festgesetzt, und zwar von der hebesatzberechtigten Gemeinde.

Das Heberecht der Gemeinde erstreckt sich auf alle stehenden Gewerbebetriebe, die eine Betriebsstätte in ihrer Gemarktung unterhalten, sowie auf alle Reisegewerbebetriebe im Sinne des § 35a GewStG, die den Mittelpunkt der gewerblichen Betätigung in ihrer Gemarktung haben. Diesen steuerpflichtigen Unternehmen gegenüber sind die Gemeinden berechtigt, eine Gewerbesteuer zu erheben. Für den Fall, dass ein steuerpflichtiges Unternehmen mehrere hebesatzberechtigte Gemeinden berührt, ist eine Aufteilung des einheitlichen Steuermessbetrages notwendig, um jeder hebesatzberechtigten Gemeinde einen Anteil an der Bemessungsgrundlage zuzuweisen. Dieser Vorgang (sogenannte Zerlegung) ist vorzunehmen, wenn ein steuerpflichtiges Unternehmen in mehreren Gemeinden Betriebsstätten unterhält, ein Betrieb solche Betriebsstätten hat, die räumlich das Gebiet mehrerer Gemeinden berühren oder eine Betriebsstätte innerhalb des Erhebungszeitraums von einer Gemeinde in eine andere verlegt worden ist (vgl. ROSE (2004, S. 238ff.)).[10]

Die Höhe des Hebesatzes kann die Gemeinde aufgrund ihres Hebesatzrechts autonom bestimmen. Sie ist dabei allerdings an die Regeln des § 16 II bis V GewStG gebunden. Danach kann die Gemeinde den Hebesatz für ein Kalenderjahr oder auch für mehrere Kalenderjahre festsetzen. Sie kann ihn insbesondere auch während des Jahres mit Rückwirkung auf den Beginn des Erhebungszeitraums festsetzen, allerdings nur bis zum 30. Juni eines Kalenderjahres. Der Hebesatz muss für alle in der Gemeinde gelegenen Unternehmen gleich sein. Eine Differenzierung nach Art des Gewerbebetriebes,

---

[8] Für bestimmte Unternehmen gibt es andere Freibeträge. Siehe dazu ausführlich SCHÖNE (1999) und ROSE (2004).

[9] Zur Förderung der mittelständischen Gewerbebetriebe ist mit Wirkung ab 1993 die Gewerbeertragsteuer durch zwei Maßnahmen gesenkt worden. Zum einen wurde der Freibetrag erhöht. Zum anderen wurde die für die neuen Länder eingeführte Staffelung der Messzahlen beim Gewerbeertrag auf das ganze Bundesgebiet ausgedehnt (vgl. dazu auch ZENTHÖFER und LEBEN (1999, S. 153)).

[10] Zerlegungsmaßstab ist in den meisten Fällen gemäß § 29 GewStG das Verhältnis, in dem die Arbeitslöhne der einzelnen Betriebsstätten zueinander stehen. Für weitere Einzelheiten, Ausnahmen und Besonderheiten der Zerlegung siehe ROSE (2004).

Rechtsform oder nach anderen Kriterien ist unzulässig. Der Hebesatz beträgt außerdem ab dem Erhebungszeitraum 2004 mindestens 200 v. H., wenn die Gemeinde nicht einen höheren Hebesatz bestimmt hat (vgl. § 16 IV GewStG). Trotz dieser Einschränkungen ist der Hebesatz das zentrale steuerpolitische Instrument für die einzelnen Gemeinden, von dem sie auch unterschiedlich Gebrauch machen. Einen Überblick über die „Hebesatzlandschaft" bei der Gewerbesteuer gibt Tabelle 2.1. Werden zuerst die Länder insgesamt

Tabelle 2.1: Durchschnittliche Hebesätze der Gewerbesteuer nach Bundesländern[a]

Land	1992	2000	2001	2002
NW	400	424	424	426
BY	366	373	371	370
BW	346	359	354	355
NI	346	368	366	368
HE	386	408	388	387
RP	351	374	371	369
SH	324	333	338	341
SL	419	425	402	403
HH	415	470	470	470
HB	415	415	415	415
BE	300	410	410	410
SN	363	407	405	408
ST	326	349	346	346
TH	324	337	336	335
BB	321	286	286	323
MV	311	336	324	314
Alte Länder	370	392	388	389
Neue Länder	337	352	351	358
Deutschland	370	389	385	386

[a] gewogene Durchschnittshebesätze in v. H.
Quelle: Statistisches Bundesamt (1984;1994;2002b;2003b;2004).

betrachtet, so zeigt sich, dass es bei dem bundesdurchschnittlichen Hebesatz, der im Jahr 1992 bei 370 v. H. lag, im betrachteten Zeitraum zu einem Anstieg im Höhe von 16 Prozentpunkten gekommen ist. Ein differenzierteres Bild ergibt sich, wenn die neuen und alten Länder betrachtet werden. So liegt der durchschnittliche Hebesatz der neuen Länder unter dem durchschnittlichen Niveau der alten Länder. In dem betrachteten Zeitraum ist es jedoch in beiden Ländergruppen zu einem Anstieg gekommen. Dabei hat sich die Spanne zwischen den beiden Länderniveaus geringfügig verringert. Werden nun die einzelnen Länder näher betrachtet und miteinander verglichen, so wird deutlich, dass es innerhalb Deutschlands einen großen Unterschied gibt zwischen dem niedrigsten und höchsten landesdurchschnittlichen Hebesatzniveau. Im Jahr 1992 bewegten sich die durchschnittlichen Hebesatzniveaus in einer Spanne zwischen 300 v. H. in Berlin und 419 v. H. im Saarland. Bis zum Jahr 2002 hat sich diese Spanne ausgeweitet. So bewegen sich die durchschnittlichen Hebesatze zwischen 314 v. H. in Mecklenburg-Vorpommern und 470

v. H. in Hamburg. Dabei ist es in allen Ländern mit Ausnahme des Saarlands zu einem mehr oder weniger deutlichen Anstieg des durchschnittlichen Hebesatzniveaus gekommen. Dass die Gemeinden unterschiedlich Gebrauch von ihrem Hebesatzrecht machen, zeigt sich auch, wenn alternativ die Gemeindeebene etwas differenzierter betrachtet wird. In Tabelle 2.2 sind dazu die gewogenen Durchschnittshebesätze der verschiedenen Gemeindegrößenklassen dargestellt. So wird deutlich, dass die Hebesätze fast durchgängig

Tabelle 2.2: Durchschnittshebesätze der Gewerbesteuer nach Gemeindegröße[a]

Gemeindeeinwohner	Alte Länder[b]	Neue Länder[c]
unter 3.000	322	286
3.000-5.000	325	325
5.000-10.000	328	324
10.000-20.000	336	348
20.000-50.000	358	347
50.000-100.000	393	388
100.000-200.000	415	413
200.000-500.000	439	442
500.000 und mehr	460	410

[a] gewogene Durchschnittshebesätze in v. H., in 2002; [b] mit Berlin (West); [c] mit Berlin (Ost)
Quelle: STATISTISCHES BUNDESAMT (2004).

mit der Gemeindegröße ansteigen. Zudem zeigt der Vergleich zwischen den Gemeinden der neuen und alten Bundesländer, dass in beiden Fällen größere Gemeinden tendenziell höhere Hebesätze aufweisen.

2.1.2 *Verhältnis zu anderen Steuern*

Da der Gewerbeertrag aus dem gewerblichen Gewinn abgeleitet wird, der bereits der Einkom-men- bzw. Körperschaftsteuer unterliegt, stellt die durch die Gemeinden beeinflusste Gewerbesteuer praktisch eine zusätzliche Einkommensteuer bzw. Körperschaftsteuer für die Gewerbetreibenden dar (vgl. ZENTHÖFER und LEBEN (1999, S. 128)). Bei der Behandlung der Gewerbesteuer im Rahmen der Einkommen- und Körperschaftsteuer hat daher der Gesetzgeber im Zeitablauf unterschiedliche belastungsverringernde Bestimmungen, die in Art und Ausmaß von der Rechtsform des Gewerbebetriebes abhängen, vorgesehen und dadurch eine Verzahnung unterschiedlicher Steuerquellen geschaffen.

Bei Einzelunternehmen und Personengesellschaften wirkt sich die Gewerbesteuer in zweifacher Weise aus. Zum einen mindert sie als Betriebsausgabe die Bemessungsgrundlage der Einkommensteuer (vgl. § 4 IV EStG). Zum anderen sieht § 35 I 1 EStG vor, dass sich die tarifliche Einkommensteuer, soweit sie anteilig auf die gewerblichen Einkünfte entfällt, um das 1,8fache des Gewerbesteuermessbetrages für den dem Veranlagungszeitraum entsprechenden Erhebungszeitraum ermäßigt (vgl. z. B. SCHEMMEL (2002, S.

100f.)). Bei Kapitalgesellschaften mindert die Gewerbesteuer als Betriebsausgabe lediglich die Bemessungsgrundlage (vgl. § 8 I KStG i. V. m. § 4 IV EStG). Eine teilweise Anrechnung auf die tarifliche Körperschaftsteuer ist gegenwärtig noch nicht vorgesehen.

2.1.3 Bedeutung für die Haushalte der Gemeinden

Wie schon zuvor erwähnt wurde, ist die Gewerbesteuer bereits im gesamtstaatlichen Rahmen eine wichtige Finanzierungsquelle des öffentlichen Sektors. Die zentrale Rolle der Gewerbesteuer im deutschen Steuersystem wird aber noch deutlicher, wenn die kommunale Ebene näher betrachtet wird. Insgesamt beziehen die Gemeinden ihre Einnahmen

Tabelle 2.3: Struktur der kommunalen Einnahmen[a]

	Alte Länder	Neue Länder	Deutschland
Steuern	36,3	16,1	32,9
Gebühren	11,8	8,0	11,1
Sonstige Einnahmen	51,9	75,9	56,0
Summe	100,0	100,0	100,0

[a] in 2002, in v. H., Rundungsdifferenzen möglich
Quelle: BUNDESMINISTERIUM DER FINANZEN (2004); eigene Berechnungen.

vor allem aus drei Quellen: erstens aus Steuern, zweitens aus Gebühren und drittens aus Zuweisungen bzw. sonstigen Einnahmen. Tabelle 2.3 gibt für das Jahr 2002 einen Überblick über die Struktur der kommunalen Einnahmen. Es zeigt sich, dass die Steuereinnahmen rund 33 v. H. der öffentlichen Einnahmen auf kommunaler Ebene ausmachen. Diese grundsätzliche Abhängigkeit der kommunalen Ebene von den Steuereinnahmen un-

Tabelle 2.4: Struktur der kommunalen Steuereinnahmen[a]

	Gewerbesteuer[c]	Anteil an der Einkommensteuer	Anteil an der Umsatzsteuer	Grundsteuern[b]	Summe
Alte Länder	33,8	43,2	5,1	18,0	100,0
Neue Länder	32,1	29,4	9,2	29,3	100,0
Deutschland	33,7	42,0	5,4	19,0	100,0

[a] in 2002, in v. H., Rundungsdifferenzen möglich; [b] einschließlich der sonstigen Gemeindesteuern; [c] abzüglich Gewerbesteuerumlage
Quelle: STATISTISCHES BUNDESAMT (2003b); eigene Berechnungen.

terscheidet sich jedoch bei einer isolierten Betrachtung der alten und neuen Bundesländer. So beträgt der Anteil der Steuern bei den Gemeinden in den alten Ländern 36,3 v. H. In den neuen Ländern hingegen beträgt der Anteil gerade einmal 16,1 v. H. Die kommunalen Steuereinnahmen ihrerseits – auf die im Kapitel 3 ausführlicher eingegangen wird – setzen sich im Wesentlichen aus vier Quellen zusammen. Die Gemeinden erhalten nicht nur die Gewerbesteuer[11], sondern partizipieren auch am Einkommensteuer- und Umsatzsteueraufkommen. Daneben steht ihnen das Aufkommen aus den Grundsteuern A und B sowie den örtlichen Verbrauchs- und Aufwandsteuern zu.

Tabelle 2.4 gibt für das Jahr 2002 einen Überblick über die Bedeutung dieser verschiedenen Steuerquellen. Auf Bundesebene entfällt der Löwenanteil der kommunalen

Tabelle 2.5: Struktur der Steuereinnahmen nach Gemeindegröße[a]

Gemeinde-einwohner	Grund-steuern[b]	Gewerbe-steuer[c]	Anteil an der Einkom-mensteuer	Anteil an der Umsatz-steuer	Summe
		Alte Länder			
unter 1.000	20,7	16,7	60,1	2,5	100,0
1.000-3.000	17,3	23,5	56,3	2,9	100,0
3.000-5.000	15,2	26,1	55,3	3,4	100,0
5.000-10.000	14,5	29,2	52,6	3,7	100,0
10.000-20.000	13,9	31,7	50,2	4,2	100,0
20.000-50.000	13,7	37,1	44,5	4,7	100,0
50.000-100.000	15,0	38,1	41,8	5,2	100,0
100.000-200.000	15,5	42,7	36,3	5,6	100,0
200.000-500.000	16,3	40,9	37,3	5,6	100,0
500.000 und mehr	14,6	48,9	30,9	5,6	100,0
Zusammen	14,8	38,5	41,9	4,8	100,0
		Neue Länder mit Berlin (Ost)			
unter 1.000	37,2	25,3	31,0	6,4	100,0
1.000-3.000	30,5	31,6	29,3	8,6	100,0
3.000-5.000	29,5	31,9	29,9	8,7	100,0
5.000-10.000	27,7	33,1	29,7	9,5	100,0
10.000-20.000	26,2	33,8	29,7	10,3	100,0
20.000-50.000	21,8	42,1	26,2	9,9	100,0
50.000-100.000	25,7	32,2	32,4	9,6	100,0
100.000-200.000	20,5	40,7	27,6	11,3	100,0
200.000-500.000	21,4	43,4	24,4	10,8	100,0
500.000 und mehr	22,1	29,6	42,5	5,8	100,0
Zusammen	25,0	35,9	29,9	9,2	100,0

[a] in 2000, in v. H., Rundungsdifferenzen möglich; [b] ohne sonstige Gemeindesteuern; [c] abzüglich Gewerbesteuerumlage
Quelle: STATISTISCHES BUNDESAMT (2002a); eigene Berechnungen.

[11] Seit 1970 müssen die Gemeinden eine Gewerbesteuerumlage an Bund und Länder abführen. Insofern muss aus kommunaler Sicht zwischen Brutto- und Nettoeinnahmen unterschieden werden. Auf die Gewerbesteuerumlage wird in Kapitel 3 noch ausführlich eingegangen.

Steuereinnahmen auf die Nettoeinnahmen aus der Gewerbesteuer und die kommunale Einkommensteuerbeteiligung, die 33,7 v. H. bzw. 42,0 v. H. der gesamten Steuereinnahmen erbringen. Die Einnahmen aus der kommunalen Umsatzsteuerbeteiligung und den sonstigen Steuern sind mit 5,4 v. H. und 19,0 v. H. von eher untergeordneter Bedeutung. Da die Gemeinden ihre Einnahmen aus der kommunalen Einkommen- und Umsatzsteuerbeteiligung nicht durch eine Variation der Steuersätze oder der Bemessungsgrundlagen verändern können, wird bereits hier deutlich, dass insbesondere der Gewerbesteuer auf kommunaler Ebene eine zentrale Rolle als Einnahmequelle zukommt.

Werden nun jedoch die Gemeinden der alten und neuen Bundesländer etwas genauer betrachtet, so zeigt sich, dass die obige Struktur auch bei der isolierten Betrachtung der alten Bundesländer zu erkennen ist. Im Vergleich zu den Werten für das Bundesgebiet liegen die Anteile der Nettoeinnahmen aus der Gewerbesteuer und kommunalen Einkommensteuerbeteiligung mit 33,8 v. H. bzw. 43,2 v. H. leicht oberhalb und die Anteile bei der Umsatzsteuer und sonstigen Steuern mit 5,1 v. H. bzw. 18,0 v. H. leicht unterhalb. In den neuen Bundesländern hingegen ist die relative Gewichtung der einzelnen Steuerquellen gleichmäßiger verteilt. Den größten Anteil an den Steuereinnahmen haben die Nettoeinnahmen aus der Gewerbesteuer mit 32,1 v. H. Es folgen die kommunale Einkommensteuerbeteiligung und die Grundsteuern und sonstigen Steuern, die jeweils knapp 30 v. H. der Steuereinnahmen erbringen. Zudem ist der Anteil der Umsatzsteuereinnahmen mit 9,2 v. H. fast doppelt so hoch wie in den alten Bundesländern.

Dieser grundsätzliche Unterschied in der Struktur der kommunalen Steuereinnahmen zwischen den alten und neuen Bundesländern, der auf regionale Unterschiede in der Wirtschafts- und Bevölkerungsstruktur zurückzuführen ist, ist auch bei einer differenzierteren Betrachtung der Gemeinden erkennbar. In Tabelle 2.5 sind dazu die beiden Gemeindegesamtheiten der alten und neuen Länder nach Gemeindegrößenklassen aufgegliedert. Darüber hinaus wird anhand eines Vergleichs der Gemeindegrößenklassen deutlich, dass das Gewicht der einzelnen Steuerquellen sehr unterschiedlich ist. Bei den Gemeinden der alten Bundesländer bewegen sich z. B. die Anteile der Gewerbesteuer in einer Spanne zwischen 16,7 v. H. und 48,9 v. H. Im Vergleich dazu fällt die Spreizung bei den Gemeinden der neuen Länder geringer aus. Hier bewegen sich die Anteile der Gewerbesteuer zwischen 25,3 v. H. und 43,4 v. H. Sowohl in den alten als auch neuen Ländern steigt dabei der Anteil der Gewerbesteuereinnahmen tendenziell mit der Gemeindegröße.

2.2 Reformbedarf bei der Gewerbesteuer

Im letzten Abschnitt wurde deutlich, dass der Gewerbesteuer für die kommunalen Einnahmen in Deutschland sowohl quantitativ als auch qualitativ – vor allem wegen der Variierbarkeit der Einnahmen durch das Hebesatzrecht – eine zentrale Rolle zukommt. Eine Reform der Gewerbesteuer bedeutet daher einen wesentlichen Eingriff in das kommunale Finanzierungssystem. Doch mit welchen Gründen lässt sich ein derartiger Eingriff rechtfertigen? In diesem Abschnitt sollen daher die Stärken und Schwächen der bestehenden Gewerbesteuer aufgezeigt werden.

2.2.1 Fiskalische Hintergründe der gegenwärtigen Reformdiskussion

Um zunächst die fiskalischen Hintergründe der gegenwärtigen Reformdiskussion zu beleuchten, soll im Folgenden kurz die Aufkommensentwicklung der Gewerbesteuer auf Bundesebene beschrieben werden.

In Abbildung 2.1 ist der Aufkommenspfad der Gewerbesteuer für den Zeitraum 1972 bis 2002 dargestellt. Das inflationsbereinigte Aufkommen der Gewerbesteuer vor Abzug der Gewerbsteuerumlage in Preisen von 1972 unterlag im Zeitablauf heftigen Schwankungen. Langfristig hat es allerdings kaum zugenommen. Denn das Gewerbesteueraufkommen im Jahr 2002 liegt mit 9.514 Mill. Euro nur rund 9 v. H. über dem realen Aufkommen von 8.703 Mill. Euro in 1972 (vgl. FUEST und THÖNE (2005, S. 13)). Aus der Sicht der kommunalen Einnahmensicherung ist jedoch nicht allein das inflationsbereinigte Realaufkommen, sondern auch das ebenfalls in Abbildung 2.1 dargestellte wachstumskorrigierte Realaufkommen eine entscheidende Größe. Dieser um die Wachstumsraten des Brut-

Abbildung 2.1: Gewerbesteueraufkommen in Preisen von 1972

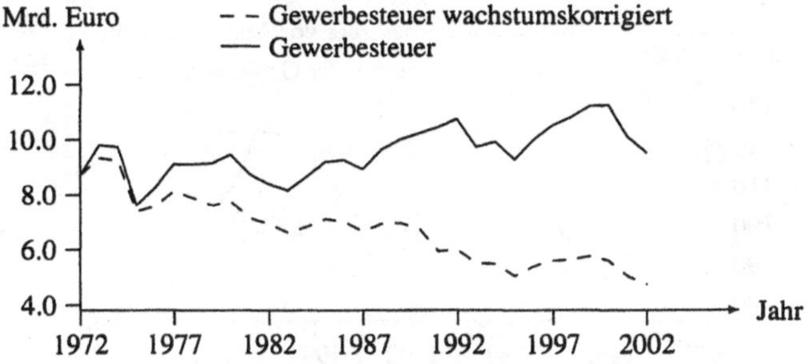

Quelle: FUEST und THÖNE (2005, S. 12); eigene Darstellung.

toinlandsprodukts bereinigte Aufkommenspfad zeigt, ob diese Steuer einen konstanten Beitrag zu einem fiktiven kommunalen Steueraufkommen mit einer Aufkommenselastizität von 1 hätte erbringen können.[12] Dies wäre der Fall, wenn der wachstumskorrigierte Graph in Abbildung 2.1 horizontal verlaufen würde. Allerdings hat das wachstumskorrigierte Realaufkommen der Gewerbesteuer trotz der konjunkturellen Schwankungen im Trend schrittweise abgenommen. Für das Bundesgebiet beträgt dieser Aufkommensindikator mit 54,4 v. H. nur noch rund die Hälfte des Wertes von 1972 (vgl. FUEST und THÖNE (2005, S. 14)). Die schlechte Dauerergiebigkeit der Gewerbesteuer in den letzten 3 Jahrzehnten wird ebenfalls deutlich, wenn alternativ die Aufkommenselastizitäten, die häufig als empirischer Maßstab für die Dauerergiebigkeit von einzelnen Steuern oder eines Steuersystems herangezogen werden, näher betrachtet werden. So zeigt sich, dass es in dem Betrachtungszeitraum keine Phase gab, in welcher der Wert von 1 erreicht oder überschritten worden ist. Vielmehr liegt die langfristige Aufkommenselastizität der Gewerbesteuer mit einem Wert von 0,66 deutlich unter dem entsprechenden Wert für die

[12] Zu dem Konzept der Aufkommenselastizität siehe weiter unten oder auch z. B. ZIMMERMANN (1999, S. 159)).

langfristige Aufkommenselastizität des Gesamtsteuersystems, der im Betrachtungszeitraum 0,97 beträgt (vgl. FUEST und THÖNE (2005, S. 15)).

Da die Aufkommenselastizität jedoch steuerpolitische Eingriffe in Tarif und Bemessungsgrundlage vermischt abbildet, kann mittels der Bemessungsgrundlagenelastizität festgestellt werden, ob die Bemessungsgrundlage einer Steuer mit dem Tempo der volkswirtschaftlichen Entwicklung wächst, so dass dauerhafte Ergiebigkeit auch ohne Eingriffe in den Tarif und ohne kalte Progression erreicht werden kann. FUEST und THÖNE (2005) kommen bei ihrer Analyse dabei zu dem Ergebnis, dass die Werte der Bemessungsgrundlagenelastizität der Gewerbesteuer im Betrachtungszeitraum bei weitem nicht 1 und mehr betragen. Sie folgern daher, dass die Gewerbesteuer deswegen so inhärent wenig dauerergiebig ist, weil sie an eine Bemessungsgrundlage anknüpft, die allenfalls halb so schnell wächst wie das allgemeine Wirtschaftswachstum. Dass das Steueraufkommen dennoch nicht ganz so deutlich hinterherhinkt, kann nur auf eine Hebesatzpolitik der Gemeinden zurückgehen, welche die Steueranspannung immer wieder erhöht hat. Dieser Zusammen-

Abbildung 2.2: Steueranspannung bei der Gewerbesteuer

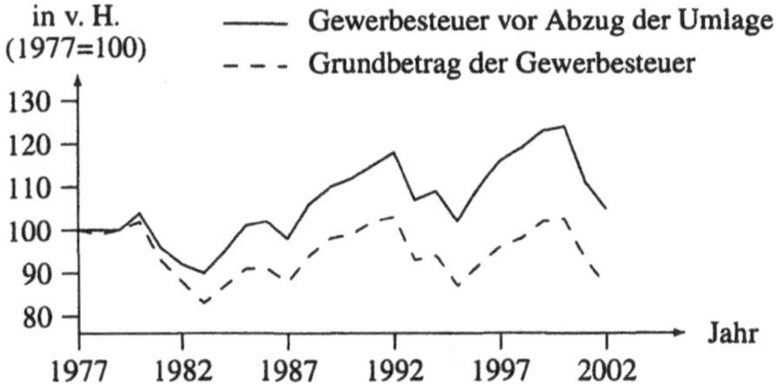

Quelle: FUEST und THÖNE (2005, S. 16); eigene Darstellung.

hang wird in Abbildung 2.2 illustriert. Die Pfade des realen Gewerbesteueraufkommens vor Abzug der Gewerbesteuerumlage und des Grundbetrags der Gewerbesteuer, also die Summe der Gewerbesteuermessbeträge, sind für einen Betrachtungzeitraum von 1977 bis 2002 gegenübergestellt. Der Abstand zwischen diesen beiden Pfaden kann als ein empirisches Maß für die Steueranspannung der Gemeinden betrachtet werden. Wie in der Abbildung zu erkennen ist, hat sich über die dargestellten Jahre eine nahezu kontinuierliche Steigerung der Steueranspannung vollzogen. Es zeigt sich aber auch, dass in den letzten Jahren die Steueranspannung sinkt. Offensichtlich waren in den Augen der durchschnittlichen Gemeinden die Grenzen der Belastbarkeit der lokalen Wirtschaft erreicht, so dass trotz massiver kommunaler Finanzprobleme die Steueranspannung geringfügig zurückgenommen worden ist.[13]

Die unzureichende Dauerergiebigkeit der Gewerbesteuer wird allerdings für die Gemeinden abgemildert. Denn durch die seit 1970 erhobene Gewerbesteuerumlage, die aus-

[13]Dies zeigt auch die Betrachtung der bundesweiten durchschnittlichen Gewerbesteuerhebesätze in Tabelle 2.1. Im Jahr 2000 lag der bundesdurchschnittliche Hebesatz noch bei 389 v. H. Dieses Hebesatzniveau verringerte sich jedoch bis zum Jahr 2002 auf 386 v. H.

führlich in Kapitel 3 dargestellt wird, lassen sie Bund und Länder an der schwachen Aufkommensdynamik teilhaben. Das Problem der unzureichenden Dauerergiebigkeit kann somit aus kommunaler Sicht zumindest teilweise externalisiert werden (vgl. FUEST und Thöne (2005, S. 17)). In Abbildung 2.3 sind die Pfade des realen Gewerbesteueraufkommens vor und nach Abzug der Gewerbesteuerumlage sowie der realen Gewerbesteuerumlage für einen Betrachtungszeitraum von 1972 bis 2002 dargestellt. Wie bereits auch in Abbildung 2.1 dargestelt wurde, liegt das reale Bruttoaufkommen der Gewerbesteuer im Jahr 2002 nur rund 9 v. H. über dem Wert von 1972. Da es bei der Gewerbesteuerumlage

Abbildung 2.3: Entwicklung der Nettoeinnahmen aus der Gewerbesteuer

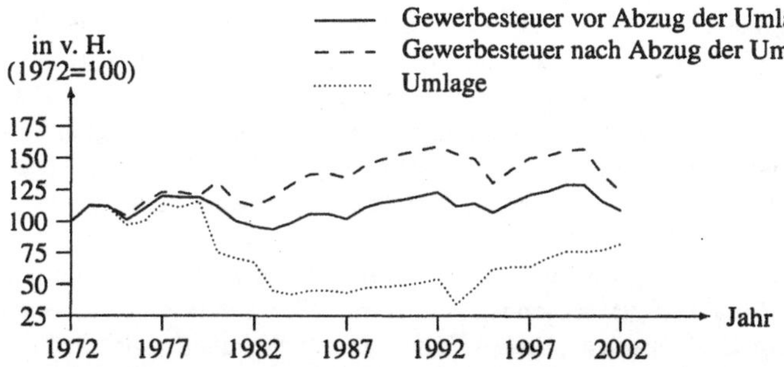

Quelle: FUEST und THÖNE (2005, S. 17); eigene Darstellung.

in dem betrachteten Zeitraum zu häufigen Schwankungen in der gesetzlichen Höhe gekommen ist, hat sich die Entwicklung des Bruttoaufkommens nicht gleichmäßig bei den Gemeinden und Empfängern der Umlage ausgewirkt. Im Zeitablauf ist das den Gemeinden verbleibende Nettoaufkommen merklich dynamischer gewachsen als das Bruttoaufkommen, während das Realaufkommen der Gewerbesteuerumlage sogar geschrumpft ist. In den 90er Jahren hat sich allerdings aufgrund mehrerer Erhöhungen des zur Festlegung der Umlage genutzen Vervielfältigers allmählich ein Gegentrend gebildet (vgl. zur Höhe des Vervielfältigers auch Tabelle 3.2). In den Jahren 2001 und 2002 ist die reale Umlage sogar gewachsen, während das Bruttoaufkommen beträchtlich geschrumpft ist. Bei dem Nettoaufkommen, das den Gemeinden verbleibt, kam es somit in den letzten Jahren zu einem Rückgang.

2.2.2 *Anforderungen an kommunale Steuern*

In der finanzwissenschaftlichen Analyse des kommunalen Steuersystems, einzelner kommunaler Steuern sowie möglicher Reformvorschläge hat sich seit längerem die Nutzung eines spezifischen, auf kommunale Bedürfnisse und Restriktionen eigens zugeschnittenen Kriterienrasters bzw. Anforderungsprofils bewährt.[14] An dieser Stelle sollen daher kurz

[14]Zu diesem Thema existiert eine umfangreiche Literatur. Siehe z. B. ZIMMERMANN und POSTLEP (1980), ZIMMERMANN (1999), SANDER (2001), BROER (2001;2004), SCHERF (2001), FÄRBER ET AL. (2003), BAYERISCHER STÄDTETAG (2003) und FUEST und THÖNE (2003;2005).

– bevor insbesondere die Defizite der Gewerbesteuer aufgezeigt werden können – die zentralen Anforderungen vorgestellt werden. Diese Anforderungen lassen sich in zwei Gruppen einteilen. Neben den Anforderungen mit kommunalspezifischem Bezug sollten die Gemeindesteuern bzw. das Gemeindesteuersystem mit den allgemeinen Leitlinien der staatlichen Steuerpolitik harmonisieren (vgl. SCHERF (2001, S. 20)).

Bei den allgemeinen Kriterien sind dabei in den Bereichen Distribution und Stabilisierung allerdings Abstriche zu machen (vgl. SANDER (2001, S. 450)). Für kommunale Steuern gelten vielmehr die allgemeinen Kriterien wie etwa der Grundsatz der Kostengünstigkeit, der die Erhebungs- und Entrichtungsbilligkeit umfasst, die Verfassungskonformität sowie die allokative Effizienz. Für die Gestaltung eines kommunalen Steuersystems bedeutet die Forderung nach administrativer Praktikabilität bzw. Kostengünstigkeit, dass die Verwaltungskosten des Staates sowie die Entrichtungskosten der Steuerpflichtigen so gering wie möglich zu halten sind (vgl. SCHERF (2001, S. 21) und SCHEMMEL (2002, S. 128f.)). Des Weiteren gilt für Gemeindesteuern, dass sie – wie grundsätzlich jedes Steuersystem bzw. jede Steuer – im Einklang mit den verfassungsrechtlichen Vorgaben stehen müssen. Eine derartige gemeindespezifische Vorgabe bildet beispielsweise Art. 28 II 3 GG, bei der den Gemeinden eine wirtschaftskraftbezogene Steuerquelle mit Hebesatzrecht garantiert wird.

Bei den allokativen Gesichtspunkten[15], deren Stellenwert in der steuerpolitischen Diskussion im Zeitablauf gewachsen ist, geht es mit Blick auf die Gemeindesteuern z. B. um die Betonung des Äquivalenzprinzips. Eine wesentliche Funktion der Gemeinden liegt aus ökonomischer Sicht in der effizienten Berücksichtigung interregional unterschiedlicher Präferenzen für lokale öffentliche Güter (vgl. SCHERF (2001, S. 16f.)). Dies setzt allerdings neben kommunaler Demokratie auch die fiskalische Äquivalenz voraus. Demnach müssen die öffentlichen Güter, über die auf lokaler Ebene entschieden wird, die dort angeboten und von den Wirtschaftssubjekten genutzt werden, auch aus dem örtlich erbrachten Steuer- und Gebührenaufkommen finanziert werden.[16] Ist Äquivalenz als trennscharfes Leistungs-Gegenleistungs-Verhältnis zwischen anbietender Gemeinde und nachfragendem Wirtschaftssubjekt gewährleistet, so sollte die Finanzierung über Gebühren oder Beiträge erfolgen. Da die kommunalen Leistungen in der Regel aber nicht trennscharf auf die einzelnen Nutzer zurechenbar sind, fällt die Umsetzung des Äquivalenzprinzips schwer. Eine Leitlinie für die praktische Umsetzung des Äquivalenzprinzips bietet daher der Grundsatz des Interessenausgleichs. Es geht dabei darum, die Interessen unterschiedlicher Gruppen innerhalb einer Gemeinde auszugleichen. Zumeist werden dabei vor allem zwei Gruppen betrachtet, nämlich die Wohnbevölkerung einerseites und das lokale Gewerbe bzw. die lokalen Unternehmen und unternehmerisch Tätigen andererseits. Demnach sollten die öffentlichen Leistungen, die vorrangig einer Gruppe zugute kommen, auch von dieser finanziert werden, während die Lasten für gemeinsam genutz-

[15]Vgl. dazu HUBER und FUEST (2001), FUEST und THÖNE (2005) sowie ZIMMERMANN (1999).

[16]Das Prinzip der örtlichen und gruppenspezifischen Radizierbarkeit von kommunalen Steuern ist in seiner Begründungslogik ebenfalls eingebettet in die Forderung nach fiskalischer Äquivalenz und stellt quasi als technischer Teilausschnitt dieser Problematik allein auf den Finanzierungsaspekt ab. Mit diesem Postulat wird ganz allgemein gefordert, dass die zur Deckung von Gemeindeausgaben notwendigen Steuereinnahmen aus Steuerquellen geschöpft werden sollen, die auf die Gemeinde bezogen sind (vgl. ZIMMERMANN (1999, S. 157)).

te öffentliche Leistungen entsprechend gemeinsam bzw. anteilig zu tragen sind. Für die Gestaltung eines kommunalen Steuersystems ergibt sich aus dem Grundsatz des Interessenausgleichs somit konkret, dass kommunale Steuern möglichst alle Gruppen umfassen sollten, die auch von öffentlichen Leistungen profitieren (vgl. FUEST und HUBER (2001, S. 13)).

Ein zweiter wichtiger Aspekt unter dem Allokationsziel betrifft die Neutralität der Besteuerung. Unter idealisierten theoretischen Bedingungen würde eine allokativ neutrale Besteuerung eine vollständige Vermeidung steuerlicher Verzerrungen bedeuten, da lediglich das Einkommen des Steuerzahlers vermindert wird, aber ansonsten keine seiner Entscheidungen. In der Praxis jedoch sind steuerliche Verzerrungen der ökonomischen Entscheidungen von Haushalten und Unternehmen nicht zu vermeiden.[17] Das Neutralitätsziel verlangt daher für die Gestaltung eines Gemeindesteuersystems, die ökonomischen Einbußen aus steuerlichen Verzerrungen möglichst gering zu halten. Vermeidbare Verzerrungen, zu denen beispielsweise Beschränkungen der Steuerpflicht auf bestimmte Unternehmenstypen oder Unternehmensgrößen, die nicht durch sachliche Gründe gerechtfertigt sind, gerechnet werden, sollten demnach bei der Gestaltung kommunaler Steuern verhindert bzw. beseitigt werden.

Neben den allgemeinen Anforderungen müssen die Gemeindesteuern auch kommunalspezifischen Anforderungen genügen, von denen die meisten in ihrer Begründungslogik eingebettet sind in der Forderung nach fiskalischer Äquivalenz. Eine erste Anforderung, ohne die das Prinzip der fiskalischen Äquivalenz nicht verwirklicht werden kann, besteht darin, dass die Gemeinden einen eigenen und unmittelbaren Einfluss auf die Höhe ihrer Einnahmen ausüben können. Denn eine fehlende Beeinflussbarkeit der Höhe der kommunalen Steuereinnahmen durch die Gemeinden hat zur Folge, dass die kommunalpolitischen Akteure den Steuerzahlern keine alternativen Angebote über Art, Umfang und Intensität – und damit Kosten – kommunaler Leistungen unterbreiten können und diese keine Möglichkeit haben, ihre Präferenzen durch eine unterschiedliche Zahlungsbereitschaft stärker zum Ausdruck zu bringen (vgl. FÄRBER ET AL. (2003)). Dieser Forderung nach Beweglichkeit der Besteuerung wird bei der Gestaltung eines Gemeindesteuersystems entsprochen, wenn die Gemeinden z. B. ein Hebesatzrecht für die Gemeindesteuern innehaben. Ein zweites Kriterium, ohne dessen Erfüllung die fiskalische Äquivalenz ebenfalls nicht wirksam werden kann, ist die Forderung nach Fühlbarkeit der Besteuerung (vgl. ZIMMERMANN (1999, S. 157)). Denn aus fehlender Fühlbarkeit der Besteuerung resultiert einerseits ein unzureichendes Bewusstsein für die Kosten und Finanzierungslasten kommunaler Leistungen auf Seiten der Steuerzahler. Das Interesse an der Kommunalpolitik, dem bürgerlichem Engagement sowie das Verantwortungsgefühl für das eigene lokale Lebensumfeld wird vermindert. Ebenso wird die Anspruchsmentalität gegenüber kommunalen Leistungen gefördert. Die fehlende Beziehung der kommunalpolitischen Entscheidungsträger zum lokalen Steuerzahler begünstigt andererseits auf Seiten der Kommunalpolitik und der Verwaltung die Missachtung der lokalen Präferenzen und ein unwirtschaftliches Verhalten, da der Sachzusammenhang von Aufgabenwahrneh-

[17] Die ökonomischen Entscheidungen der Unternehmen umfassen etwa die Standortwahl, Arbeitsnachfrage, Investitionstätigkeit, Finanzierung und Rechtsform und die der Haushalte z. B. das Arbeitsangebot und das Sparen (vgl. SCHERF (2001, S. 21)).

mung, Ausgabenbelastung und finanzieller Deckung aus Steuermitteln verloren geht (vgl. FÄRBER ET AL. (2003)). Zudem ist die Rechenschaftspflicht der lokalen Politik bei der Art und Höhe der Ausgabenpolitik und Höhe und Dynamik der dazugehörigen Steuerpolitik nur unvollkommen. Das Fühlbarkeitspostulat verlangt daher die Ausgestaltung kommunaler Steuern in einer Form, dass die Belastung grundsätzlich für die Steuerpflichtigen merklich ist und dabei möglichst von einer Vielzahl der Steuerpflichtigen wahrgenommen wird (vgl. ZIMMERMANN (1999, S. 157)). Um die Fühlbarkeit der Besteuerung zu verstärken, sollten dabei die Gemeinden über ein Hebesatzrecht verfügen (vgl. SCHERF (2001, S. 21)).

Eine weitere kommunalspezifische Anforderung besteht darin, dass bei den kommunalen Steuerquellen ein Bezug zur lokalen Wirtschaftskraft vorhanden sein sollte. Diese Forderung ergibt sich schon aus dem Grundsatz des Interessenausgleichs. Zudem wird den Gemeinden in Art. 28 II GG ausdrücklich eine wirtschaftskraftbezogene Steuerquelle mit Hebesatzrecht garantiert. Doch unabhängig von dieser verfassungsrechtlichen Anforderung ist eine Anbindung der kommunalen Einnahmen an die lokale Wirtschaft auch aus ökonomischen Gründen sinnvoll. Nur wenn die Gemeinden einen positiven Anreiz haben, sich um die Ansiedlung von neuen und die Standortpflege für schon bestehende Unternehmen zu bemühen, werden sie diese mühevollen und mit Lasten verbundenen Aktivitäten auch auf sich nehmen. Wenn ein Gemeindesteuersystem keinen Bezug zur örtlichen Wirtschaft hat, verstärkt sich der Anreiz für Gemeinden, sich allein als Wohn- und Freizeitstandort zu etablieren und die Gewerbeansiedlungen, die möglicherweise mit Umweltbelastungen oder Beeinträchtigungen des Landschaftsbildes einhergehen, anderen Gemeinden zu überlassen. Ein Gemeindesteuersystem sollte also das kommunale Interesse daran, Unternehmen zu attrahieren, erhalten (vgl. FUEST und THÖNE (2005, S. 26f.)). Daneben sollte das Gemeindesteuersystem Anreize zur Ansiedlung von Unternehmen unterschiedlicher Betriebsgrößen, Sektoren und Branchen setzen (vgl. BROER (2001, S. 717)). Denn diese Forderung nach einer Absicherung gegen eine einseitige lokale Wirtschaftsstruktur beinhaltet das Streben, die Gemeinden durch die Ausgestaltung der kommunalen Steuern soweit wie möglich von konjunkturellen und strukturellen Krisen sowie von einzelnen lokalen Unternehmen oder steuerstarken privaten Haushalten unabhängig zu machen. Insbesondere in kleinen Gemeinden können einzelne Unternehmen als bedeutende Steuerzahler – z. B. durch Androhung einer Betriebsverlagerung oder räumlichen Auslagerung von betrieblichen Teilfunktionen – erheblichen Einfluss auf die Kommunalpolitik ausüben. Zudem gerät die Gemeinde, wenn dieser Steuerzahler aus betriebsindividuellen oder brachenspezifischen Gründen in Schwiegigkeiten gerät, relativ leicht in finanzielle Probleme. Aus diesen Gründen ist ein Mittelweg bei der Gestaltung der kommunalen Steuern zu finden mit dem Bestreben, die Gemeinden in ausreichender Weise an der Ansiedlung und der positiven Entwicklung von Unternehmen und steuerstarken Haushalten zu interessieren, und der Forderung, die Beeinflussbarkeit der kommunalen Politik im Sinne einer einseitigen Ausrichtung auf Partikularinteressen möglichst klein zu halten sowie die konjunkturelle und strukturelle Anhängigkeit zu verringern (vgl. ZIMMERMANN und POSTLEP (1980, S. 252)).

Weitere kommunalspezifische Anforderungen bestehen darin, dass die Gemeindesteuern eine hohe Stetigkeit bei dem Steueraufkommen bzw. eine geringe Konjunkturreagibilität und eine proportionale Wachstumsreagibilität aufweisen (vgl. z. B. BROER (2001)). Da angesichts der großen Zahl der kommunalen Entscheidungsträger und wegen der Gefahr des Trittbrettfahrerverhaltens die konjunkturorientierte Finanzpolitik als vorrangige Aufgabe des Zentralstaats gesehen wird, sollten die kommunalen Steuern relativ konjukturunempfindlich sein. Denn sonst besteht die Gefahr einer Parallelpolitik, weil das prozyklische Steueraufkommen eine ebenfalls prozyklische Ausgabenpolitik ermöglicht (vgl. ZIMMERMANN (1999, S. 158)). Insbesondere die negativen Konjunktureffekte können dabei insofern beträchtlich sein, als die Gemeinden etwa 64 v. H. der gesamten öffentlichen Sachinvestitionen tätigen (vgl. BROER (2001, S. 717)), die als besonders konjunkturwirksam anzusehen sind. Des Weiteren wird für kommunale Steuern gefordert, dass sie in ihrem Aufkommen mit dem allgemeinen Wirtschaftswachstum Schritt halten sollten. Dieses Postulat wird damit begründet, dass aufgrund des Vorleistungscharakters vieler kommunaler Leistungen die gemeindliche Aufgabenerfüllung und damit auch der Ausgabenbedarf entsprechend dem Wirtschaftswachstum zunehmen. Definiert man Wirtschaftswachstum als längerfristiges Wachstum des Sozialprodukts, so sind für kommunale Steuern keine Bemessungsgrundlagen zu fordern, die auf längere Sicht nicht oder nur zu wenig mit dem Sozialprodukt zunehmen. Andernfalls besteht die Gefahr, dass die Gemeinden als hauptsächliche Träger der öffentlichen Infrastrukturpolitik ihre Tätigkeit in diesem Bereich reduzieren, mit entsprechenden Folgen für die wirtschaftliche Entwicklung und für die Versorgungssituation der Bürger (vgl. ZIMMERMANN (1999, S. 159) und BROER (2001;2004)).

Als eine weitere Zielsetzung wird in der Literatur eine möglichst geringe interkommunale Streuung des Steueraufkommens gefordert. Demnach sind nur solche Steuern als Gemeindesteuern geeignet, deren interkommunale Aufkommensstreuung den als zieladäquat angesehenen interkommunalen Finanzbedarfsanforderungen entspricht (vgl. ZIMMERMANN (1999, S. 161) und ZIMMERMANN und POSTLEP (1980, S. 253)). Bei gleichen Hebesätzen z. B. sollte das Steueraufkommen bezogen auf die jeweils relevanten Bedarfsindikatoren wie Einwohner und Unternehmen unter den Gemeinden keine allzu großen Unterschiede aufweisen, um einerseits steuerinduzierte räumliche Fehlentwicklungen zu vermeiden und andererseits die Gleichwertigkeit der Lebensverhältnisse nicht zu gefährden (vgl. SCHERF (2001, S. 19f.) und BROER (2001, S. 717)). Soweit diese Forderung nach einer bedarfsgerechten interkommunalen Finanzausstattung nicht realisiert wird bzw. werden kann, ergeben sich unmittelbar Auswirkungen auf das Ausmaß des Finanzausgleichsbedarfs (vgl. ZIMMERMANN (1999, S. 161)). Dabei muss der kommunale Finanzausgleich als nachgelagertes Instrument zum Ausgleich der Einnahmedisparitäten umso weniger in Anspruch genommen werden, je mehr die Gemeindesteuern dieser Anforderung entsprechen. Hinter dieser Forderung nach einer bedarfsgerechten Finanzausstattung steht des Weiteren die Absicht, die Voraussetzungen für einen sinnvollen Einsatz eines Hebesatzrechts zu schaffen (vgl. SCHERF (2001, S. 20)). Denn bei einer sehr ungleichmäßigen Aufkommensstreuung versagt der Hebesatzmechanismus, da steuerstarke Gemeinden in der Lage sind, trotz relativ niedriger Hebesätze überdurchschnittliche Leistungen bereitzustellen, während steuerschwache Gemeinden trotz relativ hoher Hebesätze nur ein geringeres Leistungsniveau bieten können.

2.2.3 Defizite der Gewerbesteuer

In der aktuellen Diskussion über die Reform der Gewerbesteuer wird immer wieder vorgeschlagen, die Gewerbesteuer zu reformieren oder durch eine andere Steuer zu ersetzen. Bei der Beurteilung der Gewerbesteuer darf allerdings nicht übersehen werden, dass sie durchaus einigen der beschriebenen Anforderungen, die eine kommunale Steuer erfüllen sollte, gerecht wird. Allerdings ist die Liste der Mängel bzw. Schwachstellen lang und die Reformmaßnahmen der letzten Jahre haben die Kritik an dieser Steuer nochmals verstärkt. Im Folgenden sollen daher die zentralen Schwachstellen der Gewerbesteuer dargestellt werden.

Ein erster und auch gravierender Mangel besteht darin, dass die Gewerbesteuer allein die Unternehmen belastet. Somit verstößt sie gegen das Prinzip der fiskalischen Äquivalenz und des Interessenausgleichs. Denn es fehlt eine direkte Beteiligung der Wohnbevölkerung an der Finanzierung lokaler öffentlicher Leistungen (vgl. FUEST und HUBER (2003, S. 561)). Dies hat zur Folge, dass die Kosten der den privaten Haushalten zufließenden Leistungen mit Hilfe der Gewerbesteuer finanziert und somit den Unternehmen angelastet werden, da nur bei dieser Steuer sowohl die Bemessungsgrundlage im Vergleich zu den sonstigen Steuern ein ausreichendes Volumen aufweist als auch eine direkte und flexible Beeinflussung des Steueraufkommens gegeben ist (vgl. BROER (2001, S. 718)).[18] Zwar leistet die Wohnbevölkerung indirekt über den kommunalen Einkommensteueranteil der Gemeinden einen Beitrag der Gemeindefinanzierung. Doch weder

Tabelle 2.6: Gewerbesteuerpflichtige Unternehmen nach Rechtsform[a]

Rechtsform	Steuermess-betrag =0		Steuermess-betrag >0		Insgesamt	
	Anzahl	Anteil[b]	Anzahl	Anteil[b]	Anzahl	Anteil[b]
Einzelgewerbetreibende	775.705	54,5	589.310	62,9	1.365.015	57,8
Personengesellschaften	164.607	11,6	118.266	12,6	282.873	12,0
Kapitalgesellschaften	464.177	32,6	222.912	23,8	687.089	29,1
Sonstige juristische Personen	19.891	1,4	7.090	0,8	26.981	1,0
Summe[c]	1.424.380	100,0	937.578	100,0	2.361.958	100,0

[a] in 1998; [b] in v. H.; [c] Rundungsdifferenzen möglich
Quelle: STATISTISCHES BUNDESAMT (2004); eigene Berechnungen.

die Beweglichkeit noch die Fühlbarkeit der Besteuerung ist bei dieser Einnahmequelle stark ausgeprägt. Will man die Gewerbesteuer beibehalten, so müsste sie auf jedem Fall um eine von den Gemeinden eigenständig gestaltbare Besteuerung der Wohnbevölkerung ergänzt werden (vgl. FUEST und HUBER (2001, S. 17)). Ein zweiter Mangel besteht darin, dass eine im Zeitablauf unbefriedigende Abgrenzung des Kreises der Steuerpflichtigen

[18]Den kontinuierlichen Anstieg der Hebesätze sieht HUBER (2002) als Beleg dafür, dass die Gewerbesteuer zunehmend den Charakter einer allgemeinen Finanzierungsquelle annimmt und damit eine Äquivalenzbesteuerung den Gemeinden schon allein aus diesem Grunde erschwert wird.

stattgefunden hat (vgl. FELD und DÖRING (2004, S. 6)). Dieser selektive Charakter der Gewerbesteuer findet zum einen seinen Ausdruck in zahlreichen Befreiungen von der Steuerpflicht. Land- und forstwirtschaftliche Betriebe sind ebenso ausgenommen wie die Wohnungswirtschaft, diverse öffentliche Unternehmen und die freien Berufe, ohne dass sachliche Gründe vorliegen. Zum anderen trifft die Gewerbesteuer wegen den immer wieder angehobenen Freibeträgen für Einzelunternehmen und Personengesellschaften und der seit 1992 eingeführten, progressiv wirkenden Messzahlenstaffel nur die mittleren und großen Gewerbebetriebe. So waren im Jahr 1998 in Deutschland rund 2,4 Millionen Unternehmen gewerbesteuerpflichtig (vgl. Tabelle 2.6). Für rund 1,4 Millionen Unternehmen oder etwa 60 v. H. betrug die Gewerbesteuerschuld jedoch null, weil sie keinen positiven Steuermessbetrag aufwiesen.

Ein weiteres Problem besteht darin, dass unter den verbleibenden Unternehmen, die im Jahr 1998 überhaupt die Gewerbesteuer gezahlt haben, der größte Teil des Steueraufkommens von einer relativ kleinen Zahl von Unternehmen aufgebracht wurde (vgl. Tabelle 2.7). So entfiel in dem Jahr 1998 knapp 91 v. H. der gesamten Bemessungsgrundlage der Gewerbesteuer auf nur gut 11,3 v.H. der gewerbesteuerzahlenden Unternehmen – das sind die Unternehmen mit mehr als 125.000 Euro Gewerbeertrag. Allerdings sind die Freibeträge und die Steuermesszahlenstaffelung nicht die alleinige Ursache für die Konzentration der Gewerbesteuerlast auf relativ wenige gewerbesteuerpflichtige Unternehmen. Bei Kapitalgesellschaften, bei denen ja weder Freibeträge noch eine Messzahlenstaffelung gewährt werden, haben 1998 nur 222.912 und damit rund ein Drittel überhaupt Gewerbesteuer gezahlt (vgl. Tabelle 2.6). Der selektive Charakter der Gewerbesteuer könnte also auch zum Teil damit zusammenhängen, dass die große Mehrzahl der Unternehmen tatsächlich ertragsschwach ist, oder daran, dass viele Unternehmen erfolgreich Steuer-

Tabelle 2.7: Verteilung der gewerbesteuerpflichtigen Unternehmen über den Gewerbeertrag[a]

Gewerbeertragsstufen in Euro	Anzahl	Anteil in v.H.	Steuermessbetrag[b]	Anteil in v.H.
0-24.100	123.269	13,15	50	0,80
24.100-48.100	427.514	45,60	102	1,62
48.100-72.100	165.967	17,70	147	2,34
72.100-125.000	114.573	12,22	293	4,66
125.000-250.000	56.856	6,06	385	6,12
250.000-500.000	24.273	2,59	386	6,14
500.000-2,5 Mio.	19.741	2,11	988	15,71
2,5 Mio.-5 Mio.	2.678	0,29	462	7,35
5 Mio. und mehr	2.707	0,29	3.475	55,26
Zusammen[c]	937.578	100,00	6.288	100,00

[a] nur Fälle mit positivem Steuermessbetrag, in 1998; [b] in Mill. Euro; [c] Rundungsdifferenzen möglich
Quelle: STATISTISCHES BUNDESAMT (2004); eigene Berechnungen.

vermeidungsstrategien verfolgen (vgl. z.B. FUEST und HUBER (2001, S. 6)). Insgesamt jedoch weicht der Kreis der materiell Steuerpflichtigen von dem Kreis der Unternehmen ab, die von den kommunalen Leistungen profitieren und somit auch die von der Wirtschaft verursachten Kosten übernehmen sollten (vgl. SCHERF (2001, S. 22)).

Durch den selektiven Charakter der Gewerbesteuer kommt es darüber hinaus in vielen Gemeinden dazu, dass sie oftmals in eine fatale Abhängigkeit von der wirtschaftlichen Situation einiger großen Unternehmen geraten. Eine Absicherung gegen eine einseitige lokale Wirtschaftsstruktur ist somit bei der gegenwärtigen Ausgestaltung der Gewerbesteuer oftmals nicht möglich.

Die Ausgestaltung der Gewerbesteuer ist jedoch auch im Hinblick auf das Postulat der Neutralität der Besteuerung kritisch einzuschätzen. Infolge der nur hälftigen Einbeziehung der Dauerschuldzinsen bei der Bestimmung des Gewerbeertrags kommt es zu einer Benachteiligung der Eigen- gegenüber der Fremdfinanzierung und damit zu einem Verstoß gegen die Finanzierungsneutralität (vgl. SCHERF (2001, S. 23)). Die Rechtsformneutralität ist durch die Gewährung von Freibeträgen, einer Steuermesszahlenstaffelung und der Möglichkeit einer pauschalierten Anrechnung der Gewerbesteuer auf die Einkommensteuer ebenfalls nicht gegeben, da es zu einer positiven Diskriminierung von Einzelunternehmen und Personengesellschaften kommt (vgl. BROER (2001, S. 718)). Darüber hinaus belastet die Gewerbesteuer unter den Produktionsfaktoren, die zur Wertschöpfung beitragen, einseitig den Faktor Kapital und wirkt damit auch nachteilig im internationalen Standortwettbewerb. Die Faktoreinsatzneutralität ist somit ebenfalls gestört (vgl. z. B. HUBER und FUEST (2001, S. 17f.) und BROER (2001, S. 718)). Erschwerend kommt in diesem Zusammenhang hinzu, dass ausländischen Unternehmen in ihrem Heimatland die in Deutschland gezahlte Gewerbesteuer nicht angerechnet wird (vgl. FUEST und HUBER (2003, S. 561)). Ein weiterer Mangel der Gewerbesteuer wird darin gesehen, dass sie einen gesamtwirtschaftlich unerwünschten Substanzsteuercharakter besitzt, d. h. Betriebe auch in Verlustphasen mit Gewerbesteuer belastet werden können. Die Gewerbesteuer kann somit die Krisenanfälligkeit der betroffenen Unternehmen verstärken (vgl. SANDER (2001, S. 448)).

Der selektive Charakter der Gewerbesteuer sowie Unzulänglichkeiten bei der Bemessungsgrundlage haben darüber hinaus auch zu einer erheblichen Konjunkturempfindlichkeit geführt (vgl. auch Abbildung 2.1). Ursächlich dafür sind mitunter die folgenden Entscheidungen des Steuergesetzgebers (vgl. FELD und DÖRING (2004, S. 6)): Nachdem 1979 zunächst die Lohnsumme als Besteuerungsgrundlage gestrichen wurde, folgte eine Absenkung der Hinzurechnung der Dauerschuldzinsen zum Gewerbeertrag auf 50 v. H. im Jahr 1982. Im Jahr 1998 entfiel des Weiteren die Gewerbekapitalsteuer. Sieht man von einigen wenigen noch verbliebenen ertragsunabhängigen Elementen ab, so ist die Gewerbesteuer seitdem eine Steuer auf den Gewerbeertrag und spiegelt damit die von der Konjunktur abhängige Ertragslage der Unternehmen im Aufkommen wider (vgl. z.B. FELD und DÖRING (2004, S. 6) und BROER (2001, S. 719)).

Die Forderung nach proportionaler Wachstumsreagibilität erfüllt die Gewerbesteuer ebenfalls nur unbefriedigend. So zeigte bereits die Analyse im Abschnitt 2.2.1, dass die Gewerbesteuer nur eine unzureichende Dauerergiebigkeit besitzt. Bei der Gewerbesteuer kommt es zudem zu einer starken Streuung der Gewerbesteuereinnahmen. Ein beispielhafter Vergleich der drei Stadtstaaten[19] zeigt, dass im Jahr 2003 die Einnahmen der steuerschwächsten Stadt Berlin gerade einmal 29,4 v. H. der steuerstärksten Stadt Hamburg erreichen (vgl. Tabelle 2.8). Durch die starke Streuung des Aufkommens zwischen den

Tabelle 2.8: Streuung der Gewerbesteuereinnahmen[a]

Gebietskörperschaft	Gewerbesteuer[b] Aufkommen pro Kopf in Euro	Gewerbesteuer[b] in v. H. des Maximums
Berlin	209	29,40
Hamburg	711	100,00
Bremen	552	77,64

[a] in 2003; [b] vor Abzug der Gewerbesteuerumlage
Quelle: STATISTISCHES BUNDESAMT (2004); eigene Berechnungen.

Gemeinden ähnlicher Größe und Funktion wird somit die Gewerbesteuer der Forderung nach einer bedarfsgerechten Finanzausstattung nicht gerecht (vgl. FUEST und HUBER (2003, S. 561)). Die Gewerbesteuer erhöht somit auch den Finanzausgleichsbedarf und – eng damit verbunden – die Abhängigkeit vieler Gemeinden von den Transferleistungen des Finanzausgleichs.

2.3 Stand der Reformbemühungen

Angesichts der Defizite der bestehenden Gewerbesteuer kann nicht überraschen, dass eine Reform schon seit längerer Zeit angemahnt wird. In der Vergangenheit hat es daher eine Vielzahl von Vorschlägen für eine derartige Gemeindesteuerreform gegeben.[20]

Es zählt dabei zu einer besonderen Eigenheit der Auseinandersetzung um die Reform der Gewerbesteuer, dass zwar unter den beteiligten Akteuren – dazu zählen etwa die Gemeinden, Unternehmen sowie die Landesregierungen und die Bundesregierung – die Gewerbesteuer allseits kritisiert und auch deren Substitution gefordert wurde und auch nach wie vor wird, eine einvernehmliche Lösung bislang aber dennoch nicht gefunden werden konnte. Denn auf der einen Seite stehen die kommunalen Gebietskörperschaften mit ihren Verbänden und den teilweise divergierenden Verteilungsinteressen von Städten, Gemeinden und Gemeindeverbänden. Auf der anderen Seite stehen die Steuerzahler – hier insbe-

[19] Bei einer empirischen Untersuchung der Streuungseigenschaft der Gewerbesteuer ist zu beachten, dass es nicht ausreicht, einfach die Steuereinnahmekraft pro Kopf verschiedener Gemeinden zu vergleichen, um Aussagen über die horizontale Streuungseigenschaft der Steuer treffen zu können. Denn je nach Ausgestaltung des Landesrechts haben die Gemeinden unterschiedliche Aufgaben zu erfüllen, was sich auch in den Pro-Kopf-Steuereinnahmen niederschlagen sollte. Die drei Stadtstaaten hingegen erfüllen als Bundesländer und Gemeinden vergleichbare Aufgaben und haben somit auch den gleichen Bedarf und benötigen deshalb auch vergleichbare Pro-Kopf-Steuereinnahmen (vgl. BROER (2001;2004)).

[20] Für einen Überblick zu den Reformvorschlägen jüngeren Datums siehe z. B. FELD und DÖRING (2004) und FUEST und THÖNE (2005).

sondere die Wirtschaft und die Wohnbevölkerung – und mit ihnen ebenfalls unterschiedliche Anforderungen an eine Reform. Und schließlich kommen die Landesregierungen und die Bundesregierung ins Spiel, da sich bei fast jeder Reformmaßnahme – wie weiter unten noch gezeigt werden wird – finanzwirksame Verschiebungen im System der föderalen Finanzbeziehungen ergeben. Das Durchsetzungspotential der Politik ist angesichts dieser komplexen Verflechtungen der Partikularinteressen begrenzt (vgl. JUNKERNHEINRICH (2003)).

Dennoch hat die Bundesregierung unter dem Druck der sich zuspitzenden kommunalen Finanzkrise am 27.03.2002 eine Kommission zur Reform der Gemeindefinanzen einberufen. Anstelle der Erarbeitung eines politisch tragfähigen Reformvorschlages lieferte die Kommission von Beginn an lediglich ein Spiegelbild der unterschiedlichen Vorstellungen darüber, in welche Richtung die Reform aus Sicht der einzelnen Kommissionsmitglieder gehen sollte.[21] Auch wenn somit für eine einvernehmliche Lösung nur wenig Raum vorhanden war, so zeigte sich im Zeitablauf in der Kommission zumindest eine Mehrheit für die von den Kommunen bevorzugte Modernisierung der bestehenden Gewerbesteuer (vgl. JUNKERNHEINRICH (2003)). Am Ende reichte dies jedoch nicht aus, um sich auf einen Kompromiss zu einigen.

Daran konnte selbst der damalige Bundeskanzler nichts ändern, der in seiner Regierungserklärung vom 14.03.2003 das Thema Gewerbesteuer in seine Reformagenda 2010 aufgenommen und den 01.01.2004 als verbindlichen Termin für das Inkrafttreten der Gewerbesteuerreform festgelegt hatte. Da die Kommission zur Reform der Gemeindefinanzen nicht den hohen Erwartungen entsprechen konnte, reagierte die Bundesregierung mit einem eigenen Reformvorschlag (BUNDESMINISTERIUM DER FINANZEN (2003)). Als Weiterentwicklung der bestehenden Gewerbesteuer wurde das Modell einer Gemeindewirtschaftsteuer als Gesetzentwurf in den Bundestag eingebracht.[22] Die Weigerung des Bundesrates bei diesem zustimmungspflichtigen Gesetzentwurf führte zu einer Anrufung des Vermittlungsausschusses. Dort einigte man sich noch vor Ende des Jahres 2003 lediglich auf Einzelmaßnahmen wie z. B. die Absenkung der Gewerbesteuerumlage. Demnach bleibt die Gewerbesteuer in ihrer bestehenden Form auch weiterhin erhalten. Von einer grundlegenden Reform der Gewerbesteuer kann somit bei diesem aktuellen Kompromiss keine Rede sein und selbst von deren Modernisierung darf nicht gesprochen werden.

Angesichts dessen ist es nicht überraschend, dass schon erste Stimmen laut werden, die neuerliche Reformbemühungen einfordern (vgl. z. B. STIFTUNG MARKTWIRTSCHAFT (2005b)). Die bislang von ökonomischer Seite formulierten und in Abschnitt 2.2.2 beschriebenen Anforderungen an eine Gemeindesteuerreform haben somit ebenso wie die an der bestehenden Gewerbesteuer formulierte und in Abschnitt 2.2.3 dargestellte Kritik nichts an Aktualität eingebüßt. Dies gilt in gleicher Weise auch für die bislang diskutierten Reformkonzepte.

---

[21] Zu der Kommissionsarbeit sowie den behandelten Reformmodellen siehe KOMMISSION ZUR REFORM DER GEMEINDEFINANZEN (2003) oder auch FUEST und THÖNE (2005).

[22] Für eine ausführliche Darstellung und Analyse des Reformkonzepts siehe FUEST und THÖNE (2005).

2.4 Zusammenfassung und Folgerungen

In diesem Kapitel wurde zunächst die Ausgestaltung und die Bedeutung der Gewerbesteuer für die kommunalen Haushalte dargestellt. Dabei wurde deutlich, dass der Gewerbesteuer für die kommunalen Einnahmen in Deutschland sowohl quantitativ als auch qualitativ – vor allem wegen der Variierbarkeit der Einnahmen durch das Hebesatzrecht – eine zentrale Rolle zukommt. Eine Gewerbesteuerreform stellt somit einen wesentlichen Eingriff in das kommunale Finanzierungssystem dar.

Um die Gründe aufzuzeigen, die einen derartigen Eingriff rechtfertigen, wurde der Reformbedarf bei der Gewerbesteuer näher erläutert. Dazu wurden in einem ersten Schritt die ökonomischen Anforderungen an eine Gemeindesteuer bzw. Gemeindesteuerreform dargestellt, bevor in einem zweiten Schritt vor diesem Hintergrund die Defizite der bestehenden Gewerbesteuer aufgezeigt wurden. Es zeigte sich dabei, dass die Liste der Mängel bei der Gewerbesteuer lang und deshalb eine grundlegende Reform notwendig ist.

Angesichts der aufgezeigten Defizite wurde in einem nächsten Schritt der Frage nachgegangen, wie es um die Reformbemühungen in Deutschland steht. Es wurde dabei aufgezeigt, dass die Notwendigkeit einer Gewerbesteuerreform, die ein zentrales Element einer umfassenden Gemeindefinanzreform darstellt, allseits anerkannt wird. Es gibt von den im Bundestag vertretenen Parteien, den Arbeitgeber- und Arbeitnehmervertretungen bis hin zum Bund der Steuerzahler keine gesellschaftliche Gruppe, die eine Reform nicht für dringend geboten hält. Ungeachtet dieser hohen Akzeptanz des Reformbedarfs befindet sich jedoch das politische System in einer Politikverflechtungsfalle. Die Gewerbesteuerreform bleibt somit auch weiterhin auf der Agenda von Wissenschaft und Politik.

Vor diesem Hintergrund beschäftigt sich die vorliegende Arbeit mit Aspekten, die in der bisherigen Diskussion um eine Reform der Gewerbesteuer und auch bei der Entwicklung von Reformkonzepten, wenn überhaupt, nur am Rande behandelt werden. Ein erster Aspekt betrifft die Rolle des Finanzausgleichs im Hinblick auf die Verteilungswirkungen einer Gewerbesteuerreform. Da die kommunalen Steuereinnahmen als Berechnungsgrundlage in zahlreichen Finanzausgleichsmechanismen zugrunde gelegt werden, können sich bei der Realisierung der Reformvorschläge Mehr- oder Mindereinnahmen bei den öffentlichen Haushalten ergeben. Zwar spielen die vertikalen und horizontalen Verteilungswirkungen für die Gebietskörperschaften bei der Entwicklung und Analyse bzw. Bewertung von Reformvorschlägen eine Rolle. In der Regel werden diese Aufkommenswirkungen für Bund, Länder und Gemeinden jedoch nur im Rahmen des primären Finanzausgleichs quantifiziert. Doch damit werden automatisch alle indirekten und damit auch oftmals verdeckten Verteilungseffekte, welche sich über den Länderfinanzausgleich und die kommunalen Finanzausgleichssysteme ergeben, ausgeblendet. Gerade die Vernachlässigung der letztgenannten Aufkommenswirkungen überrascht, da ja die reformbedingten Mehr- oder Mindereinnahmen der öffentlichen Haushalte nicht zuletzt für die politische Durchsetzbarkeit von Reformkonzepten maßgeblich sind. Immerhin zeigen die Untersuchungen von FUEST und HUBER (2001) sowie FEHR und TRÖGER (2003b), dass die Rückwirkungen über die Finanzbeziehungen bei Gewerbesteuerreformen quantitativ bedeutsam sind. Allerdings berücksichtigen diese beiden Analysen nicht das kommunale Finanzausgleichssystem, das Bestandteil des deutschen Finanzausgleichssystems ist. Vor diesem Hintergrund wird es somit eine Aufgabe dieser Arbeit sein, die direkten und insbesondere die indirekten Rückwirkungseffekte einer Gemeindesteuerreform im Bundesstaat noch genauer zu identifizieren und auch eine (erste) Quantifizierung dieser Effekte vorzunehmen. Bei dem zweiten Aspekt, der in den nachfolgenden Kapiteln ebenfalls näher beleuchtet werden soll, geht es demgegenüber um die Frage, mit welchen Anreizwirkungen des Finanzausgleichs auf die Kommunalpolitik gerechnet werden muss, wenn es zu einer Umsetzung von Reformvorschlägen kommt. Es geht also dabei z. B. um die Frage, inwiefern durch das Finanzausgleichssystem diejenigen Entscheidungen der kommunalen politischen Entscheidungsträger verzerrt werden, die in einem direkten Zusammenhang mit der Pflege der neuen kommunalen Steuerquellen stehen. Dass derartige allokative Aspekte in der gesamten Reformdiskussion unbeachtet bleiben, überrascht ebenfalls. Denn bei der Beschreibung der Anforderungen, die eine Gemeindesteuer bzw. ein Gemeindesteuerreformvorschlag erfüllen sollte, wurde deutlich, dass die Steuerpolitik und die „Bemessungsgrundlagen"-Politik zentrale kommunale Handlungsgrößen darstellen. Finanzausgleichsbedingte Verzerrungen bei den kommunalen Entscheidungen könnten somit die Gefahr bergen, dass durch den Finanzausgleich einige Ziele bzw. „gute Absichten" der Gewerbesteuer- und damit auch der Gemeindefinanzreform – wie z. B. die Stärkung der Finanzautonomie – untergraben werden. Aufgabe in den nächsten Kapiteln wird es daher sein, diese allokativen und distributiven Aspekte des Finanzausgleichs im Kontext einer Gewerbesteuerreform näher zu beleuchten.

Kapitel 3

Finanzausgleichsmechanismen in Deutschland

Um die distributiven Aspekte des Finanzausgleichs im Kontext einer Gewerbesteuerreform beleuchten zu können, ist es notwendig, zunächst die konkrete Ausgestaltung des deutschen Finanzausgleichssystems zu erläutern. Dies ist deshalb zum einen sinnvoll, da nur so verdeutlicht werden kann, warum das deutsche Finanzausgleichssystem immer bei einer Entwicklung und Analyse von Gewerbesteuerreformvorschlägen berücksichtigt werden sollte. Zum anderen kann nur bei Kenntnis der Finanzausgleichsregelungen weiter unten der Frage nachgegangen werden, wie Konzepte zur Reform der Gewerbesteuer in das bestehende Finanzausgleichssystem implementiert werden können und welche Rückwirkungen bei den Einnahmen von Bund, Ländern und Gemeinden zu erwarten sind. Im Folgenden werden daher die ab dem Jahr 2005 geltenden vertikalen und horizontalen Finanzausgleichsmechanismen und die damit verbundenen Verflechtungen zwischen den Gebietskörperschaften, die sich aus einem Regelungsgeflecht von Verfassungsnormen und gesetzlicher Umsetzung ergeben, ausführlich dargestellt.[23]

3.1 Verfassungsrechtlicher Rahmen des Finanzausgleichssystems

Bevor nun die einzelnen Finanzausgleichsmechanismen detailliert dargestellt werden, soll an dieser Stelle zunächst der verfassungsrechtliche Rahmen und damit auch die Grundstruktur des Finanzausgleichssystems in Deutschland kurz vorgestellt werden. Die Finanzverfassung regelt in den Art. 106 und 107 GG die Steuerverteilung in einem System verschiedener aufeinander bezogener Stufen, denen jeweils eigene Verteilungs- bzw. Ausgleichsziele zugeordnet sind. Dabei regelt die Finanzverfassung die Verteilung des Finanzaufkommens jedoch nur in ihren tragenden Säulen. Die Ausgestaltung im Detail wird oftmals dem Gesetzgeber überlassen.

Bei diesem Finanzausgleichssystem ist die Frage der Verteilung der Steuereinnahmen in doppelter Hinsicht bedeutsam: im Verhältnis mehrerer gleichgeordneter Gebietskörperschaften untereinander (horizontaler Finanzausgleich) sowie im Verhältnis zwischen übergeordneten und untergeordneten Gebietskörperschaften (vertikaler Finanzausgleich). Sowohl beim horizontalen als auch vertikalen Finanzaugleich sind zwei Regelungsstufen zu unterscheiden (vgl. z. B. HENNEKE (1998, S. 101)). Zunächst wird durch die Verfassung oder aufgrund dieser bestimmt, welcher Gebietskörperschaft welche Erträge zufließen (primärer oder ertragszuweisender Finanzausgleich). Daran schließt sich zeitlich und sachlich eine Ertragsumverteilung an, die einen Teil der so verteilten Einnahmen nochmals umschichtet (sekundärer oder berichtigender Finanzausgleich). Diese Unterteilungen bestehen dabei nicht je für sich, sondern sind miteinander verknüpft. Es

[23] Da eine Zielsetzung dieser Arbeit auch in der Entwicklung eines Simulationsprogramms zur Quantifizierung von Verteilungs- und Effizienzwirkungen des Finanzausgleichssystems besteht und in diesem Rahmen die Rechtsgrundlagen für die Programmierung notwendigerweise formal umgesetzt werden müssen, kann in diesem Kapitel die Formalisierung zur klaren und eindeutigen Beschreibung der Finanzausgleichsmechanismen genutzt und eine unmittelbar kompatible Grundlage für das ab dem Kapitel 5 verwendete Simulationsprogramm geschaffen werden.

lassen sich so vier Grundformen des Finanzausgleichs unterscheiden, die bei der Verteilung der Ertragskompetenzen auf Bund und Länder unter Einschluss der Kommunen im Grundgesetz jeweils ihre Normierung erfahren haben und in unabänderlicher Reihenfolge stehend zu einer immer feiner abgestimmten Finanzverteilung führen (vgl. HENNEKE (1998, S. 100ff.)):

1. Der primäre vertikale Finanzausgleich, also die Verteilung der Steuererträge auf Bund und die Ländergesamtheit unter Einschluss der Kommunen, geregelt in Art. 106 GG.

2. Der primäre horizontale Finanzausgleich, also die Verteilung der der Ländergesamtheit zufließenden Steuern auf die einzelnen Länder, geregelt in Art. 107 I GG.

3. Der sekundäre horizontale Finanzausgleich, also die Umverteilung von Steuererträgen zwischen den Ländern, geregelt in Art. 107 II 1 und 2 GG.

4. Der sekundäre vertikale Finanzausgleich, also die Umverteilung von ursprünglich dem Bund zugewiesenen Erträgen auf die Ländergesamtheit bzw. einzelne Länder, geregelt in Art. 107 II 3 GG.

Über diese Regelungsstufen des bundesstaatlichen Finanzausgleichs hinaus sieht das Grundgesetz gemäß Art. 106 VII GG einen landesspezifischen kommunalen Finanzausgleich vor.

3.2 Die vertikale Verteilung der Steuererträge

Die Verteilung der Erträge der einzelnen Steuern oder Steuerarten auf die einzelnen Gebietskörperschaften kann auf unterschiedliche Weise vorgenommen werden. Dabei stehen prinzipiell zwei Systeme mit Abstufungen zur Verfügung.[24] In einem Steuertrennsystem wird jede Gebietskörperschaft in die Lage versetzt, sich zur Erfüllung der ihr zugewiesenen Aufgaben die dafür notwendigen Steuereinnahmen unabhängig von anderen Gebietskörperschaftsebenen zu beschaffen. Eine quotenmäßige Aufteilung der Steuern auf die verschiedenen Gebietskörperschaftsebenen erfolgt hingegen im Verbundsystem.

Die einzelnen Systeme weisen jedoch Vor- und Nachteile auf. Das Trennsystem trägt dem Grundsatz der haushaltswirtschaftlichen Selbstständigkeit der Gebietskörperschaften Rechnung und führt zu einer klaren Zergliederung der Steuern nach Bundes-, Länder- und Gemeindesteuern. Allerdings besteht wegen der regelmäßig sehr unterschiedlichen Entwicklung der einzelnen Steuern die Gefahr, dass es zu einem Auseinanderklaffen der Finanzausstattung der einzelnen Gebietskörperschaften kommt. Nicht gerechtfertigte Unterschiede in der Aufgabenerfüllung sind dann ebenso die Folge wie die Notwendigkeit von Korrekturen der Steuerzuordnung. Somit kann der Erfordernis hinreichender Stabilität des Finanzverteilungssystems bei systemimmanenter Elastizität nicht Rechnung getragen werden (vgl. HENNEKE (1998, S. 106)). Im Verbundsystem hingegen wirken sich Änderungen bei den Steueraufkommen gleichermaßen auf die beteiligten Ge-

[24] Für einen finanzwissenschaftlichen Überblick siehe z. B. LENK (1993, S. 72ff.).

bietskörperschaften aus. Es trägt somit zu einer Stabilisierung im Verhältnis der beteiligten Gebietskörperschaftsebenen bei (vgl. HENNEKE (1998, S. 107)). Da der Verteilungsschlüssel in einem Verbundsystem bei Bedarf in der Regel relativ leicht geändert werden kann, weist es dadurch auch eine ausreichende Variabilität und Elastizität auf (vgl. LENK (1993, S. 79)). Nachteilig ist hingegen, dass in der Regel die Festlegung der Anteile jeder Ebene am Steuerverbund politisch äußerst umstritten ist (vgl. HENNEKE (1998, S. 107)). Das Grundgesetz hat sich nun für ein Mischsystem entschieden, bei dem

Tabelle 3.1: Die Struktur des Steuerertragsausgleichs[a]

	1970	1980	1990	2000	2005
Gemeinschaftsteuern[b]	65,5	73,2	73,4	71,3	67,5
Trennsteuern[c]	34,5	26,8	26,6	28,7	32,5

[a] in v. H.; [b] Einkommen-, Körperschaft- und Umsatzsteuer; [c] einschließlich Zölle
Quelle: BUNDESMINISTERIUM DER FINANZEN (2004, S. 276ff.).

Elemente des Trenn- und Verbundsystems gemeinsam zur Anwendung kommen. Somit können die Vorteile beider Systeme bei Meidung ihrer Nachteile ausgeschöpft werden (vgl. HENNEKE (1998, S. 107) und LENK (1993, S. 79)). Dabei geht das Grundgesetz seit der Finanzreform von 1969 zwar grundsätzlich von einem Trennsystem aus. Allerdings werden nur die Steuern mit geringem Ertrag nach dem Trennsystem den einzelnen Gebietskörperschaften separat zugewiesen. Die aufkommensstärksten Steuern hingegen werden dem Verbund zugewiesen und quotal auf die Gebietskörperschaften verteilt. Zu diesen sogenannten Gemeinschaftsteuern zählen die Einkommen-, Körperschaft- und Umsatzsteuer. Im Jahr 1970 betrug der Anteil dieser Steuern an dem gesamten Steueraufkommen schon 65,5 v. H. (vgl. Tabelle 3.1). Da dieser beträchtliche Anteil bis zum Jahr 2005 sogar leicht auf 67,5 v. H. angestiegen ist, kommt auch gegenwärtig die generelle Ausrichtung des vertikalen Steuerertragsausgleichs auf Distribution zum Ausdruck (vgl. HEINEMANN (2004, S. 108f.)). Gleichermaßen zeigt sich hierin die eingeschränkte finanzwirtschaftliche Handlungsfähigkeit der Gebietskörperschaftsebenen (vgl. HEINEMANN (2004, S. 108f.)). Für diesen großen Anteil am gesamten Steueraufkommen, der nach bundeseinheitlichen Grundlagen erhoben wird, hat zwar der Bund die grundsätzliche Gesetzgebungszuständigkeit nach Art. 105 II GG. Allerdings wirken gemäß Art. 105 III die Länder bei der Steuergesetzgebung des Bundes mit. Eine eigenständige und unabhängige Steuerpolitik ist daher für die Gebietskörperschaften auf allen Ebenen ausgeschlossen.[25]

[25]Für eine ausführliche Auseinandersetzung mit der Verteilung der Steuergesetzgebungskompetenzen gemäß Art. 105 GG auf die Gebietskörperschaften und der damit verbundenen Vorherrschaft des Bundes bei der Steuergesetzgebung siehe z. B. CARL (1995), HAUSNER (2003), HÄDE (1996), HENNEKE (1998), KESPER (1998), TIPKE und LANG (1996) sowie ZIMMERMANN (1999).

3.2.1 *Einnahmeverteilung nach dem Trennsystem*

Im Rahmen des Trennsystems weist das Grundgesetz die Erträge bestimmter Steuern und Steuerarten allein dem Bund bzw. allein den Ländern zu. Seit der Änderung des Grundgesetzes im Jahr 1956 gibt es auch in der Finanzverfassung normierte unmittelbare Steuerertragszuständigkeiten der Kommunen, ohne dass dies am zweistufigen Staatsaufbau etwas ändert (vgl. INHESTER (1998)).

Gemäß Art. 106 I GG steht dem Bund neben den Erträgen der Finanzmonopole auch das Aufkommen der Verbrauchsteuern zu, sofern diese nicht den Ländern nach Art. 106 II GG, den Gemeinden nach Art. 106 VI GG bzw. Bund und Ländern nach Art. 106 III GG gemeinsam zustehen. Hinzu kommen die Straßengüterverkehrsteuer, Kapitalverkehrsteuer, Versicherungsteuer, Wechselsteuer, einmalige Vermögensabgaben oder die zur Durchführung des Lastenausgleichs erhobenen Ausgleichsabgaben, Ergänzungsabgaben zur Einkommensteuer und Körperschaftsteuer, Zölle sowie Abgaben im Rahmen der Europäischen Gemeinschaft. Aus dieser verfassungsrechtlichen Ertragszuordnung folgt jedoch nicht, dass auch eine Erhebungspflicht hinsichtlich dieser Bundessteuern besteht. So werden vor allem aus Gründen der Steuervereinfachung einzelne dieser Steuern nicht mehr erhoben (vgl. HENNEKE (1998, S. 107) und HÄDE (1996, S. 184)).

Im Gegensatz zu den Bundessteuern, die eine besonders enge Verknüpfung zu den Aufgaben des Bundes aufweisen und hinsichtlich ihrer Belastungswirkung und ihres Aufkommens nicht in Teilräume des Bundesgebiets bezogen werden können, sind den Ländern vor allem Steuern mit einem Bezug zur Wirtschaft des jeweiligen Landes und geringer Konjunkturreagibilität zugewiesen worden (vgl. HENNEKE (1998, S. 107)). Gemäß Art. 106 II GG steht den Ländern somit das Aufkommen der Vermögensteuer[26], Erbschaftsteuer, Kraftfahrzeugsteuer, Biersteuer und Spielbankabgabe zu. Darüber hinaus erhalten die Länder das Aufkommen jener Verkehrsteuern, die nicht nach Art. 106 I GG dem Bund allein oder Bund und Ländern gemäß Art. 106 III GG gemeinsam zustehen. Den Ländern verbleiben so im Wesentlichen die Erträge aus der Grunderwerbsteuer, Feuerschutzsteuer und der Rennwett- und Lotteriesteuer. Gemäß Art. 106 VI GG steht das Aufkommen der Grund- und Gewerbesteuer[27] den Gemeinden, das Aufkommen der örtlichen Verbrauch- und Aufwandsteuern[28] den Gemeinden oder nach Maßgabe der Landesgesetzgebung den Gemeindeverbänden wie z. B. den Kreisen zu. Für die Stadtstaaten sieht das Grundgesetz des Weiteren vor, dass, sofern in einem Land keine Gemeinden existieren, das Aufkommen der Steuern dem jeweiligen Land zusteht.

3.2.2 *Einnahmeverteilung nach dem Verbundsystem*

Seit dem Inkrafttreten der Finanzreform zum 01.01.1970 werden die hinsichtlich ihres finanziellen Gewichts sehr bedeutsamen Steuern wie die Einkommen-, Körperschaft- und

[26]Nach dem Jahressteuergesetz 1997 ist aufgrund der Rechtsprechung des Bundesverfassungsgerichts die Vermögensteuer ab 01.01.1997 weggefallen. Abgesehen von kleinen Restbeträgen an Nachzahlungen sind somit künftig keine Einnahmen bei dieser Steuer zu erwarten (vgl. HENNEKE (1998, S. 107f.))

[27]Zu der Realsteuergarantie siehe ausführlich INHESTER (1998) und HENNEKE (1998).

[28]Zu der Erhebung und den Merkmalen der örtlichen Verbrauch- und Aufwandsteuern siehe z. B. INHESTER (1998, S. 97f.), HENNEKE (1998, S. 109f.), HÄDE (1996, S. 193f.) und ZIMMERMANN (1988).

Umsatzsteuer in einem Verbundsystem entsprechend politisch ausgehandelter Anteile den Gebietskörperschaftsebenen zugeteilt. Die Grundstruktur dafür gibt Art. 106 III 1 GG vor. Demnach steht das Aufkommen der Einkommensteuer, der Körperschaftsteuer und der Umsatzsteuer dem Bund und den Ländern gemeinsam zu, soweit das Aufkommen der Einkommensteuer nicht nach Art. 106 V GG und das Aufkommen der Umsatzsteuer nicht nach Art. 106 Va GG den Gemeinden zugewiesen ist. Zur Bestimmung der jeweiligen Beteiligungsverhältnisse bei den Gemeinschaftsteuern werden diese verfassungsrechtlichen Vorgaben durch das Grundgesetz selbst und teilweise durch Gesetze konkretisiert. Seit 1970 sind so überaus komplexe und undurchsichtige Aufteilungsmechanismen entstanden.

3.2.2.1 Verteilung der Einkommen- und Körperschaftsteuer

Für die Einkommensteuer und Körperschaftsteuer gibt das Grundgesetz selbst die Verteilung auf Bund und Länder vor.[29] Nach Art. 106 III 2 GG fließen feste Anteile jeweils dem Bund (θ^B) und den Ländern (θ^L) zu. Dabei wird das jeweilige Steueraufkommen je zur Hälfte auf die beiden Gebietskörperschaftsebenen verteilt. Zudem eröffnet das Grundgesetz dem Bundesgesetzgeber mit Zustimmung des Bundesrates die Möglichkeit, vorab einen Anteil der Gemeinden an den Einnahmen aus der Einkommensteuer festzusetzen (vgl. Art. 106 III 1 und V GG).

Von dieser Möglichkeit hat der Gesetzgeber Gebrauch gemacht. Seit dem 01.01.1970 erhalten die Gemeinden nach Art. 106 V GG i. V. m. § 1 GFRG einen Anteil in Höhe von 14 v. H. (θ_1^G) an der Lohnsteuer und veranlagten Einkommensteuer. Eine Erhöhung des Gemeindeanteils auf 15 v. H. erfolgte ab dem 01.01.1980. Mit der Abschaffung der Lohnsummensteuer sollten so Gewerbesteuerverluste kompensiert werden (vgl. HENNEKE (1998, S. 110)). Ab dem 01.01.1993 werden die Gemeinden des Weiteren am Zinsabschlagsaufkommen in Höhe von 12 v. H. (θ_2^G) beteiligt (vgl. § 1 GFRG). Dadurch sollten die durch das Zinsabschlagsgesetz verbundenen kommunalen Mindereinnahmen bei der Einkommensteuer abgefedert werden.[30] Eine kommunale Beteiligung wie bei der Einkommensteuer ist bei der Körperschaftsteuer und Kapitalertragsteuer demgegenüber durch das Grundgesetz nicht vorgesehen.

3.2.2.2 Verteilung der Umsatzsteuer

Bei der Umsatzsteuer hat das Grundgesetz im Vergleich zu den anderen Gemeinschaftsteuern das Beteiligungsverhältnis bewusst offen gelassen und so ein flexibles Element im vertikalen Steuerverteilungssystem geschaffen, mit dem der Erfordernis der Elastizität der

---

[29]Die verfassungsrechtliche Verankerung der Aufteilung von Einkommen- und Körperschaftsteuer auf die Gebietskörperschaften führt somit dazu, dass eine Anpassung dieser Verteilungsrelationen relativ schwierig ist.

[30]Der geringere prozentuale Anteil beim Zinsabschlag resultiert dabei aus Art. 106 V GG. Es ist lediglich eine kommunale Beteiligung am Aufkommen der Einkommensteuer vorgesehen. Nach Berechnungen des Bundesministeriums der Finanzen entfallen aber lediglich 80 v. H. des Zinsabschlagsaufkommens auf Einkommensteuerpflichtige (vgl. BUNDESMINISTERIUM DER FINANZEN (2005b)). Somit betragen die kommunalen Mindereinnahmen bei der Einkommensteuer nur noch 12 v. H. und nicht 15 v. H. des gesamten Zinsabschlagsaufkommens.

Steuerverteilung entsprochen wird und eine Anpassung an veränderte Finanzverhältnisse vorgenommen werden kann (vgl. HENNEKE (1998, S. 111)). Zur Erfüllung dieser wesentlichen Funktion innerhalb des vertikalen Finanzausgleichs sieht Art. 106 III 3 GG daher vor, dass der Gesetzgeber das Beteiligungsverhältnis am Aufkommen der Umsatzsteuer selbst festsetzt. Dabei hat er allerdings gemäß Art. 106 III 4 GG von verfassungsrechtlich vorgegebenen Grundsätzen auszugehen.

Ein erster Grundsatz besteht darin, dass im Rahmen der laufenden Einnahmen Bund und Länder gleichmäßig Anspruch auf Deckung ihrer Ausgaben, deren Umfang unter Berücksich-tigung einer mehrjährigen Finanzplanung zu ermitteln ist, haben. Der zweite Grundsatz hingegen fordert, dass die Deckungsverhältnisse des Bundes und der Länder so aufeinander abzustimmen sind, dass ein billiger Ausgleich erzielt, eine Überbelastung der Steuerpflichtigen vermieden und die Einheitlichkeit der Lebensverhältnisse im Bundesgebiet gewahrt wird. Dem Ermessen der politischen Entscheidungsträger werden mit diesen normierten Verteilungsgrundsätzen[31] damit Ziele und Grenzen vorgegeben. Die Auseinandersetzung um die Verteilung der Umsatzsteuer soll so versachlicht werden. Ebenso soll der Einfluss rein machtpolitischer Faktoren verringert und der Finanzausgleich verstetigt werden (vgl. KESPER (1998, S. 103) und CARL (1995, S. 28)). Des Weiteren sieht das Grundgesetz gemäß Art. 106 IV 1 GG vor, dass die Anteile von Bund und Ländern neu festzusetzen sind, wenn sich das Verhältnis zwischen Einnahmen und Ausgaben bei Bund und Ländern wesentlich anders entwickelt.[32]

Doch auch wenn diese Verteilungsgrundsätze zusammen mit der Revisionsklausel den Eindruck vermitteln, dass eine konkrete und umsetzungsfähige Regelung für die Festsetzung des Beteiligungsverhältnisses an der Umsatzsteuer besteht, dem ist – wie der immer wiederkehrende finanzpolitische Streit zwischen Bund und Ländergesamtheit zeigt – nicht so. Da es sich bei den Verteilungsgrundsätzen fast ausschließlich um unbestimmte Rechtsbegriffe handelt, die dem Gesetzgeber einen weiten Beurteilungsspielraum belassen, ist ihre normative Wirksamkeit und gerichtliche Überprüfbarkeit eingeschränkt. Zudem haben sich bisher die verwendeten unbestimmten Rechtsbegriffe nicht als so konkretisierungsfähig erwiesen, dass Bund und Länder zu einer übereinstimmenden Interpretation der Begriffe und schon gar nicht zu einer zu gleichen Ergebnissen gelangenden Ausfüllung der Begriffe gekommen sind (vgl. HENNEKE (1998, S. 113) und GESKE (2001, S. 104f.)).[33] Vor diesem Hintergrund stellt sich die Festsetzung des Beteiligungsverhältnisses als politischer Kompromiss dar, welcher nach langwierigen und kon-

[31]Zu diesem sogenannten Deckungsquotenverfahren, auf das an dieser Stelle nicht näher eingegangen wird, siehe LENK (1993, S. 164f.) und CARL (1995, S.33).

[32]Diese Regelung wird auch als Revisionsklausel oder Revisionsanspruch bezeichnet. Diese Regelung institutionalisiert eine regelmäßig wiederkehrende Überprüfung der Deckungsquoten von Bund und Ländern. Wenn sich diese im Vergleich zur Ausgangssituation bei der vorangegangenen Festsetzung des Beteiligungsverhältnisses auseinander entwickelt, besteht ein Anspruch der benachteiligten Ebene auf Neufestsetzung des Beteiligungsverhältnisses (vgl. HENNEKE (1998)).

[33]Zu dieser Problematik, dem Versuch einer wissenschaftlichen Fundierung und Konkretisierung der unbestimmten Rechtsbegriffe sowie zu möglichen Reformkonzepten ist daher eine umfangreiche Literatur entstanden. Zu den Arbeiten jüngeren Datums, die sich intensiv mit der vertikalen Umsatzsteuerverteilung auseinander setzen, siehe etwa HÄDE (1996), KESPER (1998), CARL (1995), GESKE (2001), KITTERER (2001), SVR (2001), BARETTI, HUBER und LICHTBLAU (2001) und DÖRING und STAHL (2000).

troversen politischen Verhandlungen herbeigeführt wurde.[34] Für die Festlegung des Beteiligungsverhältnisses sieht daher der Gesetzgeber gemäß § 1 FAG-BL momentan ein mehrstufiges und somit kompliziertes Verfahren vor: In einem ersten Schritt erhält der Bund als Bundeszuschuss zur gesetzlichen Rentenversicherung vorab einen Ausgleich in Höhe von 5,63 v. H. (κ^B) des gesamten Umsatzsteueraufkommens (T^U). In einem zweiten Schritt werden die Gemeinden aufgrund der Einfügung von Art. 106 Va GG seit dem 01.01.1998 in Höhe von 2,2 v. H. (κ^G) an dem nach der ersten Vorwegentnahme verbleibendem Umsatzsteueraufkommen beteiligt (vgl. § 1 I 2 FAG-BL).[35] Das restliche Umsatzsteueraufkommen wird dann entsprechend ihrer Anteile auf Bund (α^B) und Länder (α^L) aufgeteilt. In den Jahren 2000 und 2001 betrugen die Anteile des Bundes und der Länder 50,25 v. H. bzw. 49,75 v. H. Ab dem Jahr 2002 betragen die Anteile hingegen 49,6 v. H. bzw. 50,4 v. H. (vgl. § 1 I FAG-BL). In einem letzten Schritt erhält der Bund aus dem Länderanteil einen Festbetrag (T^{FDE}) gemäß § 1 I 3 FAG-BL in Höhe von 2.323 Mill. Euro als Kompensation für die Übernahme der Annuitäten des Fonds Deutsche Einheit und als Ausgleich für die Zusammenführung von Arbeitslosen- und Sozialhilfe. Die Umsatzsteuereinnahmen von Bund ($T^{B:U}$), der Länderebene ($T^{L:U}$) und der Gemeindeebene ($T^{G:U}$) lauten damit insgesamt:

$$T^{B:U} = \kappa^B T^U + (1-\kappa^B)(1-\kappa^G)\alpha^B T^U + T^{FDE}$$
$$T^{L:U} = (1-\kappa^B)(1-\kappa^G)\alpha^L T^U - T^{FDE}$$
$$T^{G:U} = (1-\kappa^B)\kappa^G T^U.$$

3.2.2.3 Verteilung der Gewerbesteuer

Die Gewerbesteuer steht demgegenüber als Realsteuer nach Art. 106 VI 1 GG zwar grundsätzlich den Gemeinden zu. Allerdings kann man sie in einem weiteren Sinne zu den Gemeinschaftsteuern zählen (vgl. LENK (1993, S. 162) und SCHERF (2000a, S. 50)). Denn mit der kommunalen Einkommensteuerbeteiligung im Rahmen der Finanzverfassungsreform von 1969 wurde der Gesetzgeber im Gegenzug durch Art. 106 VI 4 und 5 GG dazu ermächtigt, Bund und Länder am Aufkommen der Gewerbesteuer zu beteiligen. Damit stellt diese seit 1970 vorgenommene Finanzmittelumschichtung gemäß Art. 106 VI 4 GG i. V. m. § 6 GFRG eine vertikale Umlage dar und ist somit als ein weiteres flexibles Element in der vertikalen Steuerverteilung anzusehen. Allerdings hatte diese Umlage ihrer ursprünglichen Intension nach keine fiskalische Funktion (vgl. LITTMANN (1997, S. 366)). Sie sollte lediglich die Mindereinnahmen von Bund und Ländern infolge der mit der Finanzreform eingeführten Beteiligung der Gemeinden an der Einkommensteuer ausgleichen.[36] Vielmehr sollte durch die Umlage in Verbindung mit dem Gemeindeanteil an

---

[34] Für Untersuchungen zur Anfälligkeit der vertikalen Umsatzsteuerverteilung für strategisches Verhalten der beteiligten Gebietskörperschaften siehe BARETTI, HUBER und LICHTBLAU (2001) sowie DÖRING und STAHL (2000).

[35] Diese Beteiligung stellt einen fiskalischen Ausgleich für die kommunalen Mindereinnahmen infolge der Abschaffung der Gewerbekapitalsteuer dar.

[36] Ursprüglich war geplant, nach einigen Jahren die Gewerbesteuer selbst um den Betrag der Umlage zu verringern. Allerdings ist daraus nichts geworden, weil Bund und Länder auf die Einnahmen aus der Umlage glaubten nicht mehr verzichten zu können (vgl. ZIMMERMANN (1988, S. 76)).

der Einkommensteuer eine strukturelle Verbesserung der interkommunalen Verteilung des Steueraufkommens bewirkt werden. Denn bis zu der Finanzverfassungsreform stammten in vielen Gemeinden über 80 v. H. der Gesamtsteuereinnahmen aus der Gewerbesteuer (vgl. ZIMMERMANN (1988, S. 71)). Das bedeutete eine ungesunde Abhängigkeit der Gemeinden von einer konjunkturanfälligen Steuer oder auch von einzelnen großen Gewerbesteuerzahlern und führte zu einem teils ruinös geführten Konkurrenzkampf der Gemeinden untereinander um die Ansiedlung von neuen Gewerbebetrieben (vgl. ZIMMERMANN (1988, S. 71)).

Vor diesem Hintergrund hat der Gesetzgeber bei der Berechnung des Beteiligungsverhältnisses an der Gewerbesteuer gemäß § 6 I und II 1 GFRG im Vergleich zu den Gemeinschaftsteuern eine andere Vorgehensweise gewählt. Die Wahl einer anderen Berechnungsvorschrift ist auch deshalb notwendig, weil das gemeindeindividuelle Gewerbesteueraufkommen als Bemessungsgrundlage für eine prozentuale Beteiligung von Bund und Ländern ungeeignet ist. Denn durch die den Gemeinden eingeräumte Steuerautonomie könnten die Gemeinden mit ihrer Hebesatzgestaltung so direkten Einfluss auf die Höhe der abzuführenden Umlage nehmen. Um diesen Einfluss der Hebesätze zu neutralisieren, wird als Bemessungsgrundlage für die Umlage daher nicht das hebesatzabhängige Gewerbesteueraufkommen herangezogen, sondern der steuerrechtliche Steuermessbetrag bzw. statistische Grundbetrag.[37] Gemäß § 6 II GFRG wird dazu in jeder Gemeinde s des Bundeslandes i das jeweilige Gewerbesteueraufkommen (T_{is}^{Gew}) durch den im Erhebungsjahr festgesetzten örtlichen Hebesatz (H_{is}^{Gew}) geteilt. Die so ermittelten gemeindeindividuellen Bemessungsgrundlagen werden dann mit einem bundeseinheitlich festgelegten Umlagenvervielfältiger gemäß § 6 IIIf. GFRG multipliziert. Dabei setzt sich der Umlagenvervielfältiger aus einem Bundes- und einem Landesvervielfältiger zusammen (vgl. Tabelle 3.2). Durch sie soll grundsätzlich ein finanzieller Ausgleich der Mindereinnahmen von Bund und Ländern, die infolge der kommunalen Einkommensteuerbeteiligung entstehen, erreicht werden. Diese sogenannte Normalumlage unterliegt daher nicht nur den ständigen Anpassungen des Gesetzgebers (vgl. Tabelle 3.2), sondern wird auch bei allen Gemeinden eines jeden Landes erhoben. Der erste Bestandteil des Umlagenvervielfältigers beträgt im Jahr 2005 gemäß § 6 III 2 GFRG 19 v. H. (δ_1). Der durch diesen Bundesvervielfältiger generierte Anteil an der Umlage steht dem Bund zu. Je nach Anzahl der Gemeinden eines Bundeslandes (G_i) lauten die Umlageeinnahmen des Bundes in dem jeweiligen Bundesland ($T_i^{B:GewU}$) somit:[38]

$$T_i^{B:GewU} = \delta_1 \sum_{s=1}^{G_i} \frac{T_{is}^{Gew}}{H_{is}^{Gew}} \qquad i \in \mathcal{BRD}.$$

Der zweite Bestandteil des Umlagenvervielfältigers hingegen beträgt gemäß § 6 III 3 bis 5 GFRG 25 v. H. (δ_2)[39], wobei der entsprechende Anteil der Umlage dem jeweiligen

[37] Dieses Verfahren wird auch als Grundbetragsverfahren bezeichnet.

[38] Die Menge $\mathcal{BRD}$ umfasst alle Bundesänder.

[39] Obwohl Bund und Länder aufgrund der verfassungsrechtlichen Vorgaben eigentlich zu gleichen Teilen an der Einkommensteuer und damit auch an auftretenden Mindereinnahmen beteiligt werden, unterscheiden sich die Vervielfältiger. Dies liegt daran, dass infolge der Abschaffung der Gewerbekapitalsteuer der Landesvervielfältiger erhöht wurde.

Land zufließt. Die Umlageeinnahmen eines Landes durch die Erhebung der Normalumlage ($T_i^{L:GewU}$) lauten daher:

$$T_i^{L:GewU} = \delta_2 \sum_{s=1}^{G_i} \frac{T_{is}^{Gew}}{H_{is}^{Gew}} \qquad i \in \mathcal{BRD}.$$

Bei den Gemeinden der alten Länder hat die Umlage neben dieser Kompensationsfunktion aber auch seit der Wiedervereinigung gemäß § 6 III und V GFRG zusätzlich eine fiskalische Funktion übernommen, so dass der Landesvervielfältiger in diesen Ländern aus noch zwei weiteren Bestandteilen besteht. Seit 1995 werden anhand eines bis zum

Tabelle 3.2: Bestandteile des Vervielfältigers zur Ermittlung der Gewerbesteuerumlage[a]

Vervielfältiger	2000	2001	2002	2003	2004	2005
Bund:						
(a) Normalumlage	19	24	30	36	20	19
Länder:						
(b) Normalumlage	26	30	36	42	26	25
(c) Solidarpakt	29	29	29	29	29	29
(d) Fonds Deutsche Einheit	9	8	7	7	7	8
Gesamtumlage						
alte Länder (a)+(b)+(c)+(d)	83	91	102	114	82	81
neue Länder (a)+(b)	45	54	66	78	46	44

[a] in v. H.
Quelle: BUNDESMINISTERIUM DER FINANZEN (2005c).

Jahr 2019 in konstanter Höhe von 29 v. H. festgeschriebenen Bestandteils des Landesvervielfältigers (δ_3) die Gemeinden an den finanziellen Belastungen ihrer Länder durch die Eingliederung der neuen Länder in den bundesstaatlichen Finanzausgleich[40] beteiligt (vgl. § 6 III 4 und 5 GFRG).[41] Des Weiteren haben sich die Gemeinden gemäß § 6 V GFRG mit bundesdurchschnittlich 40 v. H. an den Leistungen ihrer Länder zu beteiligen, die die Länder im Rahmen der Finanzierung des Fonds Deutsche Einheit erbringen müssen.[42] Das durch diesen dritten Bestandteil des Landesvervielfältigers (δ_4) generierte Mehraufkommen der Umlage soll dabei im Ergebnis 50 v. H. dieser Finanzierungsbeteiligung der Gemeinden entsprechen (vgl. § 6 V 5 GFRG). Um dies zu erreichen, muss die Höhe dieses dritten Bestandteils ermittelt werden. Für das Jahr 2005 hat daher das

[40]Diese finanziellen Lasten entstehen seit der Eingliederung der neuen Länder in den bundesstaatlichen Finanzausgleich durch veränderte Transferniveaus im Rahmen des Umsatzsteuervorwegausgleichs, des Länderfinanzausgleichs i. e. S. und der Bundesergänzungszuweisungen.

[41]Die Festlegung dieser Komponente des Umlagenvervielfältigers auf konstantem Niveau bis zum Jahr 2019 ist insofern problematisch, weil die wirtschaftliche Kongruenz der Länder fortschreitet und dabei der kommunale Finanzierungsanteil nicht gemäß den tatsächlichen Belastungen angepasst wird.

[42]Für eine ausführliche Darstellung der kommunalen Beteiligung an der Finanzierung des Fonds Deutsche Einheit siehe auch FEHR und TRÖGER (2003d).

Bundesministerium der Finanzen aufgrund der Ermächtigung des § 6 V 5 GFRG diese Komponente des Landesvervielfältigers auf 8 v. H. festgesetzt (vgl. Tabelle 3.2). Diese zusätzlichen Umlageeinnahmen ($T_i^{L:GewUZ}$) der alten Länder lauten somit insgesamt:[43]

$$T_i^{L:GewUZ} = (\delta_3 + \delta_4) \sum_{s=1}^{G_i} \frac{T_{is}^{Gew}}{H_{is}^{Gew}} \qquad i \in \mathcal{W}.$$

Unter Berücksichtigung der Bundes- und Landesvervielfältiger können dann für jede einzelne Gemeinde die Anteile von Bund, Land und Gemeinde an der Gewerbesteuer bestimmt werden. Dazu werden die in jeder Gemeinde generierten Umlageeinnahmen von Bund und Land sowie die Nettoeinnahmen der Gemeinde in das Verhältnis zu dem jeweiligen Gewerbesteueraufkommen der Gemeinde gesetzt. Dabei verschiebt sich dieses Beteiligungsverhältnis umso eher zugunsten einer Gemeinde, je höher die Differenz zwischen dem örtlichen Hebesatz und dem entsprechenden Umlagenvervielfältiger ausfällt. Durch die Gewerbesteuerumlage kommt es also bei einem differenzierten Hebesatzgefüge zu einem interkommunalen Finanzausgleichseffekt. Doch dadurch werden – wie im Rahmen der Finanzverfassungsreform des Jahres 1969 beabsichtigt – nicht nur die steuerstarken Gemeinden getroffen, die aufgrund ihrer großen Steuerbemessungsgrundlage einen relativ niedrigen Hebesatz festsetzen können. Auch trifft es diejenigen Gemeinden, die aufgrund ihrer örtlichen Gegebenheiten nur einen relativ niedrigen Hebesatz erheben können. Allerdings kann jede einzelne Gemeinde über ihre Hebesatzgestaltung Einfluss auf das Beteiligungsverhältnis nehmen. Aber auch der Gesetzgeber kann durch die häufig vorgenommenen und in Tabelle 3.2 dargestellten Anpassungen bei der Höhe der einzelnen Komponenten ständige Veränderungen bei den Beteiligungsverhältnissen hervorrufen.[44]

3.3 Verteilung der Steuern unter den Ländern

Auf dieser zweiten Stufe des bundesstaatlichen Finanzausgleichs werden die der Ländergesamtheit nach Art. 106 GG zustehenden Steuern auf die einzelnen Länder verteilt. Dazu kommen grundsätzlich zwei Verteilungsverfahren in Betracht. Zum einen können die Steuer-erträge dem Land zugeordnet werden, in dessen Gebiet sie aufkommen. Es kann allerdings auch das Aufkommen einer Steuer unabhängig vom Ort seines Aufkommens zusammengefasst und nach einem bestimmten Schlüssel wie z. B. der Einwohnerzahl auf die einzelnen Länder verteilt werden. Mit der Wahl der Verteilungsmethode wird jedoch entschieden, ob es ein einwohnerbezogenes Einnahmegefälle zwischen den einzelnen Ländern gibt oder nicht (vgl. HENNEKE (1998, S. 114)). Denn bei der ersten Verteilungsmethode käme es wegen der von Land zu Land unterschiedlichen Höhe des Steueraufkommens mitunter zu einer breiten Streuung je Einwohner zwischen den Ländern. Bei der zweiten Verteilungsmethode hingegen käme es bei Außerachtlassung des örtlichen Aufkommens zu einer Nivellierung der Steuereinnahmen je Einwohner zwischen den

[43]Die Menge $\mathcal{W}$ gibt dabei die Menge der alten Länder an.

[44]So ist z. B. die ab dem Jahr 2004 eingeleitete Senkung der Normalumlage daher grundsätzlich – wie vom Gesetzgeber beabsichtigt – dazu geeignet, das Beteiligungsverhältnis zugunsten der Gemeinden zu verändern. Ob dadurch jedoch auch positive Einnahmeeffekte entstehen, hängt nicht zuletzt von der gemeindeindividuellen Hebesatzgestaltung und Entwicklung der Steuerbemessungsgrundlage ab.

Ländern. Das Grundgesetz hat sich in Art. 107 I GG auch insoweit – wie bei der Frage der vertikalen Steuerverteilung – für ein Mischsystem entschieden.

3.3.1 Verteilung der Landessteuern, der Einkommen- und Körperschaftsteuer

Für das Aufkommen der Ländersteuern und den Länderanteil am Aufkommen der Einkom-men- und Körperschaftsteuer legt Art. 107 I 1 GG als Verteilungsmaßstab das örtliche Aufkommen zugrunde. Somit sind Zweck und Ziel dieses Prinzips der örtlichen Vereinnahmung[45], den Ländern dasjenige Steueraufkommen zuzuweisen, das der wirklichen Steuerkraft, also der Steuerleistung der Wirtschaft und der Bürger des einzelnen Landes, entspricht. Auf diese Weise kann das Land an den in seinem Gebiet bzw. an den durch seine Bürger erzielten Erträgen partizipieren und damit die Früchte seiner Wirtschafts- sowie Strukturpolitik selbst ernten (vgl. HENNEKE (1998, S. 114)).

Allerdings spiegelt das landesindividuelle örtliche Aufkommen – meist aufgrund von steuertechnisch bedingten Besonderheiten – die regionale Steuerkraft in bestimmten Fällen nicht zutreffend wider. Erhebungstechnische Differenzen zwischen der jeweiligen örtlichen Vereinnahmung und der wirklich vorhandenen Steuerkraft entstehen bei der Lohnsteuer (T_i^{Lohn}) infolge von Regelungen der Abgabenordnung und des Einkommensteuergesetzes, die eigentlich eine rationelle Steuererhebung ermöglichen sollen (vgl. HÄDE (1996, S. 209)). Eine Korrektur erscheint immer dann angebracht, wenn ein Unternehmen nicht nur Arbeitnehmer mit Wohnsitz in dem Land des Unternehmenssitzes, sondern auch mit Wohnsitz in anderen Ländern beschäftigt und die Lohnsteuer einheitlich für alle Arbeitnehmer am Betriebssitz abgeführt wird. Ebenso kommt es zu Verzerrungen, wenn ein Unternehmen Betriebsstätten in mehreren Ländern unterhält und die Lohnabrechnung und damit auch die Lohnsteuerzahlung zentral am Hauptsitz des Unternehmens erfolgen (vgl. LENK (1993), HEINEMANN (2004) und HAUSNER (2003)). Bei der Körperschaftsteuer (T_i^K) hingegen entstehen die erhebungstechnischen Differenzen zwischen der jeweiligen örtlichen Vereinnahmung und der wirklichen Steuerkraft infolge von Regelungen der Abgabenordnung (vgl. HÄDE (1996, S. 211)). Verzerrungen bei dem örtlichen Aufkommen können sich z. B. dann ergeben, wenn ein Unternehmen mit Betriebsstätten in mehreren Ländern die Körperschaftsteuer zentral am Hauptsitz des Unternehmens abführt (vgl. LENK (1993), HEINEMANN (2004) und HAUSNER (2003)). Beim Zinsabschlag (T_i^{ZA}) demgegenüber ergibt sich die Erfordernis einer Korrektur aus dem Umstand, dass bei dieser Steuer ein Quellenabzugsverfahren praktiziert wird (vgl. HENNEKE (1998, S. 115)). Art. 107 I 2 und 3 GG verpflichtet daher den Gesetzgeber für die Körperschaftsteuer, die Lohnsteuer und den Zinsabschlag im Rahmen eines Bundesgesetzes, das der Zustimmung des Bundesrates bedarf, nähere Bestimmungen über die Abgrenzung sowie Art und Umfang der Zerlegung des örtlichen Aufkommens zu treffen. Dieses Zerlegungsgebot bezweckt also, dass der Gesetzgeber die nach erhebungstechnischen Zweckmäßigkeitserwägungen vereinnahmten Steuern auf die Länder in einer Weise verteilt, die nach Möglichkeit der wirklichen Steuerkraft entspricht.

[45]Durch die folgende formale Darstellung wird berücksichtigt, dass die Einkommen- und Körperschaftsteuer gemäß Art. 108 III GG durch die einzelnen Landesfinanzbehörden veranlagt, eingezogen und verwaltet werden.

Allerdings gibt das Grundgesetz dem Gesetzgeber dabei keine Kriterien vor, nach denen die Erträge der einzelnen Steuern zur wirklichen Steuerkraft eines Landes gehören. Der Gesetzgeber muss also bei der Wahl seiner Regelungen den Umstand beachten, dass regionale Wertschöpfung, persönliche Steuerleistung und regionales Steueraufkommen durch vielfältige Verflechtungen und Konzentrationsprozesse in der arbeitsteiligen Wirtschaft gestört werden (vgl. HENNEKE (1998, S. 115). Neben dem Auseinanderfallen von Unternehmenssitz und Betriebsstätten sowie der Einrichtung zentraler Lohnbüros, kommt es auch zu einer Pendlerproblematik. Diese entsteht dadurch, dass insbesondere bei den Stadtstaaten die Ländergrenzen Wirtschaftsräume durchschneiden und Wohn- und Arbeitsstätte in verschiedenen Ländern liegen. Diesem Verfassungsauftrag zum Abbau der vereinnahmungsbedingten Verzerrungen kommt der Gesetzgeber gegenwärtig in der Weise nach, dass für die Körperschaftsteuer gemäß § 2ff. ZerlG mit dem Betriebsstättenprinzip eine wertschöpfungs- bzw. produktionsbezogene Verteilung und bei der Lohnsteuer gemäß § 7 ZerlG mit dem Wohnsitzprinzip eine personenbezogene Verteilung gewählt wurde (vgl. auch CARL (1995, S. 35), LIEBIG (2002, S. 74) und HEINEMANN (2004, S. 147f.)). Für die genannten Beispielsfälle bedeutet dies, dass die Lohnsteuereinnahmen des Landes mit dem Unternehmenssitz insoweit an andere Länder abgeführt werden müssen, als für Arbeitnehmer mit Wohnsitz in den anderen Ländern Lohnsteuer vereinnahmt worden ist. Körperschaftsteuereinnahmen stehen demgegennüber insoweit anderen Ländern zu, als sie auf Gewinnen beruhen, die Betriebsstätten auf ihrem jeweiligen Gebiet zuzurechnen sind. Die Zerlegungsanteile beim Zinsabschlag bemessen sich demgegenüber nach Vomhundertsätzen entsprechend der Höhe des auf die Einkommen- und Körperschaftsteuer angerechneten Zinsabschlags (vgl. § 8 ZerlG).

Durch die Zerlegung kommt es somit zu Umschichtungen zwischen den Ländern.[46] Dabei muss unabhängig vom gewählten Zerlegungsmaßstab gelten, dass die Summen der Zerlegungsbeträge der einzelnen Länder für die Lohn-, Zinsabschlag- und Körperschaftsteuer ($Z_i^{Lohn}, Z_i^{ZA}, Z_i^K$) jeweils null ergeben:

$$\sum_{i \in \mathcal{BRD}} Z_i^{Lohn} = \sum_{i \in \mathcal{BRD}} Z_i^{ZA} = \sum_{i \in \mathcal{BRD}} Z_i^K = 0.$$

Unter Berücksichtigung der veranlagten Einkommensteuer (T_i^{VE}) und Kapitalertragsteuer (T_i^{NVE}), bei denen keine Zerlegungen vorgesehen sind, sowie den Erstattungen bei der Lohn- und veranlagten Einkommensteuer ($T_i^{(Lohn+VE)^-}$), Körperschaftsteuer ($T_i^{K^-}$) sowie Kapitalertragsteuer ($T_i^{NVE^-}$) lautet der Anteil eines Landes i an der Einkommen- und Körperschaftsteuer:[47]

$$\begin{aligned} T_i^{L:E+K} = \theta^L \Big((1-\theta_1^G) \left[(T_i^{Lohn} + Z_i^{Lohn}) + T_i^{VE} - T_i^{(Lohn+VE)^-} \right] \\ + (1-\theta_2^G)(T_i^{ZA} + Z_i^{ZA}) + (T_i^K + Z_i^K - T_i^{K^-}) + (T_i^{NVE} - T_i^{NVE^-}) \Big) \; i \in \mathcal{BRD}. \end{aligned}$$

[46] Positive Werte bei den einzelnen Zerlegungsbeträgen eines Landes i bedeuten einen Zufluss für das jeweilige Land und umgekehrt.

[47] Die Einnahmen des Bundes an der Einkommen- und Körperschaftsteuer im Land i ($T_i^{B:E+K}$) bestimmen sich aufgrund der verfassungsrechtlichen Vorgaben analog.

Doch mit der Festlegung der Zerlegungsmaßstäbe trifft der Gesetzgeber auch eine Entscheidung darüber, welche horizontalen Verteilungswirkungen zwischen den Ländern schon im Rahmen dieser und den darauf folgenden Stufen des bundesstaatlichen Finanzausgleichs durch die Zerlegung hervorgerufen werden. So wirkt sich im Rahmen dieser zweiten Stufe des bundesstaatlichen Finanzausgleichs z. B. die Lohnsteuerzerlegung aufgrund der ausgeprägten Pendlerproblematik tendenziell zuungunsten der Stadtstaaten aus. Die Lohnsteuerzerlegung ist allerdings nicht nur ein stadtstaatenspezifisches Problem. Aufgrund bundesweiter Pendlerströme zwischen ost- und westdeutschen Ländern sowie zwischen nord- und süddeutschen Ländern kann es durch das Wohnsitzprinzip auch zu Abflüssen in einigen Flächenländern kommen. Durch den Zerlegungsmaßstab beim Zinsabschlag dürfte es demgegenüber zu erheblichen Einbußen in Hessen kommen, da Frankfurt a. M. eine besondere Stellung als Finanz-und Bankenstandort in Deutschland einnimmt.

Bei den in Art. 106 II GG genannten Landessteuern führt das Prinzip der örtlichen Vereinnahmung im Gegensatz zu der Einkommen- und Körperschaftsteuer nicht zu korrekturbedürftigen Verzerrungen, die durch die Erhebungstechnik oder Konstruktion der Steuern bedingt sind.[48] Den Ländern wird so nach Art. 107 I 1 GG jeweils das örtliche Aufkommen der Erbschaftsteuer (T_i^{Erb}), Vermögensteuer (T_i^V), Kraftfahrzeugsteuer (T_i^{Kfz}), Biersteuer (T_i^{Bier}), Spielbankabgabe (T_i^{Sp}), Grunderwerbsteuer (T_i^{GE}), Feuerschutzsteuer (T_i^F) und der Rennwett- und Lotteriesteuer (T_i^{RL}) insoweit zugewiesen, als die Steuern in ihrem Gebiet von den Finanzbehörden vereinnahmt werden.

3.3.2 Verteilung der Umsatzsteuer

Die primäre Steuerverteilung bei den Ländersteuern und dem Länderanteil an der Einkommen- und Körperschaftsteuer ist also beherrscht vom Prinzip der örtlichen Vereinnahmung, wonach jedem Land die seiner wirtschaftlichen Leistungsfähigkeit entsprechenden Steuereinnahmen zugeführt werden sollen. Da die Umsatzsteuer von ihrer Wirkung eine allgemeine Verbrauchsteuer ist, die den privaten Endverbraucher belastet, ist hier als wirtschaftliche Leistungsfähigkeit eines Landes letztendlich die Konsumkraft der Einwohner anzusehen. Allerdings lässt sich die Zuweisung des Länderanteils am Aufkommen der Umsatzsteuer nach Maßgabe der Konsumkraft der Landeseinwohner angesichts der besonderen Erhebungstechnik bei dieser Steuer durch eine Verteilung nach dem örtlichen Aufkommen nicht verwirklichen (vgl. CARL (1995, S. 37f.)). So wird z. B. die Umsatzsteuer häufig nicht in dem Land vereinnahmt, in dem sich der Wohnsitz des Letztverbrauchers befindet. Eine Verteilung des Länderanteils am Aufkommen der Umsatzsteuer nach dem privaten Endverbrauch – wie sie dem Ziel des Art. 107 I GG am ehesten entsprechen würde – ist auch mangels entsprechender Daten in den Finanzämtern nicht durchführbar (vgl. CARL (1995, S. 38)). Daher legt Art. 107 I 4 GG einen anderen Verteilungsmaßstab zugrunde. Gemäß Art. 107 I 4 1. HS GG wird der Länderanteil an der Umsatzsteuer prinzipiell nach der Einwohnerzahl verteilt. Allerdings wird bei dieser Verteilung nach

[48]Bei den in Art. 106 II GG genannten Landessteuern sieht das Grundgesetz in Art. 107 I 3 GG lediglich eine Ermächtigung für den Erlass derartiger Bestimmungen vor, wobei der Gesetzgeber von dieser Befugnis bei den Ländersteuern jedoch noch keinen Gebrauch gemacht hat.

Maßgabe der natürlichen Einwohnerzahlen (N_i) zunächst nur ein Teil in Höhe von 75 v. H. des Länderanteils an der Umsatzsteuer (β) auf die Länder verteilt (vgl. Art. 107 I 4 2. HS GG):

$$VA_i = \beta \frac{N_i}{\sum\limits_{j \in \mathcal{BRD}} N_j} T^{L:U} \qquad i \in \mathcal{BRD}.$$

Bei diesem Verfahren zur Bestimmung der Vorweganteile (VA_i) wird also der Einfachheit halber unterstellt, dass keine gravierenden regionalen Unterschiede im umsatzsteuerpflichtigen Pro-Kopf-Verbrauch vorliegen und so die Einwohnerzahl als Indikator des regionalen Endverbrauchs herangezogen werden kann (vgl. SCHERF (2000a, S. 54)).

Dies trifft jedoch nur sehr begrenzt zu (vgl. KITTERER (2001, S. 8f.)). Denn es bestehen nicht nur beträchtliche Unterschiede im Pro-Kopf-Konsum zwischen Flächenländern und Stadtstaaten. Auch bestehen große Unterschiede zwischen finanzstarken und finanzschwachen Flächenländern und dabei insbesondere zwischen den alten und neuen Ländern. Die Verteilung der Umsatzsteuer nach den Einwohnerzahlen der Länder enthält daher ein nicht unumstrittenes Umverteilungselement zugunsten einkommens- und finanzschwacher Länder (vgl. KITTERER (2001, S. 9)). Durch eine derartige einwohnerbezogene Verteilung wird somit erreicht, dass sich die horizontalen Streuungseffekte, die bei den übrigen den Ländern zufließenden Steuern durch die Verteilung nach dem Prinzip der örtlichen Vereinnahmung entstehen, nicht noch verstärken (vgl. HENNEKE (1998, S. 116)).

Um unterdurchschnittliche Ertragslagen finanzschwacher Länder, die sich aus der Steuerverteilung nach dem Prinzip der örtlichen Vereinnahmung ergeben, zusätzlich aufzustocken bzw. zu korrigieren, ermächtigt das Grundgesetz nach Art. 107 I 4 2. HS GG den Gesetzgeber innerhalb des verfassungsrechtlichen Vier-Stufen-Systems zu einem fakultativen Zwischenschritt auf der Ebene dieses primären horizontalen Finanzausgleichs. Bei diesem Zwischenschritt, von dem der Gesetzgeber stets Gebrauch gemacht hat, sieht das Grundgesetz eine Umschichtung zwischen den Ländern vor. Diese besteht dabei in dem Verzicht aller Länder auf eine volle Aufteilung des zu verteilenden Länderanteils an der Umsatzsteuer und die Zuteilung der dadurch verbleibenden Einnahmen an diejenigen Länder, die nur ein unterdurchschnittliches Steueraufkommen haben. Aufgrund dieser verfassungrechtlichen Vorgaben sieht der Gesetzgeber gemäß § 2 I 1 FAG-BL vor, dass nur diejenigen Länder Ergänzungsanteile erhalten, deren Einnahmen aus der Einkommensteuer, der Körperschaftsteuer, der Gewerbesteuerumlage und den nach § 7 I FAG-BL ermittelten Landessteuern je Einwohner unter denen der Ländergesamtheit liegen. Zur Feststellung der Unterdurchschnittlichkeit des Steueraufkommens und damit der Empfangsberechtigung derartiger Ergänzungsanteile müssen demnach in einem ersten Schritt für jedes Land die sogenannten Steuern nach dem Aufkommen (T_i^{Auf}) berechnet werden. Diese ergeben sich aus den nach § 7 I FAG-BL ermittelten Landessteuern

$$T_i^{Land} = T_i^{V} + T_i^{Erb} + T_i^{GE} + T_i^{Kfz} + T_i^{RL} + T_i^{F} + T_i^{Bier} + T_i^{Sp} \qquad i \in \mathcal{BRD},$$

den Landesanteilen an der Einkommen- und Körperschaftsteuer ($T_i^{L:E+K}$) sowie den Einnahmen der Länder aus der Gewerbesteuerumlage ($T_i^{L:GewU}$), wobei lediglich gemäß §

6 IV GFRG die durch die Normalumlage generierten Landeseinnahmen berücksichtigt werden:

$$T_i^{Auf} = T_i^{Land} + T_i^{L:GewU} + T_i^{L:E+K} \qquad i \in \mathcal{BRD}.$$

Die Steuern nach dem Aufkommen eines Landes werden dann in einem zweiten Schritt durch seine natürliche Einwohnerzahl geteilt, womit man die Pro-Kopf-Steuereinnahmen eines Landes (t_i^{Auf}) erhält und den durchschnittlichen Pro-Kopf-Steuereinnahmen der Länder (t^{Auf}) gegenüberstellt, die durch Division der Steuern aller Länder nach dem Aufkommen durch die Gesamtbevölkerung ermittelt werden:

$$d_i = \frac{T_i^{Auf}}{N_i} - \frac{\sum_{j \in \mathcal{BRD}} T_j^{Auf}}{\sum_{j \in \mathcal{BRD}} N_j} = t_i^{Auf} - t^{Auf} \qquad i \in \mathcal{BRD}.$$

Durch den Vergleich dieser beiden Quoten kann man in Länder, die zum einen gleich oder über und zum anderen unter dem Durchschnitt liegen, differenzieren:

$$\mathcal{BRD}^+ = \{i | d_i \geq 0, i \in \mathcal{BRD}\} \qquad \mathcal{BRD}^- = \{i | d_i < 0, i \in \mathcal{BRD}\}.$$

Nach der Abgrenzung der empfangsberechtigten Länder, muss der Gesetzgeber des Weiteren festlegen, wie die Ergänzungsanteile bestimmt werden. Mit dieser Festlegung trifft

Abbildung 3.1: Auffüllquote für die Ergänzungsanteile

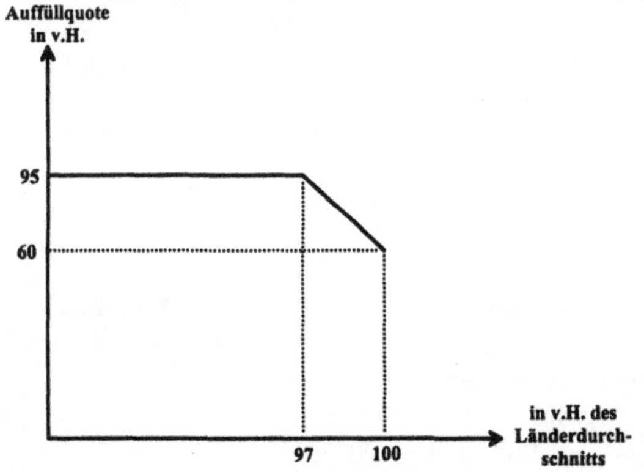

Quelle: FEHR (2001, S. 574)

der Gesetzgeber somit aber auch eine Entscheidung darüber, wie die Umverteilung zwischen steuerstarken und steuerschwachen Ländern ausfällt und welche Verteilungswirkungen des Weiteren möglicherweise in den folgenden Stufen des bundesstaatlichen Finanzausgleich dadurch verursacht werden.

Gegenwärtig sieht der Gesetzgeber für die Berechnung ein kompliziertes und wenig transparentes System vor. In einem ersten Schritt legt der Gesetzgeber gemäß § 2 I 2 FAG-BL fest, in welcher Höhe eine Steuerschwäche nach § 2 I 1 FAG-BL durch Ergänzungsanteile aufgestockt werden soll:

> *Die Ergänzungsanteile eines Landes werden ermittelt durch Multiplikation der Steuereinnahmen der Ländergesamtheit nach Satz 1 je Einwohner mit seiner Einwohnerzahl sowie einem der folgenden Faktoren F:*
> *1. $F = \frac{19}{20}X - \frac{21}{4000}$, wenn die Steuereinnahmen des Landes nach Satz 1 je Einwohner mindestens 97 vom Hundert der Ländergesamtheit liegen,*
> *2. $F = X(\frac{35}{6}X + \frac{3}{5})$, wenn die Steuereinnahmen des Landes nach Satz 1 je Einwohner mindestens 97 vom Hundert der Ländergesamtheit betragen;*
> *dabei ist für X jeweils 1 vermindert um das Verhältnis der Steuereinnahmen des Landes nach Satz 1 je Einwohner zu den Steuereinnahmen der Ländergesamtheit nach Satz 1 je Einwohner anzusetzen.*

Diese Regelung sieht also vor, dass eine Steuerwäche bis 97 v. H. des Durchschnitts (ρ) zu 95 v. H. durch Ergänzungsanteile aufgefüllt wird (vgl. Abbildung 3.1). Die verbleibenden 3 Prozentpunkte bis zum Durchschnitt werden dann nach einem degressiv von 95 v. H. auf 60 v. H. sinkenden Tarif aufgefüllt (vgl. FEHR (2001, S. 574) und LENK (2001, S. 9f.)). Die Ergänzungsanteile der empfangsberechtigten Länder (EA_i^0) lauten demnach:

$$EA_i^0 = \begin{cases} \left(\frac{19}{20}\left(1-\frac{t_i^{Auf}}{t^{Auf}}\right)-\frac{21}{4000}\right)t^{Auf}N_i & \text{falls } t_i^{Auf} < \rho t^{Auf},\ i \in \mathcal{BRD}^- \\ \left(1-\frac{t_i^{Auf}}{t^{Auf}}\right)\left(\frac{35}{6}\left(1-\frac{t_i^{Auf}}{t^{Auf}}\right)+\frac{3}{5}\right)t^{Auf}N_i & \text{falls } \rho t^{Auf} \leq t_i^{Auf} < t^{Auf}, \\ & i \in \mathcal{BRD}^-. \end{cases}$$

Übersteigen allerdings die so ermittelten Ergänzungsanteile insgesamt mehr als ein Viertel des Länderanteils an der Umsatzsteuer

$$\sum_{i \in \mathcal{BRD}^-} EA_i^0 > (1-\beta)T^{L:U},$$

so sieht der Gesetzgeber gemäß § 2 I 3 FAG-BL eine Korrektur bei den Ergänzungsanteilen vor. Dabei sind die Ergänzungsanteile im Verhältnis der nach § 2 I 1 und 2 FAG-BL ermittelten Beträge herabzusetzen:

$$EA_i^1 = \frac{(1-\beta)T^{L:U}}{\sum_{j \in \mathcal{BRD}^-} EA_j^0} EA_i^0 \qquad i \in \mathcal{BRD}^-.$$

Betragen hingegen die ermittelten Ergänzungsanteile weniger als ein Viertel des Länderanteils an der Umsatzsteuer

$$\sum_{i \in \mathcal{BRD}^-} EA_i^0 < (1-\beta)T^{L:U},$$

so sieht der Gesetzgeber gemäß § 2 II FAG-BL eine Restverteilung auf alle Länder vor. Für die Bestimmung dieser Restanteile der Länder an der Umsatzsteuer (RA_i) kommt dabei das gleiche Verfahren zur Anwendung, das auch zur Ermittlung der Vorweganteile zugrunde gelegt wird:

$$RA_i = \left((1-\beta)T^{L:U} - \sum_{j \in \mathcal{BRD}^-} EA_j^0\right) \frac{N_i}{\sum_{j \in \mathcal{BRD}} N_j} \qquad i \in \mathcal{BRD}.$$

Die Anteile der einzelnen Länder an der Umsatzsteuer ($T_i^{L:U}$) berechnen sich somit insgesamt wie folgt:

$$T_i^{L:U} = \begin{cases} VA_i + EA_i^0 & \text{falls } \sum_{j \in \mathcal{BRD}^-} EA_j^0 = (1-\beta)T^{L:U}, i \in \mathcal{BRD}^- \\ VA_i & \text{falls } \sum_{j \in \mathcal{BRD}^-} EA_j^0 = (1-\beta)T^{L:U}, i \in \mathcal{BRD}^+ \\ VA_i + EA_i^0 + RA_i & \text{falls } \sum_{j \in \mathcal{BRD}^-} EA_j^0 < (1-\beta)T^{L:U}, i \in \mathcal{BRD}^- \\ VA_i + RA_i & \text{falls } \sum_{j \in \mathcal{BRD}^-} EA_j^0 < (1-\beta)T^{L:U}, i \in \mathcal{BRD}^+ \\ VA_i + EA_i^1 & \text{falls } \sum_{j \in \mathcal{BRD}^-} EA_j^0 > (1-\beta)T^{L:U}, i \in \mathcal{BRD}^- \\ VA_i & \text{falls } \sum_{j \in \mathcal{BRD}^-} EA_j^0 > (1-\beta)T^{L:U}, i \in \mathcal{BRD}^+. \end{cases}$$

3.4 Verteilung der Steuern unter den Gemeinden

3.4.1 Verteilung des kommunalen Einkommensteueranteils

Der kommunale Einkommersteueranteil wurde durch die Finanzverfassungsreform von 1969 ab 1970 eingeführt, um zusammen mit der Gewerbesteuerumlage die kommunale Einnahmesituation quantitativ und qualitativ zu verbessern (vgl. ZIMMERMANN (1988)). Gemäß Art. 106 V 1 und 2 GG erhalten die Gemeinden einen Anteil an dem Aufkommen der Einkommensteuer, der von den Ländern an ihre Gemeinden auf der Grundlage der Einkommensteuerleistungen ihrer Einwohner weiterzuleiten ist.

Aufgrund dieser verfassungsrechtlichen Vorgabe bestimmt sich der Anteil einer einzelnen Gemeinde an der Einkommensteuer in einem zweistufigen Verfahren. In einer ersten Stufe wird festgelegt, welchen Anteil die Gemeinden insgesamt an dem Einkommensteueraufkommen eines Landes erhalten. Die Einzelheiten dazu sind in § 1 GFRG geregelt. Demnach partizipieren die Gemeinden in Höhe von 15 v. H. am Aufkommen der Lohn- und veranlagten Einkommensteuer. Darüber hinaus werden sie in Höhe von 12 v. H. am Zinsabschlag beteiligt. Dabei wird dieser Gemeindeanteil an der Einkommensteuer für jedes Land nach den Steuerbeträgen bemessen, die von den Finanzbehörden in dem Gebiet des jeweiligen Landes unter Berücksichtigung der Zerlegung nach Art. 107 I GG vereinnahmt werden. Der Gemeindeanteil an der Einkommensteuer lautet somit:

$$T_i^{G:E} = \theta_1^G \left[(T_i^{Lohn} + Z_i^{Lohn}) + T_i^{VE} - T_i^{(Lohn+VE)^-}\right] + \theta_2^G (T_i^{ZA} + Z_i^{ZA}) \qquad i \in \mathcal{BRD}.$$

In einer zweiten Stufe wird dann die Aufteilung des Gemeindeanteils auf die einzelnen Gemeinden vorgenommen. Das Grundgesetz sieht gemäß Art. 106 V 1 GG keine Verteilung auf die einzelnen Gemeinden nach dem örtlichen Aufkommen vor, sondern eine Verteilung auf Grundlage der Einkommensteuerleistungen der Gemeindeeinwohner.

Der Gesetzgeber sieht dazu gemäß § 2 GFRG vor, dass der Gemeindeanteil an der Einkommensteuer nach einem Schlüssel auf die Gemeinden aufgeteilt wird, der von den Ländern aufgrund der Bundesstatistiken über die Lohn- und die veranlagte Einkommensteuer ermittelt und durch Rechtsverordnung der jeweiligen Landesregierung festgesetzt wird. Die Länder vollziehen demnach die bundeseinheitlich geregelte Verteilung selbst. Dabei erfolgt diese Verteilung mit Hilfe einer sogenannten Schlüsselzahl. Sie ist der in einer Dezimalzahl ausgedrückte Anteil der Einkommensteuerleistungen der Einwohner einer Gemeinde an den gesamten Einkommensteuerleistungen aller Gemeindeinwohner eines Landes. Um redistributive Zielsetzungen im Sinne der Gemeindefinanzreform umzusetzen, wird gemäß § 3 GFRG bei der Berechnung der Schlüsselzahl nur das örtliche Aufkommen aus zu versteuerndem Einkommen bis zu bestimmten Obergrenzen bzw. Sockelbeträgen berücksichtigt.[49] Dies bedeutet, dass die Einkommensspitzen abgeschnitten werden und auf die Verteilung des Gemeindeanteils keinen Einfluss mehr nehmen. Die bis zu den Sockelbeträgen berücksichtigten Steuerbeträge der Steuerpflichtigen einer Gemeinde ergeben zusammen das Sockelaufkommen der jeweiligen Gemeinde. Die gemeindeindividuelle Schlüsselzahl besteht dann aus dem jeweiligen Sockelaufkommen der Gemeinde als Anteil an der Summe der Sockelaufkommen aller Gemeinden des jeweiligen Landes. Der sich somit für die einzelne Gemeinde ergebende Prozentsatz wird dann nicht auf die Summe der Sockelbeträge der Gemeinden eines Landes, sondern auf den Gemeindeanteil an der Einkommensteuer angewendet.[50]

3.4.2 Verteilung des kommunalen Umsatzsteueranteils

Gemäß Art. 106 Va GG erhalten die Gemeinden ab dem Jahr 1998 einen Anteil an dem Aufkommen der Umsatzsteuer. Die kommunale Umsatzsteuerbeteiligung stellt eine finanzielle Kompensation für die Abschaffung der Gewerbekapitalsteuer in den alten Ländern und die dauerhafte Nichterhebung in den neuen Ländern dar. Bei der Verteilung nicht nur auf die Gesamtheit der Gemeinden eines Landes, sondern auch auf die einzelnen Gemeinden soll daher erreicht werden, dass die einzelnen Gemeinden schließlich ein Aufkommen erhalten, das dem Gewerbekapitalsteueraufkommen entsprechen würde (vgl. HENNEKE (1998, S. 117)). Aus diesem Grund sieht das Grundgesetz die Verteilung mittels eines orts- und wirtschaftskraftbezogenen Schlüssels vor. Diese verfassungsrechtliche Vorgabe ist in den §§ 5 a ff. GFRG umgesetzt. Ähnlich wie bei der Einkommensteuer sind zwei Stufen vorgesehen, um den Anteil einer einzelnen Gemeinde zu bestimmen. In § 5a GFRG ist zunächst die Aufteilung des Gemeindeanteils an der Umsatzsteuer ($T^{G:U}$) mit

---

[49]Die Sockelbeträge betragen gemäß § 3 GFRG in den alten Ländern für Einzelveranlagte 30.000 Euro und für Ehepaare 60.000 Euro. In den neuen Ländern betragen sie hingegen 25.000 Euro bzw. 50.000 Euro.

[50]Zu der Ermittlung des Einkommensteueranteils einer einzelnen Gemeinde siehe auch ZIMMERMANN (1999, S. 175ff.).

Hilfe einer Schlüsselzahl (θ_i^U) auf die einzelnen Länder geregelt:

$$T_i^{G:U} = \theta_i^U T^{G:U} \qquad i \in \mathcal{BRD}.$$

In einer zweite Stufe sieht der Gesetzgeber gemäß § 5b GFRG vor, dass der landesspezifische Anteil an der Umsatzsteuer ($T_i^{G:U}$) ebenfalls mit Hilfe einer Schlüsselzahl auf die Gemeinden aufgeteilt wird.[51]

Die Länder vollziehen die bundeseinheitlich geregelte Verteilung gemäß § 5b GFRG selbst. Allerdings hat der Gesetzgeber für die alten Länder eine redistributive Komponente bei der Verteilung vorgesehen. Gemäß § 5b II 5 GFRG können bis zu 20 v. H. des Anteils der Gemeindegesamtheit entnommen und gemäß Landesrecht an Gemeinden verteilt werden, die infolge der Abschaffung der Gewerbekapitalsteuer besondere finanzielle Nachteile erleiden. Bayern macht gegenwärtig als einziges Land von dieser Möglichkeit eines Härteausgleichs Gebrauch (vgl. BAYERISCHES STAATSMINISTERIUM DER FINANZEN (2001)).

3.5 Umverteilung zwischen den Ländern: Der Länderfinanzausgleich i. e. S.

Die schwerpunktmäßige Ausrichtung der horizontalen Steuerverteilung auf Länderebene am Prinzip der örtlichen Vereinnahmung führt dazu, dass sich die Besonderheiten der einzelnen Länder im Sinne struktureller, historisch wie geographisch bedingter Unterschiede in der originären Finanzausstattung der Länder niederschlagen. Um dem Ziel der Einheitlichkeit der Lebensverhältnisse durch die Angleichung der Finanzausstattungen der Länder näher zu kommen, sieht das Grundgesetz mit Art. 107 II GG die Durchführung eines Finanzausgleichs vor.

Diese verfassungsrechtliche Vorgabe hat der Gesetzgeber in den §§ 4ff. FAG-BL konkretisiert. Nach Maßgabe des § 4 FAG-BL handelt es sich bei diesem Länderfinanzausgleich i. e. S. um eine horizontale Umverteilung von Finanzmitteln zwischen den Ländern. Zur Durchführung des Länderfinanzausgleichs i. e. S. werden aus Beiträgen der ausgleichspflichtigen Länder nämlich Zuschüsse an die ausgleichsberechtigten Länder geleistet.[52] Ob ein Land bei dieser horizontalen Umverteilung ausgleichspflichtig oder ausgleichsberechtigt ist, wird gemäß § 5 I und II FAG-BL aus der Gegenüberstellung von zwei Messzahlen, nämlich der Finanzkraftmesszahl und der Ausgleichsmesszahl, ermittelt. So sind diejenigen Länder ausgleichspflichtig, bei denen die Finanzkraftmesszahl die Ausgleichsmesszahl übersteigt. Ausgleichsberechtigt sind demgegenüber die Länder, deren Finanzkraftmesszahl im Ausgleichsjahr kleiner ist als die Ausgleichsmesszahl. Die weitere Durchführung des Länderfinanzausgleichs, insbesondere die Bestimmung der Finanzkraft- und Ausgangsmesszahl sowie die Berechnung der horizontalen Transfers, ist in den §§ 6ff FAG-BL geregelt.[53]

---

[51] Diese zweite Stufe findet gemäß § 7 GFRG in den Stadtstaaten Berlin und Hamburg nicht statt.

[52] Allerdings handelt es sich streng genommen nicht um direkte Zahlungen zwischen den Ländern, da der dazu erforderliche Zahlungsverkehr gemäß § 14 FAG-BL über den Bund abgewickelt wird.

[53] Obwohl dem Gesetzgeber ein Beurteilungs- und Gestaltungsspielraum bei der Durchführung des Länderfinanzausgleichs i. e. S. eingeräumt wird, sind ihm durch verfassungsrechtliche und verfassungs-

3.5.1 Die Ermittlung der Finanzkraft

Im Unterschied zu dem Umsatzsteuer-Vorwegausgleich ist der Länderfinanzausgleich i. e. S. nicht mehr auf einen Vergleich und Ausgleich der unterschiedlichen Steuerkraft der Länder beschränkt. Auszugleichen ist vielmehr die unterschiedliche Finanzkraft der einzelnen Länder. Der Begriff der Finanzkraft ist umfassend zu verstehen und darf daher nicht allein auf die Steuerkraft reduziert werden. Trotzdem zieht der Gesetzgeber momentan nicht alle Einnahmen der Länder in die Berechnung der Finanzkraftmesszahl ein.

Gemäß § 6 I FAG-BL setzt sich die Finanzkraftmesszahl (FM_i) der einzelnen Länder zusammen aus einer Länderfinanzkraft (T_i^{FA}) und einer Gemeindefinanzkraft (T_i^G), da die Gemeinden in diesem Finanzausgleich als Bestandteile der Länder angesehen werden (vgl. BROER (2003a, S. 1365)). Allerdings wird die Gemeindefinanzkraft gemäß § 8 III FAG-BL nur in Höhe von 64 v. H. (π) bei der Ermittlung der Finanzkraftmesszahl berücksichtigt:

$$FM_i = T_i^{FA} + \pi T_i^G, \qquad i \in \mathcal{BRD}.$$

Bei der Konkretisierung der Länderfinanzkraft zählt § 7 I FAG-BL zunächst die wesentlichen Steuereinnahmen der Länder auf.

Als finanzausgleichsrelevante Steuereinnahmen eines Landes gelten die ihm im Ausgleichsjahr zugeflossenen Einnahmen aus seinem Anteil an den Gemeinschaftssteuern sowie der Gewerbesteuerumlage, wobei gemäß § 6 GFRG nur ein Teil der Einnahmen aus der Gewerbesteuerumlage berücksichtigt wird. Zu den finanzausgleichsrelevanten Steuereinnahmen zählen darüber hinaus die Einnahmen aus den Ländersteuern. Somit werden zu den bereits aus dem Umsatzsteuer-Vorwegausgleich bekannten Steuern nach dem Aufkommen (T_i^{Auf}) auch noch die Umsatzsteuereinnahmen der einzelnen Länder ($T_i^{L:U}$)[54] herangezogen.

Über die Steuereinnahmen hinaus bezieht § 7 II FAG-BL auch das Aufkommen aus der Förderabgabe nach § 31 Bundesberggesetz in die Länderfinanzkraft ein. Neben diesen Einnahmen aus der Förderabgabe (T_i^{Fo}) berücksichtigt der Gesetzgeber jedoch gegenwärtig keine weiteren Einnahmen, weil ihre Ermittlung und Einbeziehung entweder von ihrer Eigenart her nicht gerechtfertigt oder aber gemessen an dem erreichbaren Ausgleichseffekt zu aufwendig wäre (vgl. HÄDE (1996, S. 271)). Ebenso werden keine Sonderbedarfe der Länder bei der Bestimmung der Länderfinanzkraft berücksichtigt.[55]

---

gerichtliche Vorgaben Grenzen gesetzt. Für eine ausführliche Auseinandersetzung mit diesen Vorgaben und den damit verbundenen Konsequenzen für die Durchführung ist eine umfangreiche, insbesondere juristische Literatur entstanden. Zu den neueren Arbeiten zählen z. B. CARL (1995, S. 47ff.), HÄDE (1996, S. 218ff.), HENNEKE (1998, S. 118ff.) und KESPER (1998, S. 110ff.).

[54] Somit werden auch die im Umsatzsteuer-Vorwegausgleich bestimmten Ergänzungsanteile an der Umsatzsteuer beim Länderfinanzausgleich i. e. S. als originäre Einnahmen den Ländern zugerechnet.

[55] Bis zum Jahr 2005 konnten Bremen, Hamburg, Niedersachsen und Mecklenburg-Vorpommern ihre Länderfinanzkraft und damit die Finanzkraftmesszahl durch den Abzug von Pauschalbeträgen für Seehafenlasten reduzieren. Im Ergebnis kam es somit zu höheren Ausgleichszuweisungen oder niedrigeren Ausgleichsbeiträgen in diesen Ländern zu Lasten der übrigen Länder. Zu der Frage, ob Bedarfselemente bei der Ermittlung der Finanzkraft eine Rolle spielen sollten, siehe CARL (1995, S. 53) und SCHERF (2000a, S. 110ff.).

Eine letzte Komponente der Länderfinanzkraft bildet die Finanzausgleichsprämie, mit der den Ländern ein finanzieller Anreiz gegeben werden soll, ihre Steuerpotentiale, die aufgrund der geringen Steuerautonomie begrenzt sind, besser auszuschöpfen. Dazu sieht der Gesetzgeber nach § 7 III FAG-BL vor:

> *Die Einnahmen nach den Absätzen 1 und 2 werden in den Ländern gekürzt, in denen die Veränderungsrate der Steuereinnahmen nach Absatz 1 Satz 1 je Einwohner im Ausgleichsjahr gegenüber dem dem Ausgleichsjahr vorausgehenden Kalenderjahr die entsprechende Veränderungsrate der Ländergesamtheit übersteigt. Dabei sind die Einwohnerzahlen maßgebend, die das Statistische Bundesamt jeweils zum 30. Juni des dem Ausgleichsjahres vorausgehenden Kalenderjahres festgestellt hat. Der Kürzungsbeitrag wird auf 12 vom Hundert des Betrages festgesetzt, der sich ergibt, wenn die Veränderungsrate der Steuereinnahmen eines Landes nach Absatz 1 Satz 1 je Einwohner im Ausgleichsjahr, soweit sie die entsprechende Veränderungsrate der Ländergesamtheit übersteigt, vervielfacht wird mit den Steuereinnahmen des Landes nach Absatz 1 Satz 1 je Einwohner des dem Ausgleichsjahr vorausgehenden Kalenderjahres sowie mit der Einwohnerzahl des Ausgleichsjahres.*

Um derartige finanzielle Anreize zu schaffen, sollen also nach den Vorstellungen des Gesetzgebers die gegenüber dem Vorjahr überdurchschnittlichen Steuermehreinnahmen bzw. unterdurchschnittlichen Steuermindereinnahmen eines Landes zu 12 v. H. (ς) ausgleichsfrei gestellt werden, d. h. durch die Verringerung der Länderfinanzkraft sollen im Ergebnis höhere Ausgleichszuweisungen oder niedrigere Ausgleichsbeiträge zu Lasten der übrigen Länder resultieren.[56] Zur Bestimmung der Prämienberechtigung und der Kürzungsbeiträge müssen die landesindividuellen und bundesdurchschnittlichen Pro-Kopf-Steuereinnahmen des aktuellen Jahres (t_i^{Auf} und t^{Auf}) und des Vorjahres ($t_i^{Auf,V}$ und $t^{Auf,V}$) berechnet werden. Dazu werden wie bei der Umsatzsteuerverteilung auch nur die Steuern nach dem Aufkommen und die natürlichen Einwohnerzahlen der Länder jeweils für das aktuelle Jahr (T_i^{Auf} und N_i) und das Vorjahr ($T_i^{Auf,V}$ und N_i^V) zugrunde gelegt. Die landesindividuellen Veränderungsraten der Pro-Kopf-Steuereinnahmen werden dann mit der Veränderungsrate der bundesdurchschnittlichen Pro-Kopf-Steuereinnahmen verglichen. Übersteigt die landesindividuelle Veränderungsrate die Veränderungsrate der bundesdurchschnittlichen Pro-Kopf-Steuereinnahmen, so hat ein Land eine Prämienberechtigung. Der landesindividuelle Kürzungsbeitrag (PR_i) lautet somit insgesamt:

$$PR_i = \begin{cases} \varsigma \left(\dfrac{t_i^{Auf}}{t_i^{Auf,V}} - \dfrac{t^{Auf}}{t^{Auf,V}} \right) t_i^{Auf,V} N_i & \text{falls } \dfrac{t_i^{Auf}}{t_i^{Auf,V}} > \dfrac{t^{Auf}}{t^{Auf,V}},\ i \in \mathcal{BRD} \\ 0 & \text{falls } \dfrac{t_i^{Auf}}{t_i^{Auf,V}} \leq \dfrac{t^{Auf}}{t^{Auf,V}},\ i \in \mathcal{BRD}\,. \end{cases}$$

[56] Die Prämienregelung führt allerdings nicht bei allen prämienberechtigten Ländern automatisch zu einem finanziellen Vorteil (vgl. FEHR (2001, S. 578)).

Die Länderfinanzkraft eines Landes lautet somit unter Einschluss aller Komponenten:

$$T_i^{FA} = T_i^{Auf} + T_i^{L:U} + T_i^{Fo} - PR_i \qquad i \in \mathcal{BRD}.$$

Bei der Ermittlung der Gemeindefinanzkraft sind – genauso wie bei der Länderfinanzkraft – grundsätzlich alle kommunalen Einnahmen einzubeziehen. Allerdings können solche kommunalen Einnahmen unberücksichtigt bleiben, deren Aufkommen quantitativ nicht ausgleichsrelevant ist, die zwischen den Ländern in etwa gleichmäßig streuen und bei denen der Aufwand, der mit der Ermittlung der Einnahmen verbunden wäre, größer ist als der Ausgleichseffekt, der damit erreicht werden kannn (vgl. SCHERF (2000a, S. 148)). Es folgt daraus, dass die örtlichen Verbrauch- und Aufwandsteuern, Gebühren und Beiträge, Einnahmen aus Unternehmensbeteiligungen sowie Finanzzuweisungen bei der Ermittlung der Gemeindefinanzkraft unberücksichtigt bleiben.

Der Gesetzgeber sieht daher gemäß § 8 I FAG-BL als Komponenten der Gemeindefinanzkraft gegenwärtig nur die Steuereinnahmen der Gemeinden eines Landes vor. Die Gemeindefinanzkraft besteht demnach aus den Gemeindeanteilen an der Einkommensteuer ($T_i^{G:E}$) und Umsatzsteuer ($T_i^{G:U}$) sowie den Realsteuern. Aufgrund der kommunalen Steuerautonomie können jedoch die tatsächlichen Einnahmen der Gemeinden eines Landes aus der Grundsteuer A (T_i^{GrA}), Grundsteuer B (T_i^{GrB}) sowie der Gewerbesteuer vor Abführung der Umlage (T_i^{Gew}) nicht in die Berechnung der Gemeindefinanzkraft eingehen. Denn bei den Realsteuern hängen die effektiven Einnahmen der Gemeinden auch von ihrer Hebesatzpolitik ab. Verwendet man dann die tatsächlichen Einnahmen aus den Realsteuern in einem Land als Maßstab der kommunalen Steuerkraft, so werden die Grundbeträge, die als Steuerbemessungsgrundlage das Steuerpotential abbilden, in den einzelnen Ländern nach Maßgabe der jeweiligen Hebesätze und damit in einem unterschiedlichen Maße im Finanzausgleich berücksichtigt. So müssten sich z. B. Länder, deren Gemeinden im Landesdurchschnitt Hebesätze anwenden, die über dem Bundesdurchschnitt liegen, eine überhöhte Finanzkraft anrechnen lassen. Neben den dadurch bedingten ungerechten Verteilungswirkungen bei den Finanzausgleichstransfers wäre die Verwendung des unbereinigten Steueraufkommens auch mit Fehlanreizen verbunden, da die Länder somit grundsätzlich ein Interesse an niedrigen Hebesätzen ihrer Gemeinden hätten (vgl. SCHERF (2000a, S. 150)). Aus diesen Gründen werden im Länderfinanzausgleich i. e. S. Unterschiede in der Hebesatzanspannung und Hebesatzvariationen für die Ermittlung der Gemeindefinanzkraft und somit auch für die Ermittlung der Finanzausgleichstransfers neutralisiert (vgl. MILBRADT und DIEDRICHS (2001, S. 334f.)). Gemäß § 7 II FAG-BL wird daher zur Bestimmung der drei Steuerkraftzahlen eines Landes das jeweilige Gesamtsteueraufkommen im Verhältnis der länderweisen Vorjahresgrundbeträge der Grundsteuer A (GB_i^{GrA}), Grundsteuer B (GB_i^{GrB}) und Gewerbesteuer (GB_i^{Gew}) aufgeteilt. Die Steuerkraftzahlen eines Landes bei der Grundsteuer A (FT_i^{GrA}), Grundsteuer B (FT_i^{GrB}) und Gewerbesteuer (FT_i^{Gew}) lauten somit:

$$FT_i^{GrA} = \sum_{j \in \mathcal{BRD}} T_j^{GrA} \frac{GB_i^{GrA}}{\sum_{j \in \mathcal{BRD}} GB_j^{GrA}} \qquad i \in \mathcal{BRD}$$

$$FT_i^{GrB} = \sum_{j \in \mathcal{BRD}} T_j^{GrB} \frac{GB_i^{GrB}}{\sum_{j \in \mathcal{BRD}} GB_j^{GrB}} \qquad i \in \mathcal{BRD}$$

$$FT_i^{Gew} = \sum_{j \in \mathcal{BRD}} T_j^{Gew} \frac{GB_i^{Gew}}{\sum_{j \in \mathcal{BRD}} GB_j^{Gew}} \qquad i \in \mathcal{BRD}.$$

Um auch die Mindereinnahmen der Gemeinden infolge der Gewerbesteuerumlage bei der Berechnung der Gemeindefinanzkraft zu berücksichtigen, sieht der Gesetzgeber mit § 8 I FAG-BL i.V.m. § 6 IV GFRG vor, dass lediglich die in jedem Land durch die Normalumlage generierten Landeseinnahmen ($T_i^{L:GewU}$) und Bundeseinnahmen ($T_i^{B:GewU}$) zu einer Verminderung der Gemeindesteuerkraft führen. Die Gemeindefinanzkraft eines Landes lautet somit unter Einschluss aller Komponenten:

$$T_i^G = T_i^{G:E} + T_i^{G:U} + FT_i^{GrA} + FT_i^{GrB} + FT_i^{Gew} - (T_i^{L:GewU} + T_i^{B:GewU}) \quad i \in \mathcal{BRD}.$$

3.5.2 Die Ermittlung des Finanzbedarfs

Weil sich die Länder in ihrer Größe, ihrer Bevölkerungszahl und in ihrem Steueraufkommen stark unterscheiden, ist ihr jeweiliges Finanzaufkommen zu einem direkten Finanzkraftvergleich der Länder untereinander nicht geeignet (vgl. GESKE (2001, S. 131)). Denn dies würde dazu führen, dass die größeren Länder bei diesem horizontalen Finanzausgleich, der aufgrund der verfassungsrechtlichen Vorgaben als Finanzkraftausgleich konzipiert ist, allein aufgrund ihres größeren Ertragsvolumens ausgleichspflichtig würden. Aus diesem Grund wird der Finanzkraftmesszahl eines jeden Landes eine landesindividuelle Ausgleichsmesszahl, die eine nach § 6 II FAG-BL gesetzlich definierte Sollgröße darstellt, gegenübergestellt. Die Ausgleichsmesszahl eines Landes ist die Summe zweier Messzahlen, die zum Ausgleich der Einnahmen der Länder nach § 7 FAG-BL und zum Ausgleich der Steuereinnahmen der Gemeinden nach § 8 FAG-BL getrennt festgestellt werden. Dabei ergeben sich die Messzahlen aus den auszugleichenden Einnahmen je Einwohner der Ländergesamtheit, multipliziert mit der Einwohnerzahl des Landes. Die Ausgleichsmesszahl eines Landes, die sich demnach additiv aus einer Messzahl zum Ausgleich der Länderfinanzkraft und einer Messzahl zum Ausgleich der Gemeindefinanzkraft zusammensetzt, stellt somit eine durchschnittliche Finanzkraft dar, die sich ergeben würde, wenn die Länder- und Gemeindeeinnahmen im Sinne des FAG-BL je Einwohner des Landes dem Bundesdurchschnitt entsprechen würden. Somit geht der Gesetzgeber von einem je Einwohner gleichen Finanzbedarf in allen Ländern aus (vgl. SCHERF (2000a, S. 57)). Bei diesem Rechenvorgang werden jedoch nicht die natürlichen Einwohnerzahlen der Länder zugrunde gelegt. Bei der Messzahl zum Ausgleich der Länderfinanzkraft findet nach Maßgabe des § 6 II FAG-BL i. V. m. § 9 II FAG-BL eine Einwohnerveredelung statt, um den Besonderheiten der Stadtstaaten Rechnung zu tragen. Pro tatsächlichem Einwohner können die Stadtstaaten daher einen um 35 v. H. über dem Durchschnitt liegenden Finanzbedarf geltend machen.[57] Durch die Multiplikation der natürlichen Einwohnerzahl

[57]Zu den Argumenten, mit denen die Einwohnerwertung der Stadtstaaten begründet wird, und zu der Kritik, die gegen diese Argumente angeführt werden kann, siehe z. B. SCHERF (2000a, S. 121ff.).

mit dem landesindividuellen Gewichtungsparameter

$$\gamma_i^L = \begin{cases} 1{,}35 & \text{für } i \in \{BE, HB, HH\} \\ 1 & \text{für } i \in \mathcal{BRD} \backslash \{BE, HB, HH\} \end{cases}$$

soll erreicht werden, dass die Messzahl zum Ausgleich der Länderfinanzkraft in den Stadtstaaten zunimmt und demzufolge die Ausgleichsmesszahl im Verhältnis zur Finanzkraftmesszahl steigt. Dadurch soll es dann zu geringeren Ausgleichsbeiträgen bzw. höheren Ausgleichszuweisungen in den Stadtstaaten kommen. Bei der Messzahl zum Ausgleich der Gemeindefinanzkraft findet gemäß § 6 II FAG-BL i. V. m. § 9 III FAG-BL ebenfalls eine Einwohnerveredelung statt, um einen kommunalen Mehrbedarf in einigen Ländern zu berücksichtigen. So werden die Einwohnerzahlen der Länder Berlin, Bremen und Hamburg mit 135 v. H., die Einwohnerzahl des Landes Mecklenburg-Vorpommern mit 105 v. H., die Einwohnerzahl des Landes Brandenburg mit 103 v. H., die Einwohnerzahl des Landes Sachsen-Anhalt mit 102 v. H. und die Einwohnerzahlen der übrigen Länder mit 100 v. H. gewertet. Es wird also auch bei der Messzahl zum Ausgleich der Gemeindefinanzkraft – ebenso wie mit der Einwohnerwertung der Stadtstaaten – das Prinzip des gleichen Pro-Kopf-Finanzbedarfs durchbrochen.[58] Durch die Multiplikation der natürlichen Einwohnerzahl mit dem landesindividuellen Gewichtungsfaktor

$$\gamma_i^G = \begin{cases} 1{,}35 & \text{für } i \in \{BE, HB, HH\} \\ 1{,}05 & \text{für } i = MV \\ 1{,}03 & \text{für } i = BB \\ 1{,}02 & \text{für } i = ST \\ 1 & \text{für } i \in \mathcal{BRD} \backslash \{BE, HB, HH, MV, BB, ST\} \end{cases}$$

soll somit ebenfalls erreicht werden, dass die Ausgleichsmesszahl im Verhältnis zur Finanzkraftmesszahl in den Stadtstaaten und einigen ostdeutschen Flächenländern steigt und es demzufolge zu geringeren Ausgleichsbeiträgen bzw. höheren Ausgleichszuweisungen kommt. Allerdings fallen diese Effekte geringer aus, da die Messzahl zum Ausgleich der Gemeindefinanzkraft gemäß § 8 FAG-BL nur zu 64 v. H. in die Ausgleichsmesszahl eingeht. Unter Berücksichtigung dieser beiden Gewichtungsfaktoren berechnet sich die Ausgleichsmesszahl (AM_i) nach folgender Formel:

$$AM_i = \frac{\sum_{j \in \mathcal{BRD}} T_j^{FA}}{\sum_{j \in \mathcal{BRD}} \gamma_j^L N_j} \gamma_i^L N_i + \pi \frac{\sum_{j \in \mathcal{BRD}} T_j^G}{\sum_{j \in \mathcal{BRD}} \gamma_j^G N_j} \gamma_i^G N_i \qquad i \in \mathcal{BRD}.$$

Es wird somit deutlich, dass durch die nicht unumstrittene Einwohnergewichtung das Verhältnis von Ausgleichsmesszahl und Finanzkraftmesszahl und somit die Ausgleichsbeiträge bzw. Ausgleichszuweisungen auch in den Ländern verändert werden, deren natürliche Einwohnerzahl nicht veredelt wird.

[58] Zu den Argumenten, mit denen die Einwohnerwertung bei der Messzahl zum Ausgleich der Gemeindefinanzkraft begründet werden kann, und zu deren Kritik siehe z. B. SCHERF (2000a, S. 153ff.).

3.5.3 Die Ausgleichszuweisungen und Ausgleichsbeiträge

Für den Ausgleich unter den Ländern ist nun das Verhältnis der für jedes Land ermittelten Ausgleichsmesszahl zur Finanzkraftmesszahl die Grundlage für die Zuweisungen bzw. Beiträge, die die einzelnen Länder erhalten bzw. leisten müssen. Der Ausgleich erfolgt dabei in einem mehrstufigen Verfahren. In einem ersten Schritt werden die Finanzkraftmesszahl und Ausgleichsmesszahl gemäß § 5 FAG-BL einander gegenübergestellt. Übersteigt die Finanzkraftmesszahl die Ausgleichsmesszahl, so hat das entsprechende

Abbildung 3.2: Ausgleichstarif beim Länderfinanzausgleich i. e. S.

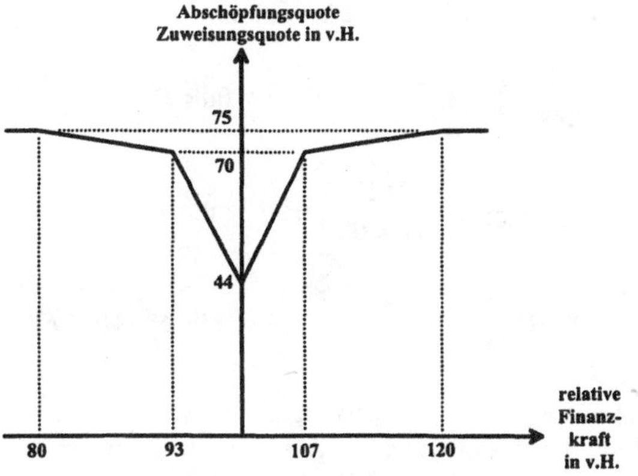

Quelle: FEHR (2001, S. 576)

Land einen sogenannten Überschuss und ist damit ausgleichspflichtig. Ist die Finanzkraftmesszahl hingegen kleiner als die Ausgleichsmesszahl, so hat das Land einen Fehlbetrag und ist ausgleichsberechtigt. Die Gesamtheit der Länder lässt sich so in zwei Teilmengen aufspalten, deren erste ($\mathcal{B}$) die finanzschwachen und somit ausgleichsberechtigten und deren zweite ($\mathcal{P}$) die finanzstarken, d. h. ausgleichspflichtigen Länder umfasst:

$$\mathcal{B} = \{i | FM_i - AM_i < 0, i \in \mathcal{BRD}\} \qquad \mathcal{P} = \{i | FM_i - AM_i > 0, i \in \mathcal{BRD}\}$$

In einem zweiten Schritt werden dann nach Maßgabe des § 10 I FAG-BL die Ausgleichszuweisungen bestimmt, mit denen die Fehlbeträge der ausgleichsberechtigten Länder zu einem Teil verringert werden sollen:

> *Die Ausgleichszuweisungen eines ausgleichsberechtigten Landes werden ermittelt durch Multiplikation seiner Ausgleichsmesszahl mit einem der folgenden Faktoren F:*
> *1.* $F = \frac{3}{4} \cdot X - \frac{317}{20000}$, *wenn die Finanzkraftmesszahl des Landes unter 80 vom Hundert seiner Ausgleichsmesszahl liegt,*
> *2.* $F = X \cdot (\frac{5}{26} \cdot X + \frac{35}{52}) - \frac{2121}{260000}$, *wenn die Finanzkraftmesszahl eines Landes*

mindestens 80 vom Hundert seiner Ausgleichsmesszahl beträgt, aber unter 93 vom Hundert seiner Ausgleichsmesszahl liegt,
3. $F = X \cdot (\frac{13}{7} \cdot X + \frac{11}{25})$, *wenn die Finanzkraftmesszahl eines Landes mindestens 93 vom Hundert seiner Ausgleichsmesszahl beträgt;*
dabei ist für X jeweils 1 vermindert um das Verhältnis von Finanzkraftmesszahl zu Ausgleichsmesszahl des Landes anzusetzen.

Es ergibt sich somit ein folgendermaßen zu beschreibender Zuweisungstarifverlauf (vgl. Abbildung 3.2): Relative Positionen ($\frac{FM_i}{AM_i} \cdot 100$) unter 80 v. H. ($\phi_1^B$) werden zu 75 v. H., relative Positionen zwischen 80 v. H. und 93 v. H. (ϕ_2^B) degressiv fallend von 75 v. H. auf 70 v. H. und relative Positionen zwischen 93 v. H. und 100 v. H. (ϕ_3^B) degressiv fallend von 70 v. H. auf 44 v. H. aufgefüllt. Formal lassen sich die Ausgleichszuweisungen (AZ_i^1), die nach den Regelungen des § 10 I FAG-BL bestimmt werden, darstellen als

$$AZ_i^1 = \begin{cases} \left(\frac{3}{4}X_i^B - \frac{317}{20000}\right)AM_i & \text{falls } FM_i < \phi_1^B AM_i,\ i \in \mathcal{B} \\ \left(X_i^B\left(\frac{5}{26}X_i^B + \frac{35}{52}\right) - \frac{2121}{260000}\right)AM_i & \text{falls } \phi_1^B AM_i \leq FM_i < \phi_2^B AM_i,\ i \in \mathcal{B} \\ \left(X_i^B\left(\frac{13}{7}X_i^B + \frac{11}{25}\right)\right)AM_i & \text{falls } \phi_2^B AM_i \leq FM_i < \phi_3^B AM_i,\ i \in \mathcal{B}, \end{cases}$$

wobei X_i^B die Differenz von 1 und der jeweiligen relativen Position verkörpert. In einem nächsten Schritt folgt die Bestimmung der Ausgleichsbeiträge der ausgleichspflichtigen Länder nach Maßgabe des § 10 II 1 FAG-BL:

Die Ausgleichsbeiträge eines ausgleichspflichtigen Landes werden nach Maßgabe von Satz 2 ermittelt durch Multiplikation seiner Ausgleichsmesszahl mit einem der folgenden Faktoren:
1. mit dem Faktor nach Absatz 1 Nr. 3, wenn die Finanzkraftmesszahl des Landes unter 107 vom Hundert seiner Ausgleichsmesszahl liegt,
2. mit dem Faktor nach Absatz 1 Nr. 2, wenn die Finanzkraftmesszahl des Landes mindestens 107 vom Hundert seiner Ausgleichsmesszahl beträgt, aber unter 120 vom Hundert seiner Ausgleichsmesszahl liegt,
3. mit dem Faktor nach Absatz 1 Nr. 1, wenn die Finanzkraftmesszahl des Landes mindestens 120 vom Hundert seiner Ausgleichsmesszahl beträgt;
dabei ist für X jeweils das Verhältnis von Finanzkraftmesszahl zu Ausgleichsmesszahl des Landes vermindert um 1 anzusetzen.

Bei der Berechnung der Ausgleichsbeiträge sieht der Gesetzgeber dabei einen punktsymmetrisch verlaufenden Abschöpfungstarif vor (vgl. Abbildung 3.2): Relative Positionen zwischen 100 v. H. (ϕ_3^P) und 107 v. H. (ϕ_2^P) werden progressiv steigend von 44 v. H. auf 70 v. H., relative Positionen zwischen 107 v. H. und 120 v. H. (ϕ_1^P) progressiv steigend von 70 v. H. auf 75 v. H. und relative Positionen über 120 v. H. mit 75 v. H. abgeschöpft.

Die Ausgleichsbeiträge (AB_i^1), die nach den Regelungen des § 10 II 1 FAG-BL bestimmt werden, ergeben sich dann aus

$$AB_i^1 = \begin{cases} \left(X_i^P\left(\frac{13}{7}X_i^P + \frac{11}{25}\right)\right)AM_i & \text{falls } \phi_3^P AM_i < FM_i < \phi_2^P AM_i,\ i \in \mathcal{P} \\ \left(X_i^P\left(\frac{5}{26}X_i^P + \frac{35}{52}\right) - \frac{2121}{260000}\right)AM_i & \text{falls } \phi_2^P AM_i \leq FM_i < \phi_1^P AM_i, i \in \mathcal{P} \\ \left(\frac{3}{4}X_i^P - \frac{317}{20000}\right)AM_i & \text{falls } \phi_1^P AM_i \leq FM_i, i \in \mathcal{P}. \end{cases}$$

Dabei verkörpert X_i^P die Differenz zwischen der jeweiligen relativen Position und 1. Mit den Regelungen zur Bestimung der Ausgleichszuweisungen und -beiträge ist jedoch nicht immer sichergestellt, dass die Summe der Zuweisungen der Summe der Beiträge entspricht. Aus diesem Grund sieht der Gesetzgeber eine Anpassung der Ausgleichsbeiträge gemäß § 10 II 2 FAG-BL vor. Dabei werden die Ausgleichsbeiträge mit dem Vomhundertsatz zur Aufbringung der Ausgleichszuweisungen angesetzt, der erforderlich ist, damit die Summe der Ausgleichsbeiträge mit der Summe der Ausgleichszuweisungen übereinstimmt. Die Ausgleichsbeiträge nach Abschluss dieser Korrekturrechnung (AB_i^2) lauten somit:

$$AB_i^2 = \frac{\sum_{j \in \mathcal{B}} AZ_j^1}{\sum_{j \in \mathcal{P}} AB_j^1} AB_i^1 \qquad i \in \mathcal{P}.$$

Neben dieser Harmonisierung der Ausgleichsbeiträge und der Ausgleichszuweisungen sieht § 10 III FAG-BL eine Garantieklausel zum Schutz der ausgleichspflichtigen Länder vor. Diese Regelung kommt dann zum Tragen, wenn in mindestens einem ausgleichspflichtigten Land der ermittelte Ausgleichsbeitrag 72,5 v. H. der Differenz von Finanzkraft- und Ausgleichsmesszahl übersteigt (vgl. § 10 III 1. HS FAG-BL). Bei dieser Deckelungsregelung soll demnach die Abschöpfung auf maximal 72,5 v. H. (υ) des Überschusses beschränkt werden. Der übersteigende Betrag eines jeden ausgleichspflichtigen Landes (UB_i) lautet somit:

$$UB_i = \begin{cases} AB_i^2 - \upsilon(FM_i - AM_i) & \text{falls } AB_i^2 > \upsilon(FM_i - AM_i),\ i \in \mathcal{P} \\ 0 & \text{falls } AB_i^2 \leq \upsilon(FM_i - AM_i),\ i \in \mathcal{P}. \end{cases}$$

Übersteigende Beträge werden dann, sofern sie entstehen, hälftig auf alle ausgleichsberechtigten Länder (ϖ^B) und alle ausgleichspflichtigen Länder (ϖ^P) nach ihrem Anteil am gesamten Zuweisungs- bzw. Beitragsvolumen verteilt (vgl. § 10 III 1 2. HS und 2 FAG-BL). Kommt es also in mindestens einem ausgleichspflichtigen Land zu einer Verletzung dieser Deckelungsregelung, so sind Berichtigungen sowohl bei den Zuweisungen als auch Beiträgen erforderlich. Weitere Korrekturmechanismen sieht der Gesetzgeber gegenwärtig nicht vor. Die endgültigen Ausgleichszuweisungen (AZ_i^2) und Ausgleichsbeiträge (AB_i^3) lauten somit:

$$AZ_i^2 = \begin{cases} AZ_i^1 - \frac{AZ_i^1}{\sum_{j \in \mathcal{B}} AZ_j^1} \varpi^B \sum_{j \in \mathcal{P}} UB_j & \text{falls } \sum_{j \in \mathcal{P}} UB_j > 0,\ i \in \mathcal{B} \\ AZ_i^1 & \text{falls } \sum_{j \in \mathcal{P}} UB_j = 0,\ i \in \mathcal{B} \end{cases}$$

$$AB_i^3 = \begin{cases} AB_i^2 + \frac{AB_i^2}{\sum_{j \in \mathcal{P}} AB_j^2} \varpi^P \sum_{j \in \mathcal{P}} UB_j - UB_i & \text{falls } \sum_{j \in \mathcal{P}} UB_j > 0,\ i \in \mathcal{P} \\ AB_i^2 & \text{falls } \sum_{j \in \mathcal{P}} UB_j = 0,\ i \in \mathcal{P}. \end{cases}$$

3.6 Umverteilung zwischen Bund und Ländern

Der Prozess der Angleichung der unterschiedlichen finanziellen Leistungskraft der Länder ist mit der Durchführung des Länderfinanzausgleichs i. e. S. noch nicht abgeschlossen. Denn nach Art. 107 II 3 GG kann durch ein zustimmungspflichtiges Bundesgesetz bestimmt werden, dass nach Vollzug des Länderfinanzausgleichs i. e. S. der Bund aus seinen Mitteln leistungsschwachen Ländern Zuweisungen zur ergänzenden Deckung ihres allgemeinen Finanzbedarfs gewährt. Somit schließt sich auf Grundlage des Art. 107 II 3 GG ein letzter Ausgleich im Rahmen des bundesstaatlichen Finanzausgleichs durch die Gewährung vertikaler Transfers an, dessen Aufgabe es ist, die auf den vorangegangenen Stufen erreichte Finanzverteilung der Länder nochmals zu korrigieren (vgl. KESPER (1998, S. 118)). Indem Art. 107 II 3 GG die Leistungsschwäche eines Landes, d. h. eine ungünstige Relation seines Finanzaufkommens zu seinen Ausgabenlasten, zur Voraussetzung der Gewährung der vertikalen Zuweisungen des Bundes macht, erlaubt das Grundgesetz dem Gesetzgeber, die Finanzausstattung der Länder sowohl unter dem Aspekt ihrer unterdurchschnittlichen Finanzkraft als auch unter dem Aspekt besonderer finanzieller Belastungen aufzubessern (vgl. CARL (1995, S. 68f.)).

Gegenwärtig hat der Gesetzgeber gemäß § 11 I FAG-BL die Bundesergänzungszuweisungen als Instrument sowohl zum Ausgleich der allgemeinen Finanzkraftunterschiede als auch zusätzlich zur Abgeltung verschiedener Sonderbelastungen einzelner Länder bzw. Ländergruppen vorgesehen.[59] Zur Ergänzung des allgemeinen Finanzbedarfs sind Fehlbetrags-Bundesergänzungszuweisungen nach Maßgabe des § 11 II FAG-BL vorgesehen. Gemäß § 11 II 2 FAG-BL erhalten nur diejenigen Länder derartige Transfers, deren Summe aus Finanzkraftmesszahl und Ausgleichszuweisungen Fehlbeträge an 99,5 v. H. (ι) der Ausgleichsmesszahl aufweisen. Die Summe der ausgleichberechtigten Länder im Sinne des Länderfinanzausgleichs i. e. S. ($\mathcal{B}$) kann somit in die Gruppe der leistungsschwachen ($\mathcal{B}^+$) und nicht-leistungsschwachen ($\mathcal{B}^-$) Länder zerlegt werden:

$$\mathcal{B}^+ = \{i | \iota AM_i - (FM_i + AZ_i^2) > 0, i \in \mathcal{B}\} \quad \mathcal{B}^- = \{i | \iota AM_i - (FM_i + AZ_i^2) \leq 0, i \in \mathcal{B}\}.$$

[59]Zu den verfassungsrechtlichen und verfassungsgerichtlichen Vorgaben, die der Gesetzgeber bei der Gestaltung der Bundesergänzungszuweisungen zu beachten hat, siehe z. B. HENNEKE (1998, S. 123ff.), GESKE (2001, S. 162ff.), CARL (1995, S. 68ff.) und KESPER (1998, S. 118).

Die leistungsschwachen und damit empfangsberechtigten Länder erhalten dann gemäß § 11 II 3 FAG-BL ihren Fehlbetrag zu 77,5 v. H. (χ) durch eine vertikale Zuweisung (EZ_i^1) ausgeglichen:

$$EZ_i^1 = \chi \left(\iota AM_i - \left(FM_i + AZ_i^2 \right) \right) \qquad i \in \mathcal{B}^+.$$

Bei den Sonderbedarfs-Bundesergänzungszuweisungen verlässt die Verfassung die rein einnahmenorientierte Betrachtungsweise und führt in das System der Bund-Länder-Finanzbeziehungen einen am konkreten Bedarf jedes einzelnen Landes orientierten Maßstab ein (vgl. CARL (1995, S. 68)).

Gegenwärtig sieht der Gesetzgeber die Gewährung von drei Sonderbedarfs-Bundesergänzungszuweisungen vor. Zur Deckung von teilungsbedingten Sonderlasten aus dem bestehenden starken infrastruktuturellen Nachholbedarf und zum Ausgleich unterproportionaler kommunaler Finanzkraft erhalten alle ostdeutschen Länder gemäß § 11 III FAG-BL vertikale Transfers ($EZ_i^2, \forall i \in O$).[60] Darüber hinaus erhalten gemäß § 11 IIIa FAG-BL die ostdeutschen Flächenländer einen Ausgleich von Sonderlasten ($EZ_i^3, \forall i \in O \backslash \{BE\}$), die durch die strukturelle Arbeitslosigkeit und den daraus entstehenden überproportionalen Lasten bei der Zusammensammenführung von Arbeitslosenhilfe und Sozialhilfe für Erwerbsfähige entstehen. Einen Ausgleich für die überdurchschnittlich hohen Kosten der politischen Führung ($EZ_i^4, \forall i \in \mathcal{BRD} \backslash \{BW, BY, HE, NI, NW, HH\}$) erhalten gemäß § 11 IV FAG-BL sowohl die ostdeutschen Länder als auch Bremen, Rheinland-Pfalz, das Saarland und Schleswig-Holstein.

3.7 Der kommunale Finanzausgleich

Die Gemeinden und Gemeindeverbände sind mit der Wahrnehmung eigener und vom Bund und Land übertragener öffentlicher Aufgaben betraut. Da das Grundgesetz einen zweistufigen Staatsaufbau zugrunde legt, in dem die Gemeinden und Gemeindeverbände als Bestandteile und Glieder der Länder gelten, tragen die Länder trotz der Einbeziehung der Gemeinden in das System der vertikalen Steuerertragsaufteilung gemäß Art. 106 V, Va und VI GG die Hauptverantwortung für eine aufgabengerechte kommunale Finanzausstattung (vgl. HENNEKE (1998, S. 130)). Nach Art. 106 VII GG werden daher die Länder zu einem die originären Einnahmen der kommunalen Gebietskörperschaften ergänzenden „Binnenfinanzausgleich" verpflichtet. Die Landesverfassungen der meisten Länder erhalten aufgrund dieser verfassungsrechtlichen Vorgabe Bestimmungen, wonach das jeweilige Land verpflichtet ist, im Rahmen seiner finanziellen Leistungsfähigkeit einen kommunalen Finanzausgleich zu gewährleisten, um den Gemeinden und Gemeindeverbänden die zur Durchführung ihrer eigenen und der übertragenen Aufgaben erforderlichen Finanzmittel zu sichern (vgl. HENNEKE (1998, S. 130f.)). Es haben deshalb auch alle Länder, mit Ausnahme der Stadtstaaten Hamburg und Berlin, landesindividuelle Finanzausgleichsgesetze zur Sicherung einer aufgabenangemessenen und kontinuierlichen kommunalen Finanzausstattung erlassen, in denen die Ausgestaltung und Durchführung des kommunalen Finanzausgleichs konkretisiert wird (vgl. INHESTER (1998, S. 125ff.)).

---

[60] Die Menge O umfasst alle ostdeutschen Länder: $O = \{BE, BB, MV, SN, ST, TH\}$.

3.7.1 Funktionen

Dieser als Komplementärsystem zu den originären kommunalen Einnahmen anzusehende und von den meisten Ländern durchgeführte kommunale Finanzausgleich hat ganz allgemein die Aufgabe, die unvermeidlichen Mängel zu beseitigen oder abzuschwächen, die sich aus der Inkongruenz der Aufgaben und Ausgaben einerseits und den von der Wirtschaftsstruktur und von den Entscheidungen extrakommunaler Instanzen abhängigen Einnahmen andererseits ergeben (vgl. ZIMMERMANN (1988, S. 105)). Zu diesem Zweck soll der kommunale Finanzausgleich aufgrund der nur unzureichenden Ausstattung der kommunalen Gebietskörperschaften mit originären Einnahmen die eigenen kommunalen Finanzmittel aufstocken und den Gemeinden und Gemeindeverbänden dadurch eine angemessene und ihrem Aufgabenbestand entsprechende Finanzausstattung sichern (vgl. HENNEKE (1998, S. 131)).[61] Man kann insoweit von einer fiskalischen Funktion des Finanzausgleichs sprechen. Über diese Finanzkraftauffüllung hinaus hat der Finanzausgleich aber auch die Aufgabe, strukturbedingte, nicht aber autonom zu verantwortende Unterschiede der Finanzausstattung auf der Einnahmenseite zwar nicht völlig einzuebnen, aber doch zu vermindern (vgl. HENNEKE (1998, S. 132)).[62] Der Finanzausgleich soll also dafür sorgen, dass die kommunalen Gebietskörperschaften eine annähernd gleiche Mindestversorgung an öffentlichen Gütern gewährleisten können (vgl. VESPER (2000, S. 23)). Diese Aufgabe wird auch als redistributive Funktion bezeichnet.

Neben diesen beiden Hauptfunktionen, die im Wesentlichen der Entfaltung und Sicherung der kommunalen Selbstverwaltungsgarantie gemäß Art. 28 II GG dienen, kann der kommunale Finanzausgleich bei entsprechender Ausgestaltung zusätzlich eine Reihe weiterer Funktionen wahrnehmen. So wird dem kommunalen Finanzausgleich auch eine raumordnerische Funktion beigemessen, weil mit der horizontalen Verteilung der Finanzmittel nicht nur räumliche Effekte einhergehen, sondern der Finanzausgleich auch im Zuge der Verflechtung staatlicher und kommunaler Politik als ein aktives Instrument zur Realisierung landesplanerischer Ziele verstanden wird.[63] Daneben kann der kommunale Finanzausgleich eine wirtschaftspolitische Funktion übernehmen, indem er zur Bekämpfung lokaler und regionaler wirtschaftlicher Strukturschwächen beiträgt (vgl.

---

[61] Diese Unfähigkeit zur Selbstfinanzierung, die schon seit vielen Jahren existiert, beruht darauf, dass die kommunale Ertragshoheit vom Verfassungs- und Steuergesetzgeber so stark limitiert ist, dass die kommunalen Gebietskörperschaften aus eigenen Erträgen ihren Bedarf nicht decken können (vgl. hierzu z. B. KIRCHHOF (1980) und INHESTER (1998, S. 125f.).

[62] Strukturbedingt sind dabei jene Unzulänglichkeiten, die ihre Ursachen in der soziologischen, ökonomischen oder geographischen Verschiedenheit der kommunalen Gebietskörperschaften finden, also nicht Folgen einer kommunalpolitisch beeinflussbaren Entscheidung sind. Dagegen verbietet das Prinzip der kommunalen Selbstverwaltung gemäß Art. 28 II GG, dass finanzielle Deckungslücken aufgrund autonomer Entscheidungen, etwa im Rahmen ihrer Hebesatzpolitik, auf andere Gebietskörperschaften überwälzt werden. Finanzwirksame Entscheidungen haben deshalb die handelnde Gebietskörperschaft ebenso zu begünstigen, wie diese durch Fehlentscheidungen zu belasten ist (vgl. z. B. KIRCHHOF (1980), HENNEKE (1998, S. 130ff.) und INHESTER (1998, S. 126ff.)).

[63] In diesem Zusammenhang geht es auch um den Ausgleich bzw. die Verrechnung von externen Effekten, die durch die Erfüllung zentralörtlicher Aufgaben entstehen. Aufgrund der Berücksichtigung externer Effekte spricht ZIMMERMANN (1999, S. 218) daher auch von einem allokativen Ziel des kommunalen Finanzausgleichs.

ZIMMERMANN (1988, S. 106)). Darüber hinaus ist die konjunkturpolitische bzw. gesamtstaatliche Funktion des kommunalen Finanzausgleichs zu nennen, die sich daraus ergibt, dass die Gemeinden eine herausgehobene Stellung als öffentlicher Investor einnehmen. Der kommunale Finanzausgleich könnte somit dazu beitragen, dass es zu einer Anregung oder Dämpfung der kommunalen Investitionstätigkeit im Sinne einer antizyklischen Finanzpolitik kommt (vgl. ZIMMERMANN (1988, S. 106)).[64] Und schließlich können die Länder durch Konzentration von Finanzmitteln auf bestimmte Aufgabenbereiche eigene landespolitische Ziele im kommunalen Raum durchsetzen oder fördern und somit eine Politik des „goldenen Zügels" betreiben (vgl. ZIMMERMANN (1988, S. 106)).

3.7.2 Spielräume und Grenzen

Der kommunale Finanzausgleich kann diese vielfältigen Funktionen nur dadurch erfüllen, dass den Landesgesetzgebern ein weiter Ermessensspielraum bei seiner Ausgestaltung und Durchführung zusteht. Anhand der bundesverfassungsrechtlichen Vorgabe des Art. 106 VII GG wird deutlich, dass mit ihr im Wesentlichen über das „Ob" einer Finanzverantwortung der Länder für die Finanzen ihrer Gemeinden und Gemeindeverbände entschieden wird. Das „Wie" bleibt demgegenüber nach den grundgesetzlichen Bestimmungen offen, da Art. 106 VII GG eine ausschließliche Gesetzgebungskompetenz der Länder für den landesinternen kommunalen Finanzausgleich begründet (vgl. SCHWARZ (1997, S. 25)). So werden aufgrund dieser verfassungsrechtlichen Vorgabe des Art. 107 VII 1 GG die Länder lediglich zu einem sogenannten obligatorischen Steuerverbund verpflichtet, bei dem sie den kommunalen Gebietskörperschaften einen prozentualen Anteil, den die Landesgesetzgeber selbst festlegen können, von dem Länderanteil am Gesamtaufkommen der Gemeinschaftsteuern im Sinne von Art. 106 III GG nach Vorwegabzug des Einkommensteueranteils der Gemeinden gemäß Art. 106 V GG und des Umsatzsteueranteils der Gemeinden gemäß Art. 106 Va GG zur Verfügung stellen müssen. Des Weiteren weist Art. 106 VII 2 GG auf die Möglichkeit hin, dass die Landesgesetzgeber diesen obligatorischen Steuerverbund nach ihrem Ermessen um eine prozentuale Beteiligung an weiteren Verbundgrundlagen erweitern können. Ein solcher fakultativer Steuerverbund kann dann einerseits darin bestehen, dass das Aufkommen aus bestimmten Landessteuern, die Landesanteile aus der Gewerbesteuerumlage sowie die Einnahmen bzw. Ausgaben der Länder im Rahmen des Länderfinanzausgleichs i. e. S. und den Bundesergänzungszuweisungen dem obligatorischen Steuerverbund zugesellt und mit diesem zu einem einheitlichen allgemeinen Steuerverbund verschmolzen werden. Er kann aber auch andererseits darin bestehen, dass aus dem Aufkommen bestimmter Landessteuern Sonderverbünde gebildet werden.[65] Darüber hinaus statuiert Art. 106 VII GG keine weiteren Vorgaben bzw. Optionen bezüglich des gesamten Finanzausgleichsvolumens (vgl. HENNEKE (1998, S.

---

[64]Zur kritischen Auseinandersetzung mit der Frage, ob öffentliche Investitionen zur Stabilisierung konjunktureller Verläufe geeignet sind und welche Rolle die Gemeinden dabei einnehmen können, siehe z. B. VESPER (2000, S. 24).

[65]Aufgrund der Gesetzgebungskompetenz der Länder und den damit verbundenen Ermessensspielräumen ergeben sich somit von Land zu Land unterschiedliche Regelungen zur Bestimmung dieser Verbundmasse. Für einen Überblick über den landesindividuellen Umfang der Verbundgrundlagen und die Höhe der kommunalen Beteiligung an diesen Verbundgrundlagen siehe auch Kapitel 5.

130ff.)). Insgesamt zeigt sich somit, dass es über den obligatorischen und fakultativen Steuerverbund eine Verbindung zwischen den landesspezifischen kommunalen Finanzausgleichssystemen und den bisher dargestellten Finanzausgleichsregelungen gibt (vgl. z. B. FEHR und TRÖGER (2003c).[66]

Auch im Hinblick auf die Frage, in welcher Weise die vom Land vorgesehenen Finanzausgleichsmittel auf die einzelnen kommunalen Gebietskörperschaften verteilt werden sollten, lässt sich aus Art. 106 VII GG nichts entnehmen. Die Formulierung in Art. 106 VII GG „fließt zu" anstelle von „steht zu", wie z. B. in Art. 106 VI 1 GG, bringt lediglich zum Ausdruck, dass hier kein unmittelbarer Anspruch der einzelnen kommunalen Gebietskörperschaft auf die vom Landesgesetzgeber bestimmte Finanzausgleichsmasse etwa nach dem örtlichen Aufkommen besteht. Vielmehr handelt es sich dabei um einen Anspruch der Gesamtheit der kommunalen Gebietskörperschaften auf Zuweisungen in Höhe des dafür vom Landesgesetzgeber vorgesehenen Finanzausgleichsvolumens (vgl. ZIMMERMANN (1988, S. 109)). Dadurch, dass die Zuweisungen den kommunalen Gebietskörperschaften „insgesamt" zufließen, unterstreicht sogar das Grundgesetz, dass die Länder die Modalitäten der Verteilung auf die einzelnen kommunalen Gebietskörperschaften nach ihrem Ermessen regeln können, um den vielfältigen Finanzausgleichsfunktionen Geltung zu verschaffen. Um den Zielstellungen des kommunalen Finanzausgleichs gerecht zu werden, können die Landesgesetzgeber darüber hinaus sogar weitere Finanzmittelumschichtungen vorsehen. Denn der in Art. 106 VII GG und in den jeweiligen Landesverfassungen garantierte kommunale Finanzausgleich ist eine Mindestgewährleistung, die ein weitergehendes Handeln der Länder nicht ausschließt (vgl. ZIMMERMANN (1988, S. 108f.)). So können etwa die Länder neben vertikalen Umlagen zwischen der kommunalen Ebene und der Landesebene auch vertikale und horizontale Finanzmittelumschichtungen innerhalb der kommunalen Ebene vorsehen.

Da die Landesgesetzgeber von ihrer ausschließlichen Gesetzgebungskompetenz unterschiedlich Gebrauch gemacht haben, weicht die Ausgestaltung und Durchführung des kommunalen Finanzausgleichs in den einzelnen Ländern sehr voneinander ab. Andererseits gibt es gemeinsame allgemeine Grundstrukturen, die durch verfassungsrechtliche Vorgaben geprägt sind. So sind den Landesgesetzgebern bei der gesetzgeberischen Gestaltungsfreiheit vor allem verfassungrechtliche Schranken gesetzt. Diese ergeben sich insbesondere aus der verfassungrechtlichen Garantie der kommunalen Selbstverwaltung gemäß Art. 28 II GG und den entsprechenden Vorschriften der Landesverfassungen, dem Gleichheitsgebot gemäß Art. 3 GG und dem aus dem Rechtsstaatsprinzip abgeleiteten Willkürverbot.[67]

---

[66] Auch wenn die Gemeinden an den einzelnen Finanzausgleichsstufen nicht unmittelbar beteiligt sind, wirkt sich das gesamte bundesstaatliche Finanzausgleichssystems dennoch auf jeder Stufe unmittelbar auf sie aus, da durch alle Schrittfolgen die obligatorischen bzw. fakultativen Verbundgrundlagen der einzelnen Länder ermittelt werden. Zu dieser Interaktion zwischen dem bundesstaatlichen Finanzausgleich und den landesspezifischen kommunalen Finanzausgleichssystemen siehe Kapitel 5 und 6.

[67] Für eine ausführliche und mitunter problemorientierte Diskussion dieser verfassungsrechtlichen Grenzen der gesetzgeberischen Gestaltungsfreiheit siehe SCHWARZ (1997), INHESTER (1998, S. 124ff.) und HENNEKE (1998, S. 132ff.).

3.7.3 Das kommunale Finanzausgleichssystem in Bayern

Bei dem kommunalen Finanzausgleich in Bayern handelt es sich – wie in den anderen Ländern auch – nicht um ein Konglomerat undurchschaubarer und mitunter unverbundener Regelungen, sondern um ein feingliedriges, ineinander greifendes, äußerst sensibles Räderwerk. Wie die meisten Finanzverteilungsregelungen ist auch ein derartiges kommunales Finanzausgleichssystem über die Jahre aus vielen Kompromissen gewachsen und erreicht mittlerweile eine sehr hohe Komplexität.

Einen Überblick über das kommunale Finanzausgleichssystem und die damit verbundenen Finanzströme gibt Abbildung 3.3.[68] Dabei ist jedoch der kommunale Finanzausgleich nur in seiner Grundstruktur dargestellt. Darüber hinaus zeigt die Abbildung die Struktur der kommunalen Ebene. Die Werte in Klammern geben dabei die Anzahl der jeweiligen kommunalen Gebietskörperschaften an. Aufgrund der hohen Komplexität des kommunalen Finanzausgleichs werden im Rahmen dieser Arbeit nicht die ganzen Finanzausgleichsregelungen in all ihren Einzelheiten erläutert. Vielmehr beschränkt sie sich auf zwei zentrale Elemente, die in ähnlicher Form auch in den kommunalen Finanzausgleichssystemen der anderen Länder vorkommen.

Im Folgenden werden daher die Schlüsselzuweisungen und die interkommunalen Umlagen wie die Kreis- und Bezirksumlage näher betrachtet. Die mit diesen beiden Finanzausgleichsmechanismen verbundenen Finanzströme sind in der Abbildung mit den durchgezogenen Pfeilen dargestellt.

3.7.3.1 Das System der Schlüsselzuweisungen an die Gemeinden

Mit der Gewährung von Schlüsselzuweisungen an die bayerischen Gemeinden nach Maßgabe der Art. 1 ff. FAG-BY versucht der Landesgesetzgeber die Hauptziele des kommunalen Finanzausgleich, nämlich die Finanzkraftauffüllung und die Abflachung der interkommunalen Finanzkraftunterschiede, zu verwirklichen. Bei einem derartigen Finanzausgleich, der auch als Schlüsselzuweisungssystem bezeichnet wird, handelt es sich demnach wie bei den Fehlbetrags-Bundesergänzungszuweisungen um einen vertikalen Finanzausgleich mit horizontalem Effekt (vgl. INHESTER (1998)).

Für die Bestimmung des Zuweisungsvolumens, das für die Schlüsselzuweisungen zur Verfügung stehen soll, folgt der Landesgesetzgeber den verfassungsrechtlichen Vorgaben des Art. 106 VII GG und legt gemäß Art. 1 I FAG-BY einen allgemeinen Steuerverbund zugrunde. Zu den obligatorischen Verbundgrundlagen des allgemeinen Steuerverbundes zählen der im Verbundzeitraum[69] zugeflossene Landesanteil an der Einkommen- und Körperschaftsteuer (VG^{E+K}) und der Landesanteil an der Umsatzsteuer (VG^{U}), der um

---

[68] Für einen ausführlichen Überblick über das kommunale Finanzausgleichssystem in Bayern siehe BAYERISCHES STAATSMINISTERIUM DER FINANZEN (2001;2002) und LUDWIG und TROMMER (1996).

[69] Bei der Höhe der Verbundgrundlagen gehen die meisten Länder zunächst von den im Landeshaushalt für das Finanzausgleichsjahr entsprechenden Haushaltsjahr veranschlagten Solleinnahmen aus und verrechnen später die sich nach Rechnungsabschluss aus den Isteinnahmen ergebenden Unter- oder Überzahlungen mit dem kommunalen Finanzausgleich des nächsten oder übernächsten Jahres. Um diese Korrektur von vornherein zu vermeiden, legt der Landesgesetzgeber in Bayern die Isteinnahmen des Verbundzeitraums, der sich vom 1. Oktober des dem Ausgleichsjahr vorvorhergehenden Jahres bis zum 30. September des vorhergehenden Jahres erstreckt, zugrunde (vgl. ZIMMERMANN (1988, S. 112)).

den kommunalen Anteil am Familienleistungsausgleich vermindert wird. Des Weiteren werden als fakultative Verbundgrundlagen des allgemeinen Steuerverbundes die im Verbundzeitraum angefallenen Einnahmen bzw. Ausgaben des Landes im Länderfinanzausgleich (VG^{LFA}) und die Landeseinnahmen aus der Gewerbesteuerumlage (VG^{GewUG}), die durch die drei Landesvervielfältiger generiert werden, einbezogen. An der Summe der

Abbildung 3.3: Grundstruktur des kommunalen Finanzausgleichssystems in Bayern

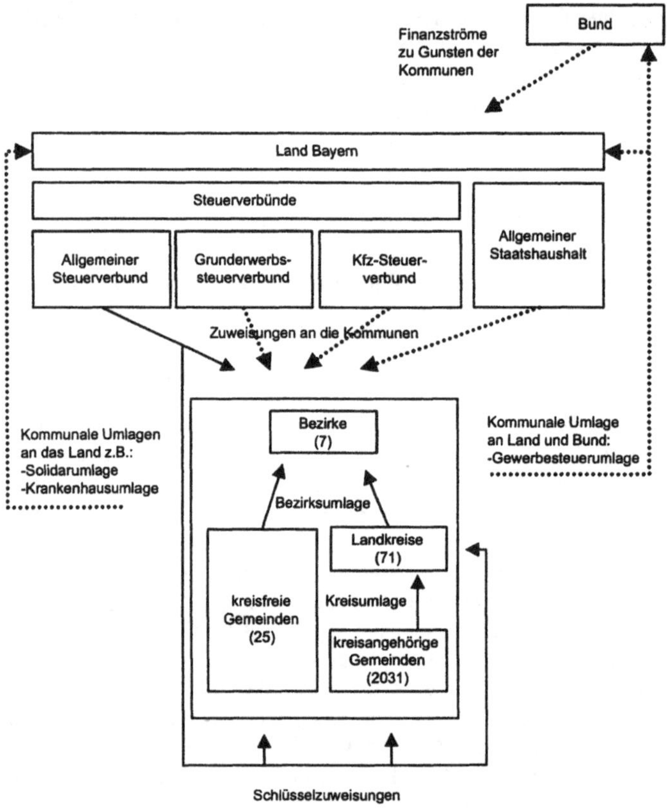

Quelle: BAYERISCHES STAATSMINISTERIUM DER FINANZEN (2001); eigene Darstellung.

Verbundgrundlagen werden die kommunalen Gebietskörperschaften gegenwärtig in Höhe von 11,54 v. H. (ψ_1) beteiligt. Die so ermittelte Anteilsmasse steht jedoch gemäß Art. 1 II FAG-BY noch nicht für die Gewährung von Schlüsselzuweisungen zur Verfügung. Erst unter Berücksichtigung der gesamten Pauschalabzüge (PA_1) ergibt sich die Schlüsselmasse. Da der Landesgesetzgeber Schlüsselzuweisungen sowohl für die Gemeinden als auch für die Landkreise vorsieht, wird die Schlüsselmasse nach Maßgabe des Art. 1 III 1 FAG-BY zerlegt. Demnach partizipieren die Gemeinden in Höhe von 64 v. H. (ψ_2) an der Schlüsselmasse. Dieser Gemeindeanteil an der Schlüsselmasse ist allerdings noch gemäß Art. 1 III 2 FAG-BY um einen Betrag in Höhe 2,5 Mill. Euro (PA_2) zu verringern. Das für das Schlüsselzuweisungssystem der Gemeinden zur Verfügung stehende Zuweisungsvolumen (M) lautet somit:

$$M = \left(\left(VG^{E+K} + VG^{U} + VG^{GewUG} + VG^{LFA}\right)\psi_1 - PA_1\right)\psi_2 - PA_2.$$

Für die Berechnung der Gemeindeschlüsselzuweisungen orientiert sich der Landesgesetzgeber gemäß Art. 2 FAG-BY an den aufgabenbezogenen finanziellen Bedarfen der Gemeinden, d. h. an den normierten durchschnittlichen Ausgabenbelastungen einerseits und der Steuerkraft der betreffenden Gemeinde andererseits. Stehen sowohl die Ausgangsmesszahl (AG_s), die den Finanzbedarf repräsentiert, als auch die Steuerkraftmesszahl (SM_s) einer jeden Gemeinde s fest, so bestimmt die vom Landesgesetzgeber vorgesehene Ausgleichsregelung gemäß Art. 2 II FAG-BY über die Gewährung von Schlüsselzuweisungen. Ist die Ausgangsmesszahl niedriger als die Steuerkraftmesszahl oder sind beide gleich groß, so scheidet die Gemeinde aus dem Kreis der Zuweisungsempfänger aus, da ihre Einnahmekraft zur Finanzierung ihres Finanzbedarfs ausreicht oder ihn übersteigt. Ist dagegen die Ausgangsmesszahl höher, so wird die Differenz zwischen ihr und der Steuerkraftmesszahl in Höhe von 55 v. H. (σ) durch sogenannte allgemeine Schlüsselzuweisungen (SZ_s^1) ausgeglichen:[70]

$$SZ_s^1 = \begin{cases} 0 & \text{falls } AG_s \leq SM_s,\ s \in \mathcal{G} \\ \sigma(AG_s - SM_s) & \text{falls } AG_s > SM_s,\ s \in \mathcal{G}. \end{cases} \tag{3.1}$$

Das Ausgleichssystem besteht somit aus drei sorgsam zu unterscheidenden Komponenten, nämlich der Bestimmung des Finanzbedarfs und der Finanzkraft sowie darauf basierend der Festlegung von Ausgleichsregelungen. Die Objektivierung und Quantifizierung der beiden Ausgangsgrößen erweist sich dabei – wie im Folgenden gezeigt wird – als besonders problematisch.

Die Ermittlung der Steuerkraftmesszahl, d. h. einer die finanzielle Leistungsfähigkeit der Gemeinde repräsentierenden Größe, stellt ein relativ aufwendiges Verfahren dar. Dabei muss der Landesgesetzgeber zum einen festlegen, welche Einnahmen bzw. Einnahmearten einer Gemeinde bei der Bestimmung der Finanzkraft berücksichtigt werden sollen. Zum anderen muss er auch eine Regelung darüber treffen, ob die ausgleichsrelevanten Einnahmen vollständig oder nur teilweise in die Finanzkraftermittlung einbezogen werden sollen.

Die vom Landesgesetzgeber gewählte Abgrenzung der ausgleichsrelaventen Einnahmen gemäß Art. 4 FAG-BY zeigt, dass nur die Hauptsteuerarten bei der Finanzkraftermittlung berücksichtigt werden. Denn im Schlüsselzuweisungssystem können wie im Länderfinanzausgleich i. e. S. aufgrund einer verfassungsrechtlichen bzw. verfassungsgerichtlichen Vorgabe[71] solche Einnahmen unberücksichtigt bleiben, die sich in etwa

[70] Die Menge $\mathcal{G}$ umfasst alle Gemeinden in Bayern.

[71] Zu dieser Vorgabe siehe z. B. HÄDE (1996, S. 231f.).

auf die Gemeinden gleich verteilen, deren Aufkommen nicht ausgleichsrelevant ist, bei denen ein normiertes und damit vergleichbares Aufkommen mit vertretbarem Aufwand nicht ermittelt werden kann oder die ein direktes Entgelt für eine kommunale Leistung darstellen (vgl. LENK und RUDOLPH (2004, S. 11ff.)). Aus diesem Grund werden die sonstigen Einnahmen wie die örtliche Aufwand- und Verbrauchsteuern, die Gebühren, Beiträge und sonstigen Entgelte, die Veräußerungserlöse und Darlehensrückflüsse, die Zuweisungen sowie die Einnahmen aus der Kreditaufnahme bei der Finanzkraftermittlung vernachlässigt.[72]

Neben der Auswahl der zu erfassenden Einnahmen hat der Landesgesetzgeber auch gleichzeitig eine Entscheidung darüber getroffen, in welchem Umfang die einzelnen Einnahmen einbezogen werden. Die Realsteuern, deren Aufkommen die Gemeinden durch die Festsetzung von Hebesätzen selbst beeinflussen können, werden nach den Vorstellungen des Landesgesetzgebers nicht mit ihrem tatsächlichem Aufkommen in die Steuerkraftmesszahl einbezogen.

Würden bei der Ermittlung der Finanzkraft die tatsächlich erhobenen Hebesätze zugrunde gelegt, könnten die einzelnen Gemeinden die Höhe der Schlüsselzuweisungen durch die Festsetzung der Realsteuerhebesätze mit der Folge beeinflussen, dass Gemeinden mit niedrigen Hebesätzen stärker als Gemeinden mit höheren Hebesätzen an der Gemeindeschlüsselmasse partizipieren (vgl. INHESTER (1998, S. 172f.)). Es wäre somit zum einen möglich, dass Gemeinden über die Gestaltung der Hebesatzpolitik ihre eigenen Steuerquellen nicht ausschöpfen, infolgedessen höhere Schlüsselzuweisungen erhalten und die anderen Gemeinden über das Schlüsselzuweisungssystem belasten. Anderseits wäre der kommunale Wille zur Steigerung der originären Einnahmen vermindert, wenn der durch eine Hebesatzerhöhung erzielte zusätzliche Steuerertrag von einer gegenläufigen Minderung der Schlüsselzuweisungen absorbiert würde. Ein derartiges Finanzausgleichssystem wäre somit nicht nur strategieanfällig. Auch würde die Sinnhaftigkeit eines kommunalen Hebesatzrechts durch eine derartige Systematik des Finanzausgleichs in Frage gestellt. Denn die Gemeinden sollen einen Spielraum zur eigenständigen Ausbalancierung kommunaler Leistungsangebote und daraus resultierender Finanzierungslasten erhalten (vgl. SCHERF (2000b, S. 503)).

Um daher Unterschiede in der Hebesatzanspannung und Hebesatzvariationen für die Ermittlung der Finanzausgleichsleistungen zu neutralisieren, wird die Steuerkraft der Realsteuern gemäß Art. 4 II Nr. 1 bis 3 FAG-BY nicht nach den realen Steuererträgen, sondern nach fiktiven, vom Landesgesetzgeber gewählten Hebesätzen bemessen.[73] Für die Grundsteuer A beträgt dieser Nivellierungshebesatz 250 v. H. (H^{GrA}). Bei der Grundsteuer B wird ebenfalls ein einheitlicher Hebesatz in Höhe von 250 v. H. (H^{GrB}) zugrunde gelegt. Bei der Gewerbesteuer beträgt der Nivellierungshebesatz demgegenüber 300 v. H.

---

[72]Zu den jeweiligen Gründen, warum diese Einnahmen unberücksichtigt bleiben, siehe LENK und RUDOLPH (2004, S. 11ff.).

[73]Die Einstellung der Realsteuern mit fiktiven Hebesätzen in die Steuerkraftmesszahl ist umstritten. Dabei geht es weniger um die Frage nach der prinzipiellen Sachgerechtigkeit einer Nivellierung der Realsteuereinnahmen zum Zweck der Ermittlung der Realsteuerkraft. Im Vordergrund steht vielmehr die Frage, ob für die einzelnen Realsteuern ein einheitlicher oder differenzierter Nivellierungshebesatz zugrunde gelegt werden soll und welches Niveau die einzelnen Nivellierungshebesätze haben sollten (vgl. SCHERF (2000b, S. 502ff.)).

(H^{Gew}), allerdings wird die von den Gemeinden abgeführte Normalumlage angerechnet. Zur Ermittlung der Steuerkraftzahlen für die Grundsteuern A und B (SK_s^{GrA} und SK_s^{GrB}) sowie für die Gewerbesteuer (SK_s^{Gew}) werden die tatsächlichen Einnahmen aus den beiden Grundsteuern (T_s^{GrA} und T_s^{GrB}) und der Gewerbesteuer (T_s^{Gew}) durch den jeweils von der Gemeinde festgesetzten Hebesatz der Grundsteuer A (H_s^{GrA}), Grundsteuer B (H_s^{GrB}) und Gewerbesteuer (H_s^{Gew}) geteilt und der so ermittelte Grundbetrag mit dem entsprechenden Nivellierungshebesatz vervielfältigt. Die Steuerkraftzahlen für die beiden Grundsteuern lauten somit:

$$SK_s^{GrA} = H^{GrA} \frac{T_s^{GrA}}{H_s^{GrA}} \qquad s \in \mathcal{G}$$

$$SK_s^{GrB} = H^{GrB} \frac{T_s^{GrB}}{H_s^{GrB}} \qquad s \in \mathcal{G}.$$

Bei der Ermittlung der Steuerkraftzahl für die Gewerbesteuer sieht der Landesgesetzgeber gemäß § 4 I FAGDV-BY darüber hinaus vor, dass 50 v. H. (τ) der einer Gemeinde zugeflossenen Einnahmen aus der Spielbankabgabe (T_s^{SPA}) der Steuerkraftzahl hinzugerechnet werden:

$$SK_s^{Gew} = (H^{Gew} - \delta_1 - \delta_2) \frac{T_s^{Gew}}{H_s^{Gew}} + \tau T_s^{SPA} \qquad s \in \mathcal{G}. \tag{3.2}$$

Die Einnahmen der Gemeinden aus der Einkommen- und Umsatzsteuer, deren Höhe die Gemeinden nicht selbst durch eine Steuerpolitk beeinflussen können, werden im Vergleich zu den Realsteuern nach den Vorstellungen des Landesgesetzgeber gemäß Art. 4 II Nr. 4 und 5 FAG-BY mit ihrem tatsächlichen Aufkommen in die Steuerkraftmesszahl einbezogen. So werden die Einnahmen der Gemeinden aus der Umsatzsteuer ($T_s^{G:U}$) gemäß Art. 4 II Nr. 5 FAG-BY zu 100 v. H. in die Steuerkraftzahl für die Umsatzsteuer (SK_s^U) einbezogen:

$$SK_s^U = T_s^{G:U} \qquad s \in \mathcal{G}.$$

Zur Bestimmung der Steuerkraftzahl für die kommunale Einkommensteuerbeteiligung legt der Landesgesetzgeber ebenfalls das tatsächliche Aufkommen zugrunde. Allerdings wird es nicht unmittelbar in die Steuerkraftzahl einbezogen. Vielmehr sieht der Landesgesetzgeber gemäß Art. 4 II Nr. 4 FAG-BY i. V. m. § 4 I FAGDV-BY ein Verfahren vor, bei dem eine nivellierte, fiktive Einkommensteuerkraft bestimmt wird. In einem ersten Schritt werden dazu die Pro-Kopf-Einkommensteuereinnahmen in jeder Gemeinde bestimmt. Zu den Einkommensteuereinnahmen einer Gemeinde zählt dabei nicht nur der Anteil einer Gemeinde an dem Gemeindeanteil an der Einkommensteuer ($T_s^{G:E}$). Auch werden bei dieser Steuerkraftzahl die Ausgleichsleistungen, die die Gemeinden als Einkommensteuerersatz für die Neuregelung des Familienleistungsausgleichs gemäß Art. 1b FAG-BY erhalten, herangezogen. Diese gemeindeindividuellen Ausgleichsleistungen ergeben sich daraus, dass das aus den Umsatzsteuereinnahmen des Landes für derartige Zuweisungen vorgesehene und entnommene Finanzvolumen (C) mit Hilfe der Schlüsselzahlen auf die Gemeinden verteilt wird, mit denen auch der Gemeindeanteil an der Einkommensteuer auf die einzelnen bayerischen Gemeinden verteilt wird. Unter Verwendung der gemeindeindividuellen natürlichen Einwohnerzahl (N_s) lautet dieser fiktive Beteiligungsbetrag je Einwohner einer Gemeinde (f_s) demzufolge:

$$f_s = \frac{T_s^{G:E} + \frac{T_s^{G:E}}{\sum_{r \in \mathcal{G}} T_r^{G:E}} C}{N_s} \qquad s \in \mathcal{G}.$$

In einem nächsten Schritt werden dann die landesdurchschnittlichen Pro-Kopf-Einkommensteuereinnahmen in Höhe von 50 v. H. (ϑ_1) bestimmt. Dieser halbe fiktive landesdurchschnittliche Beteiligungsbetrag pro Einwohner (f) lautet somit:

$$f = \frac{\sum_{s \in \mathcal{G}} T_s^{G:E} + C}{\sum_{s \in \mathcal{G}} N_s} \vartheta_1.$$

Die Bestimmung der gemeindeindividuellen Steuerkraftzahl erfolgt dann in einem letzten Schritt. Dazu wird zuerst die gemeindeindividuelle Einkommensteuerkraft je Einwohner ermittelt. Der Teil der Gemeindebeteiligung je Einwohner, der kleiner gleich dem halben Landesdurchschnitt ist, wird dabei zu 65 v. H. (ϑ_2) berücksichtigt. Der Rest wird hingegen mit 100 v. H. (ϑ_3) angesetzt. Die Summe ergibt die gemeindeindividuelle Einkommensteuerkraft je Einwohner, die abschließend zur Bestimmung der Steuerkraftzahl (SK_s^E) mit der Gemeindeeinwohnerzahl zu multiplizieren ist:[74]

$$SK_s^E = \begin{cases} \vartheta_2 f N_s & \text{falls } f_s < f,\, s \in \mathcal{G} \\ (\vartheta_2 f + \vartheta_3(f_s - f))N_s, & \text{falls } f_s \geq f,\, s \in \mathcal{G}. \end{cases}$$

Die Summe der Steuerkraftzahlen der einzelnen ausgleichsrelevanten Einnahmen ergibt dann die Steuerkraftmesszahl einer Gemeinde:

$$SM_s = SK_s^{GrA} + SK_s^{GrB} + SK_s^{Gew} + SK_s^U + SK_s^E \qquad s \in \mathcal{G}. \tag{3.3}$$

Dabei gehen gemäß Art. 4 FAG-BY die einzelnen Steuerkraftzahlen in voller Höhe in die Steuerkraftmesszahl ein.

Die Ermittlung des Finanzbedarfs bildet das Grundproblem des kommunalen Finanzausgleichs. Grundsätzlich ist eine originäre, an objektiven Maßstäben orientierte Bedarfsmessung möglich (vgl. SCHERF (2003, S. 13)): Dazu müssten in einem ersten Schritt die Aufgaben der einzelnen Gemeinden sowie das notwendige Ausmaß der Aufgabenerfüllung festgelegt werden. In einem zweiten Schritt wären dann die mittleren Kosten

[74]Die Gemeinden, deren fiktive Einkommensteuerbeteiligung über 50 v. H. des Landesdurchschnitts liegt, erhalten im Rahmen der Einkommensteuerkraftberechnung somit einen festen Freibetrag in Höhe von 35 v. H. der halben landesdurchschnittlichen Einkommensteuerbeteiligung. Die relative Höhe des Freibetrags ist dabei umso niedriger, je höher die fiktive Einkommensteuerkraft einer Gemeinde ist. Bei Gemeinden, deren fiktive Einkommensteuerkraft unter dem halben Landesdurchschnitt liegt, beträgt demgegenüber der Freibetrag immer 35 v. H. ihrer fiktiven Einkommensteuerbeteiligung (vgl. LUDWIG und TROMMER (1996, S. 55f.)).

der Aufgabenerfüllung je Aufgabeneinheit zu ermitteln. Durch Multiplikation der beiden Größen würden dann die Kosten der Aufgabenwahrnehmung jedes einzelnen Aufgabenbereichs ermittelt. Aus der Summe der Kosten der Einzelbereiche ergäbe sich somit der Finanzbedarf einer Gemeinde.

Gegen eine originäre, aufgabenbezogene Bedarfsermittlung spricht jedoch zum einen, dass die Ermittlung bzw. Festlegung eines allgemein anerkannten, quasi normierten Gemeindeaufgabenkatalogs sowie dessen Umfang, Qualität, Intensität und Kostenniveau ein bislang nicht zu bewältigendes Hindernis darstellt (vgl. LENK und RUDOLPH (2003, S. 11)). Zum anderen steht sie in einem eklatanten Widerspruch zum kommunalen Selbstverwaltungsrecht. Denn eine Bemessung des Finanzbedarfs allein an den tatsächlichen Ausgaben hätte die absurde Konsequenz, dass sparwillige oder finanzschwache Gemeinden sich gerade wegen ihrer geringen Ausgaben auch einen geringeren Bedarf zurechnen lassen müssten (vgl. INHESTER (1998, S. 165f.)).

Aus diesen Gründen orientieren sich die Landesgesetzgeber bei der Ausgestaltung der kommunalen Finanzausgleichssysteme quasi als Second-Best-Lösung an der Einwohnerzahl als zentrales Bedarfskriterium. Diesem Ansatz liegt die Auffassung zugrunde, dass der Einwohner einer Gemeinde letztlich Bedarfsverursacher oder Leistungsnutzer der lokalen öffentlichen Güter ist und insofern auch als Bezugsgröße von Finanzausstattung, Aufgabenerfüllung und Ausgabentätigkeit gelten kann (vgl. LENK und RUDOLPH (2003, S. 12)).

Den Ausgangspunkt für eine derartige einwohnerbezogene Finanzbedarfsermittlung bildet der Hauptansatz gemäß Art. 3 I Nr. 1 FAG-BY. Um zum einen die steigenden Kosten der Leistungserstellung bei steigender Gemeindegröße und zum anderen besondere Bedarfe zentraler Orte zu würdigen, sieht der Landesgesetzgeber eine Einwohnerveredelung vor.[75] Die für diese Einwohnerveredelung heranzuziehende Einwohnerzahl einer Gemeinde setzt sich gemäß Art. 3 I FAG-BY dabei zusammen aus ihrer natürlichen Einwohnerzahl (N_s) einschließlich der Personen mit Nebenwohnung (N_s^{NW}) und 75 v. H. (ξ) der nicht kasernierten Mitglieder ausländischer Streitkräfte (N_s^{SK}):

$$E_s = N_s + N_s^{NW} + \xi N_s^{SK} \qquad s \in \mathcal{G}.$$

Im Gegensatz zum Länderfinanzausgleich i. e. S. sieht der Landesgesetzgeber bei diesem Hauptansatz jedoch keine gestaffelten Veredelungsfaktoren vor. Vielmehr müssen die gemeindeindividuellen Veredelungsmultiplikatoren (w_s) für Gemeinden, die zwischen den im Gesetz aufgeführten Gemeindegrößen liegen, genau berechnet werden. Dabei erfasst der Hauptansatz die Einwohnerzahl unterlinear progressiv, d. h. je größer eine Gemeinde, desto höher die Gewichtung der Einwohnerzahl, wobei die Gewichtung mit abnehmender

---

[75]Diese beiden Argumente für eine Einwohnerveredelung sind jedoch nicht unumstritten. Für eine kritische Auseinandersetzung siehe z. B. INHESTER (1998, S. 167ff.), LENK und RUDOLPH (2003, S. 12ff) sowie SCHERF (2003, S. 13ff.).

Rate ansteigt (vgl. LUDWIG und TROMMER (1996, S. 57)):[76]

$$w_s = \begin{cases} \gamma_1 & \text{falls } E_s \le E^1, s \in \mathcal{G} \\ \gamma_1 + \frac{\gamma_2-\gamma_1}{E^2-E^1}(E_s - E^1) & \text{falls } E^1 < E_s \le E^2, s \in \mathcal{G} \\ \gamma_2 + \frac{\gamma_3-\gamma_2}{E^3-E^2}(E_s - E^2) & \text{falls } E^2 < E_s \le E^3, s \in \mathcal{G} \\ \gamma_3 + \frac{\gamma_4-\gamma_3}{E^4-E^3}(E_s - E^3) & \text{falls } E^3 < E_s \le E^4, s \in \mathcal{G} \\ \gamma_4 + \frac{\gamma_5-\gamma_4}{E^5-E^4}(E_s - E^4) & \text{falls } E^4 < E_s \le E^5, s \in \mathcal{G} \\ \gamma_5 + \frac{\gamma_6-\gamma_5}{E^6-E^5}(E_s - E^5) & \text{falls } E^5 < E_s \le E^6, s \in \mathcal{G} \\ \gamma_6 + \frac{\gamma_7-\gamma_6}{E^7-E^6}(E_s - E^6) & \text{falls } E^6 < E_s \le E^7, s \in \mathcal{G} \\ \gamma_7 + \frac{\gamma_8}{E^8}(E_s - E^7) & \text{falls } E^7 < E_s, s \in \mathcal{G}. \end{cases}$$

Der Hauptansatz ist jedoch nur ein sehr globaler Bedarfsindikator, der spezielle Aufgaben, die besondere Finanzbedarfe auslösen können, nicht berücksichtigt.

Aus der Bevölkerungs-, Sozial-, Wirtschafts-, Siedlungs- und Flächenstruktur resultiert jedoch meist ein sehr unterschiedlicher Finanzbedarf der Gemeinden (vgl. ZIMMERMANN (1988, S. 117)). Die Abgeltung dieser besonderen Finanzbedarfe im Rahmen von Ergänzungsansätzen kann dabei auf einer Pauschalabgeltung, auf ausgaben- bzw. aufgabenspezifischen Indikatoren oder aber auch auf bestimmten Ausgaben selbst basieren (vgl. LENK und RUDOLPH (2003, S. 18)). Bei allen Varianten jedoch erfolgt zwecks Einbeziehung in die Finanzbedarfsermittlung eine abschließende Umrechnung in Einwohnerzahlen. Die Ergänzungsansätze führen somit faktisch zu einer weiteren Erhöhung der Einwohnerzahl einer Gemeinde (vgl. KUHN (1988, S. 20)). In Bayern werden nach den Vorstellungen des Landesgesetzgebers gegenwärtig drei Sonderbelastungen in dem Schlüsselzuweisungssystem der Gemeinden berücksichtigt. Um der Kreisfunktion der kreisfreien Städte Rechnung zu tragen, wird ein Ergänzungsansatz (v_s^1) nach Maßgabe des Art. 3 I Nr. 2 FAG-BY gewährt. Somit steht lediglich einer Teilmenge ($\mathcal{R}$) der Gemeindegesamtheit, nämlich den kreisfreien Gemeinden, ein zusätzlicher Finanzbedarf in Höhe von 10 v. H. (ζ) des jeweiligen Hauptansatzes zu:

$$v_s^1 = \zeta w_s \qquad s \in \mathcal{R}.$$

Aufgrund ihrer Eigenschaft als Träger der örtlichen Sozialhilfe wird den kreisfreien Gemeinden darüber hinaus ein Sozialhilfeansatz (v_s^2) gemäß Art. 3 I Nr. 4 FAG-BY gewährt:

> *Kreisfreie Gemeinden erhalten einen Ergänzungsansatz für Sozialhilfebelastung. Die Sozialhilfebelastung ergibt sich aus dem Verhältnis der tatsächlichen reinen Sozialhilfeausgaben einer Gemeinde zu ihren Umlagegrundlagen (Art. 21 Abs. 3). Der Ergänzungsansatz beträgt das Zweieinhalbfache*

[76]Dabei bezeichnen in aufsteigender Reihenfolge E^1 bis E^7 die in Art. 3 I Nr. 1 FAG-BY vorgegebenen sieben Gemeindegrößen und γ_1 bis γ_7 die durch 100 geteilten Vomhundertsätze bei den jeweiligen Gemeindegrößen. E^8 hat den Wert 100.000 und γ_8 den Wert 0,01.

> *der Summe der Prozentpunkte, die sich aus 75 v. H. der über dem landesdurchschnittlichen Belastungssatz der kreisfreien Gemeinden und Landkreise liegenden Sozialhilfebelastung und 25 v. H. der dem Landesdurchschnitt entsprechenden oder darunter liegenden Sozialhilfebelastung ergibt. Er wird dem Vomhundertsatz des Hauptansatzes hinzugerechnet.*

Bei diesem Verfahren wird in einem ersten Schritt für jede einzelne kreisfreie Gemeinde ermittelt, wie hoch der Anteil der Sozialhilfeausgaben (SH_s) an den Umlagengrundlagen[77] (UG_s) ist. Dieser gemeindeindividuelle Belastungssatz (b_s^{SH}) lautet daher:

$$b_s^{SH} = \frac{SH_s}{UG_s}, \qquad s \in \mathcal{R}.$$

In einem zweiten Schritt werden die gesamten Sozialhilfeausgaben zu den gesamten Umlagegrundlagen in Verhältnis gesetzt. Dazu sind die Sozialhilfeausgaben und Umlagengrundlagen der Landkreise (SH_l und $UG_l, \forall l \in \mathcal{K}$) zu berücksichtigen.[78] Der landesdurchschnittliche Belastungssatz (b^{SH}) ist demnach

$$b^{SH} = \frac{\sum\limits_{s\in\mathcal{R}} SH_s + \sum\limits_{l\in\mathcal{K}} SH_l}{\sum\limits_{s\in\mathcal{R}} UG_s + \sum\limits_{l\in\mathcal{K}} UG_l}.$$

Der Teil des Belastungssatzes einer kreisfreien Stadt, der kleiner gleich dem Landesdurchschnitt ist, wird mit 25 v. H. (φ_1) berücksichtigt. Übersteigt der Belastungssatz den Landesdurchschnitt, so wird dieser den Landesdurchschnitt übersteigende Teil zusätzlich noch mit 75 v. H. (φ_2) angesetzt. Das Zweieinhalbfache (φ_3) dieser sich so ergebenden Summe ergibt dann den Ansatz für Sozialhilfebelastung:

$$v_s^2 = \begin{cases} \varphi_1 \varphi_3 b_s^{SH} & \text{falls } b_s^{SH} < b^{SH}, s \in \mathcal{R} \\ \varphi_3 \left(\varphi_1 b^{SH} + \varphi_2 \left(b_s^{SH} - b^{SH}\right)\right) & \text{falls } b_s^{SH} \geq b^{SH}, s \in \mathcal{R}. \end{cases}$$

Neben diesen beiden Ergänzungsansätzen, die nur den kreisfreien Gemeinden zustehen, wird nach Maßgabe des Art. 3 I Nr. 3 FAG-BY ein dritter Ergänzungsansatz allen Gemeinden gewährt, die eine Strukturschwäche aufweisen:

> *Gemeinden, die eine überdurchschnittliche Zahl an Arbeitslosen im Verhältnis zu ihrer Steuerkraft aufweisen, wird ein Ergänzungsansatz für Strukturschwäche gewährt. Dabei wird die durchschnittliche Zahl der Arbeitslosen in das Verhältnis zu einem Tausendstel der Steuerkraft des laufenden Jahres gesetzt. Der den Landesdurchschnitt übersteigende Teil des sich für eine Gemeinde ergebenden Prozentsatzes wird mit 1,7 multipliziert. Soweit der sich so ergebende Wert 20 Prozentpunkte überschreitet,*

---

[77]Dieser Ergänzungsansatz wird sowohl in Schlüsselzuweisungssystem der Gemeinden als auch im Schlüsselzuweisungssystem der Landkreise berücksichtigt. Die Umlagekraft ist die schematische Erfassung der Einnahmeseite bei den Landkreisen. Aus diesem Grund wird auch bei den kreisfreien Gemeinden eine Umlagekraft bestimmt.

[78]Die Menge $\mathcal{K}$ umfasst alle Landkreise in Bayern.

werden die darüber liegenden Prozentpunkte zur Hälfte angesetzt. Der Ergänzungsansatz beträgt höchstens 35 v. H. Er wird dem Vomhundertsatz des Hauptansatzes hinzugerechnet. Die durchschnittliche Zahl der Arbeitslosen errechnet sich aus einem Viertel der Summe der vierteljährlichen „Arbeitslosenbestandszahlen nach Gemeinden, Landkreisen und Regierungsbezirken" der Bundesagentur für Arbeit für das vorvorhergehende Jahr.

Bei diesem Verfahren wird in einem ersten Schritt die durchschnittliche Arbeitslosenzahl einer Gemeinde (AL_s) des dem Finanzausgleichsjahr vorvorhergehenden Jahres zu einem Tausendstel ihrer Steuerkraftmesszahl ins Verhältnis gesetzt. Dieser gemeindeindividuelle Belastungssatz (b_s^{SS}) lautet somit

$$b_s^{SS} = \frac{AL_s}{\frac{1}{1000} SM_s} \qquad s \in \mathcal{G}. \tag{3.4}$$

Zur Bestimmung des landesdurchschnittlichen Belastungssatzes (b^{SS}) wird dementsprechend das Verhältnis der durchschnittlichen Zahl der Arbeitslosen aller Gemeinden zu einem Tausendstel der Steuerkraftmesszahlen aller Gemeinden gebildet:

$$b^{SS} = \frac{\sum_{s \in \mathcal{G}} AL_s}{\frac{1}{1000} \sum_{s \in \mathcal{G}} SM_s}. \tag{3.5}$$

Dieser landesdurchschnittliche Belastungssatz wird dann in einem nächsten Schritt den gemeindeindividuellen Belastungssätzen gegenübergestellt. Einen Ergänzungsansatz für Strukturschwäche erhalten nur diejenigen Gemeinden, deren Differenz

$$a_s = b_s^{SS} - b^{SS} \qquad s \in \mathcal{G} \tag{3.6}$$

positiv ist. Somit wird nur den strukturschwachen Gemeinden, die eine überdurchschnittliche Zahl an Arbeitslosen im Verhältnis zu ihrer Steuerkraftmesszahl aufweisen, ein zusätzlicher Finanzbedarf zugestanden. Diese positive Differenz wird mit dem Faktor 1,7 (λ_1) multipliziert. Übersteigt der so ermittelte Wert 20 Prozentpunkte (λ_2), so werden die darüber liegenden Prozentpunkte nur zur Hälfte (λ_3) berücksichtigt, wobei der maximal anerkannte Finanzbedarf 35 Prozentpunkte (λ_4) beträgt. Der Ansatz für Strukturschwäche lautet somit:

$$v_s^3 = \begin{cases} 0 & \text{falls } 0 > a_s,\ s \in \mathcal{G} \\ \lambda_1 a_s & \text{falls } 0 < \lambda_1 a_s \leq \lambda_2,\ s \in \mathcal{G} \\ \lambda_2 + \lambda_3(\lambda_1 a_s - \lambda_2) & \text{falls } \lambda_2 < \lambda_1 a_s,\ s \in \mathcal{G} \\ \lambda_4 & \text{falls } \lambda_2 < \lambda_1 a_s \text{ und } \lambda_3(\lambda_1 a_s - \lambda_2) > \lambda_4 - \lambda_2,\ s \in \mathcal{G}. \end{cases} \tag{3.7}$$

Zur Ermittlung der Ausgangsmesszahl einer jeden Gemeinde müssen nun gemäß Art. 3 I FAG-BY zunächst die Ansätze nach der Einwohnerzahl zusammengerechnet werden. Dazu ist die Summe aus Hauptansatz und Ergänzungsansätzen (m_s) zu bilden. Da der Gruppe der kreisangehörigen Gemeinden ($\mathcal{S}$) nicht alle Ergänzungsansätze zustehen, ergibt sich somit für die Summe der Ansätze:

$$m_s = \begin{cases} w_s + v_s^1 + v_s^2 + v_s^3 & \text{für } s \in \mathcal{R} \\ w_s + v_s^3 & \text{für } s \in \mathcal{S}. \end{cases}$$

Der Gesamtansatz (A_s) einer Gemeinde resultiert dann aus der Multiplikation der Einwohnerzahl mit diesem Gewichtungsmultiplikator:

$$A_s = m_s E_s \qquad s \in \mathcal{G}.$$

In diesem Gesamtansatz kommt zunächst der nur aus einer Punktezahl bestehende Finanzbedarf einer Gemeinde zum Ausdruck. Um diesen zu quantifizieren, muss der Gesamtansatz noch in einen Geldbetrag umgerechnet werden, der als Geldbedarf für jeden Bedarfspunkt anerkannt wird. Dies geschieht dadurch, dass der gemeindeindividuelle Gesamtansatz mit einem landeseinheitlichen Euro-Betrag multipliziert wird (vgl. Art. 3 I FAG-BY). Da nach den Vorstellungen des Landesgesetzgebers nur der durch eigene Einnahmen nicht gedeckte Bedarf durch Zuweisungen ausgeglichen werden soll, hängt die Höhe dieses Euro-Betrages davon ab, inwieweit jeder Bedarfspunkt bereits durch eigene Einnahmen finanziert ist. Des Weiteren ist die für die Deckung des Restbedarfs zur Verfügung stehende Gemeindeschlüsselmasse einerseits begrenzt, muss aber andererseits für alle Gemeinden mit Ausgleichsbedarf ausreichen. Dieses Problem wird nun dadurch gelöst, dass aus der Summe der Gesamtansätze aller Gemeinden, aus deren gesamter Steuerkraft und aus der vorhandenen Gemeindeschlüsselmasse ein Euro-Betrag abgeleitet wird, der für jeden durch eigene Finanzmittel nicht gedeckten Bedarfspunkt als Schlüsselzuweisung gezahlt wird. Dieser Grundbetrag wird dabei so festgesetzt, dass die Schlüsselmasse einerseits ausreicht, um den vom Landesgesetzgeber vorgesehenen Ausgleich zwischen Finanzbedarf und Steuerkraft herzustellen, und dass sie andererseits restlos für Zuweisungen verbraucht ist (vgl. Art. 2 III FAG-BY). Bei dieser Berechnung des Grundbetrags muss in einem ersten Schritt jedoch die zur Verfügung stehende Gemeindeschlüsselmasse bestimmt werden. Denn der Landesgesetzgeber sieht gemäß Art. 3 II FAG-BY für besonders steuerschwache Gemeinden zusätzlich zu den allgemeinen Schlüsselzuweisungen eine Gewährung von Sonderschlüsselzuweisungen (SZ_s^2), deren Mittel aus der Gemeindeschlüsselmasse entnommen werden, vor. Dazu werden 75 v. H. (ρ_1) des Landesdurchschnitts an Steuerkraft je Einwohner mit dem gemeindeindividuellen Hauptansatz multipliziert. Liegt die Steuerkraftmesszahl je Einwohner einer Gemeinde unter diesem Wert, so wird der Unterschiedsbetrag je Einwohner mit der gemeindeindividuellen Einwohnerzahl multipliziert und der sich so ergebende Betrag zu 15 v. H. (ρ_2) ausgeglichen:

$$SZ_s^2 = \begin{cases} 0 & \text{falls } \dfrac{SM_s}{N_s} \geq \dfrac{\sum\limits_{s \in \mathcal{G}} SM_s}{\sum\limits_{s \in \mathcal{G}} N_s} \rho_1 w_s,\ s \in \mathcal{G} \\ \left(\dfrac{\sum\limits_{s \in \mathcal{G}} SM_s}{\sum\limits_{s \in \mathcal{G}} N_s} w_s - \dfrac{SM_s}{N_s} \right) N_s \rho_2 & \text{falls } \dfrac{SM_s}{N_s} < \dfrac{\sum\limits_{s \in \mathcal{G}} SM_s}{\sum\limits_{s \in \mathcal{G}} N_s} \rho_1 w_s,\ s \in \mathcal{G}. \end{cases} \tag{3.8}$$

Von der Gemeindeschlüsselmasse ist somit aufgrund der Sonderschlüsselzuweisungen eine Vorwegentnahme[79] notwendig. Für die allgemeinen Schlüsselzuweisungen verbleibt somit ein Zuweisungsvolumen (M^R) in Höhe von

$$M^R = M - \sum_{s \in \mathcal{G}} SZ_s^2.$$

Auf Basis dieser zur Verfügung stehenden Gemeindeschlüsselmasse wird dann in einem zweiten Schritt vom Statistischen Landesamt ein Iterationsverfahren zur Bestimmung des Grundbetrags eingesetzt. Für eine kurze algorithmische Beschreibung dieses Verfahrens, die sich eng an KUHN (1988, S. 24ff.)) orientiert, werden zuerst alle N Gemeinden nach ihrer normierten Steuerkraft und nicht nach der absoluten Höhe der Steuerkraft in aufsteigender Reihenfolge geordnet, d. h., es gelte

$$\frac{SM_1}{m_1 E_1} \leq \frac{SM_2}{m_2 E_2} \leq \ldots \leq \frac{SM_N}{m_N E_N}.$$

Zudem werden die Schritte bei diesem Iterationsverfahren mit $j = 0, \ldots, j^*$, die angenommene Zahl der zuweisungsberechtigten Gemeinden in Schritt j mit n_j und der Grundbetrag bei n_j Gemeinden mit $Y(n_j)$ bezeichnet. In einem ersten Schritt ($j = 0$) wird angenommen, dass alle Gemeinden zuweisungsberechtigt sind. Der bei dieser Annahme $n_0 = N$ resultierende Grundbetrag lautet somit:[80]

$$Y(n_0) = \frac{\frac{M^R}{\sigma} + \sum_{s=1}^{N} SM_s}{\sum_{s=1}^{N} m_s E_s}.$$

Mit diesem Grundbetrag wird nun überprüft, ob die getroffene Annahme wahr ist, d. h.

$$Y(n_0) > \frac{SM_s}{m_s E_s} \qquad s \in \{1, \ldots, N\}$$

erfüllt ist. Ist diese Bedingung erfüllt, so übersteigt bei allen Gemeinden die Ausgangsmesszahl, also das Produkt aus dem gemeindeindividuellen Gesamtansatz und dem so ermittelten landeseinheitlichen Euro-Betrag, die jeweilige Steuerkraftmesszahl. Ist dies der Fall, dann ist $Y(n_0)$ der gesuchte Grundbetrag. Falls aber ein $n_1 \in \{1, \ldots, N-1\}$ existiert mit

$$Y(n_0) \leq \frac{SM_s}{m_s E_s} \qquad s \in \{n_1 + 1, \ldots, N\} \tag{3.9}$$

[79] Die Vorabentnahme der Mittel für die Sonderschlüsselzuweisungen ist deshalb möglich, weil die Sonderschlüsselzuweisungen nicht nach ihrem Finanzbedarf und somit auch nicht vom Grundbetrag wie die allgemeinen Schlüsselzuweisungen abhängen (vgl. KUHN (1988, S. 37)).

[80] Auf die Herleitung dieser Formel zur Bestimmung des Grundbetrags wird an dieser Stelle verzichtet. Sie ergibt sich aus Gleichung 3.1. Für eine ausführliche Analyse der Formel zur Bestimmung des Grundbetrags siehe KUHN (1988)).

dann führt die Annahme $n_0 = N$ zum Widerspruch. Denn das würde bedeuten, dass nicht bei allen Gemeinden die Ausgangsmesszahl die Steuerkraftmesszahl übersteigt und somit nach den Vorgaben des Landesgesetzgebers gemäß Art. 2 II FAG-BY eine Empfangsberechtigung für allgemeine Schlüsselzuweisungen vorliegt. Kommt es zum Widerspruch, so wird das Verfahren mit der Annahme n_1 zuweisungsberechtigter Gemeinden (mit n_1 aus Bedingung (3.9)) und dem Grundbetrag

$$Y(n_1) = \frac{\frac{M^R}{\sigma} + \sum_{s=1}^{n_1} SM_s}{\sum_{s=1}^{n_1} m_s E_s}$$

fortgesetzt. Falls nun

$$Y(n_1) > \frac{SM_s}{m_s E_s} \qquad s \in \{1, ..., n_1\}$$

erfüllt ist, dann ist der Grundbetrag in $Y(n_1)$ gefunden. Anderenfalls muss sich diese Prozedur so lange wiederholen, bis im Schritt $j = j^*$ ein n_{j^*} gefunden ist, für das

$$Y(n_{j^*}) > \frac{SM_s}{m_s E_s} \qquad s \in \{1, ..., n_{j^*}\}$$

erfüllt ist. Unter Berücksichtigung dieses so ermittelten Grundbetrags lautet die Ausgangsmesszahl (AG_s) und damit der monetäre Finanzbedarf einer jeden Gemeinde, der bei der endgültigen Festsetzung der allgemeinen Schlüsselzuweisungen zugrunde gelegt wird:

$$AG_s = Y(n_{j^*})A_s \qquad s \in \mathcal{G}. \tag{3.10}$$

Das so geschilderte Verfahren zur Bestimmung der Ausgangsmesszahl zeigt somit die lückenlose Interdependenz aller Faktoren im Rechenwerk der Schlüsselzuweisungen. Durch die Endogenisierung des Finanzbedarfs ist somit das Schlüsselzuweisungssystem durch eine hohe Komplexität und Intransparenz gekennzeichnet (vgl. KUHN (1996, S. 671)).

3.7.3.2 Die Umlagen der Gemeinden

Die Landkreise und Bezirke erfüllen Aufgaben im Interesse der ihnen eingegliederten oder der zu ihrem räumlichen Wirkungsbereich gehörenden Gebietskörperschaften. Zur Deckung ihres Finanzbedarfs verfügen die Bezirke ebenso wie die Landkreise jedoch über keine eigenen Steuereinnahmen (vgl. BAYERISCHES STAATSMINISTERIUM DER FINANZEN (2001, S. 14f.)). Neben den Gebühren, Beiträgen, Kostenerstattungen und Zuweisungen im Rahmen des kommunalen Finanzausgleichs[81] bildet die von ihnen jeweils erhobene Umlage, die von den ihnen angeschlossenen bzw. zu ihrem Wirkungskreis

[81] Neben den vielfältigen den Landkreisen und Bezirken gewährten Zweckzuweisungen erhalten lediglich die Landkreise zur Deckung ihres allgemeinen Finanzbedarfs Schlüsselzuweisungen (vgl. Art. 5f. FAG-BY).

gehörenden Gebietskörperschaften aufzubringen ist, die eigentliche Finanzierungsgrundlage zur Deckung des Finanzbedarfs (vgl. ZIMMERMANN (1988, S. 128ff.)). Eine Erhebung derartiger Umlagen wird verfassungsrechtlich durch die Garantie der kommunalen Selbstverwaltung der Gemeindeverbände in Art. 28 II 2 GG sowie durch Art. 106 VI 6 GG gewährleistet und im Finanzausgleichsgesetz des jeweiligen Landes näher geregelt (vgl. INHESTER (1998, S. 193f.)).

In Bayern erheben so nach Maßgabe des Art. 18 I FAG-BY die Landkreise von den kreisangehörigen Gemeinden eine Kreisumlage. Die Grundlagen für die Berechnung der Kreisumlage stützen sich auf zwei Komponenten als Indikatoren der gemeindlichen Finanzkraft (vgl. Art. 18 III 1 und 2 FAG-BY). Ein erster Indikator ist die gemeindliche Steuerkraft, die bereits im Rahmen des Schlüsselzuweisungssystems ermittelt wurde. Einen zweiten Indikator bilden die Schlüsselzuweisungen, sofern die kreisangehörigen Gemeinden diese erhalten haben. Dabei werden jedoch aus Praktikabilitätsgründen nicht die Schlüsselzuweisungen des aktuellen Finanzausgleichsjahres zugrunde gelegt, sondern die des vorangegangenen Haushaltsjahres ($SZ_s^{1,V}$ und $SZ_s^{2,V}$). Diese Einnahmen aus den Schlüsselzuweisungen werden nach den Vorstellungen des Landesgesetzgebers nur mit einem Anteil in Höhe von 80 v. H. (v^K) in die Berechnung der Umlagegrundlagen einbezogen.[82] Der Umlagesatz der Kreisumlage bezeichnet hingegen den Hundertsatz, den der einzelne Landkreis von der Steuerkraftmesszahl und den einzubeziehenden Schlüsselzuweisungen von einer Gemeinden als Umlage erhebt. Grundsätzlich wird dabei der Kreisumlagensatz vom Landkreis einheitlich für alle Elemente der Umlagegrundlagen festgesetzt. Durch das Zurückgreifen auf die Steuerkraftmesszahl als Indikator für die gemeindliche Finanzkraft werden jedoch nicht alle Steuereinnahmen bei der Umlageerhebung zugrunde gelegt. Insbesondere die steuerstarken Gemeinden verfügen wegen der nur unvollständigen Erfassung der gemeindlichen Steuerkraft durch die fiktiven Hebesätze über eine mitunter erhebliche umlageungebundene Finanzmasse (vgl. INHESTER (1998, S. 195)). Deshalb sieht der Landesgesetzgeber gemäß Art. 18 III 3 und 4 FAG-BY die Möglichkeit vor, die Umlagesätze für die einzelnen Grundlagen innerhalb gewisser Grenzen unterschiedlich hoch festzusetzten. Von dieser Möglichkeit wurde jedoch noch kein Gebrauch gemacht (vgl. LUDWIG und TROMMER (1996, S. 72)). Unter Berücksichtigung dieses jeweiligen für alle Umlagegrundlagen einheitlichen und innerhalb der kreisangehörigen Gemeinden eines Landkreises in der Regel nicht differenzierten Kreisumlagensatzes (u_s^K) lautet somit die Kreisumlage (U_s^K) der kreisangehörigen Gemeinden:

$$U_s^K = u_s^K \left(SM_s + v^K \left(SZ_s^{1,V} + SZ_s^{2,V}\right)\right) \qquad s \in \mathcal{S}. \tag{3.11}$$

Die kreisfreien Gemeinden demgegenüber unterliegen wie die Landkreise gemäß Art. 21 I FAG-BY der Bezirksumlage. Bei der Berechnung der Umlage gemäß Art. 21 III 1 und 2 FAG-BY legt der Gesetzgeber dabei das gleiche Grundprinzip zugrunde, nach dem auch die Kreisumlagen erhoben werden. Es werden also als Indikatoren der Finanzkraft die gemeindlichen Steuerkraftzahlen, die bereits im Rahmen des Schlüsselzuweisungssystems

[82]Die übrigen gemeindlichen Einnahmen bleiben außer Betracht. Die dafür maßgeblichen verfassungsrechtlichen Gründe sind die gleichen, die der Ermittlung der Steuerkraftmesszahl zugrunde liegen (vgl. HENNEKE (1998, S. 145)).

ermittelt wurden, und die Gemeindeschlüsselzuweisungen des vorangegangenen Haushaltsjahres in Höhe von 80 v. H. (v^B) herangezogen.[83] Der Umlagesatz der Bezirksumlage bezeichnet dabei den Hundertsatz, den der einzelne Bezirk von der gesamten Steuerkraftmesszahl und den gesamten einzubeziehenden Schlüsselzuweisungen von einer kreisfreien Gemeinde bzw. eines Landkreises als Umlage erhebt. Wie auch bei der Bestimmung des Kreisumlagensatzes sieht der Landesgesetzgeber aus den genannten Gründen gemäß Art. 21 III 3 bis 5 FAG-BY die Möglichkeit vor, die Umlagesätze für die einzelnen Grundlagen innerhalb gewisser Grenzen unterschiedlich hoch festzusetzten. Wie auch bei der Kreisumlage wurde von den Bezirken diese Option noch nicht in Anspruch genommen (vgl. LUDWIG und TROMMER (1996, S. 72)). Somit lautet unter Berücksichtigung dieses jeweiligen für alle Umlagegrundlagen einheitlichen und innerhalb der umlagepflichtigen Gebietskörperschaften eines Bezirks in der Regel undifferenzierten Bezirksumlagensatzes (u_s^B) die Bezirksumlage (U_s^B) der kreisfreien Gemeinden:

$$U_s^B = u_s^B \left(SM_s + v^B \left(SZ_s^{1,V} + SZ_s^{2,V}\right)\right) \qquad s \in \mathcal{R}. \tag{3.12}$$

Mit der Erhebung der Kreis- bzw. Bezirksumlagen werden somit – wie auch beim Schlüsselzuweisungssystem – grundsätzlich zwei Funktionen erfüllt, nämlich die fiskalische und die redistributive Funktion.[84] Die fiskalische Funktion kommt darin zum Ausdruck, dass die Umlagen das bedeutendste selbstbestimmbare Finanzierungsmittel der Kreise bzw. Bezirke sind, welches ihnen einen gewissen finanzplanerischen Spielraum ermöglicht (vgl. HENNEKE (1998, S. 144)). Diese vertikalen Finanzmittelumschichtungen stellen somit ein flexibles Element der Einnahmeverteilung innerhalb der kommunale Ebene dar. Insofern existieren Parallelen zu den weiteren flexiblen Elementen wie z. B. der vertikalen Umsatzsteuerverteilung oder dem obligatorischen und fakultativen Steuerverbund. In den Umlagen kommt jedoch auch eine redistributive Funktion im Verhältnis der jeweiligen umlagepflichtigen kommunalen Gebietskörperschaften untereinander zum Ausdruck. Da die Umlagen stets auch an die Steuerkraft anknüpfen und Schlüsselzuweisungen nicht voll in die Umlagegrundlagen einbezogen werden, zahlen steuerstarke Gebietskörperschaften relativ höhere Umlagen als steuerschwache (vgl. ZIMMERMANN (1988, S. 130)). Auf diese Weise tritt im Rahmen der Umlageerhebung eine steuerkraftausgleichende Wirkung innerhalb des einzelnen Landkreises bzw. Bezirks ein.

Diese horizontale Wirkung ist dabei durchaus beabsichtigt, da sie die steuerkraftausgleichende Wirkung der Schlüsselzuweisungen ergänzt (vgl. BAYERISCHES STAATSMINISTERIUM DER FINANZEN (2001, S. 58)). Die redistributive Ausgleichsfunktion der Umlagen wird noch dadurch verstärkt, dass steuerstarke Gemeinden mit relativ hohen Umlageverpflichtungen meist die Leistungen der umlageberechtigten Gebietskörperschaft weniger in Anspruch nehmen als steuerschwache Gemeinden, da sie über eine ausreichende eigene Leistungskraft verfügen (vgl. ZIMMERMAMM (1988, S. 131)).

---

[83] Wie bei der Kreisumlage bleiben hier aus den gleichen Gründen die übrigen Einnahmen außer Betracht.

[84] Bei der Wahl des Umlagensatzes haben die Landkreise und Bezirke gewisse haushalts- und verfassungsrechtliche Grenzen bzw. Vorgaben zu beachten. Siehe dazu Art. 18ff. FAG-BY und die allgemeinen Ausführungen von HENNEKE (1998, S. 145ff.), INHESTER (1998, S. 183ff.) und THIEM (1996).

Kapitel 4

Anreizwirkungen des Finanzausgleichs

Die Ausführungen in dem letzten Kapitel haben gezeigt, dass das deutsche Finanzausgleichssystem durch eine hohe Komplexität, Intransparenz und eine starke Verteilungsorientierung geprägt ist (vgl. dazu auch ZIMMERMANN (2003)). Vor dem Hintergrund sollen in diesem Kapitel zunächst die allokativen Wirkungen eines derartigen Finanzausgleichs in Bezug auf solche Entscheidungsparameter der kommunalen politischen Entscheidungsträger erläutert werden, die in einem direkten Zusammenhang mit der Pflege der Gewerbesteuer stehen. Dies ist zum einen deshalb sinnvoll, da somit verdeutlicht werden kann, warum das Finanzausgleichssystem und die davon ausgehenden Anreizwirkungen bei Gewerbesteuerreformen beachtet werden sollten. Zum anderen kann anhand der theoretischen und insbesondere empirischen Erkenntnisse weiter unten der Frage nachgegangen werden, mit welchen Effizienzwirkungen des Finanzausgleichs bei der Umsetzung von Reformvorschlägen gerechnet werden muss.

4.1 Finanzausgleich und lokale Steuerpolitik

Als direkt einnahmepolitisches Instrument ist die Steuerpolitik das „Königsinstrument" zur Pflege von Steuerquellen. Dieses Instrument steht allerdings gegenwärtig nur den Gemeinden zur Verfügung.[85] Vor diesem Hintergrund soll in diesem Abschnitt die Wirkung der horizontalen und vertikalen Finanzausgleichsmechanismen auf das Besteuerungsverhalten der Gemeinden und damit die Rolle des Finanzausgleichs im Steuerwettbewerb untersucht werden.

4.1.1 Fiskalischer Steuerwettbewerb bei einem horizontalen Finanzausgleich

Die Gewerbesteuer ist eine Steuer auf den Ertrag des Kapitals, das als vergleichsweise mobile Steuerbasis gelten kann. Insofern ist die Gewerbesteuer ein Anwendungsfall des in der Literatur viel diskutierten horizontalen Steuerwettbewerbs bei der Besteuerung mobiler Produktionsfaktoren (vgl. BÜTTNER (1999;2000)).[86] Wenn Kapital zwischen den Regionen mobil ist, entsteht für die Region bei der Kapitalbesteuerung eine Wettbewerbssituation, denn jede Region muss bei ihren steuerpolitischen Entscheidungen berücksichtigen, dass dadurch Zu- oder Abwanderungen von Kapital ausgelöst werden. Das ökonomische Problem liegt nun darin, dass dieser Steuerwettbewerb mit fiskalischen Externalitäten verbunden ist. Wenn nämlich eine einzelne Region ihren Steuersatz auf Kapital festlegt, haben die dadurch ausgelösten Zu- oder Abflüsse von Kapital auch Rückwirkungen auf die Steuereinnahmen und die Wohlfahrt anderer Regionen. Die

[85]Die Länder wirken nur kollektiv über den Bundesrat an der Steuerpolitik mit. Mangels individueller Gestaltungskompetenzen ist die Steuerpolitik damit kein geeignetes Mittel bei der Steuerquellenpflege der einzelnen Länder.

[86]Für einen Überblick über die Literatur zum Steuerwettbewerb siehe KROGSTRUP (2002), KEEN (1998), WILSON (1999), WREDE (2002), WILDASIN (2003) und WILSON und WILDASIN (2004).

entscheidende Frage ist dann, wie sich die fiskalischen Externalitäten insgesamt auf die Effizienz der regionalen Steuerpolitik auswirken. In vielen Literaturbeiträgen wird argumentiert, dass der horizontale Steuerwettbewerb zu einer ineffizient niedrigen Besteuerung von Kapital führt (vgl. ZODROW und MIESZKOWSKI (1986)). Die Argumentation ist dabei die folgende: Wenn eine Gemeinde ihre Steuern senkt, berücksichtigt sie nur die Wirkung dieser Entscheidungen auf die eigene Region, ignoriert aber die fiskalischen Externalitäten, die durch den Rückgang der Steuereinnahmen in den anderen Gemeinden auftreten. In den theoretischen Analysen konnte gezeigt werden, dass die Regionen aus gesamtwirtschaftlicher Sicht die Kapitalsteuern zu niedrig ansetzen.

In der Theorie und Praxis des Fiskalföderalismus sind Zuweisungen eines der zentralen Instrumente zur Implementierung übergeordneter Ziele in die Finanzpolitik der einzelnen Gebietskörperschaften. Insofern ist es nur konsequent, zu fragen, durch welche Ausgestaltung von Zuweisungen es gelingen kann, die fiskalischen Externalitäten lokaler Steuerpolitik im Steuerwettbewerb zu internalisieren. DEPATER und MYERS (1994) und WILDASIN (1989) entwickeln daher Finanzzuweisungen, die die Fehlanreize beseitigen, die für die lokale Steuerpolitik bei der Besteuerung mobiler Bemessungsgrundlagen entstehen. Doch entgegen dieser fortgeschrittenen Entwicklung bei der theoretischen Analyse der Externalitätenproblematik, werden die Finanzausgleichssysteme in föderativen Staaten überwiegend so konstruiert und ausgeführt, dass sie vielmehr Umverteilungszielen und weniger Effizienzgesichtspunkten genügen (vgl. KÖTHENBÜRGER (2002) und BOADWAY (2004)). Verschiedene jüngere Arbeiten haben diese Problematik aufgegriffen und berücksichtigen die real existierenden Ausgleichsmechanismen, wie sie z. B. in Kanada und Deutschland anzutreffen sind, bei der Analyse der Effizienzwirkungen des horizontalen Steuerwettbewerbs. Vor diesem Hintergrund untersuchen SMART (1998), BUCOVETSKY und SMART (2002), JANEBA und PETERS (2000), KÖTHENBÜRGER (2002) und BÜTTNER (2005) in unterschiedlichen Modellierungsansätzen, welchen Einfluss die horizontalen Finanzausgleichsmechanismen auf die regionale Steuerpolitik ausüben und welche Rolle der Finanzausgleich somit bei der Verstärkung oder Milderung der fiskalischen Externalitäten spielt. Ein zentrales Ergebnis dieser theoretischen Analysen ist, dass durch die horizontalen Finanzausgleichsmechanismen Anreize gesetzt werden, die Steuersätze zu erhöhen. Diese Anreize fallen dabei umso stärken aus, je ausgeprägter die Nivellierungswirkung des Finanzausgleichs ist. Der Finanzausgleich trägt somit dazu bei, dass die Externalitätenproblematik des horizontalen Steuerwettbewerbs gemildert wird.

4.1.2 Fiskalischer Steuerwettbewerb bei einem vertikalen Finanzausgleich

In einem föderativen Staat können sich die Gebietskörperschaften nicht nur in einem horizontalen, sondern auch gleichzeitig in einem vertikalen Steuerwettbewerb befinden. Folglich kann es auch zu vertikalen fiskalischen Externalitäten kommen. Die vertikalen Externalitäten entstehen z. B. dadurch, dass mehrere Gebietskörperschaftsebenen auf ein und dieselbe Steuerbasis zugreifen. Die vertikalen Externalitäten resultieren also aus der Nutzung einer gemeinsamen Steuerbasis und weniger aus einem Konkurrieren verschiedener Gebietskörperschaften per se (vgl. CAVLOVIC und JACKSON (2003, S. 4)). Legt eine Ebene den Steuersatz auf Kapital fest, haben die dadurch ausgelösten Veränderungen bei der gemeinsamen Steuerbasis auch Rückwirkungen auf die Steuereinnahmen und die Wohlfahrt der anderen Gebietskörperschaftsebenen. Die entscheidende Frage ist dann, wie sich die vertikalen Externalitäten insgesamt auf die Effizienz der lokalen und föderalen Steuerpolitik auswirken. In den Literaturbeiträgen wird argumentiert, dass – in einer isolierten Betrachtung – der vertikale Steuerwettbewerb zu einer ineffizient hohen Besteuerung von Kapital führt (vgl. KEEN (1998)). Die Argumentation ist dabei die folgende: Wenn eine Ebene ihre Steuern erhöht, so berücksichtigt sie nur die Wirkungen auf die eigenen Einnahmen. Sie ignoriert hingegen die fiskalischen Externalitäten, die dadurch entstehen, dass durch den Rückgang der gemeinsamen Steuerbasis die Steuereinnahmen der anderen Ebenen sinken. Deswegen ist zu erwarten, dass die Gebietskörperschaften aus gesamtwirtschaftlicher Sicht die Kapitalsteuern zu hoch ansetzen. Dieses Ergebnis ist in einer Reihe von Modellen nachgewiesen worden (vgl. für einen Überblick z. B. KEEN (1998)).

DAHLBY (1996) und KEEN und KOTSOGIANNIS (1996) haben die Aufmerksamkeit auf die vertikalen Externalitäten gelenkt und den Horizont durch den nachhaltigen Hinweis auf die Koexistenz von horizontalen und vertikalen Externalitäten in föderativen Staaten erweitert (vgl. Abbildung 4.1). Auch hier ist die Gewerbesteuer ein Anwendungs-

Abbildung 4.1: Systematik der fiskalischen Externalitäten in föderativen Staaten

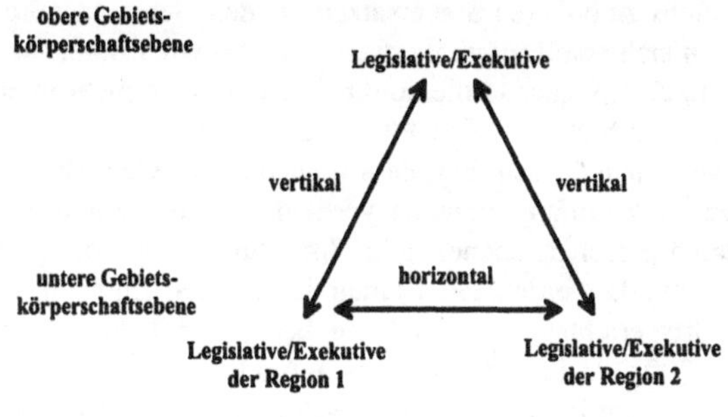

Quelle: In Anlehnung an WREDE (2002); eigene Darstellung

fall des in der Literatur diskutierten horizontalen und vertikalen Steuerwettbewerbs (vgl. WREDE (1996, S. 463)). Denn die Gemeinden stehen bei der Gewerbesteuer nicht nur in einem horizontalen Steuerwettbewerb. So wurde bei der Beschreibung der Gewerbesteuer, die in Kapitel 2 vorgenommen wurde, deutlich, dass bei der Koexistenz der Gewerbe- und Körperschaftsteuer zwar keine steuerrechtliche, aber zumindest ökonomische Steuerbasiskongruenz vorliegt. Somit greifen im Grunde mehrere Gebietskörperschaftsebenen auf eine gemeinsame Steuerbasis zu. Bei einem gleichzeitigen horizontalen und vertikalen Steuerwettbewerb kommt es somit auf das relative Gewicht der horizontalen und vertikalen Externalitäten an, zur Klärung der Frage, in welche Richtung die Steuersätze vom gesamtwirtschaftlichen Optimum abweichen (vgl. BOADWAY und HAYASHI (2001, S. 482)). KEEN und KOTSOGIANNIS (2002;2003) zeigen modelltheoretisch sowohl für wohlfahrtsmaximierende als auch einnahmenmaximierende lokale und föderale Regierungen, dass es aus einer gesamtwirtschaftlichen Sicht zu einer ineffizient hohen Besteuerung des Kapitals kommt. Wie auch bei dem reinen horizontalen Steuerwettbewerb stellt sich vor diesem Hintergrund die Frage, durch welche Ausgestaltung von Zuweisungen es gelingen kann, die fiskalischen Externalitäten zu internaliseren. So entwickeln z. B. BOADWAY und KEEN (1996), DAHLBY (1996) und FENGE und WREDE (2004) Finanzzuweisungen, mit denen die Fehlanreize bei der Steuerpolitik beseitigt werden können. Doch auch hier stellt sich das Problem, dass die real existierenden Finanzausgleichsmechanismen überwiegend Umverteilungszielen genügen. KELDERS und KÖTHENBÜRGER (2003) greifen diese Problematik auf und berücksichtigen horizontale und vertikale Finanzausgleichsmechanismen bei der Analyse der Effizienzwirkungen des horizontalen und vertikalen Steuerwettbewerbs. Sie betrachten dazu die Gemeinden in Deutschland, die sich bei Existenz eines horizontalen Finanzausgleichs in einem horizontalen Steuerwettbewerb befinden. Gleichzeitig stehen die Gemeinden durch die Koexistenz der Gewerbe- und Körperschaftsteuer in einem vertikalen Steuerwettbewerb mit den übergeordneten Gebietskörperschaftsebenen. Zusätzlich berücksichtigen sie die Gewerbesteuerumlage als eine aufwärtsgerichtete vertikale Umverteilung. Ein zentrales Ergebnis dieser theoretischen Analyse im Hinblick auf die Gemeinden ist, dass es trotz der horizontalen Externalitäten, die letztendlich durch die Mobilität der Bemessungsgrundlage entstehen, aufgrund des vertikalen Steuerwettbewerbs und des horizontalen und vertikalen Finanzausgleichs zu höheren Steuersätzen bei den Gemeinden kommen kann. Die Gemeinden befinden sich somit möglicherweise nicht – wie oftmals angenommen – bei ihrer Steuerpolitik in einem „race to the bottom", sondern vielmehr in einem „race to the top" (vgl. KELDERS und KÖTHENBÜRGER (2003, S. 16).

In Kapitel 3 wurde jedoch deutlich, dass es neben der Gewerbesteuerumlage einen weiteren und quantitativ umfangreicheren vertikalen Umverteilungsmechanismus zwischen den Gebietskörperschaftsebenen gibt. Im Rahmen des obligatorischen und fakultativen Steuerverbunds werden die Gemeinden an den Einnahmen der Länder beteiligt. Diese abwärtsgerichtete Umverteilung berücksichtigen jedoch KELDERS und KÖTHENBÜRGER (2003) in ihrer theoretischen Analyse nicht. Aus diesem Grund soll im Folgenden diese Lücke in der Literatur geschlossen und anhand einer theoretischen Analyse untersucht werden, wie sich diese beiden vertikalen Finanzausgleichsmechanismen auf die Steuerpolitik der Gebietskörperschaftsebenen auswirken und welche Rolle der vertikale Finanzausgleich bei der Verstärkung oder Milderung der Externalitätenproblematik spielt. Die Grundlage für eine derartige theoretische Analyse bildet das Modell von KEEN und KOTSOGIANNIS (1996;2003).[87] Zur Analyse des fiskalischen Steuerwettbewerbs in einen Mehr-Ebenen-Staat bei Existenz von Finanzausgleichsmechanismen eignet sich dieses Modell aus mehreren Gründen. Erstens wird in diesem Modell der Kapitalsteuerwettbewerb in einem föderativen Staat betrachtet. Daneben wird die Analyse auf eine vertikale Steuerkompetenzverteilung beschränkt, bei dem nur zwei

[87] Das theoretische Modell zum horizontalen Steuerwettbewerb von ZODROW und MIESZKOWSKI (1986) war und ist die Basis für die Mehrzahl der Arbeiten zum Steuerwettbewerb. KEEN und KOTSOGIANNIS (1996) haben dieses Modell zur Diskussion der Kapitalbesteuerung in einem Mehr-Ebenen-Staat herangezogen und damit neben den horizontalen auch den vertikalen Steuerwettbewerb analysiert.

Gebietskörperschaftsebenen auf ein und dieselbe Steuerbasis zugreifen. Eine weitere Beschränkung besteht darin, dass in diesem Modell nur einnahmenmaximierende Regierungen betrachtet werden. Zur Rechtfertigung dieser letztgenannten Beschränkung können mehrere Gründe aufgeführt werden. Nach WREDE (2000) ist das Ziel der Einnahmenmaximierung ein in real existierenden Volkswirtschaften zu beobachtendes Regierungsziel. Des Weiteren wird mit dieser Annahme die formale Komplexität erheblich reduziert im Vergleich zu denjenigen Modellen, bei denen wohlfahrtsmaximierende Regierungen unterstellt werden.

Anhand des Modells von KEEN und KOTSOGIANNIS (1996;2003) werden in einem ersten Schritt im Abschnitt 4.1.2.2, nachdem zuvor die Grundstruktur des Modells vorgestellt wurde, die horizontalen und vertikalen Externalitäten in einer Volkswirtschaft ohne fiskalische Umverteilungsmechanismen problematisiert. Dabei werden die Auswirkungen dieser Externalitätenproblematik auf die Steuerpolitiken der Gebietskörperschaften diskutiert und das resultierende Nash-Gleichgewicht im Hinblick auf Effizienz charakterisiert. In einem zweiten Schritt werden in dieses Modell die in Deutschland real existierenden vertikalen Umverteilungsmechanismen integriert und deren Auswirkungen auf die zuvor untersuchten Fragestellungen analysiert. In Abschnitt 4.1.2.3 soll dabei untersucht werden, inwiefern sich die Ergebnisse von den zuvor dargestellten Erkenntnissen der bisherigen Literatur, die die Multidimensionalität der fiskalischen Externalitäten analysieren, unterscheiden. In Abschnitt 4.1.2.4 wird dann die Rolle der vertikalen Finanzausgleichsmechanismen bei der Internalisierung der Externalisierung näher untersucht.

4.1.2.1 Das Modell

Gegenstand der folgenden Betrachtungen ist eine Föderation mit zwei Gebietskörperschaftsebenen. Die obere oder zentrale Ebene sei, den deutschen Verhältnissen entsprechend, zur Vereinfachung ein Bundesland, die untere Ebene hingegen bestehe aus $N \geq 1$ identischen Gemeinden.[88] In jeder Gemeinde i produziert eine einzelne Unternehmung ein privates Gut gemäß einer konkaven Produktionsfunktion $F(K_i)$, wobei das Kapital K_i der einzige Input ist.[89] Das Kapital ist vollkommen mobil. Es wird solange innerhalb des Bundeslandes verlagert, bis es in jeder Gemeinde dieselbe Nettoverzinsung ρ erzielt. Jede Regierung erhebt eine nach dem Quellenprinzip organisierte Steuer auf das in ihrem Hoheitsgebiet eingesetzte Kapital. Dies impliziert, dass auf dieselbe Steuerbasis von zwei staatlichen Ebenen zugegriffen wird. Der konsolidierte Steuersatz in einer Gemeinde i sei $\tau_i \equiv t_i + T$, wobei T der einheitliche Steuersatz des Bundeslandes und t_i der Steuersatz einer Gemeinde i ist. Somit wird nicht nur eine lineare Besteuerung unterstellt, sondern auch eine Unfähigkeit des Bundeslandes, seinen Steuersatz zwischen den Gemeinden zu differenzieren. Wird der Preis des privaten Guts auf eins normiert, ergibt sich aus der Gewinnmaximierungsbedingung $F'(K_i) = \rho + \tau_i$, $\forall i$, implizit die Nachfrage nach Kapital in

[88]Die Zuordnung der beiden Ebenen zur Landes- und Gemeindeebene ist nicht die einzig denkbare; mit dem Modell lassen sich ebenso die Verhältnisse zwischen dem Bund und den Ländern untersuchen. Zudem könnten auch die Relationen zwischen den Nationalstaaten und der europäischen Ebene erfasst werden.

[89]Das Modell basiert in weiten Teilen auf dem Modell von KEEN und KOTSOGIANNIS (2003). Um die Vergleichbarkeit zu erleichtern, wird – wo immer möglich – auf deren Notation zurückgegriffen.

einer jeden Gemeinde i:

$$K_i = K(\rho + \tau_i) \quad, \forall i \quad \text{mit} \quad K'(\rho + \tau_i) = \frac{1}{F''(K_i)} < 0.$$

Die Differenz zwischen dem Wert der Produktion und den Kapitalkosten sei als ein Renteneinkommen $\pi_i = F(K_i) - F'(K_i)K_i$ in Gemeinde i bezeichnet. Zur Vereinfachung der Analyse werden im Gegensatz zu KEEN und KOTSOGIANNIS (2003) diese Renten weder vom Bundesland noch von den Gemeinden besteuert. Ein repräsentativer Haushalt in jeder Gemeinde erzielt einen Nutzen

$$U(C_1, C_2, g, G) = \Upsilon(C_1) + C_2 + \Gamma(g, G)$$

aus dem Konsum der ersten und zweiten Periode, C_1 und C_2, und den öffentlichen Gütern g und G. Das Bundesland und die Gemeinden sind also nicht nur mit einer Besteuerungsautonomie ausgestattet, sondern auch mit einer Autonomie bei den Ausgaben. Die Ausgaben für das föderale Gut je Gemeinde seien G. Die Gemeinden tätigen Ausgaben für das lokale öffentliche Gut g. E bezeichnet die Erstausstattung des repräsentativen Haushalts in der ersten Periode. Der Konsum in der zweiten Periode wird finanziert aus dem Renteneinkommen und dem Kapitaleinkommen, das sich aus den Ersparnissen der ersten Periode selbst S und dem Zinseinkommen ρS zusammensetzt. In Anlehnung an KEEN und KOTSOGIANNIS (2003, S. 182) sei $S = S(\rho)$ mit $S'(\rho) > 0$ das korrespondierende nutzenmaximierende Kapitalangebot. Der indirekte Nutzen des Haushalts ist dann

$$V(\rho, \tau, g, G) = \Upsilon(E - S(\rho)) + \pi_i + (1 + \rho)S(\rho) + \Gamma(g, G)$$

mit den partiellen Ableitungen

$$V_\rho = S(\rho) - K \quad \text{und} \quad V_\tau = -K.$$

Die Besteuerung und die Bereitstellung der öffentlichen Güter erfolgt in der zweiten Periode. Die Leviathan-Regierungen der beiden Ebenen maximieren in dem Hoheitsgebiet einer jeden Gemeinde ihre Einnahmen. In Anlehnung an KEEN und KOTSOGIANNIS (2003, S. 181) muss jede Regierung einen Anteil $0 < \lambda < 1$ ihrer Einnahmen für die Bereitstellung des öffentlichen Gutes zur Verfügung stellen. Die Erweiterung des Modells besteht nun darin, dass im Gegensatz zu KEEN und KOTSOGIANNIS (2003) die Einnahmen einer Gebietskörperschaft nicht nur aus den Steuereinnahmen bestehen. Entsprechend den derzeitigen deutschen Finanzbeziehungen sollen die beiden Ebenen durch zwei vertikale Umverteilungsmechanismen miteinander verknüpft werden: die Gewerbesteuerumlage und den kommunalen obligatorischen Steuerverbund als Grundlage des kommunalen Finanzausgleichs. Seit 1970 wird durch eine Gewerbesteuerumlage ein Teil der Gewerbesteuereinnahmen zugunsten des jeweiligen Bundeslandes und des Bundes abgeschöpft. Diese vertikale aufwärtsgerichtete Umverteilung wird dabei mit einem Grundbetragsverfahren erhoben. Bei diesem Verfahren werden die Steuereinnahmen einer jeden Gemeinde durch deren tatsächlichen örtlichen Gewerbesteuerhebesatz geteilt und sodann der sich daraus ergebende steuersatzunabhängige Steuermessbetrag (Steuerbasis) mit dem Umlagenvervielfältiger multipliziert. Bei einer Übertragung dieses Umverteilungsverfahrens in das Modell muss eine Gemeinde einen aufwärtsgerichteten Transfer $uK[\rho+\tau_i]$ leisten, wobei u, mit $0 \leq u < 1$, der einheitliche Umlagensatz sei. Gleichzeitig findet neben der Gewerbesteuerumlage auch eine abwärtsgerichtete Umverteilung zugunsten der Gemeinden statt. Die Flächenbundesländer beteiligen im Rahmen des kommunalen Steuerverbundes die Gemeindeebene an ihren Steuereinnahmen. Diese Finanzmittel werden dann im Rahmen eines kommunalen Finanzausgleichs auf die einzelnen Gemeinden verteilt. Um die Komplexität des Modells möglichst gering zu halten, wird dabei unterstellt, dass von dem kommunalen Finanzausgleich keine horizontalen Verteilungswirkungen ausgehen. Für die Übertragung in das Modell bedeutet dies somit, dass jede Gemeinde einen Transfer $\beta TK[\rho+\tau_i]$ erhält, wobei der Anteil (Steuerverbundquote) $0 \leq \beta < 1$ sei. Unter Berücksichtigung dieser vertikalen Finanzausgleichsmechanismen lauten die Einnahmen einer Gemeinde

$$r_i = t_i K[\rho+\tau_i] - uK[\rho+\tau_i] + \beta TK[\rho+\tau_i] \tag{4.1}$$

und die des Bundeslandes je Gemeinde

$$R = \frac{1}{N}\sum_{i=1}^{N} TK[\rho+\tau_i] + \frac{1}{N}\sum_{i=1}^{N} uK[\rho+\tau_i] - \frac{1}{N}\sum_{i=1}^{N} \beta TK[\rho+\tau_i]. \tag{4.2}$$

KEEN und KOTSOGIANNIS (2003) folgend wird für die nachfolgende Analyse unterstellt, dass es sich um eine geschlossene Föderation handelt. Der Nettozins als eine Funktion aller konsolidierten Steuersätze

$$\rho = \rho(\tau_1, ..., \tau_N) = \rho(\overrightarrow{\tau})$$

ist dabei implizit definiert durch die Kapitalmarktgleichgewichtsbedingung

$$NS(\rho) = \sum_{i=1}^{N} K(\rho+\tau_i)$$

mit

$$\frac{\partial \rho}{\partial \tau_i} = \frac{K'(\rho+\tau_i)}{NS'(\rho) - \sum_{j=1}^{N} K'(\rho+\tau_j)} \in (-1,0]. \tag{4.3}$$

Da nur symmetrische Gleichgewichte ($\tau_i = \tau, \forall i$) aus Vereinfachungsgründen betrachtet werden sollen, hängt der Nettozins $\rho(\tau,...,\tau) = \rho(\overrightarrow{\tau})$ mit

$$\frac{\partial \rho}{\partial \tau} = \frac{K'(\rho+\tau)}{S'(\rho) - K'(\rho+\tau)} \in (-1,0] \tag{4.4}$$

einzig ab vom konsolidierten Steuersatz und ist somit unabhängig von der Anzahl der Gemeinden. Ein Vergleich von (4.3) und (4.4) in einem symmetrischen Gleichgewicht ergibt

$$\rho' = N\frac{\partial \rho}{\partial \tau_i}. \tag{4.5}$$

Zur Modellierung der strategischen Interaktion zwischen den föderalen und lokalen Leviathan-Regierungen gibt es verschiedene Optionen. Es wird hier angenommen, dass die Regierungen im Rahmen eines Nash-Spiels simultan ihre Steuersätze bestimmen.

4.1.2.2 Gleichgewichtige Steuerpolitik ohne vertikale Umverteilung

Für eine Analyse, inwiefern vertikale Umverteilungsmechanismen die gleichgewichtige Steuerpolitik beeinflussen, soll als Referenzsituation zunächst eine Föderation ohne vertikale Umverteilungsmechanismen betrachtet werden. Die Einnahmen der lokalen und föderalen Ebene verändern sich bei $u = \beta \equiv 0$ zu

$$r_i = t_i K[\rho + \tau_i] \tag{4.6}$$

und

$$R = \frac{1}{N} \sum_{i=1}^{N} TK[\rho + \tau_i]. \tag{4.7}$$

Bei Einnahmenmaximierung lautet die Optimalitätsbedingung einer Gemeinde in einem symmetrischen Gleichgewicht bei Verwendung von (4.5) demnach:

$$\frac{\partial r_i}{\partial t_i} = K[\cdot] + tK'[\cdot]\left(1 + \frac{1}{N}\rho'\right) \equiv h(t, T, N) = 0. \tag{4.8}$$

Die Optimalitätsbedingung (4.8) definiert implizit den gleichgewichtigen lokalen Steuersatz als eine Funktion $b(T,N)$ in Abhängigkeit des föderalen Steuersatzes und der Anzahl der Gemeinden. Für die weitere Analyse ist nun das Vorzeichen von $\frac{dt}{dT} = b_T$ von Interesse. Führt ein Anstieg des föderalen Steuersatzes zu einem Anstieg des lokalen Steuersatzes, so sind beide Steuersätze strategische Komplemente. Ist hingegen das Vorzeichen negativ, so sind die beiden Steuersätze strategische Substitute. Eine Analyse des Vorzeichens ist jedoch schwierig und wirft weitere Fragen auf. Durch Anwendung des impliziten Funktionentheorems bei (4.8) zeigt sich, dass $\frac{dt}{dT} = b_T$ das gleiche Vorzeichen hat wie $-\frac{h_T}{h_t}$. Allerdings entspricht der Term im Nenner nicht der einer typischen zweiten Ableitung einer Gemeinde (vgl. KEEN und KOTSOGIANNIS (2003, S. 184)). Denn h_t beinhaltet nicht nur die Effekte eigener Steuersatzvariationen einer Gemeinde, sondern auch Effekte der Steuersatzvaritionen der anderen Gemeinden. KEEN und KOTSOGIANNIS (2003, S. 184) umgehen dieses Problem durch eine entsprechende Annahme: eine Gemeinde wird ihren Steuersatz weniger als eins zu eins erhöhen als Reaktion auf eine Steuersatzerhöhung aller anderen Gemeinden. Durch eine derartige Annahme ist $h_t < 0$.[90] Doch unabhängig von der Klärung des Vorzeichens von b_T [91] kann eine wichtige Eigenschaft von b_T abgeleitet werden. Wie im Anhang A.1 gezeigt wird, ist die Summe

$$1 + b_T > 0. \tag{4.9}$$

Eine mögliche Reduktion des gleichgewichtigen lokalen Steuersatzes als Antwort auf eine Erhöhung des föderalen Steuersatzes führt demnach nicht zu einem Sinken des konsolidierten Steuersatzes. Die Analyse des Verhaltens der föderalen Leviathan-Regierung ist

[90] Für eine ausführliche Diskussion dieser Annahme siehe KEEN und KOTSOGIANNIS (2003, S. 184). BRÜLHART und JAMETTI (2004, S. 11) merken in diesem Zusammenhang an, dass diese Annahme nicht übermäßig restriktiv ist.

[91] KEEN und KOTSOGIANNIS (2003, S. 184) diskutieren beispielhaft das Vorzeichen für eine quadratische Funktion und Cobb-Douglas-Funktion von $F(K)$.

ähnlich. Bei Einnahmenmaximierung lautet die Optimalitätsbedingung in einem symmetrischen Gleichgewicht

$$\frac{\partial R}{\partial T} = K[\cdot] + TK'[\cdot](1+\rho') \equiv H(t,T) = 0. \tag{4.10}$$

Diese Bedingung definiert implizit den gleichgewichtigen föderalen Steuersatz als eine Funktion $B(t)$ des gleichgewichtigen lokalen Steuersatzes. Im Gegensatz zu dem gleichgewichtigen lokalen Steuersatz ist der föderale Steuersatz unabhängig von der Anzahl der Gemeinden. Da (4.10) die gleiche Grundstruktur aufweist wie (4.8), werden in Anlehnung an KEEN und KOTSOGIANNIS (2003) weitere Details vernachlässigt und es wird unterstellt, dass ähnliche Aussagen zu dem Vorzeichen von $\frac{dT}{dt} = B_t$ wie in der bereits geführten Diskussion getroffen werden können. Es gilt somit gemäß Anhang A.1 entsprechend

$$1 + B_t > 0. \tag{4.11}$$

Werden nun das Steuersetzungsverhalten des föderalen und lokalen Leviathans zusammengefügt, so ist das Nash-Gleichgewicht charakterisiert durch

$$\begin{aligned} t^* &= b(T^*,N) \\ T^* &= B(t^*). \end{aligned}$$

Für die Stabilität des Gleichgewichts wird KEEN und KOTSOGIANNIS (2003) folgend

$$b_T(T^*,N)B_t(t^*) < 1 \tag{4.12}$$

unterstellt. In dieser hier betrachteten Föderation existieren nun zwei Arten von fiskalischen Externalitäten, die das Steuersetzungsverhalten der Regierungen beeinflussen. Die bekanntesten und in der Literatur zum Steuerwettbewerb am meisten behandelten Externalitäten sind die horizontalen Externalitäten auf der Gemeindeebene: Wenn eine Gemeinde ihre Steuern z. B. senkt, berücksichtigt sie nur die Wirkung dieser Entscheidung auf die eigene Region, ignoriert aber die horizontalen Externalitäten, die durch den Rückgang der Einnahmen in anderen Gemeinden auftreten. Um diesen Effekt zu analysieren, seien die Einnahmen einer Gemeinde in einem symmetrischen Gleichgewicht

$$r(t^*,T^*) \equiv t^*K[\rho(\overrightarrow{\tau}) + \tau]. \tag{4.13}$$

Die partielle Ableitung nach dem lokalen Steuersatz und bei Verwendung von (4.8) ist im Nash-Gleichgewicht

$$r_t(t^*,T^*) = \frac{-K[\cdot]\rho'(N-1)}{N+\rho'} \geq 0. \tag{4.14}$$

Die lokalen Steuersätze sind zu niedrig in diesem Gleichgewicht, wodurch in diesem Zusammenhang auch häufig von einem „race to the bottom“ in der Steuersatzsetzung (Unterbesteuerungsthese) gesprochen wird. Jede lokale Leviathan-Regierung würde gewinnen, wenn alle Gemeinden bei unverändertem föderalen Steuersatz ihre Steuersätze über das Niveau des Nash-Gleichgewichts erhöhen würden. Diese horizontale Externalität verschwindet naturgemäß, wenn $N = 1$ ist. Sie tritt auch nicht auf bei $\rho' \to 0$. Dieses wäre dann der Fall, wenn die Ersparnisse vollkommen elastisch wären ($S' \rightarrow \infty$). Eine Steuersatzvariation einer Gemeinde hätte dann keinerlei Auswirkungen auf den Nettozins und damit auf das Kapitalangebot in den Gemeinden (vgl. KEEN und KOTSOGIANNIS (2003, S. 186)).

Neben diesen horizontalen Externalitäten existieren auch vertikale Externalitäten zwischen den Gebietskörperschaftsebenen. Die partielle Ableitung der föderalen Einnahmen in einem symmetrischen Gleichgewicht

$$R(t^*,T^*) = T^*K[\rho(\overrightarrow{\tau}) + \tau] \tag{4.15}$$

nach dem lokalen Steuersatz und bei Verwendung von (4.10) ergibt im Nash-Gleichgewicht

$$R_t(t^*,T^*) = -K[\cdot] < 0. \tag{4.16}$$

Analog lautet die partielle Ableitung der lokalen Einnahmen nach dem föderalen Steuersatz und unter Verwendung von (4.8)

$$r_T(t^*,T^*) = -K[\cdot]\frac{1+\rho'}{1+\frac{1}{N}\rho'} < 0. \tag{4.17}$$

Der föderale und lokale Leviathan vernachlässigt den negativen Effekt bei der jeweils anderen Gebietskörperschaftsebene, der dadurch entsteht, dass z. B. eine Steuersatzerhöhung die gemeinsame Steuerbasis verringert und somit die Einnahmen der jeweils anderen Ebene sinken. Die horizontalen Externalitäten führen dazu, dass die lokalen Steuersätze gemessen an dem Ziel der Regierungen, ihre Einnahmen zu maximieren, zu niedrig angesetzt werden. Die vertikalen Externalitäten führen in diesem Sinne demgegenüber zu überhöhten Steuersätzen (Überbesteuerungsthese). Die beiden Formen der Externalitäten zeigen also in entgegengesetzte Richtungen. Bei einem simultanen horizontalen und vertikalen Steuerwettbewerb kommt es somit auf das relative Gewicht der beiden Externalitäten an, zur Klärung der Frage, in welche Richtung die Steuersätze vom gesamtstaatlichen Optimum abweichen (vgl. BOADWAY und HAYASHI (2001)). Bei der Festsetzung des föderalen Steuersatzes spielt nur die vertikale Externalität eine Rolle, da $R_T(t^*,T^*) = 0$ im Nash-Gleichgewicht ist. Auf der lokalen Ebene sind für die Festsetzung des lokalen Steuersatzes allerdings beide Externalitäten von Bedeutung. Aus (4.14) und (4.16) folgt

$$r_t(t^*,T^*) + R_t(t^*,T^*) = -K[\cdot]\frac{1+\rho'}{1+\frac{1}{N}\rho'} < 0. \tag{4.18}$$

Ein kleiner Anstieg des lokalen Steuersatzes reduziert im Nash-Gleichgewicht die föderalen Einnahmen mehr, als dass die lokalen Einnahmen steigen. In der Steuersatzwahl der lokalen Ebene dominiert somit die vertikale die horizontale Externalität. Wird nun das Steuersetzungsverhalten der lokalen und föderalen Ebene zusammengefasst, kann analysiert werden, ob der konsolidierte Steuersatz im Nash-Gleichgewicht gemessen am gesamtwirtschaftlichen Optimum zu hoch oder zu niedrig ist. Die gesamtstaatlichen Einnahmen seien im symmetrischen Gleichgewicht $\theta(\tau^*) \equiv r(t^*,T^*) + R(t^*,T^*) = \tau^*K$. Die partielle Ableitung nach dem konsolidierten Steuersatz unter Verwendung von (4.8) und (4.10) lautet

$$\theta'(\tau^*) = -K[\cdot]\frac{1+\rho'}{1+\frac{1}{N}\rho'} < 0. \tag{4.19}$$

Im Nash-Gleichgewicht findet sich demnach die Föderation auf dem fallenden Ast der Laffer-Kurve, die die gesamtwirtschaftlichen Einnahmen als Funktion des konsolidierten Steuersatzes abbildet. Es können somit die folgenden Ergebnisse festgehalten werden:

Proposition 4.1 *Ausgehend von dem Nash-Gleichgewicht steigen die gesamtstaatlichen Einnahmen bei einer Reduktion*
a) des föderalen Steuersatzes,
b) des lokalen Steuersatzes,
c) des konsolidierten Steuersatzes.

Der Punkt a) folgt aus (4.17) und der föderalen Optimalitätsbedingung $R_T(t^*, T^*) = 0$. Der Punkt b) folgt aus (4.18) und Punkt c) aus (4.19). Dabei sollte betont werden, dass Proposition 4.1 die Konsequenzen von Steuersatzvariationen auf die gesamtstaatlichen Steuereinnahmen beinhaltet. In der folgenden Analyse soll daher geklärt werden, ob und inwiefern die aus einer gesamtstaatlichen Perspektive gebotenen Veränderungen der Steuersätze den einzelnen Regierungen wie auch den Haushalten zugute kommen.

In einem ersten Schritt werden zunächst die fiskalischen Wirkungen bei den Regierungen näher untersucht. Es gibt 5 Kombinationen, welche zu einem Sinken des konsolidier-

Tabelle 4.1: Die fiskalischen Wirkungen in der Situation ohne vertikale Umverteilung

Vorzeichen von dT und dt	Vorzeichen von dR und dr
$dT < 0$ und $dt = 0$	$dR = 0, dr > 0$
$dT = 0$ und $dt < 0$	$dR > 0, dr \leq 0$
$dT < 0$ und $dt < 0$	$dR > 0$, dr unklar
$dT < 0$ überwiegt $dt > 0$	$dR < 0, dr > 0$
$dT > 0$ überwiegt nicht $dt < 0$	$dR > 0, dr < 0$

ten Steuersatzes führen. Die erste Möglichkeit besteht darin, dass der föderale Steuersatz sinkt und der lokale Steuersatz unverändert bleibt. Da eine Senkung von T keine Wirkungen auf R hat, führt eine Senkung des föderalen Steuersatzes wegen (4.17) zu einem Anstieg der lokalen Steuereinnahmen. Bleibt hingegen der föderale Steuersatz unverändert und sinkt der lokale Steuersatz, dann steigen aufgrund (4.16) die föderalen Einnahmen, während die lokalen Einnahmen aufgrund von (4.14) sinken. Die dritte Möglichkeit besteht darin, dass sowohl der föderale als auch lokale Steuersatz sinken. In diesem Fall steigen die föderalen Einnahmen wegen (4.16), während das Vorzeichen der lokalen Einnahmen aufgrund (4.14) und (4.17) unbestimmt bleibt. Überwiegt die Reduktion des föderalen Steuersatzes die Erhöhung des lokalen Steuersatzes, so sinken die föderalen Einnahmen und steigen die lokalen Einnahmen. Im umgekehrten Fall, bei dem die Senkung des lokalen Steuersatzes die Erhöhung des föderalen Steuersatzes überwiegt, sinken die lokalen Einnahmen und steigen die föderalen Einnahmen. Welche Vorzeichen die Änderungen bei den föderalen und lokalen Einnahmen (dr und dR) annehmen, kann somit in Tabelle 4.1 zusammengefasst werden.

In einem zweiten Schritt sollen nun die Wirkungen der aus einer gesamtstaatlichen Perspektive gebotenen Steuersatzvariationen bei dem repräsentativen Haushalt betrachtet werden. Das totale Differential der indirekten Nutzenfunktion unter Verwendung der partiellen Ableitungen $V_\rho = S(\rho) - K$ und $V_\tau = -K$ und bei Berücksichtigung, dass ein fixer Anteil λ der Einnahmen für die Bereitstellung öffentlicher Güter verwendet werden muss, lautet

$$dV = V_\rho d\rho - K[\cdot]d\tau + \lambda(\Gamma_g dr + \Gamma_G dR). \tag{4.20}$$

Der erste Term von (4.20) ist in einem symmetrischen Gleichgewicht $V_\rho = 0$. Der zweite Term, der den Nutzen aus dem Renteneinkommen widerspiegelt, zeigt, dass eine Senkung des konsolidierten Steuersatzes die Wohlfahrt erhöht. Der dritte Term zeigt die Wirkungen der Senkung des konsolidierten Steuersatzes auf die öffentlichen Ausgaben der beiden Ebenen. Eine Senkung des konsolidierten Steuersatzes ist sowohl für die beiden Regierungen als auch für den Haushalt wohlfahrtserhöhend, wenn der föderale Steuersatz gesenkt wird und der lokale Steuersatz unverändert bleibt. Der Haushalt profitiert dann von den gestiegenen öffentlichen Ausgaben der lokalen Ebene. Doch Tabelle 4.1 zeigt, dass in allen anderen Fällen die Veränderungen der lokalen und föderalen Einnahmen in entgegengesetzte Richtungen gehen. Somit hängt der Nettoeffekt bzgl. der Wohlfahrt bei dem Haushalt von dessen relativer marginaler Bewertung der föderalen und lokalen öffentlichen Gütern ab. An dieser Stelle wird in Anlehnung an KEEN und KOTSOGIANNIS (2003, S. 188) unterstellt, dass die beiden öffentlichen Güter perfekte Substitute sind. In diesem Fall mit $\Gamma(g,G) = \Gamma(g+G)$ ist der Haushalt indifferent zwischen den föderalen und lokalen öffentlichen Ausgaben. Somit hängen Veränderungen des dritten Terms von (4.20) einzig und allein davon ab, welchen Einfluss die Steuersatzvariationen auf die gesamtstaatlichen Einnahmen haben. Somit können die folgenden Ergebnisse zusammengefasst werden (vgl. auch KEEN und KOTSOGIANNIS (2003):

Proposition 4.2 *Ausgehend von einem Nash-Gleichgewicht:*
a) Eine Senkung des konsolidierten Steuersatzes ist wohlfahrtserhöhend für den Haushalt, wenn g und G perfekte Substitute sind.
b) Eine Senkung des konsolidierten Steuersatzes ist eine Pareto-Verbesserung, wenn der lokale Steuersatz unverändert bleibt und einzig der föderale Steuersatz sinkt. Dann verlieren weder die Regierungen noch der Haushalt.

4.1.2.3 Gleichgewichtige Steuerpolitik mit vertikaler Umverteilung

In diesem Abschnitt soll nun die gleichgewichtige Steuerpolitik bei einem vertikalen Finanzausgleich analysiert werden. Bei Einnahmenmaximierung der lokalen Ebene lautet die Optimalitätsbedingung in einem symmetrischen Gleichgewicht bei Verwendung von (4.5):

$$\begin{aligned} \frac{\partial r_i}{\partial t_i} &= K[\cdot]+tK'[\cdot]\left(1+\frac{1}{N}\rho'\right)-uK'[\cdot]\left(1+\frac{1}{N}\rho'\right)+\beta TK'[\cdot]\left(1+\frac{1}{N}\rho'\right) \\ &\equiv h(t,T,N,u,\beta)=0. \end{aligned} \tag{4.21}$$

Diese Optimalitätsbedingung definiert implizit den gleichgewichtigen lokalen Steuersatz als eine Funktion $b(T,N,u,\beta)$ in Abhängigkeit der Anzahl der Gemeinden, des föderalen Steuersatzes, des Gewerbesteuerumlagensatzes u und der Steuerverbundquote β. Die Optimalitätsbedingung des föderalen Leviathans in einem symmetrischen Gleichgewicht

$$\frac{\partial R}{\partial T}=(1-\beta)(K[\cdot]+TK'[\cdot](1+\rho'))+uK'[\cdot](1+\rho')\equiv H(t,T,u,\beta)=0 \tag{4.22}$$

definiert implizit den gleichgewichtigen föderalen Steuersatz als eine Funktion $B(t,u,\beta)$ in Abhängigkeit des gleichgewichtigen lokalen Steuersatzes und der Umverteilungsparameter u und β. Für die weitere Analyse ist nun auch hier das Vorzeichen von $\frac{dt}{dT}=b_T$ und $\frac{dT}{dt}=B_t$ von Interesse. Auf eine Klärung des Vorzeichens soll jedoch an dieser Stelle verzichtet werden.[92] Allerdings sei trotz der vertikalen Umverteilung unterstellt, dass auch weiterhin $h_t<0$ ist. Außerdem sind (4.9) und (4.11) erfüllt (vgl. Anhang A.2). Das Nash-Gleichgewicht ist im Fall mit fiskalischer Umverteilung somit charakterisiert durch

$$\begin{aligned} t^* &= b(T^*,N,u,\beta) \\ T^* &= B(t^*,u,\beta). \end{aligned}$$

Die Stabilitätsbedingung (4.12) modifiziert sich somit. Allerdings sei auch weiterhin unterstellt, dass

$$b_T(T^*,N,u,\beta)B_t(t^*,u,\beta)<1 \tag{4.23}$$

erfüllt ist. Wie auch in einer Föderation ohne vertikalen Finanzausgleich, existieren nun die beiden Arten von fiskalischen Externalitäten, die das Steuersetzungsverhalten der Regierungen beeinflussen. Somit ist eine genaue Analyse der fiskalischen Externalitäten erforderlich. Die partiellen Ableitungen der lokalen Einnahmen in einem symmetrischen Gleichgewicht

$$r(t^*,T^*)\equiv t^*K[\rho(\overrightarrow{\tau})+\tau]-uK[\rho(\overrightarrow{\tau})+\tau]+\beta T^*K[\rho(\overrightarrow{\tau})+\tau] \tag{4.24}$$

nach dem lokalen und föderalen Steuersatz unter Verwendung von (4.21) lauten

$$r_t(t^*,T^*) = \frac{-K[\cdot]\rho'(N-1)}{N+\rho'}\geq 0 \tag{4.25}$$

und

$$r_T(t^*,T^*) = K[\cdot]\left(\beta-\frac{1+\rho'}{1+\frac{1}{N}\rho'}\right)\gtreqless 0. \tag{4.26}$$

[92]Siehe Abschnitt 4.1.2.2 zur Diskussion dieser Problematik.

Die partielle Ableitung der föderalen Einnahmen in einem symmetrischen Gleichgewicht

$$R(t^*,T^*) = (1-\beta)T^*K[\rho(\overrightarrow{\tau})+\tau] + uK[\rho(\overrightarrow{\tau})+\tau] \tag{4.27}$$

nach dem lokalen Steuersatz unter Verwendung von (4.22) ergibt

$$R_t(t^*,T^*) = -(1-\beta)K[\cdot] < 0. \tag{4.28}$$

Wie auch in der Situation ohne vertikale Umverteilung kommt es zu horizontalen Externalitäten auf der lokalen Ebene (vgl. (4.25)). Die lokalen Steuersätze werden somit in diesem Gleichgewicht gemessen am Regierungsziel der Einnahmenmaximierung zu niedrig angesetzt. Es zeigt sich dabei, dass bei dieser isolierten Betrachtung die vertikale Umverteilung keine Auswirkungen auf die horizontalen Externalitäten und damit auf die Steuerpolitik hat.[93] Demgegenüber führt die vertikale Umverteilung dazu, dass die Ergebnisse des Abschnitts 4.1.2.2 zu den vertikalen Externalitäten, die in einer Situation ohne Finanzausgleich abgeleitet wurden, modifiziert werden müssen. Während im Gleichgewicht (4.28) negativ ist, kommt es bei (4.26) auf das Vorzeichen des Ausdrucks $\beta - \frac{1+\rho'}{1+\frac{1}{N}\rho'}$ an. Nur wenn $\beta < \frac{1+\rho'}{1+\frac{1}{N}\rho'}$ erfüllt ist, wird auch (4.26) negativ. Wie in der Situation ohne Finanzausgleich vernachlässigt dann der föderale und lokale Leviathan den negativen Effekt bei der jeweils anderen Gebietskörperschaftsebene, der dadurch entsteht, dass z. B. eine Steuersatzerhöhung die gemeinsame Steuerbasis verringert und somit die Einnahmen der jeweils anderen Ebene sinken. Die vertikalen Externalitäten führen gemessen am Ziel der Einnahmenmaximierung somit im Gegensatz zu den horizontalen Externalitäten zu überhöhten Steuersätzen. Die vertikale Umverteilung kann aber auch dazu führen, dass durch eine Erhöhung des föderalen Steuersatzes die lokalen Einnahmen steigen. Dies ist dann der Fall, wenn $\beta > \frac{1+\rho'}{1+\frac{1}{N}\rho'}$ erfüllt ist. Es ist aber auch vorstellbar, dass die Variation des föderalen Steuersatzes keine Auswirkung auf die Einnahmen der lokalen Regierung hat ($\beta = \frac{1+\rho'}{1+\frac{1}{N}\rho'}$). Die beiden Formen der Externalitäten zeigen also nicht zwangsläufig in entgegengesetzte Richtungen. Zur Klärung der Frage, in welche Richtung die Steuersätze vom gesamtstaatlichen Optimum abweichen, kommt es somit auf das relative Gewicht der jeweiligen Externalitäten an. Bei dem Steuersetzungsverhalten des föderalen Leviathan spielt – wie schon in der Situation ohne Finanzausgleich – nur die vertikale Externalität in (4.26) eine Rolle, da $R_T(t^*,T^*) = 0$. Für die Festsetzung des lokalen Steuersatzes sind nun allerdings beide Externalitäten entscheidend. Aus (4.25) und (4.28) folgt

$$r_t(t^*,T^*) + R_t(t^*,T^*) = K[\cdot]\left(\beta - \frac{1+\rho'}{1+\frac{1}{N}\rho'}\right) \gtreqless 0. \tag{4.29}$$

Nur wenn $\beta < \frac{1+\rho'}{1+\frac{1}{N}\rho'}$ erfüllt ist, ist das Vorzeichen von (4.29) negativ. In diesem Fall kann die gleiche Schlussfolgerung wie in der Situation ohne Finanzausgleich gezogen werden. Ein kleiner Anstieg des lokalen Steuersatzes reduziert im Nash-Gleichgewicht die

[93] Die partiellen Ableitungen (4.25) und (4.14) stimmen überein.

föderalen Einnahmen mehr, als dass es die lokalen Einnahmen erhöht. Bei der Festsetzung von t dominiert somit die vertikale die horizontale Externalität. Die Zusammenfassung des Steuersetzungsverhaltens der lokalen und föderalen Ebene erlaubt eine Analyse, ob der konsolidierte Steuersatz im Nash-Gleichgewicht bei fiskalischer Umverteilung zu hoch oder zu niedrig ist. Die gesamtstaatlichen Einnahmen in einem symmetrischen Gleichgewicht sind $\theta(\tau^*) \equiv r(t^*, T^*) + R(t^*, T^*) = \tau^* K$. Die partielle Ableitung nach dem konsolidierten Steuersatz unter Verwendung von (4.21) und (4.22) lautet

$$\theta'(\tau^*) = K[\cdot]\left(\beta - \frac{1+\rho'}{1+\frac{1}{N}\rho'}\right) \gtreqless 0. \tag{4.30}$$

Es zeigt sich, dass das Gleichgewicht trotz horizontaler und vertikaler Externalitäten effizient sein kann, wenn die Bedingung $\beta = \frac{1+\rho'}{1+\frac{1}{N}\rho'}$ erfüllt ist. Ist das Nash-Gleichgewicht hingegen ineffizient, so müssen zwei Fälle unterschieden werden: es kommt entweder zu einer Unter- oder Überbesteuerung. Im Nash-Gleichgewicht befindet sich dann die Volkswirtschaft entweder auf dem steigenden ($\beta > \frac{1+\rho'}{1+\frac{1}{N}\rho'}$) oder fallenden ($\beta < \frac{1+\rho'}{1+\frac{1}{N}\rho'}$) Ast der Laffer-Kurve, welche die gesamtstaatlichen Einnahmen als Funktion des konsolidierten Steuersatzes abbildet.[94] Insgesamt können somit die folgenden Ergebnisse zusammengefasst werden:

Proposition 4.3 *Ist die Bedingung* $\beta = \frac{1+\rho'}{1+\frac{1}{N}\rho'}$ *erfüllt, so ist das Maximum der gesamtstaatlichen Einnahmen bereits erreicht. Ist die Bedingung hingegen nicht erfüllt, so liegt ein ineffizientes Gleichgewicht vor: Ausgehend von dem Nash-Gleichgewicht steigen bei* $\beta < \frac{1+\rho'}{1+\frac{1}{N}\rho'}$ ($\beta > \frac{1+\rho'}{1+\frac{1}{N}\rho'}$) *die gesamtstaatlichen Einnahmen bei einer Reduktion (Erhöhung)*
a) des föderalen Steuersatzes,
b) des lokalen Steuersatzes,
c) des konsolidierten Steuersatzes.

In der folgenden Analyse soll nun geklärt werden, ob die von Proposition 4.3 aufgezeigten Veränderungen der Steuersätze sowohl den Regierungen als auch den Haushalten zugute kommen.

In einem ersten Schritt werden daher zunächst die fiskalischen Wirkungen dieser Steuersatzvariationen auf die lokalen und föderalen Einnahmen analysiert für den Fall der Überbesteuerung. Es gibt 5 Kombinationen, die zu einem niedrigeren konsolidierten Steuersatz führen. Bei der ersten Möglichkeit sinkt der föderale Steuersatz und der lokale Steuersatz bleibt unverändert. Da eine Senkung von T keine Wirkungen auf R hat,

[94] Die Möglichkeit, dass sich eine Volkswirtschaft nicht zwangsläufig auf dem fallenden Ast der gesamtstaatlichen Laffer-Kurve befinden muss, wurde in einer ersten empirischen Arbeit von BRÜLHART und JAMETTI (2004) gezeigt. In ihrer Analyse, die auf das Modell KEEN und KOTSOGIANNIS (2002) basiert, untersuchen sie die Multidimensionalität der Externalitäten in der Schweiz bei wohlfahrtsmaximierenden Regierungen sowohl für die Einkommen- als auch Körperschaftsteuer. Sie kommen zu dem Ergebnis, dass bei der Körperschaftsteuer die horizontalen die vertikalen Externalitäten überwiegen. Hingegen dominiert die vertikale die horizontale Externalität bei der Einkommensteuer. Eine Untersuchung im Hinblick auf die vertikalen Finanzausgleichsmechanismen, die es in der Schweiz gibt, nehmen die Autoren jedoch nicht vor.

führt eine Senkung des föderalen Steuersatzes wegen (4.26) zu einem Anstieg der lokalen Steuereinnahmen. Bleibt hingegen der föderale Steuersatz unverändert und sinkt der lokale Steuersatz, dann steigen aufgrund (4.28) die föderalen Einnahmen, während die lokalen Einnahmen sinken (vgl. (4.25)). Sinken sowohl der föderale als auch lokale Steuersatz, dann steigen die föderalen Einnahmen, während das Vorzeichen der lokalen Einnahmen aufgund (4.25) und (4.26) unbestimmt bleibt. Überwiegt die Reduktion des föderalen Steuersatzes die Erhöhung des lokalen Steuersatzes, so sinken die föderalen Einnahmen und steigen die lokalen Einnahmen. Im umgekehrten Fall, bei dem die Sen-

Tabelle 4.2: Die fiskalischen Wirkungen in der Situation mit vertikaler Umverteilung

Vorzeichen von dT und dt	Vorzeichen von dR und dr
Fall: Überbesteuerung	
$dT < 0$ und $dt = 0$	$dR = 0$, $dr > 0$
$dT = 0$ und $dt < 0$	$dR > 0$, $dr \leq 0$
$dT < 0$ und $dt < 0$	$dR > 0$, dr unklar
$dT < 0$ überwiegt $dt > 0$	$dR < 0$, $dr > 0$
$dT > 0$ überwiegt nicht $dt < 0$	$dR > 0$, $dr < 0$
Fall: Unterbesteuerung	
$dT > 0$ und $dt = 0$	$dR = 0$, $dr > 0$
$dT = 0$ und $dt > 0$	$dR < 0$, $dr \geq 0$
$dT > 0$ und $dt > 0$	$dR < 0$, $dr > 0$
$dT > 0$ überwiegt $dt < 0$	$dR > 0$, dr unklar
$dT < 0$ überwiegt nicht $dt > 0$	$dR < 0$, dr unklar

kung des lokalen Steuersatzes die Erhöhung des föderalen Steuersatzes überwiegt, sinken die lokalen Einnahmen und steigen die föderalen Einnahmen. In ähnlicher Weise sind im Fall der Unterbesteuerung 5 Kombinationen zu unterscheiden, welche zu einem Anstieg des konsolidierten Steuersatzes führen. Welche Vorzeichen die Änderungen bei den föderalen und lokalen Einnahmen (*dr* und *dR*) annehmen, kann somit in Tabelle 4.2 zusammengefasst werden.

In einem nächsten Schritt sollen die Effekte der Variationen des konsoliderten Steuersatzes auf die Wohlfahrt eines repräsentativen Haushalts anhand des totalen Differentials der indirekten Nutzenfunktion analysiert werden. Wie auch in einer Volkswirtschaft ohne vertikalen Finanzausgleich ist der erste Ausdruck von (4.20) in einem symmetrischen Gleichgewicht null. Bei dem zweiten Term ist eine Senkung (Erhöhung) des konsolidierten Steuersatzes wohlfahrtserhöhend (wohlfahrtsvermindernd) für den Haushalt. Bei dem dritten Term ist eine Senkung (Erhöhung) des konsolidierten Steuersatzes sowohl für beide Regierungen als auch für den Haushalt vorteilhaft, wenn der föderale Steuersatz sinkt (steigt) und der lokale Steuersatz unverändert bleibt. Bei dieser Konstellation bleiben die föderalen Einnahmen unverändert und die lokalen Einnahmen steigen. Von diesem Anstieg der lokalen Einnahmen profitiert dann der Haushalt. Bei den anderen Kombinationen der föderalen und lokalen Steuersätze jedoch verändern sich die Einnahmen in unterschiedliche Richtungen bzw. ist deren Veränderung unklar (vgl. Tab 4.2). Aus diesem Grund wird wie im Abschnitt 4.1.2.2 angenommen, dass die beiden öffentlichen Güter perfekte Substitute sind. Die Veränderung des dritten Terms in (4.20) hängt dann lediglich von der Veränderung der gesamtstaatlichen Einnahmen ab. Es können somit die folgenden Ergebnisse zusammengefasst werden:

Proposition 4.4 *Ausgehend vom Nash-Gleichgewicht und bei Annahme* $\beta < \frac{1+\rho'}{1+\frac{1}{N}\rho'}$ *(Fall: Überbesteuerung):*
a) Eine Reduktion des konsolidierten Steuersatzes ist wohlfahrtserhöhend für den Haushalt, wenn g und G perfekte Substitute sind.
b) Eine Reduktion des konsolidierten Steuersatzes führt zu einer Pareto-Verbesserung, wenn der lokale Steuersatz unverändert bleibt und der föderale Steuersatz sinkt. Dann verlieren weder die Regierungen noch der Haushalt.
Ausgehend vom Nash-Gleichgewicht und bei Annahme $\beta > \frac{1+\rho'}{1+\frac{1}{N}\rho'}$ *(Fall: Unterbesteuerung) und dass der dritte Term den zweiten Term in* (4.20) *überwiegt:*
c) Eine Erhöhung des konsolidierten Steuersatzes ist wohlfahrtserhöhend für den Haushalt, wenn g und G perfekte Substitute sind.
d) Eine Erhöhung des konsolidierten Steuersatzes führt zu einer Pareto-Verbesserung, wenn der lokale Steuersatz unverändert bleibt und der föderale Steuersatz steigt. Dann verlieren weder die Regierungen noch der Haushalt.

4.1.2.4 Internalisierung der fiskalischen Externalitäten: zur Rolle des Finanzausgleichs

Im vorherigen Abschnitt wurde deutlich, dass der Finanzausgleich die Steuerpolitik der Gebietskörperschaften beeinflusst. In diesem Abschnitt wird daher der Frage nachgegangen, ob effizienzerhöhende Reformen der vertikalen Finanzausgleichsmechanismen möglich sind. Als erstes wird dazu der obligatorische Steuerverbund näher betrachtet. Ausgehend von den totalen Differentialen von $b(T,N,u,\beta)$ und $B(t,u,\beta)$ und bei Annahme, dass N und u unverändert bleiben, folgt (vgl. Anhang A.3)

$$\frac{d\tau}{d\beta} < 0. \tag{4.31}$$

Je höher demnach der Umverteilungsgrad bei diesem vertikalen Finanzausgleichsmechanismus ausfällt, desto niedriger ist der konsolidierte Steuersatz. Dabei ist es irrelevant, ob das ursprüngliche Nash-Gleichgewicht durch Unter- oder Überbesteuerung charakterisiert ist. Allerdings ist diese Unterscheidung wichtig, um die Konsequenzen dieser Reformen auf die gesamtstaatlichen Einnahmen pro Gemeinde zu bestimmen. Ist das Nash-Gleichgewicht durch Unterbesteuerung charakterisiert, führt eine Erhöhung von β aufgrund von (4.30) zu einer Reduktion der gesamtstaatlichen Einnahmen. Umgekehrt steigen die gesamtstaatlichen Einnahmen, wenn das Nash-Gleichgewicht durch Überbesteuerung gekennzeichnet ist. Diese Ergebnisse sind dargestellt in Abbildung 4.2 für den Fall, dass die beiden Steuersätze strategische Komplemente sind. In der Ausgangssituation befindet sich die Föderation im Punkt *A*. Im oberen Teil der Abbildung

Abbildung 4.2: Reform des Steuerverbundes

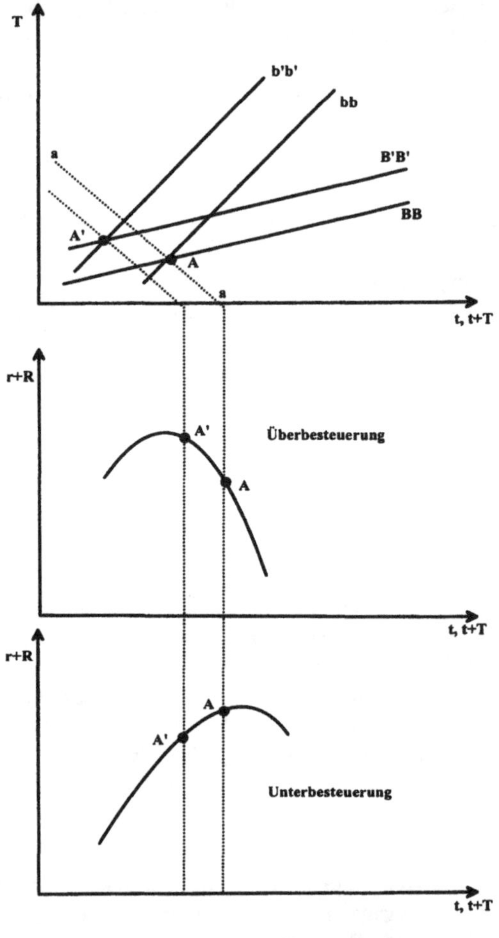

sind die Reaktionsfunktionen des Bundeslandes (*BB*) und der Gemeinde (*bb*) in der Ausgangssituation eingezeichnet. Die gepunktete Linie *aa* gibt den konsolidierten Steuersatz, der auf der Abszisse abgetragen ist, im Ausgangsgleichgewicht an. Die gesamtstaatlichen

Einnahmen in Abhängigkeit vom konsolidierten Steuersatz sind in den unteren Teilen der Abbildung eingezeichnet. Dabei wurde sowohl für den Fall der Unterbesteuerung als auch für den der Überbesteuerung nur der relevante Teil der Laffer-Kurve abgetragen. Anhand von (vgl. (A.18) und (A.19) im Anhang A.3)

$$\frac{dt}{d\beta} < 0,$$

wird deutlich, dass der lokale Steuersatz bei einem Anstieg von β und gleichzeitiger Konstanz des föderalen Steuersatzes sinkt. Die Reaktionsfunktion verschiebt sich demnach nach links ($b'b'$). Eine isolierte Betrachtung der föderalen Steuersetzung zeigt demgegenüber, dass ein höherer, unveränderter oder auch niedrigerer föderaler Steuersatz resultieren kann. Aufgrund von (vgl. (A.20) und (A.21) im Anhang A.3)

$$\frac{dT}{d\beta} = -\frac{H_\beta}{H_T} = B_\beta \gtreqless 0$$

hängt das Vorzeichen des Ausdrucks ab von $H_\beta = -K[\cdot] - TK'[\cdot](1+\rho')$ (vgl. (A.21) in Anhang A.3). In Abbildung 4.2 wird unterstellt, dass $H_\beta > 0$ ist.[95] Aufgrund dieser Annahme führt ein Anstieg von β zu einer Verschiebung der föderalen Reaktionsfunktion nach links ($B'B'$). Ist der lokale Steuersatz unverändert, so steigt der föderale Steuersatz. Werden nun die Steuersatzreaktionen der föderalen und lokalen Regierung zusammengefasst, so gelangt die Volkswirtschaft in das neue Nash-Gleichgewicht A'. Durch eine derartige Reform des vertikalen Finanzausgleichs steigt somit der föderale Steuersatz und sinkt der lokale Steuersatz. Es kann somit für diesen vertikalen Umverteilungsmechanismus zusammengefasst werden:

Proposition 4.5 *Ausgehend von einem Nash-Gleichgewicht und bei Annahme* $\beta < \frac{1+\rho'}{1+\frac{1}{N}\rho'}$ *(*$\beta > \frac{1+\rho'}{1+\frac{1}{N}\rho'}$*) steigen die gesamtstaatlichen Einnahmen bei einer Erhöhung (Senkung) von* β.

Als nächstes soll die Umlage einer genaueren Analyse unterworfen werden. Ausgehend von den totalen Differentialen $b(T,N,u,\beta)$ und $B(t,u,\beta)$ und bei Annahmen unveränderter N und β folgt (vgl. Anhang A.4)

$$\frac{d\tau}{du} = 0. \tag{4.32}$$

Demnach hat eine Variation von u keine Auswirkungen auf den konsolidierten Steuersatz und damit auf die gesamtstaatlichen Einnahmen. Dieses Ergebnis ist in Abbildung 4.3 dargestellt. Aufgrund von (vgl. (A.23), (A.24), (A.26) und (A.27) im Anhang A.4)

$$\frac{dt}{du} > 0$$

[95] Anhand von (4.31) wurde bereits deutlich, dass der konsolidierte Steuersatz unabhängig von dem Vorzeichen der Ausdrucks H_β bei einer Erhöhung der Umverteilung sinkt.

und

$$\frac{dT}{du} < 0$$

folgt, dass z. B. ein Anstieg von *u* die beiden Reaktionsfunktionen nach rechts verschiebt ($B'B'$ und $b'b'$). Bleibt der föderale Steuersatz unverändert, so sinkt der lokale Steuer-

Abbildung 4.3: Reform der Gewerbesteuerumlage

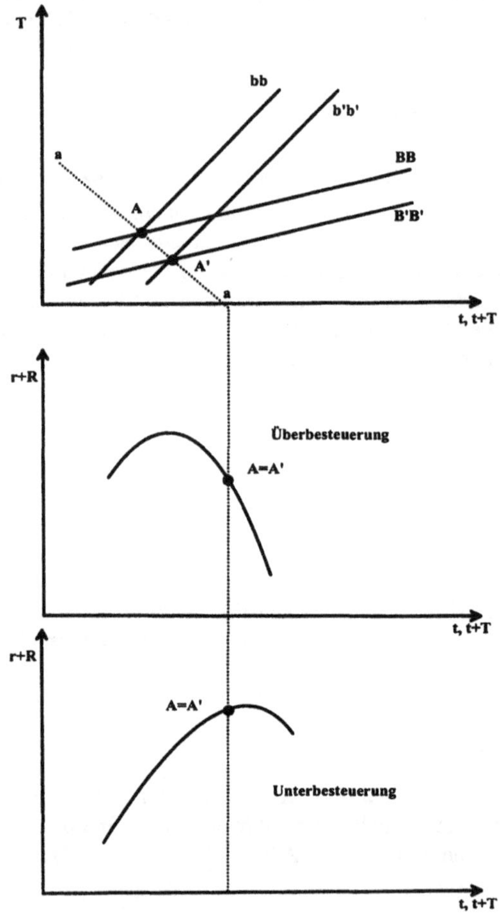

satz bei einer Erhöhung der Umverteilung. Demgegenüber sinkt der föderale Steuersatz, wenn der lokale Steuersatz unverändert bleibt. Werden nun die Steuersatzreaktionen der föderalen und lokalen Regierung zusammengefasst, so gelangt die Volkswirtschaft in das neue Nash-Gleichgewicht A'. Verglichen mit der Situation im ursprünglichen Gleichgewicht A ist der föderale Steuersatz gesunken, während der lokale Steuersatz um den gleichen Betrag gestiegen ist. Der konsolidierte Steuersatz bleibt somit unverändert. Insgesamt können für diesen Umverteilungsmechanismus die folgenden Ergebnisse zusammengefasst werden:

Proposition 4.6 *Ausgehend von einem Nash-Gleichgewicht und unabhängig von* $\beta < \frac{1+\rho'}{1+\frac{1}{N}\rho'}$ *oder* $\beta > \frac{1+\rho'}{1+\frac{1}{N}\rho'}$ *bleiben sowohl der konsolidierte Steuersatz als auch die gesamtstaatlichen Einnahmen unverändert bei einer Veränderung von u.*

Ist das Nash-Gleichgewicht ineffizient, so können lediglich Variationen von β die Externalitätenproblematik mildern.

Abschließend soll daher noch geklärt werden, ob derartige Reformen des Finanzausgleichs sowohl den Regierungen als auch den Haushalten zugute kommen. Im vorherigen Abschnitt wurde bereits deutlich, dass eine Pareto-Verbesserung möglich ist, wenn eine der jeweiligen Situation entsprechende Variation des föderalen Steuersatzes bei Konstanz des lokalen Steuersatzes stattfindet. Da allerdings eine Variation von β immer auch den lokalen Steuersatz bei einem simultanen horizontalen und vertikalen Steuerwettbewerb verändert, führt eine Reform des Finanzausgleichs demnach nicht zu einer Pareto-Verbesserung. Dennoch kann eine Reform zumindest die Wohlfahrt des Haushalts erhöhen. Da bei einer Finanzausgleichsreform nicht zwangsläufig die beiden Komponenten r und R zunehmen, hilft an dieser Stelle wieder die Annahme, dass g und G perfekte Substitute sind. Denn dann können die Wohlfahrtseffekte dieser Reformen eindeutig bestimmt werden. Aus Proposition 4.4 und 4.5 folgt:

Proposition 4.7 *Ausgehend vom Nash-Gleichgewicht:*
a) Bei $\beta < \frac{1+\rho'}{1+\frac{1}{N}\rho'}$ *(Fall: Überbesteuerung) erhöht ein Anstieg von* β *die Wohlfahrt eines Haushalts, wenn g und G perfekte Substitute sind.*
b) Bei $\beta > \frac{1+\rho'}{1+\frac{1}{N}\rho'}$ *(Fall: Unterbesteuerung) erhöht eine Senkung von* β *die Wohlfahrt eines Haushalts, wenn g und G perfekte Substitute sind und der dritte Term den zweiten Term in* (4.20) *überwiegt.*

4.1.2.5 Zusammenfassung

In Abschnitt 4.1.2.2 wurde zunächst der simultane horizontale und vertikale Kapitalsteuerwettbewerb bei Steuerbasiskongruenz in einer Volkswirtschaft ohne fiskalische Umverteilung untersucht. Anhand einer Analyse der Multidimensionalität der Externalitäten wurde gezeigt, dass es zu einer aus gesamtwirtschaftlicher Sicht ineffizient hohen Kapitalbesteuerung kommen kann. Die Volkswirtschaft landet somit auf dem fallenden Ast der gesamtstaatlichen Laffer-Kurve. Dies liegt daran, dass im Nash-Gleichgewicht die vertikalen die horizontalen Externalitäten dominieren.

Im Anschluss daran wurde diskutiert, welches Vorzeichen Steuersatzänderungen haben müssen, um die Ineffizienz zu mildern. Sowohl eine isolierte Senkung des föderalen oder lokalen Steuersatzes als auch eine Senkung des konsolidierten Steuersatzes führt zu einer Erhöhung der gesamtstaatlichen Steuereinnahmen. Des Weiteren wurde analysiert, wie sich derartige Steuersatzvariationen auf die Einnahmen der föderalen und lokalen Ebene auswirken und welche Konsequenzen für die Wohlfahrt der Haushalte damit verbunden sind. Es zeigt sich dabei, dass eine Pareto-Verbesserung für die Regierungen und Haushalte einzig bei einer Senkung des föderalen Steuersatzes möglich ist.

In Abschnitt 4.1.2.3 wurde dann der simultane horizontale und vertikale Steuerwettbewerb bei Steuerbasiskongruenz in einer Volkswirtschaft mit vertikaler Umverteilung untersucht. Eine Analyse der Multidimensionalität der Externalitäten zeigte hier, dass das Nash-Gleichgewicht nicht zwangsläufig durch Ineffizienz charakterisiert ist. Im Gegensatz zu den Erkenntnissen der Literatur, die traditionell Volkswirtschaften ohne fiskalische Umverteilung betrachten, dominiert nicht immer die vertikale die horizontale Externalität. Heben sich aufgrund der vertikalen Umverteilungsmechanismen die horizontalen und vertikalen Externalitäten genau auf, so ist das Nash-Gleichgewicht effizient. In diesem Fall erreicht die Volkswirtschaft das Maximum der gesamtstaatlichen Laffer-Kurve. In den anderen Fällen hingegen ist das Gleichgewicht durch eine aus gesamtwirtschaftlicher Sicht zu hohe oder auch zu niedrige Kapitalbesteuerung gekennzeichnet. Je nachdem wie das relative Gewicht der Externalitäten ausfällt, unterscheiden sich die Steuersatzvariationen, um die Ineffizienz zu mildern. Eng damit verbunden wurde dann für die beiden Fälle überprüft, wie sich die entsprechenden Steuersatzvariationen auf die Einnahmen der Gebietskörperschaften und die Wohlfahrt der Haushalte auswirken. Es zeigt sich dabei, dass eine Pareto-Verbesserung für die Regierungen und Haushalte einzig bei einer entsprechenden Variation des föderalen Steuersatzes möglich ist.

Vor dem Hintergrund dieser Erkenntnisse wurde dann in Abschnitt 4.1.2.4 untersucht, ob durch entsprechende Reformen der vertikalen Finanzausgleichsmechanismen die Externalitätenproblematik gemildert werden kann und diese Reformen gleichzeitig eine Pareto-Verbesserung für die Regierungen und Haushalte darstellen. Es wurde dabei deutlich, dass von den beiden betrachteten Formen der vertikalen Umverteilungsmechanismen sich lediglich der Steuerverbund – ähnlich wie der horizontale Finanzausgleich – zur Milderung der Externalitätenproblematik eignet. Liegt in der Volkswirtschaft die Situation einer Überbesteuerung vor, so ist die vertikale Umverteilung zu erhöhen. Im Fall einer Unterbesteuerung hingegen ist die Umverteilung zu reduzieren. Allerdings führen derartige Reformen nicht zu Pareto-Verbesserungen.

4.1.3 Finanzausgleich und lokale Steuerpolitik in der Empirie

Trotz der offenkundigen Übereinstimmung in der theoretischen Literatur gibt es bislang kaum empirische Studien, die die vermutete Anreizwirkung des Finanzausgleichs auf die Steuerpolitik, welche dazu dienen kann, Fehlanreize aus dem Steuerwettbewerb zu korrigieren, belegen. DAHLBY und WARREN (2003) untersuchen die Wirkungen des Finanzausgleichs auf die Steuerpolitik der australischen Staaten. SNODDON (2003) untersucht hingegen den Anreizeffekt des Finanzausgleichs auf die Steuerpolitik in Kanada. Die Ergebnisse beider Studien deuten dabei auf die vermutete Anreizwirkung hin.

Für Deutschland liegen auch bereits erste empirische Untersuchungen vor. Vor dem Hintergrund, dass sich die Gemeinden in einem intensiven Steuerwettbewerb befinden, geht BÜTTNER (2003b) in einer empirischen Arbeit zunächst der Frage nach, ob ein weiterer Anstieg der Gewerbesteuerhebesätze überhaupt noch zu zusätzlichen Gewerbesteuereinnahmen führt. Ein zentrales Ergebnis dieser Analyse ist, dass die Elastizität der Gewerbesteuerbemessungsgrundlage einen Wert von -1,34 aufweist. Dieser Schätzwert legt die Interpretation nahe, dass eine Reduktion der Gewerbesteuerhebesätze zu höheren Gewerbesteuereinnahmen führen würde. BÜTTNER (2003a;2003b) sieht nun eine mögliche Erklärung für dieses Ergebnis darin, dass sich die Gemeinden bei ihrer Hebesatzwahl nicht nur allein an den Gewerbesteuereinnahmen orientieren. Hier kommen auch die horizontalen und vertikalen Finanzausgleichsmechanismen zum Tragen. So hat die Darstellung des Finanzausgleichs in Kapitel 3 gezeigt, dass die Gemeinden keine volle Autonomie über ihre Gewerbesteuereinnahmen haben. So knüpfen z. B. die Gewerbesteuerumlage, die Kreisumlage und das Schlüsselzuweisungssystem zwar nicht direkt am Steueraufkommen an, dafür aber an der Steuerbemessungsgrundlage bzw. der Steuerkraft. Steuersatzbedingte Änderungen in der örtlichen Bemessungsgrundlage beeinflussen damit nicht nur die Gewerbesteuereinnahmen, sondern auch die verschiedenen fiskalischen Transfers. Somit würde zwar eine Gemeinde von der Reduktion des Gewerbesteuerhebesatzes profitieren, wenn die Bemessungsgrundlage und somit das Gewerbesteueraufkommen steigt. Jedoch führt die Zunahme der Bemessungsgrundlage auch zu einem Anstieg der Steuerkraft. Dadurch kommt es z. B. zu vermehrten Leistungen der Gemein-

Abbildung 4.4: Steuer- und Gemeindeeinnahmen

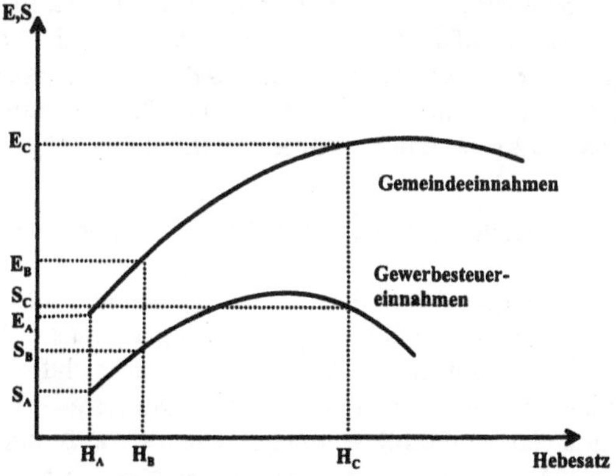

Quelle: BÜTTNER (2003a)

de im Rahmen der Umlagen und zu einer Verringerung bei den Schlüsselzuweisungen. Diese fiskalischen Nebenwirkungen der veränderten Bemessungsgrundlage können dabei von einem erheblichen Ausmaß sein. Am Beispiel der baden-württembergischen Gemeinden zeigt BÜTTNER (2003b), dass einer durchschnittlichen Gemeinde von einem zusätzlichen Euro Steuerkraft nach Finanzausgleich lediglich rund 20 Cent verbleiben. Rund 80 v. H. werden somit durch die horizontalen und vertikalen Finanzausgleichsmechanismen abgeschöpft. Zu einem ähnlichen Ergebnis kommt BARETTI (2002) in einer

Untersuchung der Grenzbelastungen zusätzlicher Gewerbesteuereinnahmen bei den Gemeinden im Saarland. Hier liegt die durchschnittliche Abschöpfung bei rund 81 v. H. Konsequenz der Umlagen und Zuweisungen ist, dass sich die Gemeinden an ihren Nettoeinnahmen, also der vereinnahmten Gewerbesteuer abzüglich der Umlagen und zuzüglich der Zuweisungen orientieren (vgl. BÜTTNER (2003a;2003b)). Dies lässt sich in Anlehnung an BÜTTNER (2003a) graphisch anhand der Abbildung 4.4 veranschaulichen. In der Abbildung sind zwei Laffer-Kurven dargestellt, die für jeden Hebesatz die zugehörigen Gewerbesteuer- bzw. Gesamteinnahmen angeben. Erhöht nun eine Gemeinde ihren Hebesatz von H_A auf H_B, fällt der resultierende Anstieg der gemeindlichen Gesamteinnahmen in Höhe von $E_B - E_A$ größer aus als der Anstieg der eigentlichen Gewerbesteuereinnahmen $S_B - S_A$. Und selbst bei einem Hebesatz in Höhe von H_C lohnt sich, rein fiskalisch gesehen, noch ein zusätzlicher Anstieg des Hebesatzes.

Einen direkteren Test des Einflusses der horizontalen und vertikalen Finanzausgleichsmechanismen auf die Hebesatzpolitik der baden-württembergischen Gemeinden erfolgt in BÜTTNER (2005). Im Rahmen dieser empirischen Untersuchung konnten die Vorhersagen der theoretischen Literatur auch für Deutschland bestätigt werden: Eine höhere Abschöpfung im Rahmen des Finanzausgleichs veranlasst eine Gemeinde demnach, einen höheren Steuersatz bei der Gewerbesteuer festzusetzen. Zu einem ähnlichen Ergebnis kommt BARETTI (2002) in seiner ökonometrischen Analyse des Einflusses der horizontalen und vertikalen Finanzausgleichsmechanismen auf die Steuerpolitik der saarländischen Gemeinden. Da sich ganz ähnliche horizontale und vertikale Finanzausgleichsmechanismen wie in Baden-Württemberg und dem Saarland auch in allen anderen Flächenländern finden lassen, liegt es somit nahe, anzunehmen, dass auch in diesen Ländern der Finanzausgleich eine Anreizwirkung auf die lokale Steuerpolitik hat. Somit bildet die Anreizwirkung des Finanzausgleichs einen Erklärungsansatz für das Puzzle, dass die Gewerbesteuerhebesätze in den letzten Jahrzehnten – wie die Tabelle 2.1 verdeutlicht – angestiegen sind (vgl. auch BÜTTNER (2003a) und KÖTHENBÜRGER (2005)).

4.2 Finanzausgleich und weitere Bereiche der lokalen Finanzpolitik

Die Untersuchung im vorherigen Abschnitt 4.1 konzentrierte sich auf die Anreizwirkung des Finanzausgleichs auf die Steuerpolitik der Gebietskörperschaften. Darüber hinaus gehende Einflüsse auf die lokale Finanzpolitik blieben unberücksichtigt. Neben einer aktiven Steuerpolitik können die Gemeinden zur Pflege der Steuerquellen jedoch auch eine aktive „Bemessungsgrundlagen"-Politik betreiben, indem sie z. B. durch eine erfolgreiche Standortpolitik eine Verbreiterung der eigenen Steuerbasis erreichen. Dabei stehen den einzelnen Gemeinden zahlreiche Instrumente wie z. B. die Bereitstellung einer unternehmensorientierten lokalen Infrastruktur zur Verbesserung der Standortattraktivität zur Verfügung.[96]

Allerdings hat die Untersuchung in Abschnitt 4.1.3 gezeigt, dass durch die zahlreichen steuerkraftbasierten Finanzausgleichsmechanismen mögliche Erträge der Bemühungen einer Gemeinde, die Standortattraktivität zu verbessern, abgeschöpft werden. Vor diesem Hintergrund soll daher in diesem Abschnitt die Wirkung des Finanzausgleichs auch auf

[96] Für einen Überblick siehe z. B. GRABOW und HOLLBACH-GRÖMIG (1994).

das Verhalten der Gemeinden bei der Beeinflussung der Steuerbasis näher untersucht werden. Eine theoretische und empirische Untersuchung dieser Fragestellung ist in der Literatur allerdings kaum zu finden. Als erste theoretische Analysen können die Arbeiten von JANEBA und PETERS (2000), BARETTI (2001), BARETTI ET AL. (2002) und DAHLBY (2002) angesehen werden. Vor dem Hintergrund der real existierenden Finanzausgleichsmechanismen in Kanada geht DAHLBY (2002) der Frage nach, welchen Anreiz der Finanzausgleich auf die Bereitstellung öffentlicher Güter, die die Steuerbasis der jeweiligen Region erhöhen, ausübt. Anhand der theoretischen Analyse kommt er zu dem Schluss, dass die investiven Ausgaben von Regionen, die Zuweisungen erhalten, auf einem ineffizient niedrigen Niveau getätigt werden. Ein weiteres Ergebnis dieser Untersuchung ist, dass die konsumtiven öffentlichen Ausgaben hingegen auf einem ineffizient hohen Niveau getätigt werden. Diese Ergebnisse deuten somit darauf hin, dass es durch den Finanzaus-

Tabelle 4.3: Grenzbelastung bei Erhöhung des Lohnsteueraufkommens um 1 Mill. Euro[a]

Land	Finanzausgleich bis 2005	ab 2005
NW	96,5	94,2
BY	93,7	92,2
BW	95,5	93,8
NI	101,8	102,8
HE	97,2	96,2
RP	104,0	105,0
SH	102,2	105,5
SL	105,5	106,5
HH	106,7	93,3
HB	106,6	106,2
BE	104,8	106,1
SN	103,6	104,6
ST	104,6	105,8
TH	104,6	105,7
BB	104,5	105,5
MV	104,8	105,7

[a] in v. H., in 2002
Quelle: FEHR und TRÖGER (2003a).

gleich zu einer Begünstigung konsumtiver gegenüber investiver Staatsausgaben kommt, da Erträge von öffentlichen Investitionen in Form von Steuermehreinnahmen weitgehend abfließen.

BARETTI (2001) und BARETTI ET AL. (2002) untersuchen hingegen die Anreizwirkung des in Deutschland existierenden Finanzausgleichs auf die Landespolitik. Den Hintergrund für diese beiden theoretischen Arbeiten bilden die hohen Abschöpfungsquoten des Finanzausgleichs. So haben HUBER und LICHTBLAU (1997;1998;2000) erstmals systematisch untersucht, wie Steuermehreinnahmen eines Landes im Finanzausgleich behandelt werden. Tabelle 4.3 vermittelt einen exemplarischen Eindruck über die Grenzbelastungssituation, wenn unterstellt wird, dass es z. B. im Jahr 2002 in einem Land durch eine erfolgreiche „Bemessungsgrundlagen"-Politik zu Mehreinnahmen bei der Lohnsteuer in Höhe von 1 Mill. Euro kommt. Dabei sind die jeweiligen Abschöpfungsquoten dargestellt, die sich bei den bis zum Jahr 2005 geltenden sowie den derzeitig geltenden Finanzausgleichsregelungen ergeben. Anhand dieser Ergebnisse, die von FEHR und TRÖGER (2003a) mittels numerischer Simulationen ermittelt wurden, wird deutlich, dass sich bei beiden Finanzausgleichsregimen die Grenzbelastungen auf einem sehr hohen Niveau befinden.[97] Insgesamt liegt die Bandbreite, mit denen zusätzliche Einnahmen der Länder konfrontiert sind, bei den ausgelaufenen Finanzausgleichsregelungen in einem Intervall von 93,7 v. H. bis 106,7 v. H., wobei 12 Länder eine Grenzbelastung von mindestens 100 v. H. aufweisen. Der Mittelwert hat daher auch ein Niveau von 102,3 v. H. Für die Länder mit einer Grenzbelastung von mindestens 100 v. H. bedeutet dies somit, dass sie bei einer erfolgreichen „Bemessungsgrundlagen"-Politik finanzielle Einbußen erleiden. Es zeigt sich auch, dass bei dem derzeit geltenden Finanzausgleichsregime keine grundlegende Verringerung der Grenzbelastungen erfolgt. In vielen Länder hat sich sogar die Grenzbelastungssituation verschärft. Die Bandbreite liegt nun in einem Intervall von 92,2 v. H. bis 106,5 v. H. Der Mittelwert sinkt nur leicht auf 101,8 v. H., wobei nun 11 Länder eine Grenzbelastung von mindestens 100 v. H. erleiden.

Angesichts dieser derartig hohen und – wie BARETTI (2001, S. 116) zeigt – im Zeitablauf relativ stabilen Grenzbelastungen untersuchen BARETTI (2001) und BARETTI ET AL. (2002) u. a. die Frage, ob die Anstrengungen eines Bundeslandes, seine Steuerbasis zu erhöhen, durch den Länderfinanzausgleich gemindert werden. Beide Arbeiten kommen im Rahmen ihrer theoretischen Analysen zu dem Schluss, dass der Finanzausgleich negative Anreize auf das Entscheidungskalkül der Landesregierungen ausübt. So führt der Finanzausgleich dazu, dass die Länder geringere wirtschaftspolitische Anstrengungen unternehmen, um z. B. Unternehmen im Land anzusiedeln und eine wachstumsfördernde Wirtschaftspolitik zu betreiben. Darüber hinaus zeigt BARETTI (2001), dass es – ähnlich wie bei Untersuchung von DAHLBY (2002) – zu einer Begünstigung konsumtiver gegenüber investiver Staatsausgaben kommt.[98] In einem anderen Modellierungsansatz gehen JANEBA und PETERS (2000) der Frage nach, wie sich der kommunale Finanzausgleich auf die Bereitschaft der Gemeinden auswirkt, Ausgaben für die Attrahierung von Unternehmen zu tätigen. Sie kommen dabei zu dem Ergebnis, dass den Gemeinden die Unternehmensattrahierung umso weniger wert ist, je höher der Ausgleichsgrad des Finanzausgleichs ist. Trotz dieser offenkundigen Übereinstimmung in der theoretischen Literatur gibt es in Bezug auf die Gemeinden allerdings bislang keine empirischen Studien, die die vermutete Anreizwirkung des Finanzausgleichs auf die gemeindliche Standortpolitik belegen. Aus diesem Grund sollen die empirischen Erkenntnisse, die für die deut-

[97] Für eine ausführliche Beschreibung, wie diese hohen Grenzbelastungen im Finanzausgleichssystem entstehen, siehe FEHR und TRÖGER (2003a).

[98] Darüber hinaus untersuchen BARETTI (2001) und BARETTI ET AL. (2002) die Anreizwirkung des Finanzausgleichs auf die Effizienz des Steuervollzugs der Länder. Es wird somit untersucht, ob die Anstrengungen eines Landes, seine Steuerquellen auszuschöpfen, gemindert werden. Auch wenn diese Möglichkeit den Gemeinden nicht zur Verfügung steht und daher an dieser Stelle nicht näher betrachtet wird, so zeigt die theoretische Analyse, dass der Finanzausgleich auch negative Anreize auf das Entscheidungskalkül in diesem Politikbereich ausübt.

schen Bundesländer in wenigen ersten empirischen Studien bereits gewonnen wurden, dargestellt werden. BERTHOLD ET AL. (2001) finden in einer Studie für die Bundesländer im Zeitraum 1991 bis 1998 einen negativen Zusammenhang zwischen den Zuweisungen im Rahmen des Länderfinanzausgleichs und dem Wirtschaftswachstum. Auch wenn eine direkte Überprüfung des Einflusses der Grenzbelastungen unterbleibt, so werden die ermittelten negativen Wachstumseffekte des Länderfinanzausgleichs in dieser Studie auf die negative Anreizwirkung des Finanzausgleichs zurückgeführt, die vor allem mit der hohen Grenzbelastung einhergeht (vgl. auch BARETTI (2001, S. 199f.)). BARETTI (2001) untersucht die Auswirkungen des Länderfinanzausgleichs auf die wirtschaftspolitischen Anstrengungen und das Investitionsverhalten der Länder.[99] Hinsichtlich der wirtschaftspolitischen Anstrengungen kommt er zu dem Ergebnis, dass sich die negative Anreizwirkung des Finanzausgleichs, die im Rahmen der theoretischen Analyse identifiziert wurde, bestätigt. Denn die landesspezifischen Wachstumsraten werden durch die Grenzbelastungen negativ beeinflusst. Hinsichtlich des Investitionsverhaltens kommt er ebenfalls zu dem Ergebnis, dass sich die theoretischen Aussagen bestätigen lassen. Mit einer zunehmenden Grenzbelastung im Finanzausgleich scheint es sich für ein Bundesland weniger zu lohnen, investive Ausgaben zu tätigen. Es kommt somit zu einem verzerrten Entscheidungskalkül, das konsumtive Ausgaben gegenüber Investitionen bevorzugt.

Angesichts dieser empirischen Erkenntnisse, die die vermutete Anreizwirkung des Finanzausgleichs auf die „Bemessungsgrundlagen"-Politik der Länder bestätigen, stellt sich aber dann die Frage, welche Rückschlüsse für die Gemeindeebene gezogen werden können. BARETTI (2001) stellt heraus, dass die negativen Anreizeffekte des Länderfinanzausgleichs im Wesentlichen durch die Grenzbelastungen verursacht werden. Mit Blick auf die Gemeinden folgert BARETTI (2002) daraus, dass von den die Gemeindefinanzen tangierenden Finanzausgleichsmechanismen ebenfalls negative Anreizwirkungen auf die gemeindliche Standortpolitik ausgehen werden, wenn es bei den Gemeinden zu ähnlich hohen Grenzbelastungen bei Steuermehreinnahmen kommt. Vor diesem Hintergrund untersucht er die Grenzbelastungssituation bei den saarländischen Gemeinden. Anhand numerischer Simulationen für das Jahr 1999 werden die Grenzbelastungen bei zusätzlichen Gewerbesteuereinnahmen in Höhe von 100.000 DM bestimmt. Es zeigt sich, dass die Bandbreite der Grenzbelastungen, mit denen zusätzliche Gewerbesteuereinnahmen der Gemeinden konfrontiert sind, in einem Intervall von 55 v. H. bis 107 v. H. liegen. Dabei liegt der Mittelwert auf einem Niveau von 81 v. H., wobei 8 Gemeinden eine Grenzbelastung von mindestens 100 v. H. haben. Auch wenn einige Gemeinden eine relativ niedrige Grenzbelastung aufweisen, so weist BARETTI (2002) darauf hin, dass im Grunde eine ähnlich dramatische Grenzbelastungssituation, wie sie von den Ländern bekannt ist, auch bei den Gemeinden existiert. Aus diesem Grund kommt diese Studie zu dem Ergebnis, dass von negativen Anreizwirkungen des Finanzausgleichs auf die gemeindliche Standortpolitik auszugehen ist.

---

[99] Die im Rahmen der theoretischen Untersuchung abgeleitete negative Anreizwirkung des Länderfinanzausgleichs auf die Effizienz der Steuerverwaltung bestätigt sich im Rahmen dieser empirischen Analyse. So zeigt sich, dass das Aufkommen der Einkommen- und der Körperschaftsteuer in einem signifikant negativen Zusammenhang mit der Abschöpfung durch den Finanzausgleich steht.

4.3 Schlussfolgerung

In diesem Kapitel wurde der Frage nachgegangen, inwiefern es durch das Finanzausgleichssystem zu Verzerrungen bei dem Entscheidungskalkül der kommunalen politischen Entscheidungsträger kommt. Da im Rahmen dieser Arbeit die Gewerbesteuer bzw. die Substitution der Gewerbesteuer durch neue kommunale Steuerquellen im Mittelpunkt steht, konzentrierte sich die Untersuchung sowohl auf die lokale Steuerpolitik als auch auf die lokale „Bemessungsgrundlagen"-Politik als kommunale Entscheidungsparameter.

In einem ersten Schritt wurden die Wirkungen der horizontalen und vertikalen Finanzausgleichsmechanismen auf das lokale Besteuerungsverhalten der Gemeinden und damit die Rolle des Finanzausgleichs im Steuerwettbewerb untersucht. Es wurde dabei deutlich, dass die im Rahmen der theoretischen Literatur vermuteten Anreizwirkungen durch erste empirische Untersuchungen gestützt werden. Der Finanzausgleich hat demnach eine Anreizwirkung auf die lokale Steuerpolitik, die dazu dienen kann, Fehlanreize aus dem fiskalischen Steuerwettbewerb zu korrigieren. Insofern lässt sich der Finanzausgleich als Korrekturmechanismus auffassen, der das Funktionieren des fiskalischen Steuerwettbewerbs unterstützt.

Bei der anschließenden Analyse der Wirkungen des Finanzausgleichs auf die lokale „Bemessungsgrundlagen"-Politik wurden jedoch zusätzliche Anreizeffekte deutlich, die in der Diskussion um den Finanzausgleich als Korrektiv zum Steuerwettbewerb meistens ausgeblendet werden und die Effizienzgewinne aus dem Finanzausgleich fraglich erscheinen lassen. Diese Fehlanreize entstehen dadurch, dass durch die zahlreichen Finanzausgleichsmechanismen mögliche Erträge der Bemühungen der Gebietskörperschaft, die Standortattraktivität zu verbessern und damit die Steuerbasis zu erhöhen, teilweise oder in manchen Fällen sogar ganz abgeschöpft werden. Auch hier bestätigen erste empirische Untersuchungen die in der theoretischen Literatur vermuteten negativen Anreizwirkungen des Finanzausgleichs.

Somit hat sich in diesem Kapitel gezeigt, dass die Rolle des Finanzausgleichs bei kommunalen Steuerquellen, bei denen die Gemeinden über eine Steuerautonomie verfügen, ein zweischneidiges Schwert ist. Ebenso wurde deutlich, dass viele Gemeinden bei der Gewerbesteuer durch die kommunale Einbindung in das Finanzausgleichssystem möglicherweise doch nicht völlig frei sind bei ihrer Gestaltung der Steuerpolitik und „Bemessungsgrundlagen"-Politik. Aus diesem Blickwinkel betrachtet scheint wohl das deutsche Finanzausgleichssystem, das ja gegenwärtig durch eine starke Verteilungsorientierung gekennzeichnet ist, somit seinen Teil dazu beizutragen, dass die Gewerbesteuer manchen der in Kapitel 2 beschriebenen Anforderungen, die eine Gemeindesteuer erfüllen sollte, nicht gerecht werden kann.

Kapitel 5

Gewerbesteuer und Finanzausgleich: das Referenzszenario

In den letzten beiden Kapiteln wurden die Voraussetzungen geschaffen, um die allokativen und distributiven Aspekte des Finanzausgleichs im Kontext einer Gewerbesteuerreform untersuchen zu können. Es wurde dabei jedoch deutlich, dass es sich bei dem deutschen Finanzausgleichssystem um ein feingliedriges, ineinander greifendes und äußerst sensibles Räderwerk handelt. Für eine umfassende Untersuchung ist es daher sinnvoll, ein Simulationsmodell zu verwenden, das das geltende Finanzausgleichssystem abbildet. Somit können zum einen die Verteilungseffekte, die von einer Gewerbesteuerreform über die Finanzausgleichsmechanismen ausgehen, quantifiziert werden. Zum anderen lassen sich so auch die Grenzbelastungen, die ja als Beurteilungskriterien für die Effizienzwirkungen eines Finanzausgleichssystem herangezogen werden können, für die neuen kommunalen Steuerquellen bestimmen. Im ersten Abschnitt dieses Kapitels wird daher das zu diesem Zweck entwickelte und programmierte Simulationsmodell kurz vorgestellt. In den beiden darauf folgenden Abschnitten werden dann für den Fall, dass es zu keiner Gewerbesteuerreform kommt, die Steuereinnahmen und Finanzausgleichsleistungen der Gebietskörperschaften sowie die Grenzbelastungen bei der Gewerbesteuer anhand des Simulationsmodells berechnet. Anhand dieser Simulationsergebnisse wird somit das Referenzszenario für die Analysen in den nachfolgenden Kapiteln beschrieben.

5.1 Das Simulationsmodell

5.1.1 Umfang und Grundlage des Simulationsmodells

Das Simulationsmodell umfasst die in Kapitel 3 beschriebenen vertikalen und horizontalen Finanzausgleichsmechanismen. Bei der Programmierung des im Rahmen dieser Untersuchung verwendeten Simulationsmodells wurde auf ein bereits bestehendes Simulationsmodell von FEHR und TRÖGER (2002) zurückgegriffen. Dieses Modell wurde deswegen als Grundlage herangezogen, da es bereits die ab dem Jahr 2005 geltenden Regelungen des bundesstaatlichen Finanzausgleichs abbildet. Darüber hinaus wird in dem Modell von FEHR und TRÖGER (2002) neben dem bundesstaatlichen Finanzausgleich auch das Kernstück der Finanzierungsseite eines jeden kommunalen Finanzausgleichs, nämlich der in Abschnitt 3.7.2 beschriebene landesindividuelle obligatorische und fakultative Steuerverbund, modelliert. Insofern bildet dieses Modell ein wichtiges Fundament für die im Rahmen dieser Untersuchung vorgenommene Erweiterung um ein landesspezifisches kommunales Finanzausgleichssystem.

Auch wenn somit der bayerische obligatorische und fakultative Steuerverbund im Mittelpunkt steht, so spielen dennoch auch die Steuerverbünde der anderen Länder eine Rolle bei den nachfolgenden Analysen. Im Gegensatz zu dem bayerischen Steuerverbund, dessen konkrete Ausgestaltung bereits in Kapitel 3 erläutert worden ist, steht für die anderen Länder eine zumindest kurze Darstellung der länderspezifischen Regelungen bezüglich des obligatorischen und fakultativen Steuerverbundes aus. Aus diesem Grund soll an dieser Stelle kurz skizziert werden, wie die landesspezifischen obligatorischen und fakultativen Steuerverbünde aussehen und im Rahmen dieser Untersuchung modelliert werden. In Anlehnung an FEHR und TRÖGER (2002) wird lediglich eine Grundstruktur des jeweiligen landesspezifischen obligatorischen und fakultativen Steuerverbundes in allen Flächenländern abgebildet. Somit wird zur Vereinfachung von der enormen Vielzahl

Tabelle 5.1: Verbundquoten und Verbundgrundlagen[a]

<table>
<tr><th rowspan="3">Land</th><th rowspan="3">Obligatorischer Steuerverbund</th><th colspan="7">Fakultativer Steuerverbund</th></tr>
<tr><th rowspan="2">Umlage GewSt[b]</th><th colspan="3">Landessteuern</th><th rowspan="2">LFA i. e. S.[f]</th><th colspan="2">BEZ[g]</th></tr>
<tr><th>KfzSt[c]</th><th>GrESt[d]</th><th>VSt[e]</th><th>Fehlbetrag</th><th>Sonderbedarf</th></tr>
<tr><td>NW</td><td>23,00</td><td>-</td><td>-</td><td>13,143</td><td>-</td><td>-</td><td colspan="2">-</td></tr>
<tr><td>BY</td><td>11,54</td><td>11,54</td><td>65,00</td><td>38,00</td><td>-</td><td>11,54</td><td colspan="2">-</td></tr>
<tr><td>BW</td><td>23,00</td><td>23,00</td><td>23,39</td><td>55,00</td><td>-</td><td>23,00</td><td colspan="2">-</td></tr>
<tr><td>NI</td><td>17,01</td><td>-</td><td colspan="3">17,01[h]</td><td>17,01</td><td colspan="2">17,01</td></tr>
<tr><td>HE</td><td>23,00</td><td>23,00</td><td>23,00</td><td>23,00</td><td>23,00</td><td>23,00</td><td colspan="2">-</td></tr>
<tr><td>RP</td><td>21,00</td><td>-</td><td colspan="3">21,00</td><td>21,00</td><td colspan="2">21,00</td></tr>
<tr><td>SH</td><td>19,78</td><td>-</td><td colspan="3">19,78</td><td>19,78</td><td colspan="2">19,78</td></tr>
<tr><td>SL</td><td>20,00</td><td>-</td><td colspan="3">20,00</td><td>20,00</td><td colspan="2">20,00</td></tr>
<tr><td>SN</td><td>25,799</td><td>25,799</td><td colspan="3">25,799</td><td>25,799</td><td>-</td><td>25,799</td></tr>
<tr><td>ST</td><td>24,00</td><td>23,00</td><td colspan="3">23,00</td><td>23,00</td><td>23,00</td><td>26,30</td></tr>
<tr><td>TH</td><td>23,00</td><td>23,00</td><td colspan="3">23,00</td><td>23,00</td><td>23,00</td><td>40,00</td></tr>
<tr><td>BB</td><td>25,00</td><td>25,00</td><td colspan="3">25,00</td><td>25,00</td><td>25,00</td><td>25,00</td></tr>
<tr><td>MV</td><td>26,99</td><td>-</td><td colspan="3">26,99</td><td>26,99</td><td>26,99</td><td>26,99</td></tr>
</table>

[a] in v. H.; [b] Gewerbesteuer; [c] Kfz-Steuer; [d] Grunderwerbsteuer; [e] Vermögensteuer; [f] Länderfinanzausgeich i. e. S.; [g] Bundesergänzungszuweisungen; [h] vom Aufkommen der Grunderwerbsteuer 33 v. H.
Quelle: FEHR und TRÖGER (2002), Finanzausgleichsgesetze der Länder.

der landesspezifischen Einzelregelungen bezüglich der Ausgestaltung des obligatorischen und fakultativen Steuerverbundes abgesehen. Damit bleiben z. B. die landesindividuellen Feinheiten bezüglich möglicher Verrechnungen, Verbundzeiträume sowie Korrekturmaßnahmen unberücksichtigt. Vor diesem Hintergrund gibt Tabelle 5.1 einen Überblick über die in dem Simulationsmodell abgebildete Grundstruktur des jeweiligen landesspezifischen obligatorischen und fakultativen Steuerverbundes. Im Rahmen des obligatorischen Steuerverbundes berücksichtigt das Modell, dass gemäß Art. 106 VII 1 GG ein von der Landesgesetzgebung zu bestimmender Anteil der dem Land zufließenden Gemeinschaftsteuern weitergeleitet werden muss. Die Gemeinden sind damit unmittelbar an der Entwicklung der Einkommen-, Körperschaft- und Umsatzsteuer beteiligt. Die Länder können zwar die Bemessungsgrundlagen des obligatorischen Steuerverbundes nicht manipulieren, sie können jedoch die Verbundquote festlegen. Wie Tabelle 5.1 zeigt, unterscheiden sich die Verbundquoten ganz beträchtlich. Darüber hinausgehende landesspezifische Einzelregelungen im Rahmen des obligatorischen Steuerverbundes werden jedoch vernachlässigt. Im Rahmen des fakultativen Steuerverbundes gemäß Art. 106 VII 2 GG werden lediglich die in Tabelle 5.1 ausgewiesenen Verbundgrundlagen und Verbundquoten berücksichtigt. Weitere länderspezifische Regelungen werden ebenso wie bei dem obligatorischen Steuerverbund vernachlässigt. Trotz dieser Vereinfachung kommt es dennoch zu ganz unterschiedlichen landesspezifischen Regelungen bei den Verbundgrundlagen und Verbundquoten. In einigen Ländern fließt ein Teil der Gewerbesteuerumlage wieder an die Gemeinden zurück. Manche Länder berücksichtigen nur einzelne Landessteuern, wie z. B. die Kfz-Steuer, die Grunderwerbsteuer oder auch die Vermögensteuer, während andere Länder sämtliche Landessteuern mit einbeziehen. Bis auf Nordrhein-Westfalen beteiligen alle Flächenländer ihre Gemeinden an den Einnahmen bzw. Ausgaben im Rahmen des Länderfinanzausgleichs. Die Bundesergänzungszuweisungen werden ebenfalls nicht von allen Flächenländern in den fakultativen Steuerverbund einbezogen.

5.1.2 Datensatz des Simulationsmodells

Durch das Simulationsmodell werden die ab dem Jahr 2005 geltenden Finanzausgleichsregelungen abgebildet. Es stellt sich in diesem Zusammenhang somit die Frage, ob im Rahmen dieser Untersuchungen die Simulationen auch schon für das Ausgleichsjahr 2005 durchgeführt werden können. Leider ist dies, wie die folgenden Ausführungen verdeutlichen werden, nicht möglich. Der Grund liegt darin, dass der Gesetzgeber die tatsächlichen Steuereinnahmen des jeweiligen Ausgleichsjahres als Berechnungsgrundlagen für die zahlreichen Finanzausgleichmechanismen vorsieht. Da jedoch die Steueristeinnahmen, die die Gebietskörperschaften in dem Ausgleichsjahr erzielen, meistens noch nicht bekannt sind, stehen sie auch nicht als Berechnungsgrundlagen zur Verfügung. Aus diesem Grund wird z. B. die Umsatzsteuerverteilung zwischen den Ländern und der Länderfinanzausgleich i. e. S. gemäß §§ 12 ff. FAG-BL aufgrund vorläufiger Berechnungsgrundlagen vollzogen. Sobald dann die tatsächlichen Berechnungsgrundlagen vorliegen, wird die endgültige Höhe der Finanzausgleichsleistungen durch das Bundesministerium der Finanzen bestimmt und durch Rechtsverordnung etwa 2 Jahre nach dem eigentlichen Ausgleichsjahr verkündet. Der kommunale Finanzausgleich in Bayern wird demgegenüber nicht aufgrund vorläufiger Berechnungsgrundlagen vollzogen. Hier hat sich der Gesetzgeber für das Referenzperiodenprinzip entschieden. Um bei den kommunalen Finanzausgleichsmechanismen von endgültigen Berechnungsgrundlagen ausgehen zu können, werden für die 2.056 Gemeinden die Steueristeinnahmen des vorvorhergehenden Jahres herangezogen (vgl. § 4 FAGDV-BY). Der kommunale Finanzausgleich wird somit erst mit einer Verzögerung von 2 Jahren durchgeführt.

Eine weitere Schwierigkeit bei der Erstellung eines Datensatzes besteht darin, dass die offiziellen Daten, die von den mit der Berechnung des Finanzausgleichs betrauten staatlichen Stellen zugrunde gelegt werden, oftmals erst mit einer weiteren zeitlichen Verzögerung veröffentlicht bzw. der externen Nutzung überhaupt zugänglich gemacht werden. Aus diesen Gründen werden die Simulationen mit Daten aus dem Jahr 2001 durchgeführt. Für dieses Jahr konnte der erforderliche und dabei durch die Komplexität des Finanzausgleichssystems sehr umfangreiche Datensatz aus mehreren Datenquellen erstellt werden (siehe dazu auch Anhang A.5).

5.2 Steuereinnahmen und Transferströme

In Kapitel 3 wurde dargestellt und problematisiert, über welche Steuerquellen die einzelnen Gebietskörperschaften verfügen und inwieweit durch die Finanzausgleichsmechanismen eine Korrektur bzw. Angleichung der primären Steuereinnahmen der Gebietskörperschaften erfolgt. In diesem Abschnitt soll nun anhand des zuvor beschriebenen Simulationsmodells eine zahlenmäßige Beschreibung der Einnahmensituation der Gebietskörperschaften erfolgen. Durch einen Vergleich mit dieser Referenzsituation kann dann in Kapitel 6 der Frage nachgegangen werden, inwiefern es über das Finanzausgleichssystem durch die Reform der Gewerbesteuer zu reformbedingten Verteilungswirkungen bei den einzelnen Gebietskörperschaften kommt.

Einen ersten Überblick über die Einnahmensituation gibt Tabelle 5.2, in der die vertikale Einnahmenverteilung zwischen Bund, Ländern und Gemeinden dargestellt ist. Für die drei Gebietskörperschaftsebenen sind zunächst die jeweiligen Trennsteuereinnahmen und die Anteile an den Gemeinschaftsteuern ausgewiesen. So beträgt der Anteil der Gemeinden an der Lohnsteuer, veranlagten Einkommensteuer und dem Zinsabschlag 22.285 Mill. Euro und der des Bundes und der Länder jeweils 64.037 Mill. Euro. Bei der Körperschaft- und Kapitalertragsteuer, bei denen die Gemeinden nicht beteiligt werden, beläuft sich der Anteil des Bundes und der Länder auf jeweils 10.229 Mill. Euro. Bei der Umsatzsteuer erhält der Bund 74.580 Mill. Euro, während sich die Einnahmen der Länder auf 61.471 Mill. Euro und die der Gemeinden auf 2.884 Mill. Euro belaufen. Darüber hinaus erhalten der Bund und die Länder Einnahmen aus der Gewerbesteuerumlage. Diese belaufen sich zusammen auf 5.501 Mill. Euro, wobei 3.989 Mill. Euro allein auf die Länder entfallen. Den Gemeinden verbleiben somit Nettoeinnahmen aus der Gewerbesteuer von 19.046 Mill. Euro. Über die Verteilung der Steuereinnahmen hinaus kommt es zu Finanzmittelumschichtungen zwischen den einzelnen Ebenen. Im Rahmen der Bundesergänzungszuweisungen erhalten die Länder 14.779 Mill. Euro vom Bund. Zwischen den Ländern und ihren kommunalen Gebietskörperschaften kommt es im Rahmen des obligatorischen und fakultativen Steuerverbunds zu Finanzmittelumschichtungen zugunsten der Kommunen. Mit einem Volumen von 32.928 Mill. Euro sind diese mehr als doppelt so hoch wie die Umschichtungen zwischen dem Bund und den Ländern. Die vertikale Einnahmenverteilung ist somit im Wesentlichen beschrieben.

In einem nächsten Schritt sollen daher anhand von Tabelle 5.3 die Steuereinnahmen und Transferströme bei den einzelnen Ländern dargestellt werden. Die Summenwerte in der letzten Zeile finden sich dabei in der Tabelle 5.2. In den Spalten 1 bis 3 sind zunächst die Einnahmen der Länder aus den Gemeinschaftsteuern, in Spalte 4 die Einnahmen aus der Gewerbesteuerumlage und in Spalte 5 die Trennsteuereinnahmen dargestellt. Dabei fällt bei den Ländereinnahmen aus der Körperschaft- und Kapitalertragsteuer auf, dass es in drei Ländern durch den enormen Einbruch bei der Körperschaftsteuer zu Mindereinnahmen kommt (vgl. Spalte 2). Doch auch in den anderen Ländern macht sich dieser Aufkommenseinbruch bemerkbar. Insgesamt kommt es somit in allen Ländern dazu, dass die jeweiligen Trennsteuereinnahmen mitunter deutlich höher ausfallen (vgl. Spalte 5). Bei den Ländereinnahmen aus der Gewerbesteuerumlage

Tabelle 5.2: Vertikale Einnahmenverteilung im Referenzszenario[a]

Steuerart/ Gebietskörperschaft	Einnahmen
Bundessteuern	79.277
Anteil ESt[b]	64.037
Anteil KSt[c]	10.229
Anteil USt[d]	74.580
Umlage GewSt[e]	1.512
BEZ[f]	-14.779
Steuereinnahmen Bund	214.856
Landessteuern (LSt)	20.487
Anteil ESt	64.037
Anteil KSt	10.229
Anteil USt	61.471
Umlage GewSt	3.989
BEZ	14.779
OSV[g]	-25.898
FSV[h]	-7.030
Steuereinnahmen Länder[k]	142.064
Gemeindesteuern (GSt)[i]	9.076
Anteil ESt	22.285
Anteil KSt	0
Anteil USt	2.884
GewSt[j] (netto)	19.046
OSV	25.898
FSV	7.030
Steuereinnahmen Gemeinden[k]	86.219
Gesamtsumme	443.139

[a] in Mill. Euro, Rundungsdifferenzen möglich; [b] Lohnsteuer, veranlage Einkommensteuer und Zinsabschlag; [c] Körperschaft- und Kapitalertragsteuer; [d] Umsatzsteuer; [e] Gewerbesteuerumlage; [f] Bundesergänzungszuweisungen; [g] obligatorischer Steuerverbund; [h] fakultativer Steuerverbund; [i] Grundsteuer A und B; [j] Gewerbesteuer; [k] ohne kommunalen Finanzierungsbeitrag zum Fonds Deutsche Einheit neben der Erhöhung Gewerbesteuerumlage (vgl. § 6 V GFRG)
Quelle: eigene Berechnungen.

fällt außerdem auf, dass insbesondere die ostdeutschen Flächenländer nur geringe Einnahmen aus der Erhebung der Umlage erzielen (vgl. Spalte 4). Die Länderanteile an der Umsatzsteuer, die in Spalte 3 ausgewiesen sind, verdecken, dass neun Länder lediglich über unterdurchschnittliche Steuereinnahmen verfügen und damit die Ergänzungsanteile einen Teil ihrer Umsatzsteuereinnahmen ausmachen. Das gesamte Volumen für diese Ergänzungsanteile beträgt 11.830 Mill. Euro. Davon erhalten Berlin 386 Mill. Euro, Niedersachsen 892 Mill. Euro, Rheinland-Pfalz 201 Mill. Euro und das Saarland 194 Mill. Euro an Ergänzungszuweisungen. Die ostdeutschen Flächenländer, die allesamt

Tabelle 5.3: Einnahmen der Länder im Referenzszenario[a]

Land	ESt[b]	KSt[c]	USt[d]	Umlage GewSt[e]	LSt[f]	LFA i. e. S.[g]	Fehl-BEZ[h]	Sonder-BEZ[i]	KFA[j]	Σ
	(1)	(2)	(3)	(4)	(5)	(6)	(7)	(8)	(9)	(10)
NW	15.622	1.995	10.867	973	4.661	-371	0	0	-6.699	27.048
BY	11.805	2.207	7.403	768	3.551	-2.086	0	0	-3.572	20.076
BW	10.235	2.009	6.367	709	2.813	-1.985	0	0	-4.643	15.505
NI	5.276	1.021	5.679	380	1.861	805	380	0	-2.755	12.647
HE	6.874	1.401	3.661	394	1.765	-2.534	0	0	-2.529	9.032
RP	2.831	547	2.638	182	1.046	278	146	46	-1.582	6.132
SH	2.172	330	1.685	132	731	133	72	53	-1.024	4.285
SL	645	115	837	35	267	143	62	63	-426	1.740
HH	2.224	596	1.037	183	605	-298	0	0	0	4.347
HB	533	54	398	40	199	353	117	60	0	1.754
BE	2.568	45	2.427	55	877	2.241	710	2.047	0	10.968
SN	1.031	23	5.845	42	690	1.058	396	3.091	-3.039	9.138
ST	578	-48	3.577	24	365	639	238	1.897	-1.762	5.508
TH	526	-27	3.314	22	354	606	224	1.739	-1.828	4.931
BB	726	28	3.305	31	417	559	215	1.754	-1.745	5.290
MV	392	-67	2.432	18	284	460	169	1.299	-1.325	3.663
Summe	64.037	10.229	61.471	3.989	20.487	0	2.730	12.050	-32.928	142.064

[a] in Mill. Euro, Rundungsdifferenzen möglich; [b] Lohnsteuer, veranlagte Einkommensteuer und Zinsabschlag; [c] Körperschaft- und Kapitalertragsteuer; [d] Umsatzsteuer; [e] Gewerbesteuerumlage; [f] Landessteuern; [g] Länderfinanzausgleich i. e. S.; [h] Fehlbetrags-Bundesergänzungszuweisungen; [i] Sonderbedarfs-Bundesergänzungszuweisungen; [j] obligatorischer und fakultativer Steuerverbund
Quelle: eigene Berechnungen.

empfangsberechtigt sind, erhalten aufgrund ihrer ausgeprägten Steuerschwäche noch viel höhere Ergänzungsanteile. So erhalten Sachsen 3.188 Mill. Euro, Sachsen-Anhalt 2.010 Mill. Euro, Thüringen 1.854 Mill. Euro, Brandenburg 1.739 Mill. Euro und Mecklenburg-Vorpommern 1.366 Mill. Euro an Ergänzungszuweisungen. Die Umsatzsteuereinnahmen stellen somit insbesondere für die ostdeutschen Flächenländer mit großen Abstand die quantitativ bedeutendsten Steuereinnahmen dar. In Spalte 6 sind die Ausgleichszuweisungen bzw. -beiträge der einzelnen Länder im Rahmen des Länderfinanzausgleichs i. e. S. dargestellt. Im Vergleich zu dem diesem horizontalen Finanzausgleich vorgelagerten Umsatzsteuer-Vorwegausgleich beträgt das Umverteilungsvolumen jedoch nur 7.274 Mill. Euro. Es müssen lediglich 5 Länder Ausgleichsbeiträge leisten, wobei Nordrhein-

Westfalen und Hamburg zusammen nur 669 Mill. Euro leisten müssen. Den Rest von rund 6,6 Mrd. Euro tragen hingegen Bayern, Baden-Württemberg sowie Hessen. Bei den Transferempfängern erhalten Berlin und Sachsen die höchsten Ausgleichszuweisungen. Auf diese beiden Länder entfallen allein 3.299 Mill. Euro. Bei den ostdeutschen Flächenländern, mit Ausnahme Brandenburgs, fällt zudem auf, dass diese Transfereinnahmen zum Teil deutlich über der länderweisen Summe aus den Landesanteilen an der Einkommen- und Körperschaftsteuer liegen (vgl. Spalte 1 und 2). Anhand von Spalte 7 wird außerdem deutlich, dass alle Länder, die im Rahmen des Länderfinanzausgleichs i. e. S. Ausgleichszuweisungen erhalten, zur weiteren Aufstockung der Finanzkraft Bundeszuweisungen erhalten. Für derartige Fehlbetrags-Bundesergänzungszu-weisungen muss der Bund insgesamt 2.730 Mill. Euro zur Verfügung stellen. Den mit Abstand höchsten Betrag erhält dabei mit 710 Mill. Euro Berlin. Von den verbleibenden rund 2 Mrd. Euro fließen über 1,2 Mrd. Euro in die ostdeutschen Flächenländer. Für die verschiedenen Sonderbedarfs-Bundesergänzungszuweisungen, die nur den in § 11 FAG-BL genannten Ländern zufließen, stellt der Bund insgesamt 12.050 Mill. Euro zur Verfügung (vgl. Spalte 8). Dabei entfallen allein auf Berlin und die ostdeutschen Flächenländer über 11,8 Mrd. Euro. Unter Berücksichtigung der landesspezifischen vertikalen Umschichtungen im Rahmen des obligatorischen und fakultativen Steuerverbundes, die in Spalte 9 ausgewiesen sind und weiter unten noch genauer erläutert werden, ergeben sich die in Spalte 10 dargestellten Gesamteinnahmen der Länder.

Nachdem nun die Einnahmeverteilung bei den Ländern dargestellt worden ist, sollen in einem nächsten Schritt anhand der Tabelle 5.4 die Steuereinnahmen und Transferströme bei den Gemeinden der Länder beschrieben werden. Die Summenwerte in der letzten Zeile finden sich dabei ebenfalls in Tabelle 5.2. In den Spalten 1 bis 5 sind die primären Einnahmen der Gemeinden ausgewiesen. Dabei sind in den Spalten 1 bis 3 die Einnahmen aus den Gemeinschaftsteuern und in den Spalten 4 und 5 die Trennsteuereinnahmen dargestellt. Insgesamt belaufen sich die primären Einnahmen der Gemeinden im Bundesgebiet auf rund 53.291 Mill. Euro (vgl. Spalte 6). Gemessen an dem jeweiligen bundesweiten Aufkommen bildet dabei die Einkommensteuer vor der Gewerbesteuer die quantitativ bedeutendste Steuerquelle. An dritter Stelle folgen mit deutlichem Abstand die Grundsteuern und an letzter Stelle die Umsatzsteuer. Diese Reihenfolge trifft jedoch nicht für jedes Land zu. Bei den ostdeutschen Flächenländern bildet die Gewerbesteuer die quantitativ bedeutendste Steuerquelle. In diesen Ländern fällt auch auf, dass sich die Einnahmen aus der Einkommensteuer und den Grundsteuern in etwa auf dem gleichen Niveau befinden.

Neben den primären Einnahmen erhalten die Gemeinden in den Flächenländern auch Einnahmen über den obligatorischen und fakultativen Steuerverbund. Diese sind in den Spalten 7 und 8 ausgewiesen. Die bundesweiten Einnahmen im Rahmen des obligatorischen Steuerverbundes belaufen sich auf 25.898 Mill. Euro. Dabei kommt es zu großen Unterschieden zwischen den Ländern. Da die Verbundgrundlagen bei diesem obligatorischen Steuerverbund für die Flächenländer einheitlich vorgegeben sind, resultieren diese Unterschiede zum einen durch die landesspezifischen Verbundquoten. Doch da sich diese zwischen den meisten Ländern nicht allzu stark unterschieden (vgl. Tabelle 5.1), dürfte vielmehr die Höhe der einzelnen Verbundgrundlagen bei den Ländern für die Unterschiede bei den Verbundeinnahmen sorgen. Die bundesweiten Einnahmen im Rahmen des fakultativen Steuerverbundes betragen hingegen 7.030 Mill. Euro. Aufgrund der landesspezifischen Regelungen über den Umfang der fakultativen Verbundgrundlagen und die einzelnen Verbundquoten ergeben sich ebenfalls Unterschiede bei den Verbundeinnahmen. Diese fallen jedoch im Vergleich zum obligatorischen Steuerverbund geringer aus.

Tabelle 5.4: Einnahmen der Gemeinden im Referenzszenario[a]

Land	Primäre Einnahmen						KFA		Σ
	ESt[b]	KSt[c]	USt[d]	GewSt[e] (netto)	GSt[f]	Σ	OSV[g]	FSV[h]	
	(1)	(2)	(3)	(4)	(5)	(6)	(7)	(8)	(9)
NW	5.438	0	686	4.454	2.146	12.724	6.551	148	19.423
BY	4.109	0	427	3.207	1.335	9.079	2.471	1.101	12.651
BW	3.564	0	392	2.971	1.307	8.234	4.281	362	12.877
NI	1.838	0	224	1.710	963	4.734	2.037	717	7.488
HE	2.400	0	278	2.034	733	5.444	2.745	-216	7.974
RP	985	0	116	862	404	2.367	1.263	318	3.948
SH	757	0	72	552	317	1.698	828	196	2.722
SL	225	0	31	138	111	505	319	107	931
HH	770	0	109	731	267	1.878	0	0	1.878
HB	186	0	30	179	99	494	0	0	494
BE	890	0	126	662	341	2.019	0	0	2.019
SN	356	0	144	441	341	1.281	1.780	1.259	4.320
ST	199	0	71	293	197	760	986	776	2.522
TH	181	0	63	227	180	651	877	951	2.479
BB	251	0	72	403	202	928	1.014	730	2.673
MV	135	0	45	182	133	495	744	581	1.819
Summe	22.285	0	2.884	19.046	9.076	53.291	25.898	7.030	86.219

[a] in Mill. Euro, Rundungsdifferenzen möglich; [b] Lohnsteuer, veranlagte Einkommensteuer und Zinsabschlag; [c] Körperschaft- und Kapitalertragsteuer; [d] Umsatzsteuer; [e] Gewerbesteuer; [f] Grundsteuer A und B; [g] obligatorischer Steuerverbund; [h] fakultativer Steuerverbund
Quelle: eigene Berechnungen.

Gemessen an den jeweiligen bundesweiten Einnahmen bildet der obligatorische Steuerverbund den Hauptteil der gesamten Verbundeinnahmen. Dies trifft jedoch nicht für alle Flächenländer gleichermaßen zu. In den ostdeutschen Flächenländern ist der Anteil der fakultativen Verbundeinnahmen viel höher. In Thüringen fallen die fakultativen Einnahmen sogar höher aus als die obligatorischen Verbundeinnahmen. Ebenfalls zu Unterschieden kommt es, wenn der landesspezifische Anteil der obligatorischen und fakultativen Verbundeinnahmen an den jeweiligen Gesamteinnahmen, die in Spalte 9 ausgewiesen sind, betrachtet wird. Auch hier gibt es Unterschiede insbesondere zwischen den ost- und westdeutschen Flächenländern. In den westdeutschen Flächenländern liegt der Anteil in einer Spanne zwischen rund 28 v. H. in Bayern und 46 v. H. im Saarland. Demgegenüber liegt der Anteil in den ostdeutschen Flächenländern in einer Bandbreite von rund 65 v. H. in Brandenburg und 74 v. H. in Thüringen.

Während in Tabelle 5.4 die Gemeinden eines Landes als Gesamtheit betrachtet wurden, sollen nun in einem letzten Schritt die Steuereinnahmen und Transferströme der einzelnen Gemeinden in Bayern vorgestellt werden. Um dabei jedoch nicht die Einnahmen für die 2.056 Gemeinden einzeln auflisten zu müssen, werden zur Vereinfachung die Gemeinden nach der Höhe der Nettoeinnahmen aus der Gewerbesteuer sortiert und zusammengefasst.[100] In den Spalten 1 bis 5 der Tabelle 5.5 sind zunächst die einzelnen primären Einnahmen der Gemeinden ausgewiesen. Dabei sind in den Spalten 1 bis 3 die Einnahmen aus den Gemeinschaftsteuern und in den Spalten 4 und 5 die Trennsteuereinnahmen dargestellt. Bei den Einnahmen aus der Einkommensteuer betragen die landesweiten Einnahmen 4.387 Mill. Euro (vgl. Spalte 1).[101] Fast die Hälfte entfällt dabei auf die Gemeinden mit mindestens 5 Mill. Euro Gewerbesteuereinnahmen. Bei den Nettoeinnahmen aus der Gewerbesteuer beträgt das landesweite Aufkommen 3.207 Mill. Euro (vgl. Spalte 4). Wie bei den kommunalen Einkommensteuereinnahmen auch kommt es zu Unterschieden zwischen den Gemeindeklassen. Allerdings entfallen nun rund 70 v. H. der landesweiten Gewerbesteuereinnahmen auf die Gemeinden mit mindestens 5 Mill. Euro Gewerbesteuereinnahmen. Das landesweite Aufkommen bei den Grundsteuern und der Umsatz-

Tabelle 5.5: Einnahmen der bayerischen Gemeinden im Referenzszenario[a]

Gemeinden mit ... Mill. Euro GewSt (netto)	Primäre Einnahmen						KFA			Σ
	ESt[b]	KSt[c]	USt[d]	GewSt[e] (netto)	GSt[f]	Σ	SSZ[g]	ASZ[h]	Umlage[i]	
	(1)	(2)	(3)	(4)	(5)	(6)	(7)	(8)	(9)	(10)
<0,5	1.075	0	41	214	279	1.609	82	583	-850	1.424
0,5 bis 1	431	0	24	167	112	734	14	132	-351	529
1 bis 5	955	0	86	602	260	1.903	10	157	-862	1.207
≥5	1.926	0	276	2.225	624	5.051	10	395	-1.281	4.176
Summe	4.387	0	427	3.207	1.275	9.297	116	1.267	-3.344	7.337

[a] in Mill. Euro, Rundungsdifferenzen möglich; [b] Lohnsteuer, veranlagte Einkommensteuer, Zinsabschlag und Einkommensteuerersatz; [c] Körperschaft- und Kapitalertragssteuer; [d] Umsatzsteuer; [e] Gewerbesteuer; [f] Grundsteuer A und B; [g] Sonderschlüsselzuweisungen; [h] allgemeine Schlüsselzuweisungen; [i] Kreis- bzw. Bezirksumlage
Quelle: eigene Berechnungen.

[100] Nach dieser Einteilung haben 1.461 Gemeinden Gewerbesteuereinnahmen von bis zu 0,5 Mill. Euro. 232 Gemeinden verfügen über Gewerbesteuereinnahmen von 0,5 bis zu 1 Mill. Euro und 274 Gemeinden über Gewerbesteuereinnahmen von 1 bis zu 5 Mill. Euro. Lediglich 89 Gemeinden haben Gewerbesteuereinnahmen in Höhe von mindestens 5 Mill. Euro.

[101] Im Vergleich zu dem in Spalte 1 der Tabelle 5.4 ausgewiesenen Wert für Bayern resultiert somit ein Unterschied. Dies liegt daran, dass der vom Land gewährte Einkommensteuerersatz gemäß Art. 1b FAG-BY in Höhe von 278 Mill. Euro hier berücksichtigt wurde.

steuer beträgt lediglich 1.275 Mill. Euro bzw. 427 Mill. Euro (vgl. Spalte 3 und 5).[102] Wie bei der Einkommen- und Gewerbesteuer entfällt auch bei diesen Steuerquellen der Hauptanteil auf die Gemeinden mit mindestens 5 Mill. Euro Gewerbesteuereinnahmen. Insgesamt belaufen sich die primären Einnahmen der bayerischen Gemeinden in der Situation ohne Gewerbesteuerreform auf 9.297 Mill. Euro (vgl. Spalte 6). Gemessen an dem jeweiligen landesweiten Aufkommen bildet die Einkommensteuer vor der Gewerbesteuer die quantitativ bedeutendste kommunale Steuerquelle. Mit deutlichem Abstand folgen an dritter Stelle die Grundsteuern und an vierter Stelle die kommunale Umsatzsteuerbeteiligung. Diese Gewichtung trifft jedoch nicht für alle Gemeindeklassen gleichermaßen zu. Für die Gemeinden mit bis zu 0,5 Mill. Euro Gewerbesteuereinnahmen bilden die Grundsteuern nach der Einkommensteuer die zweitwichtigste Steuerquelle. Bei den Gemeinden mit mindestens 5 Mill. Euro Gewerbesteuereinnahmen bildet die Gewerbesteuer vor der Einkommensteuer die quantitativ bedeutendste Steuerquelle.

Neben den primären Steuereinnahmen erhalten die meisten Gemeinden auch Einnahmen durch das Schlüsselzuweisungssystem. Das dafür zur Verfügung stehende Zuweisungsvolumen beträgt 1.383 Mill. Euro (vgl. Spalte 7 und 8). Ausgangspunkt für die Bestimmung dieser Gemeindeschlüsselmasse bilden die Landesanteile an der Einkommen-, Körperschafts- und Umsatzsteuer, die zusammen rund 21.415 Mill. Euro betragen (vgl. Spalte 1 bis 3 in Tabelle 5.3). Die Verminderung durch den kommunalen Anteil am Familienleistungsausgleich beträgt 278 Mill. Euro. Als Einnahmen aus der Gewerbesteuerumlage und Ausgaben im Rahmen des Länderfinanzausgleichs i. e. S. werden 768 Mill. Euro und 2.086 Mill. Euro zugrunde gelegt (vgl. Spalte 4 und 5 in Tabelle 5.3). An der Summe dieser Verbundgrundlagen werden dann gemäß Art. 1 I FAG-BY die Gemeinden und Landkreise in Höhe von 11,54 v. H. beteiligt. Diese Anteilsmasse, die 2.287 Mill. Euro beträgt, wird dann um Pauschalabzüge in Höhe von 122,4 Mill. Euro vermindert. An der so verbleibenden Schlüsselmasse partizipieren die Gemeinden dann in Höhe von 64 v. H., so dass unter Berücksichtigung des Pauschalabzuges gemäß Art. 1 III 2 FAG-BY in Höhe von 2,5 Mill. Euro eine Gemeindeschlüsselmasse von 1.383 Mill. Euro für die Gewährung von Gemeindeschlüsselzuweisungen zur Verfügung steht.

In Spalte 7 sind zunächst die Sonderschlüsselzuweisungen, die besonders steuerschwache Gemeinden erhalten, ausgewiesen. Die landesweiten Einnahmen aus diesen Zuweisungen betragen 116 Mill. Euro oder rund 8 v. H. der gesamten Gemeindeschlüsselmasse. Davon entfallen allein 82 Mill. Euro auf die Gemeinden mit bis zu 0,5 Mill. Euro Gewerbesteuereinnahmen. Die restlichen 34 Mill. Euro sind relativ gleichmäßig auf die anderen drei Gemeindeklassen verteilt.

Die restlichen rund 92 v. H. der Gemeindeschlüsselmasse oder 1.267 Mill. Euro werden als allgemeine Schlüsselzuweisungen an die empfangsberechtigten Gemeinden verteilt (vgl. Spalte 8). Zwischen den einzelnen Gemeindeklassen kommt es dabei zu deutlichen Unterschieden. Rund 600 Mill. Euro oder fast die Hälfte der gesamten allgemeinen Schlüsselzuweisungen entfallen allein auf die Gemeinden mit bis zu 0,5 Mill. Euro Ge-

[102] Somit kommt es im Vergleich zu dem in Spalte 5 der Tabelle 5.4 ausgewiesenen Wert für Bayern zu einer geringen Abweichung in Höhe von rund 60 Mill. Euro. Diese Abweichung kommt deswegen zustande, da für die Simulation des bundesstaatlichen und kommunalen Finanzausgleichs die Grundsteuerdaten aus zwei unterschiedlichen Datenquellen entnommen werden mussten.

werbesteuereinnahmen. Weitere rund 400 Mill. Euro entfallen auf die Gemeinden mit mindestens 5 Mill. Euro Gewerbesteuereinnahmen.

Im Rahmen des kommunalen Finanzausgleichs erhalten einige Gemeinden jedoch nicht nur zusätzliche Einnahmen. Auch müssen alle Gemeinden unabhängig davon, ob sie Zuweisungen erhalten, eine Kreis- bzw. Bezirksumlage entrichten. Für das Betrachtungsjahr sind diese Umlagebelastungen in Spalte 9 ausgewiesen. Die landesweite Umlagebelastung der Gemeinden beträgt 3.344 Mill. Euro. Rund 40 v. H. oder 1.281 Mill. Euro müssen allein die Gemeinden mit mindestens 5 Mill. Euro Gewerbesteuereinnahmen entrichten. Unter Berücksichtigung der Schlüsselzuweisungen und der Umlagebelastung ergeben sich dann die in Spalte 10 dargestellten Gesamteinnahmen. Diese belaufen sich auf 7.337 Mill. Euro.[103] Durch einen Vergleich mit den gesamten primären Einnahmen fällt auf, dass die Einnahmen durch den kommunalen Finanzausgleich in allen Gemeindeklassen sinken. Dies liegt daran, dass in jeder Gemeindeklasse die Mehreinnahmen durch die Schlüsselzuweisungen nicht ausreichen, um die jeweilige Umlagebelastung auszugleichen.

5.3 Grenzbelastungssituation bei der Gewerbesteuer

In Kapitel 4 wurde problematisiert, welche Anreizwirkungen von dem Finanzausgleichssystem auf die Steuerpolitik und „Bemessungsgrundlagen"-Politik der Gemeinden ausgehen. In diesem Abschnitt soll nun die Grenzbelastungssituation für die bayerischen Gemeinden bei der Gewerbesteuer dargestellt werden. Durch einen Vergleich mit dieser Referenzsituation kann dann in Kapitel 6 der Frage nachgegangen werden, inwiefern es im Zuge einer Gewerbesteuerreform zu einer Veränderung der Grenzbelastungssituation bei den neuen kommunalen Steuerquellen kommt.

5.3.1 Vorgehensweise bei der Ermittlung der Grenzbelastung

Die Anreizwirkungen des Finanzausgleichs werden – wie in Kapitel 4 deutlich wurde – über die marginalen Abschöpfungsquoten bzw. Grenzbelastungen operationalisiert. Mit der aus der finanzwissenschaftlichen Steuertheorie entlehnten Analogie zum Grenzsteuersatz wird bemessen, wie viel von einer kleinen Erhöhung des primären Steueraufkommens, die annahmegemäß auf eine steuerkraftsteigernde politische Maßnahme zurückgeht, nach jedem einzelnen Schritt und am Ende des gesamten Finanzausgleichs bei der einzelnen Gebietskörperschaft verbleibt. Mit Blick auf die kommunale Ebene wird also eine kleine Einnahmevariation in einer Gemeinde betrachtet, während bei allen anderen Gemeinden die Einnahmen unverändert bleiben. Um jedoch anhand des Simulationsmodells die Grenzbelastungen für die einzelnen Gemeinden berechnen zu können, sind einige Annahmen notwendig. In einem ersten Schritt muss geklärt werden, wie die

[103] Im Vergleich zu dem in Spalte 9 der Tabelle 5.4 ausgewiesenen Wert für Bayern resultiert somit ein großer Unterschied. Dies hat mehrere Gründe. Neben den bereits genannten Gründen kommt noch hinzu, dass in Tabelle 5.4 im Rahmen des obligatorischen und fakultativen Steuerverbunds neben dem allgemeinen Steuerverbund, der zum Teil für die Gemeindeschlüsselzuweisungen verwendet wird, auch der Kfz-Steuerverbund sowie der Grunderwerbsteuerverbund ausgewiesen wird. Zudem werden die Kreis- und Bezirksumlagen der Gemeinden in Tabelle 5.4 nicht berücksichtigt.

marginalen Mehreinnahmen entstehen. Aufgrund der Normierung der Gewerbesteuereinnahmen in den Finanzausgleichsmechanismen ist es unzweckmäßig, die Mehreinnahmen aus einer Anspannung des jeweiligen Hebesatzes bei gleichzeitiger Konstanz der Steuerbemessungsgrundlage zu generieren. Auf der anderen Seite stehen aber auch keinerlei Daten für die 2.056 bayerischen Gemeinden zur Verfügung, wie sich die Bemessungsgrundlagen bei Hebesatzvariationen verändern würden. Aus diesen Gründen wird angenommen, dass die Mehreinnahmen einzig aus einer erhöhten Bemessungsgrundlage resultieren. Darüber hinaus wird aus Vereinfachungsgründen unterstellt, dass diese marginalen Mehreinnahmen keine Rückwirkungen bei anderen Steuern auslösen. Die Verzahnung der Gewerbesteuer mit der Einkommen- und Körperschaftsteuer, die in Kapitel 2 beschrieben wurde, wird somit ausgeblendet. In einem zweiten Schritt muss dann geklärt werden, wie hoch die marginalen Mehreinnahmen ausfallen sollen. Aufgrund der nur sehr geringen Gewerbesteuereinnahmen in einigen Gemeinden wird lediglich ein Anstieg der Bemessungsgrundlage in Höhe von 10.000 Euro unterstellt. Die marginalen Mehreinnahmen fallen somit relativ gering aus. Aufgrund dieser geringen Mehreinnahmen kommt es bei den Finanzausgleichsmechanismen im Rahmen des bundesstaatlichen Finanzausgleichs, bei denen die Gewerbesteuer als Berechnungsgrundlage einfließt, allerdings auch nur zu sehr geringen Rückwirkungen bei den obligatorischen und fakultativen Verbundeinnahmen. Um die Berechnungen zu vereinfachen wird daher unterstellt, dass es zu keinerlei Rückwirkungen bei der Gemeindeschlüsselmasse kommt.

5.3.2 Grenzbelastung und Finanzausgleichssystematik

Bevor die Simulationsergebnisse dargestellt werden, soll zuerst der Frage nachgegangen werden, wie die Grenzbelastungen im Finanzausgleichssystem entstehen. Es sollen also die Determinaten der Grenzbelastung identifiziert werden.

Den Ausgangspunkt für die Bestimmung der Grenzbelastung bilden die marginalen Mehreinnahmen einer Gemeinde. Aufgrund der unterschiedlichen Gewerbesteuerhebesätze, die sich im Betrachtungsjahr in einer Spanne von 240 v. H. bis 490 v. H. bewegen, kommt es zu einem gemeindespezifischen Bruttozufluss.

Ausgehend von diesen unterschiedlichen marginalen Mehreinnahmen kommt eine erste Abschöpfungen bereits durch die Abführung der Gewerbesteuerumlage zustande. Denn der Anstieg der Steuerbemessungsgrundlage führt in gleichem Umfang zu einer höheren Bemessungsgrundlage für die Gewerbesteuerumlage. Durch den Zuwachs der Bemessungsgrundlage kommt es in der Gemeinde mit den marginalen Mehreinnahmen des Weiteren zu einem Anstieg der Steuerkraftmesszahl. Dadurch bedingt kommt es zu Veränderungen bei der Gewährung von Sonderschlüsselzuweisungen (vgl. Gleichung (3.8)). In der Gemeinde, bei der der Anstieg der Bemessungsgrundlage unterstellt wird, steigt die Steuerkraftmesszahl je Einwohner. Es steigt aber auch in einem geringen Maße die landesdurchschnittliche Steuerkraftmesszahl je Einwohner. Ist die Steuerkraftmesszahl je Einwohner auch weiterhin mindestens so groß wie derjenige Betrag, der sich daraus ergibt, dass 75 v. H. der landesdurchschnittlichen Steuerkraftmesszahl je Einwohner mit dem gemeindeindividuellen Hauptansatz multipliziert wird, dann erhält diese Gemeinde keine Sonderschlüsselzuweisungen. In diesem Fall kommt es zu keinen Abschöpfungen. Ist die Steuerkraftmesszahl je Einwohner jedoch auch weiterhin kleiner als dieser fiktive Betrag, so kommt es zu einer Verringerung der Sonderschlüsselzuweisungen. Im schlimmsten Fall kann es der Gemeinde mit dem Bemessungsgrundlagenzuwachs aber auch passieren, dass sie nicht mehr empfangsberechtigt ist und somit ihre gesamten Sonderschlüsselzuweisungen verliert. Doch nicht nur bei der Gemeinde mit dem Bemessungsgrundlagenzuwachs kommt es möglicherweise zu Veränderungen bei den Sonderschlüsselzuweisungen. Bei den anderen Gemeinden kommt zum Tragen, dass bei unveränderten gemeindeindividuellen Steuerkraftmesszahlen je Einwohner die landesdurchschnittliche Steuerkraftmesszahl je Einwohner steigt. Bereits empfangsberechtigte Gemeinden erhalten nun höhere Sonderschlüsselzuweisungen. Es kann aber auch passieren, dass einige Gemeinden, die ursprünglich keine Zuweisungen erhalten, nun empfangsberechtigt werden. In der Summe verändert sich das für derartige Zuweisungen benötigte Finanzvolumen, das der Gemeindeschlüsselmasse vorab entnommen wird.

Durch den Anstieg bei der Steuerkraftmesszahl kommt es allerdings auch zu Veränderungen bei der Gewährung von allgemeinen Schlüsselzuweisungen (vgl. Gleichung (3.1)). Hier führt der Anstieg der Steuerkraftmesszahl in einer Gemeinde zunächst dazu, dass sich die Ausgangsmesszahlen aller Gemeinden verändern. Denn der Anstieg der Steuerkraftmesszahl führt nicht nur bei einem Teil der Gemeinden zu anderen Gesamtansätzen. Auch kommt es zu marginalen Veränderungen bei dem einheitlichen Grundbetrag, mit dem die Gesamtansätze aller Gemeinden multipliziert werden. Die Veränderungen bei den Gesamtansätzen entstehen dadurch, dass bei der Ermittlung des Ansatzes für Strukturschwäche die Steuerkraftzahlen der Gemeinden zugrunde gelegt werden. Durch den Anstieg der Steuerkraftmesszahl in einer Gemeinde kommt es zum einen dazu, dass in dieser Gemeinde der gemeindespezifische Belastungssatz sinkt (vgl. Gleichung (3.4)). Zum anderen sinkt aber auch in einem geringen Maße der landesdurchschnittliche Belastungssatz (vgl. Gleichung (3.5)). Erhält die Gemeinde mit dem Bemessungsgrundlagenzuwachs bereits keinen Ansatz für Strukturschwäche, so ergeben sich keinerlei Konsequenzen für den Gesamtansatz. Erhält die Gemeinde hingegen bereits einen Ansatz für Strukturschwäche, so verringert sich die positive Differenz zwischen dem gemeindespezifischen und landesdurchschnittlichen Belastungssatz (vgl. Gleichung (3.6)). Da diese Differenz für die Bestimmung des gemeindeindividuellen Ansatzes zugrunde gelegt wird, kommt es somit zu einer Verringerung des Strukturschwächeansatzes (vgl. Gleichung (3.7)).[104] Es kann sogar passieren, dass diese Gemeinde überhaupt keinen Ansatz mehr geltend machen kann. In diesen beiden Fällen ergeben sich bei dieser Gemeinde Konsequenzen für den Gesamtansatz.

Doch nicht nur für diese Gemeinde, in der der Bemessungsgrundlagenzuwachs unterstellt wird, kommt es möglicherweise zu Veränderungen des Gesamtansatzes. Bei den anderen Gemeinden kommt zum Tragen, dass bei unveränderten gemeindeindividuellen Belastungssätzen der landesdurchschnittliche Belastungssatz sinkt. Bei denjenigen Gemeinden, die bereits einen Strukturschwächeansatz geltend machen können, führt die Verringerung des landesdurchschnittlichen Belastungssatzes somit zu einem höheren Ansatz, da die Differenz zwischen dem gemeindespezifischen und dem landesdurchschnittlichen

---

[104]Es sei denn, die Gemeinde erhält trotz dieser Veränderungen immer noch den maximalen Strukturschwächeansatz.

Belastungssatz steigt.[105] Es kann auch passieren, dass einige Gemeinden, die ursprünglich keinen Ansatz geltend machen können, nun einen Ansatz für Strukturschwäche erhalten.

Die marginalen Veränderungen bei dem einheitlichen Grundbetrag, mit dem die Gesamtansätze aller Gemeinden multipliziert werden, ergeben sich aus dem Zusammenspiel mehrerer Effekte. Dies wird deutlich, wenn man sich das komplexe Verfahren in Erinnerung ruft, mit dem der Grundbetrag bestimmt wird. In einem Annäherungsverfahren wird ein Grundbetrag ermittelt, der zum einen die Veränderungen bei den Gesamtansätzen verarbeitet. Darüber hinaus müssen aber auch der Anstieg der Steuerkraftmesszahl in einer Gemeinde und die Veränderung des Zuweisungsvolumens, die sich durch die Veränderungen bei den Sonderschlüsselzuweisungen ergeben, verarbeitet werden. Unter Berücksichtigung der Veränderungen bei der Steuerkraft- und Ausgleichsmesszahl kommt es für die Gemeinde mit dem Bemessungsgrundlagenzuwachs zu keinen Abschöpfungen im Rahmen der allgemeinen Schlüsselzuweisungen, wenn diese Gemeinde auch weiterhin zu den abundanten Gemeinden zählt. Ist die Gemeinde hingegen auch weiterhin für die allgemeinen Schlüsselzuweisungen empfangsberechtigt, so kommt es auf die Veränderungen der Ausgangsmesszahl an, ob es zu Mindereinnahmen bei den Zuweisungen kommt. Da die Steuerkraftmesszahl ansteigt, kommt es nur dann nicht zu Mindereinnahmen, wenn der Anstieg der Ausgangsmesszahl mindestens dem Steuerkraftanstieg entspricht.

Weitere Abschöpfungen erfolgen im Rahmen des Umlagensystems. Bei der Gemeinde, in der die Mehreinnahmen bei der Gewerbesteuer unterstellt werden, wird der Anstieg der Steuerkraftmesszahl in Höhe des für die Gemeinde geltenden Kreis- bzw. Bezirksumlagensatzes abgeschöpft (vgl. Gleichung (3.11) bzw. (3.12)). Kommt es bei dieser Gemeinde zu Veränderungen bei den Schlüsselzuweisungen, so spielen diese im darauf folgenden Jahr bei der Berechnung der dann abzuführenden Umlage eine Rolle. Dies liegt an den besonderen Regelungen bei der Berechnung der Kreis- bzw. Bezirksumlage. Denn neben den Steuerkraftzahlen des aktuellen Finanzausgleichs werden auch 80 v. H. der Schlüsselzuweisungen des Vorjahresfinanzausgleichs zugrunde gelegt. Kommt es beispielsweise bei der Gemeinde zu Mindereinnahmen bei den Schlüsselzuweisungen, so reduziert sich in dem darauf folgenden Jahr die Berechnungsgrundlage für die Kreisbzw. Bezirksumlage. Da die Umlagebelastung sinkt, kommt es zu Mehreinnahmen. Diese fallen dabei umso höher aus, je größer die Abschöpfungen bei den Zuweisungen ausfallen und/oder je höher der für die Gemeinde geltende Umlagesatz ist.

5.3.3 Simulationsergebnisse

Nachdem nun die Entstehung der Grenzbelastung erläutert wurde, sollen als nächstes die Simulationsergebnisse dargestellt werden. Einen Überblick über die Grenzbelastungssituation der Gemeinden in Bayern gibt Tabelle 5.6, in der die 2.056 Gemeinden nach der Höhe der Nettoeinnahmen aus der Gewerbesteuer sortiert und zusammengefasst werden.

Bei den Gemeinden mit bis zu 0,5 Mill. Euro Gewerbesteuereinnahmen liegt die durchschnittliche Grenzbelastung bei 102,5 v. H., wobei die Grenzbelastungen der Gemeinden

[105]Erhält eine Gemeinde bereits den maximalen Strukturschwächeansatz, so stellen sich keine Veränderungen ein.

in einem Intervall zwischen 58,1 v. H. und 137 v. H. liegen. Dabei erleiden in dieser Gemeindeklasse von den 1.461 Gemeinden immerhin 64 v. H. eine Grenzbelastung von mindestens 100 v. H. Bei den Gemeinden mit mindestens 0,5 bis 1 Mill. Euro Gewerbesteuereinnahmen sinkt die durchschnittliche Grenzbelastung und liegt bei 92,6 v. H. Dabei sinken im Vergleich zu der vorherigen Gemeindeklasse ebenfalls die Intervalluntergrenze auf 56,2 v. H. und die Intervallobergrenze auf 115,1 v. H. Von den 232 Gemeinden in dieser Gemeindeklasse erleiden dabei nur noch 33,6 v. H. eine Grenzbelastung von mindestens 100 v. H. In der nächst höheren Gemeindeklasse, also bei den Gemeinden mit mindestens 1 bis 5 Mill. Gewerbesteuereinnahmen, beträgt die durchschnittliche Grenzbelastung 81,8 v. H. Somit sinkt der Mittelwert im Vergleich zu der vorherigen Gemeindeklasse. Bei den Intervallgrenzen kommt es ebenfalls zu einer weiteren Verringerung.

Tabelle 5.6: Basisindikatoren der Grenzbelastungen[a]

Gemeinden mit ... Mill. Euro GewSt (netto)	Min.	Max.	MW[b]	MH[c]
<0,5	58,1	137,8	102,5	64,0
0,5 bis 1	56,2	115,1	92,6	33,6
1 bis 5	54,8	113,4	81,8	9,9
≥5	36,3	120,1	68,4	4,5
insgesamt	36,3	137,8	97,1	50,8

[a] in v. H.; [b] Mittelwert; [c] Anteil der Gemeinden mit Grenzbelastungen von mindestens 100 v. H.
Quelle: eigene Berechnungen.

Sie betragen hier 54,8 v. H. und 113,4 v. H. Von den 274 Gemeinden in dieser Klasse haben auch nur noch 9,9 v. H. einen Grenzbelastung von mindestens 100 v. H. Bei den Gemeinden mit mindestens 5 Mill. Euro Gewerbesteuereinnahmen schließlich liegt die durchschnittliche Grenzbelastung nur noch bei 68,4 v. H. Somit liegt sie deutlich unter den jeweiligen Mittelwerten der anderen Gemeindeklassen. Während die Intervallobergrenze hier bei 120,1 v. H. liegt und sich im Vergleich zur vorherigen Gemeindeklasse wieder erhöht, sinkt die Intervalluntergrenze auf 36,3 v. H. Darüberhinaus erleiden von den 89 Gemeinden nur noch 4,5 v. H. der Gemeinden eine Grenzbelastung von mindestens 100 v. H. Insgesamt beträgt somit die durchschnittliche Grenzbelastung der Gemeinden in Bayern 97,1 v. H. Von den 2.056 Gemeinden haben 50,8 v. H. eine Grenzbelastung von mindestens 100 v. H.

Damit liegt die durchschnittliche Grenzbelastung für die bayerischen Gemeinden über den in anderen Studien bereits für Baden-Württemberg und das Saarland quantifizierten Werten. So beträgt die durchschnittliche Grenzbelastung für die Gemeinden in Baden-Württemberg rund 80 v. H. und für die Gemeinden des Saarlandes 81 v. H. (vgl. Abschnitt 4.1.3). Für diese Abweichung lassen sich mehrere Gründe anführen: Ein wesentlicher Grund liegt darin, dass die kommunalen Finanzausgleichssysteme zwar die gleiche Grundstruktur aufweisen, im Detail jedoch enorme Unterschiede auftreten. Einen anderen Grund stellt der kontinuierliche Anstieg des Vervielfältigers der Gewerbesteuerumlage, der bis zum Jahr 2003 stattgefunden hat (vgl. Tabelle 3.2), dar. Daher kommt es in den Untersuchungen für Baden-Württemberg und das Saarland schon allein aus diesem Grund zu einer niedrigeren Abschöpfung bei einem Anstieg der Gewerbesteuerbemessungsgrundlage. Denn diese Untersuchungen wurden vor dem hier gewählten Referenzjahr durchgeführt.

Kapitel 6

Substitution der Gewerbesteuer und Finanzausgleich

Nachdem nun das Simulationsmodell und das Referenzszenario beschrieben wurden, sollen in diesem Kapitel die allokativen und distributiven Aspekte des Finanzausgleichs im Kontext einer Gewerbesteuerreform analysiert werden. Angesichts der Vielzahl möglicher Gewerbesteuerreformkonzepte beschränkt sich diese Arbeit dabei auf die Untersuchung zweier Reformoptionen jüngeren Datums. Im Folgenden werden diese beiden Konzepte und ihre wesentlichen Vorteile gegenüber der bestehenden Gewerbesteuer dargestellt. Darüber hinaus wird der Frage nachgegangen, wie diese Reformkonzepte umgesetzt und somit für eine numerische Untersuchung in das Simulationsmodell integriert werden können. Anhand der Simulationsergebnisse werden dann die allokativen und distributiven Effekte des Finanzausgleichs beschrieben und problematisiert.

6.1 Analyse des Reformkonzepts von Fuest und Huber (2001)

6.1.1 Darstellung des Reformkonzepts

Der Vorschlag zur Reform der Gewerbesteuer von FUEST und HUBER (2001, S. 27ff.) sieht vor, die Gewerbesteuer abzuschaffen und als Ersatz einen kommunalen Zuschlag zur Einkom-men- und Körperschaftsteuer einzuführen. Damit wird ein gravierender Mangel des derzeitigen kommunalen Einnahmensystems – wie er in Kapitel 2 bereits problematisiert worden ist – beseitigt. Denn gegenwärtig haben die Gemeinden keine Möglichkeit, ihre Bürger autonom zu besteuern. Damit ist eine Besteuerung nach dem Äquivalenzprinzip bei der Wohnbevölkerung ausgeschlossen. Ebenso können, wie es das Konzept des Interessenausgleichs verlangt, die Finanzierungslasten kommunaler Leistungen nicht sachgerecht zwischen Wohnbevölkerung und gewerblicher Wirtschaft aufgeteilt werden.

Den Ausgangspunkt für das kommunale Hebesatz- bzw. Zuschlagsrecht bei der Einkommensteuer bildet die gesamte Einkommensteuerschuld eines Steuerpflichtigen, die wie bisher nach bundeseinheitlichen Regelungen ermittelt wird. Die Gemeinde, in der der Steuerpflichtige seinen Wohnsitz hat, erhebt dann einen einfachen proportionalen Zuschlag auf die Gesamtsteuerschuld. Von einer Staffelung der Zuschlagssätze, bei der mit zunehmenden Einkommen die Zuschlagssätze steigen, wird in diesem Konzept hingegen abgesehen. Denn dadurch wird das System nicht nur komplizierter. Ein weiterer Einwand gegen ein derartiges Progressionselement ist, dass es bei der bisherigen Einkommensteuer schon zu einem beachtlichen Progressionseffekt kommt, der sich auch bei einem proportionalen Gemeindezuschlag niederschlägt. Zudem zeigen empirische Untersuchungen in anderen Ländern, dass durch Zu- und Abwanderungen der Steuerpflichtigen die Möglichkeiten, auf lokaler Ebene eine progressive Besteuerung durchzusetzen, begrenzt sind (vgl. dazu auch BÜTTNER (2003a)).

Bei der Einführung eines proportionalen Zuschlags auf die Einkommensteuer muss des Weiteren geklärt werden, wie mit der Verteilung des Gemeindeanteils an der Einkommensteuer zu verfahren ist. Das Problem besteht darin, dass die Gemeinden gegenwärtig nicht die Einkommensteuerzahlungen ihrer Bürger anteilig erhalten, sondern eine Finanzzuweisung, die aus dem Gemeindeanteil an der Einkommensteuer des jeweiligen Bundeslandes finanziert wird (vgl. Abschnitt 3.4.1). Die Gemeinden können daher auf diese Einnahmen keinen Zuschlag erheben. Das Konzept bietet daher zwei Lösungen an: Die erste Lösung besteht darin, dass die gegenwärtig praktizierte Verteilung aufgehoben wird und jeder Gemeinde die von ihren Bürgern gezahlte Einkommensteuer anteilig zugewiesen und ihnen gleichzeitig ein Zuschlagsrecht eingeräumt wird. Bei der zweiten Lösung bleibt die gegenwärtig praktizierte Verteilung des Gemeindeanteils an der Einkommensteuer bestehen, den Gemeinden wird aber dennoch ein Zuschlagsrecht auf die Einkommensteuerschuld ihrer Bürger gewährt, wobei die daraus resultierenden Einnahmen den Gemeinden strikt nach dem Wohnsitzprinzip zufließen müssten. Bei dieser zweiten Lösung entsteht zwar ein gewisser administrativer Mehraufwand, andererseits könnte dann das gegenwärtig praktizierte Verfahren zur Verteilung des Gemeindeanteils an der Einkommensteuer und die damit verbundene interkommunale Nivellierungswirkung beibehalten werden.

Um auch die Wirtschaftskraft in einer Gemeinde steuerlich zu erfassen, sieht das Reformkonzept als zweites Element eine Unternehmensbesteuerung vor. Im Rahmen der Einkommensteuer wird dazu das Zuschlagsrecht im Bereich der gewerblichen Einkünfte nicht der Wohnsitzgemeinde, sondern der Betriebsstättengemeinde zugewiesen. Hierzu ist der Anteil an der Einkommensteuerschuld eines Steuerpflichtigen zu bestimmten, der auf die gewerblichen Einkünfte entfällt. Um diesen Anteil zu ermitteln, sieht das Reformkonzept vor, den Anteil der gewerblichen Einkünfte am Gesamtbetrag der Einkünfte zugrunde zu legen. Der Anteil der gewerblichen Einkünfte wird dann von der gesamten Einkommensteuerschuld des Steuerpflichtigen abgezogen, um die Höhe der Steuerschuld zu bestimmen, auf die die Wohnsitzgemeinde ein Zuschlagsrecht hat. Auf die gewerbliche Komponente erhält dann die Betriebsstättengemeinde ein Besteuerungsrecht. Für die Besteuerung sieht das Konzept grundsätzlich zwei Möglichkeiten vor: Die Besteuerung kann als ein Hebesatzrecht auf den auf gewerbliche Einkünfte entfallenden Teil der gesamten Einkommensteuerschuld oder als Steuersatz auf die gewerblichen Einkünfte vorgenommen werden. In dem Konzept wird dabei jedoch der Steuersatzlösung den Vorzug gegeben. Dies wird damit begründet, dass bei dieser Vorgehensweise die Vermischung mit anderen Einkommenskomponenten gering gehalten wird und die kommunale Besteuerung möglichst eng an die gewerblichen Einkünfte als Indikator für die lokale Wirtschaftskraft herangeführt werden kann. Dabei sollten die gewerblichen Einkünfte jedoch mit einem einfachen, proportionalen Steuersatz belegt werden.

Um das Prinzip der Rechtsformneutralität zu wahren, sieht das Reformkonzept des Weiteren vor, dass bei den Kapitalgesellschaften ganz analog zu verfahren ist. Dabei wird der körperschaftsteuerpflichtige Gewinn von der Betriebsstättengemeinde besteuert. Die Höhe des Steuersatzes, den die Gemeinde wählt, muss dabei dem für die gewerblichen Einkünfte entsprechen. Darüber hinaus sollte die Höhe des Steuersatzes auf die gewerblichen Einkünfte bzw. den körperschaftsteuerpflichtigen Gewinn unabhängig von der Höhe der Zuschlagssätze bei der Einkommensteuer gewählt werden können. Denn nur so ist eine differenzierte Besteuerung der gewerblichen Einkommen und Kapitalgesellschaften einerseits und sonstigen Einkommen andererseits möglich. Die Steuerlast zwischen der lokalen Wirtschaft und der Wohnbevölkerung kann dann nach Maßgabe des Äquivalenzprinzips und des Interessenausgleichs flexibel verteilt werden. Eine am Ort der Wertschöpfung anknüpfende Besteuerung von Personen- und Kapitalgesellschaften setzt allerdings eine Zerlegung der Bemessungsgrundlage bei Mehrbetriebsunternehmen voraus. Das Konzept sieht dazu im Rahmen der Einkommensbesteuerung die folgenden Regelungen vor: Unterhält ein Steuerpflichtiger mehrere Gewerbebetriebe oder einen Gewerbebetrieb mit Betriebsstätten in mehreren Gemeinden, so würde im ersten Fall jeder dieser Gewerbebetriebe durch die jeweilige Betriebsstättengemeinde der Besteuerung unterliegen. Im zweiten Fall ist eine Aufschlüsselung des Gesamtgewinns auf die jeweilige Betriebsstättengemeinde erforderlich. Als Verteilungsmaßstab kann hierzu wie bei der Gewerbesteuer die Lohnsumme gewählt werden. Auf den so ermittelten Betriebsstättengewinn erhebt dann die jeweilige Betriebsstättengemeinde eine Steuer. Im Rahmen der Besteuerung von Kapitalgesellschaften sieht das Konzept hingegen eine Aufschlüsselung des körperschaftsteuerpflichtigen Gewinns zwischen den Betriebsstätten nach den gegenwärtigen Regelungen vor.

6.1.2 Umsetzung und Modellierung

Nachdem nun das Reformkonzept von FUEST und HUBER (2001) vorgestellt worden ist, soll in diesem Abschnitt der Frage nachgegangen werden, wie das Reformkonzept modelliert und somit in das in Kapitel 5 vorgestellte Simulationsmodell integriert werden kann. Die Modellierung des Reformvorschlags wird dabei durch zwei Grundgedanken geleitet. Einerseits wird versucht, möglichst wenig in das Finanzausgleichssystem einzugreifen und gleichzeitig soll die Reform aufkommensneutral für die Gebietskörperschaften erfolgen.

In einem ersten Schritt wird nun zunächst der Frage nachgegangen, wie eine derartige Gewerbesteuerreform aufkommensneutal für die Gebietskörperschaften umgesetzt werden kann. In der ersten Spalte der Tabelle 6.1 sind zunächst die Mindereinnahmen

Tabelle 6.1: Aufkommensneutralität bei dem Konzept von Fuest und Huber (2001)[a]

Gebietskörperschaft	Maßnahme Abschaffung	Mehreinnahmen	Ersatz	Erstattungen
	(1)	(2)	(3)	(4)
Bund	-1.512	5.902	0	-4.390
Länder	-3.989	5.902	0	-1.913
Gemeinden	-19.046	1.238	19.046	-1.238
Summe	-24.547	13.042	19.046	-7.541

[a] in Mill. Euro, Rundungsdifferenzen möglich
Quelle: eigene Berechnungen.

von Bund, Ländern und Gemeinden dargestellt, wenn die Gewerbesteuer abgeschafft wird. Im Betrachtungsjahr führt die Abschaffung der Gewerbesteuer somit zu Einnahmeausfällen von insgesamt 24.547 Mill. Euro. Aufgrund der in Kapitel 2 beschriebenen Verzahnung mit anderen Steuern kommt es jedoch auch zu Mehreinnahmen für die Gebietskörperschaften. Denn bei einer Abschaffung der Gewerbesteuer wachsen die Bemes-

Tabelle 6.2: Finanzielle Wirkungen einer Abschaffung der Gewerbesteuer[a]

Land	GewSt[e] (brutto)	Grund-betrag[f]	Mehreinnahmen ESt[b]	KSt[c]	KapSt[d]
	(1)	(2)	(3)	(4)	(5)
NW	5.776	1.452	1.919	866	260
BY	4.251	1.146	1.468	638	191
BW	3.933	1.057	1.356	590	177
NI	2.225	566	744	334	100
HE	2.569	589	812	385	116
RP	1.109	272	363	166	50
SH	731	196	252	110	33
SL	185	52	66	28	8
HH	980	274	345	147	44
HB	234	60	79	35	11
BE	761	183	247	114	34
SN	517	141	180	78	23
ST	336	81	109	50	15
TH	266	72	92	40	12
BB	460	105	145	69	21
MV	215	61	77	32	10
Summe	24.547	6.306	8.253	3.682	1.105

[a] in Mill. Euro, Rundungsdifferenzen möglich; [b] Lohnsteuer und veranlagte Einkommensteuer; [c] Körper-[c] schaftsteuer; [d] Kapitalertragsteuer; [e] Gewerbesteuer; [e] Bemessungsgrundlage der Gewerbesteuer
Quelle: eigene Berechnungen.

sungsgrundlagen bei der Einkommen- und Körperschaftsteuer (und deren Annexsteuern einschließlich Solidarzuschlag).[106] SCHEMMEL (2002, S. 56ff.) hat diese Rückwirkungen für Deutschland auf Basis der Steuerschätzung für das Jahr 2001 kalkuliert. Dieser Vorgehensweise folgend ergeben sich auf Basis der in dem Simulationsmodell verwendeten Daten für das Jahr 2001 die in Tabelle 6.2 dargestellten bundesweiten bzw. länderweisen Mehreinnahmen.[107] Die Kapitalgesellschaften werden in vollem Umfang mit der Gewerbesteuer belastet. Wenn die Gewerbesteuer, deren Bruttoaufkommen in Spalte 1 ausge-

[106] In diesem Zusammenhang ist zu klären, wie verhaltensinduzierte Veränderungen der Steuereinnahmen berücksichtigt werden. Wenn sich die steuerlichen Bedingungen für Unternehmen und die privaten Haushalte ändern, so sind Veränderungen z. B. bei der Investitionstätigkeit und der Nachfrage nach Beschäftigung sowie des Arbeitsangebots möglich. In dieser Untersuchung jedoch sollen, FUEST und HUBER (2001) folgend, derartige Rückkopplungseffekte bei den verschiedenen Steuern ausgeklammert werden.

[107] Die kalkulierten Mehreinnahmen beim Solidarzuschlag bleiben hier zur Vereinfachung außer Betracht.

wiesen ist, zu 60 v. H. – so die Annahme von SCHEMMEL (2002) – von den Kapitalgesellschaften aufgebracht wird, sind dies bundesweit 14.728 Mill. Euro.[108] Wegen des Abzugs der Gewerbesteuer von der Bemessungsgrundlage führt die Abschaffung der Gewerbesteuer bei einem Körperschaftsteuersatz von 25 v. H. zu bundesweiten Mehreinnahmen bei der Körperschaftsteuer in Höhe von 3.682 Mill. Euro (vgl. Spalte 4). Wenn die Nettoentlastung der Kapitalgesellschaften, die folglich 11.046 Mill. Euro beträgt, zur Hälfte, also in Höhe von 5.523 Mill. Euro, ausgeschüttet wird, dann entsteht bei einem Kapitalertragssteuersatz in Höhe von 20 v. H. eine zusätzliche bundesweite Kapitalertragssteuer von rund 1.105 Mill. Euro (vgl. Spalte 5). Setzt man die durchschnittliche Einkommensteuerbelastung der Ausschüttungen wegen des Halbeinkünfteverfahrens mit 25 v. H. an, ergeben sich Mehreinnahmen bei der Einkommensteuer von rund 1.381 Mill. Euro, von denen aber die Mehreinnahmen bei der Kapitalertragsteuer abgesetzt werden müssen. Es verbleiben somit bundesweite Mehreinnahmen bei der Einkommensteuer von 276 Mill. Euro. Bei den Personengesellschaften würde eine Abschaffung der Gewerbesteuer zunächst bundesweite Mindereinnahmen in Höhe von 9.819 Mill. Euro bewirken. Zugleich würden aber der Abzug der Gewerbesteuer als Betriebsausgabe und die Anrechnung der Gewerbesteuer bei der Einkommensteuer entfallen. Setzt man die durchschnittliche Einkommensteuerbelastung mit 35 v. H. an, so hätte der Abzug der Gewerbesteuer bei seinem Wegfall bundesweite Mehreinnahmen von 3.437 Mill. Euro zur Folge. Die Anrechnung der Gewerbesteuer bei der Einkommensteuer würde bei ihrem Wegfall, unterstellt man, dass 40 v. H. der in Spalte 2 dargestellten Grundbeträge[109] mit 180 v. H. auf die Steuerschuld angerechnet werden können, bundesweite Mehreinnahmen von 4.540 Mill. Euro. Insgesamt ergeben sich somit Mehreinnahmen bei der Einkommensteuer in Höhe von 8.253 Mill. Euro (vgl. Spalte 3).

An diesen Mehreinnahmen infolge der Abschaffung der Gewerbesteuer partizipieren die einzelnen Gebietskörperschaften in einem unterschiedlichen Maße. Bei den Einkommensteuermehreinnahmen partizipieren die Gemeinden in Höhe von 15 v. H., während Bund und Länder jeweils in Höhe von 42,5 v. H. beteiligt sind. Somit erhalten der Bund und die Länder jeweils 3.508 Mill. Euro und die Gemeinden 1.238 Mill. Euro an zusätzlichen Einkommensteuereinnahmen. Die Mehreinnahmen bei der Körperschafts- und Kapitalertragssteuer entfallen demgegenüber jeweils zur Hälfte in Höhe von 2.394 Mill. Euro auf Bund und Länder. Insgesamt ergeben sich somit für die einzelnen Gebietskörperschaftsebenen die in der zweiten Spalte der Tabelle 6.1 ausgewiesenen Mehreinnahmen. Darüber hinaus werden die Einnahmeverluste der Gemeinden infolge der Abschaffung der Gewerbesteuer in Höhe von 19.046 Mill. Euro durch das Aufkommen aus den neuen Zuschlagsrechten ersetzt (vgl. Spalte 3 in Tabelle 6.1). Um nun eine Aufkommenneutralität für alle Gebietskörperschaften sicherzustellen, wird unterstellt, dass die verbleibenden Mehreinnahmen der Gebietskörperschaften wieder in den privaten Sek-

[108]Diese Annahme basiert darauf, dass im Jahr 1998 die juristischen Personen einen Anteil von rund 60 v. H. an der Bemessungsgrundlage der Gewerbesteuer hatten. Da keine Differenzierung der Gewerbesteuerhebesätze zwischen juristischen und natürlichen Personen vorgenommen wird, dürften auf die juristischen Personen auch 60 v. H. des Gewerbesteueraufkommens entfallen.

[109]Das ist der Anteil an der Bemessungsgrundlage der Gewerbesteuer, der gemäß der Annahme von SCHEMMEL (2002) auf die natürlichen Personen entfällt.

tor zurückgeschleust werden. Dabei stellt sich allerdings die Frage, in welcher Höhe die einzelnen Mehreinnahmen dazu verwendet werden, die Mindereinnahmen von Bund und Länder zu decken. Bei den Ländern taucht in diesem Zusammenhang das Problem auf, dass weder die Einkommensteuermehreinnahmen noch die Mehreinnahmen bei der Körperschafts- und Kapitalertragsteuer allein ausreichen, um die Mindereinnahmen zu decken. Aus diesem Grund wird an dieser Stelle einheitlich für Bund und Länder zur Vereinfachung unterstellt, dass die eine Hälfte der Mindereinnahmen durch die Mehreinnahmen bei der Einkommensteuer und die andere Hälfte durch die Mehreinnahmen bei der Körperschaft- und Kapitalertragsteuer finanziert werden. Insgesamt fließen somit die in der vierten Spalte der Tabelle 6.1 ausgewiesenen Werte an die Wirtschaftssubjekte zurück. Die Vorgehensweise für eine aufkommensneutrale Umsetzung des Reformkonzepts ist somit im Wesentlichen geklärt.

In einem nächsten Schritt soll daher nun der Frage nachgegangen werden, wie die Substitution der Gewerbesteuer, die im vorherigen Abschnitt erläutert wurde, im Einzelnen modelliert werden kann. Im Mittelpunkt steht dabei die Bestimmung der Zuschlags- bzw. Steuersätze, die jede Gemeinde in Bayern erheben muss, um ihre Nettoeinnahmen aus der Gewerbesteuer zu ersetzen. Ein wesentliches Problem bei der Umsetzung des Reformkonzepts besteht darin, dass nicht für alle Gestaltungsparameter geeignete Primärdaten existieren. Alle Einkunftsarten der Einkommensteuer müssen daher mit einem einheitlichen Zuschlagssatz modelliert werden, da eine aktuelle, nach Einkunftsarten differenzierte Statistik auf kommunaler Ebene nicht zur Verfügung steht. Entgegen dem Konzept von FUEST und HUBER (2001) wird also für die auf gewerbliche Einkünfte entfallende Einkommensteuer kein eigener, unternehmensorientierter Zuschlagssatz berechnet. Damit werden die gewerblichen Einkommmensteueranteile zugleich den Gemeinden nach dem Wohnsitzprinzip zugeordnet, und nicht, wie vorgeschlagen, nach dem Betriebsstättenprinzip.

Bei der Bestimmung der Zuschlagssätze ist als Nächstes zu klären, ob die Zuschläge auf die Einkommen- und Körperschaftsteuer gleich hoch sein sollen oder – im Hinblick auf das Prinzip des Interessenausgleichs bzw. der fiskalischen Äquivalenz – eine Differenzierung zwischen Wohnbevölkerung und Unternehmen vorgenommen werden soll. Im Gegensatz zu FUEST und HUBER (2001) oder auch FUEST und THÖNE (2003;2005), die trotz der vorgesehenen Differenzierung nur einen integrierten gemeindlichen Zuschlagssatz auf die Einkommen- und Körperschaftsteuer in ihren Analysen für das Saarland bzw. für Nordrhein-Westfalen ermitteln, sollen im Rahmen dieser Untersuchung differenzierte Zuschlagssätze bestimmt werden. Dazu ist es allerdings erforderlich, den Anteil der Wohnbevölkerung und der Unternehmen an den zu ersetzenden Nettoeinnahmen aus der Gewerbesteuer zu bestimmen, der von ihnen im Rahmen der Zuschlagsbesteuerung aufgebracht werden soll. In Anlehnung an die Vorgehensweise von BROER (2003b), der differenzierte Zuschläge für die Stadtstaaten ermittelt, wird unterstellt, dass die Zuschlageinnahmen aus der Einkommensteuer in jeder Gemeinde 40 v. H. ihrer Nettoeinnahmen aus der Gewerbesteuer erbringen. Der Rest muss durch die Einnahmen aus der Unternehmensbesteuerung generiert werden.

Als Bemessungsgrundlage für die Einkommensteuerzuschläge sehen FUEST und HUBER (2001, S. 35f.) die gesamte Einkommensteuerschuld der Einwohner in einer Gemeinde vor. Zahlen über die Gesamteinkommensteuerschuld der Gemeindeeinwohner des Jahres 2001 liegen jedoch momentan nicht vor. Es wird daher so vorgegangen, dass das gesamte Aufkommen Bayerns bei der Lohnsteuer und veranlagten Einkommensteuer des Jahres 2001, das unter Berücksichtigung der zuvor beschriebenen Mehreinnahmen rund 26.6 Mrd. Euro beträgt, nach den für die bayerischen Gemeinden geltenden Schlüsselzahlen auf die einzelnen Gemeinden verteilt wird, die auch bei der Verteilung des Gemeindeanteils an der Einkommensteuer auf die einzelnen Gemeinden zugrunde gelegt werden. Aufgrund der Nivellierungswirkung des Verteilungsschlüssels stellt das so berechnete jeweilige gesamte Einkommensteueraufkommen einer Gemeinde allerdings nur eine Annäherung an die tatsächliche Gesamteinkommensteuerschuld der Gemeindeeinwohner dar. Als Bemessungsgrundlage für die Besteuerung der Kapitalgesellschaften sehen FUEST und HUBER (2001) – wie zuvor erläutert – den körperschaftsteuerpflichtigen Gewinn in einer Gemeinde vor. Allerdings liegen auch hier keine Daten hinsichtlich der interkommunalen Verteilung dieser Bemessungsgrundlage vor. Seitdem die Gewerbesteuer jedoch als reine Ertragsteuer konzipiert ist, ähneln sich die Bemessungsgrundlagen beider Steuern. Aus diesem Grund wird als Annäherung an den körperschaftsteuerpflichtigen Gewinn in einer Gemeinde der Gewerbeertrag, der auf die Kapitalgesellschaften entfällt, herangezogen. Dieser wird ermittelt, indem annahmegemäß 60 v. H. des Grundbetrags bzw. Steuermessbetrags der Gewerbesteuer einer Gemeinde durch die Steuermesszahl für Kapitalgesellschaften, die gegenwärtig 5 v. H. beträgt, geteilt wird.

Auf der Grundlage dieser Bemessungsgrundlagen kann als Nächstes analysiert werden, welche Zuschlags- bzw. Steuersätze die einzelnen Gemeinden erheben müssen. In Tabelle 6.3 sind zunächst die Einkommensteuerzuschläge dargestellt. Um dabei jedoch nicht die einzelnen Zuschlagssätze für die 2.056 Gemeinden auflisten zu müssen, werden – wie im vorherigen Kapitel – zur Vereinfachung die Gemeinden nach der Höhe der Nettoeinnahmen aus der Gewerbesteuer bzw. den neuen Einnahmen sortiert und zusammengefasst. Der durchschnittliche Einkommensteuerzuschlag beträgt für die 2.056 Gemeinden

Tabelle 6.3: Zuschlagssätze bei der Einkommensteuer[a]

Gemeinden mit ... Mill. Euro GewSt (netto)	Min.	Max.	MW[b]
<0,5	0,0	12,3	1,4
0,5 bis 1	0,7	18,2	3,5
1 bis 5	1,1	41,1	6,1
≥5	2,1	110,9	11,2
insgesamt	0,0	110,9	2,7

[a] in v. H.; [b] Mittelwert
Quelle: eigene Berechnungen.

2,7 v. H., wobei die Einkommensteuerzuschläge in einem Intervall zwischen 0,004 v. H. und 110,9 v. H. liegen. Ein differenziertes Bild dieser Basisindikatoren ergibt sich, wenn die einzelnen Gemeindeklassen näher betrachtet werden. Für die Gemeinden mit Gewerbesteuereinnahmen unter 0,5 Mill. Euro liegt der durchschnittliche Einkommensteuerzuschlag bei 1,4 v. H. und damit deutlich unter dem landesdurchschnittlichen Zuschlagssatz. Dabei bewegen sich die Einkommensteuerzuschläge in einem relativ kleinen Intervall, da die Untergrenze bei 0,004 v. H. und die Obergrenze bei 12,3 v. H. liegt. Bei den Gemeinden mit Gewerbesteuereinnahmen von 0,5 bis 1 Mill. Euro steigt der durchschnittliche Einkommensteuerzuschlag hingegen an und liegt bei 3,5 v. H. Somit liegt der Mittelwert in dieser Gemeindeklasse über dem landesdurchschnittlichen Zuschlagssatz. Dabei steigt die Intervalluntergrenze auf 0,7 v. H. und die Intervallobergrenze auf 18,2 v. H. In der nächsthöheren Gemeindeklasse, also bei den Gemeinden mit Gewerbesteuereinnahmen von 1 bis 5 Mill. Euro, beträgt der durchschnittliche Einkommensteuerzuschlag 6,1 v. H. Im Vergleich zu der vorherigen Gemeindeklasse kommt es somit zu einem deutlichen Anstieg. Des Weiteren kommt es zu einem geringen Anstieg der Intervalluntergrenze auf 1,1 v. H. und zu einem deutlichen Anstieg der Obergrenze auf 41,1 v. H. Insgesamt kommt es zu einer Verdopplung der Spanne, in der sich die Zuschlagssätze bewegen. Bei den Gemeinden mit mindestens 5 Mill. Euro Gewerbesteuereinnahmen kommt es zu einem weiteren Anstieg des durchschnittlichen Einkommensteuerzuschlags. Mit 11,2 v. H. ist dieser fast doppelt so hoch wie in der vorherigen Gemeindeklasse und liegt damit fast auf dem gleichen Niveau wie der maximale Einkommensteuerzuschlag bei den Gemeinden bis zu 0,5 Mill. Euro Gewerbesteuereinnahmen. Die Intervalluntergrenze erhöht sich demgegenüber nur geringfügig auf 2,1 v. H. Die Intervallobergrenze hingegen steigt auf 110,9 v. H. Damit kommt es im Vergleich zu der vorherigen Gemeindeklasse zu einer deutlichen Ausweitung der Spanne zwischen der Ober- und Untergrenze.

Im Vergleich zu den Einkommensteuerzuschlägen weisen die Steuersätze bei der Unternehmensbesteuerung, die in Tabelle 6.4 dargestellt sind, grundsätzlich ein weitaus höheres Niveau auf. Dies liegt daran, dass der Anteil der Nettoeinnahmen, der durch

Tabelle 6.4: Steuersätze bei der Unternehmensbesteuerung[a]

Gemeinden mit ... Mill. Euro GewSt (netto)	Min.	Max.	MW[b]
<0,5	8,0	17,0	11,4
0,5 bis 1	9,0	15,0	11,5
1 bis 5	7,5	16,5	11,7
≥5	8,0	20,0	12,8
insgesamt	7,5	20,0	11,6

[a] in v. H.; [b] Mittelwert
Quelle: eigene Berechnungen.

die Unternehmensbesteuerung kompensiert werden muss, annahmegemäß größer ist. Der Hauptgrund dürfte jedoch die deutlich geringere Bemessungsgrundlage sein. Bei den Steuersätzen liegt deshalb und auch als Reflex der beträchtlichen fiskalischen Bedeutung der Gewerbesteuer der Durchschnitt in Bayern bei 11,6 v. H., wobei sich die Zuschläge in einem Intervall von 7,5 v. H. bis 20,0 v. H. bewegen. Wie bei den Einkommensteuerzuschlägen ergibt sich jedoch auch hier ein differenzierteres Bild der Basisindikatoren, wenn die einzelnen Gemeindeklassen näher betrachtet werden. Bei den Gemeinden mit bis zu 0,5 Mill. Euro Gewerbesteuereinnahmen liegt der durchschnittliche Steuersatz bei 11,4 v. H. Somit liegt er nur geringfügig unter dem landesdurchschnittlichen Steuersatz. Die Intervalluntergrenze beträgt 8,0 v. H. und die Obergrenze 17,0 v. H. Bei den Gemeinden mit 0,5 bis 1 Mill. Euro Gewerbesteuereinnahmen steigt der durchschnittliche Steuersatz nur geringfügig. Mit 11,5 v. H. liegt er aber immernoch unter dem landesdurchschnittlichen Niveau. Bei den Intervallgrenzen kommt es im Vergleich zu der vorherigen Gemeindeklasse zu gegenläufigen Bewegungen. Die Intervalluntergrenze steigt auf 9,0 v. H., während die Obergrenze auf 15,0 v. H. sinkt. Somit verringert sich die Spanne zwischen der Ober- und Untergrenze in dieser Gemeindeklasse. In der nächsthöheren Gemeindeklasse steigt der durchschnittliche Steuersatz auf 11,7 v. H. Er liegt somit leicht über dem landesdurchschnittlichen Steuersatz. Im Vergleich zu der vorherigen Gemeindeklasse kommt es ebenfalls zu entgegengesetzten Bewegungen bei den Intervallgrenzen. Allerdings sinkt jetzt die Intervalluntergrenze auf 7,5 v. H., während die Obergrenze auf 16,5 v. H. ansteigt. Es kommt somit zu einer Ausweitung der Spanne zwischen der Ober- und Untergrenze. Bei den Gemeinden mit mindestens 5 Mill. Euro Gewerbesteuereinnahmen steigt der durchschnittliche Steuersatz weiter an und liegt bei 12,8 v. H. Somit befindet er sich deutlich über dem landesdurchschnittlichen Niveau. Die Intervalluntergrenze steigt auf 8,0 v. H. und die Obergrenze auf 20,0 v. H. Im Vergleich zu der vorherigen Gemeindeklasse kommt es somit zu einer Ausweitung bei der Spanne zwischen der Ober- und Untergrenze. Insgesamt zeigen somit die Ergebnisse für die bayerischen Gemeinden, dass mit der Höhe der zu ersetzenden Nettoeinnahmen aus der Gewerbesteuer auch die Zuschläge bzw. Steuersätze der Gemeinden ansteigen. So steigen die durchschnittlichen Einkommensteuerzuschläge von 1,4 v. H. auf 11,2 v. H. und die durchschnittlichen Steuersätze im Rahmen der Unternehmensbesteuerung von 11,4 v. H. auf 12,8 v. H. Für die gemeindeindividuelle Zuschlags- bzw. Steuersatzhöhe kommt es allerdings neben den zu ersetzenden Nettoeinnahmen aus der Gewerbesteuer auch auf die Höhe der jeweiligen Bemessungsgrundlagen an. Somit kommt es – wie die Intervallgrenzen verdeutlichen – dazu, dass Gemeinden zwar höhere Nettoeinnahmen aus der Gewerbesteuer ersetzen müssen, sie dennoch im Vergleich mit anderen Gemeinden, die geringere Nettoeinnahmen ersetzen müssen, nur niedrigere Zuschläge bzw. Steuersätze erheben müssen. Die Modellierung einer aufkommensneutralen Substitution der Gewerbesteuer ist somit weitestgehend geklärt.

In einem letzten Schritt muss jedoch noch der Frage nachgegangen werden, wie die kommunalen Einnahmen aus der Zuschlagsbesteuerung bzw. Unternehmensbesteuerung als Berechnungsgrundlage in den Länderfinanzausgleich i. e. S. und den bayerischen kommunalen Finanzausgleich eingehen sollen. Klar ist dabei, dass auch hier – wie bei der Gewerbesteuer – eine Normierung erforderlich ist. Es stellt sich in diesem Zusammenhang jedoch die Frage, ob bei der Normierung Umverteilungseffekte im Rahmen der jeweiligen Finanzausgleichsmechanismen vermieden werden können. Bei dem Länderfinanzausgleich i. e. S. würde es z. B. zu Änderungen bei den Ausgleichsbeiträgen bzw. Ausgleichszuweisungen kommen, wenn es im Vergleich zum Referenzszenario zu

Veränderungen bei der Gemeindefinanzkraft und somit bei der Finanzkraftmesszahl der einzelnen Länder kommen würde. Im Rahmen des kommunalen Finanzausgleichs würden demgegenüber Veränderungen bei den Schlüsselzuweisungen und Umlagebelastungen dann auftreten, wenn es im Vergleich zum Referenzszenario zu Veränderungen bei den Steuerkraftmesszahlen der Gemeinden kommen würde. Um die Umverteilungseffekte im Rahmen des Länderfinanzausgleichs i. e. S. zu vermeiden und dennoch eine Normierung durchzuführen, sehen FUEST und HUBER (2001) vor, dass die bundesweit durch die Substitution der Gewerbesteuer erzielten Einnahmen nach einem Schlüssel auf die einzelnen Bundesländer verteilt werden, der der Verteilung des normierten Gewerbesteueraufkommens im Referenzszenario entspricht. Bei der Ermittlung der Finanzkraftmesszahl würde somit die gleiche landesindividuelle Gemeindefinanzkraft zugrunde gelegt und es gäbe keinerlei Veränderungen bei den Transfers. Dieser Ansatz könnte auch bei der Ermittlung der Steuerkraftmesszahlen im Rahmen des kommunalen Finanzausgleichs ganz analog zur Anwendung kommen. Neben den offensichtlichen Vorteilen dieser Lösung gibt es jedoch auch einige Nachteile. Eine derartige Normierung würde die Intransparenz und Komplexität der bestehenden Finanzausgleichsmechanismen erhöhen. Ein grundlegender Nachteil besteht jedoch darin, dass das normierte Gewerbesteueraufkommen in den Folgejahren zur Verfügung stehen müsste. Mit der Abschaffung der Gewerbesteuer entfällt jedoch dieser Maßstab. Würde man demgegenüber an dem Verteilungsschlüssel des Reformjahres festhalten, so würden die jährlichen oder auch im Zeitablauf auftretenden Veränderungen bei der Steuerkraft der Gemeinden nicht angemessen berücksichtigt. Die Zielwirksamkeit der Finanzausgleichsmechanismen würde somit beeinträchtigt.

Aus diesen Gründen wird von der Möglichkeit einer finanzausgleichsneutralen Normierung im Reformjahr abgesehen. Vielmehr wird eine nahe liegende und pragmatische Lösung bei den Finanzausgleichsmechanismen angestrebt, die auch in den Folgejahren umgesetzt werden kann. Diese Lösung sieht im Rahmen des Länderfinanzausgleichs i. e. S. vor, dass für die Zuschlagseinnahmen bei der Einkommensteuer und die Einnahmen aus der Unternehmensbesteuerung jeweils eine Steuerkraftzahl gebildet wird. Dabei wird das jeweilige bundesweite Aufkommen in Verhältnis der länderweisen Bemessungsgrundlagen auf die einzelnen Länder verteilt. Somit könnte das aktuelle Verfahren zur Bestimmung der Steuerkraft gemäß § 8 II FAG-BL, das bei den Realsteuern gegenwärtig Anwendung findet, beibehalten werden. Weitere Modifikationen bei den Regelungen des Länderfinanzausgleich i. e. S. sind nicht notwendig.

Im Rahmen des kommunalen Finanzausgleichs soll es bei der Normierung der kommunalen Einnahmen, die durch die Substitution der Gewerbesteuer generiert werden, ebenfalls nur zu geringen Eingriffen bei den Finanzausgleichsregelungen kommen. Aus diesem Grund bleibt das gegenwärtige Verfahren zur Bestimmung der Steuerkraft, das gemäß Art. 4 II Nr. 1 bis 3 FAG-BY bei den Realsteuern zugrunde gelegt wird, unverändert. Allerdings werden sowohl für die Zuschlagseinnahmen aus der Einkommensteuern als auch für die Einnahmen aus der Unternehmensbesteuerung jeweils Steuerkraftzahlen ermittelt, die dann beide in die Steuerkraftmesszahl einfließen. Dazu werden die jeweiligen Einnahmen durch die örtlichen Zuschlags- bzw. Steuersätze geteilt. Die beiden Bemessungsgrundlagen werden dann mit dem entsprechenden Nivellierungszuschlagssatz bzw. Nivellierungssteuersatz multipliziert. Es stellt sich dabei allerdings die Frage, wie die normierten Zuschlags- bzw. Steuersätze gewählt werden sollen. Da es bisher keine allgemein anerkannte Methode zur Niveaubestimmung der Nivellierungssätze gibt, besteht eine nahe liegende und unkomplizierte Lösung darin, jeweils den landesdurchschnittlichen Zuschlags- bzw. Steuersatz zugrunde zu legen.[110] In dieser Untersuchung wird jedoch eine andere Lösung gewählt. In dem Referenzszenario, das in Kapitel 5 beschrieben wurde, beträgt der landesdurchschnittliche Gewerbesteuerhebesatz in Bayern 321 v. H. Bei der Bestimmung der Steuerkraftmesszahl hingegen wird ein Nivellierungshebesatz in Höhe von 300 v. H. angesetzt. Dieser Nivellierungshebesatz entspricht somit nur rund 93,5 v. H. des landesdurchschnittlichen Hebesatzes. In dieser Untersuchung wird daher unterstellt, dass der Finanzausgleichsgesetzgeber einen ähnlichen Abschlag vorsieht. Somit wird aufgrund dieser Annahme ein Nivellierungszuschlagssatz in Höhe von 2,53 v. H. und ein Nivellierungssteuersatz in Höhe von 10,85 v. H. unterstellt.

6.1.3 Simulationsergebnisse

6.1.3.1 Verteilungseffekte durch den Finanzausgleich

Nachdem nun die Umsetzung und Modellierung des Reformkonzepts beschrieben worden ist, können nun die durch eine derartige Gewerbesteuerreform ausgelösten Verteilungseffekte des Finanzausgleichssystems näher untersucht werden.

Einen Überblick über die vertikalen Verteilungswirkungen zwischen Bund, Ländern und Gemeinden gibt Tabelle 6.5. In der Spalte 1 ist zunächst die vertikale Verteilung der Einnahmen in der Situation ohne Gewerbesteuerreform, die in Kapitel 5 beschrieben wurde, dargestellt. In der Spalte 2 sind nun die Veränderungen im Vergleich zum Referenzszenario ausgewiesen. Dort kann entnommen werden, wie die Verluste von Bund und Ländern aus dem Wegfall der Gewerbesteuerumlage durch die Mehreinnahmen bei der Einkommen-, Körperschaft- und Kapitalertragsteuer genau ausgeglichen werden. Da die Gemeinden lediglich ihre Nettoeinnahmen aus der Gewerbesteuer ersetzen, bleibt das bundesweite Steueraufkommen trotz der Gewerbesteuerreform unverändert. Darüber hinaus kommt es durch die Gewerbesteuerreform jedoch auch zu Veränderungen bei den vertikalen Umschichtungen zwischen den einzelnen Ebenen, die in der Regel bei der Diskussion von Gewerbesteuerreformen vernachlässigt werden. Diese Verteilungswirkungen, die sowohl durch die Aufkommensveränderungen bei einzelnen Einnahmequellen als auch durch die Modifikationen einzelner Finanzausgleichsregelungen entstehen, belaufen sich im Rahmen der Bundesergänzungszuweisungen auf 44 Mill. Euro. Der Bund muss durch die Gewerbesteuerreform nun mehr Transfers an die empfangsberechtigten Länder leisten. Gleichzeitig werden aber auch die Länder über den obligatorischen und fakultativen Steuerverbund insgesamt 381 Mill. Euro an die Gemeinden weiterleiten. Die vertikalen Verteilungseffekte sind somit im Wesentlichen geklärt.

In einem nächsten Schritt sollen daher zunächst die Verteilungseffekte bei den Ländern einer genaueren Analyse unterzogen werden. In der Tabelle 6.6 sind dazu die Veränderungen bei den landesspezifischen Steuereinnahmen und Transferströmen dargestellt. Die jeweiligen Summenwerte in der letzten Zeile finden sich dabei in der zwei-

---

[110] Zu den unterschiedlichen Argumentationslinien bei der Niveaubestimmung der Nivellierungshebesätze siehe z. B. SCHERF (2000b).

ten Spalte der Tabelle 6.5. Aus den Spalten 1 und 2 lassen sich die Mehreinnahmen

Tabelle 6.5: Vertikale Verteilungseffekte bei dem Konzept von Fuest und Huber (2001)[a]

Steuerart/ Gebietskörperschaft	Situation vor der Reform	Gewinne/ Verluste
	(1)	(2)
Bundessteuern	79.277	0
Anteil ESt[b]	64.037	756
Anteil KSt[c]	10.229	756
Anteil USt[d]	74.580	0
Umlage GewSt[e]	1.512	-1.512
BEZ[f]	-14.779	-44
Steuereinnahmen Bund	214.856	-44
Landessteuern (LSt)	20.487	0
Anteil ESt	64.037	1.994
Anteil KSt	10.229	1.994
Anteil USt	61.471	
Umlage GewSt	3.989	-3.989
BEZ	14.779	44
OSV[g]	-25.898	-740
FSV[h]	-7.030	359
Steuereinnahmen Länder[k]	142.064	-338
Gemeindesteuern (GSt)[i]	9.076	0
Anteil ESt	22.285	0
Anteil KSt	0	0
Anteil USt	2.884	0
GewSt[j] (netto)	19.046	0
OSV	25.898	740
FSV	7.030	-359
Steuereinnahmen Gemeinden[k]	86.219	381
Gesamtsumme	443.139	0

[a] in Mill. Euro, Rundungsdifferenzen möglich; [b] Lohnsteuer, veranlage Einkommensteuer und Zinsabschlag; [c] Körperschaft- und Kapitalertragsteuer; [d] Umsatzsteuer; [e] Gewerbesteuerumlage; [f] Bundesergänzungszuweisungen; [g] obligatorischer Steuerverbund; [h] fakultativer Steuerverbund; [i] Grundsteuer A und B; [j] Gewerbesteuer bzw. Einnahmen aus deren Substitution; [k] ohne kommunalen Finanzierungsbeitrag zum Fonds Deutsche Einheit neben der Erhöhung Gewerbesteuerumlage (vgl. § 6 V GFRG)
Quelle: eigene Berechnungen.

der einzelnen Länder bei den Gemeinschaftssteuern und in Spalte 4 die Mindereinnahmen durch den Wegfall der Gewerbesteuerumlage entnehmen. Die Trennsteuereinnahmen der Länder bleiben von der Gewerbesteuerreform hingegen annahmegemäß unberührt (vgl. Spalte 5). Anhand von Spalte 3 wird deutlich, dass es auch zu reformbedingten Veränderungen bei den Umsatzsteuereinnahmen der Länder kommt. Diese Umverteilungseffekte im Rahmen des Umsatzsteuer-Vorwegausgleichs entstehen dabei durch die Veränderungen bei den in diesem Umverteilungsmechanismus zugrunde gelegten Berechnungsgrundlagen. Da in den westdeutschen Ländern die Mehreinnahmen

Tabelle 6.6: Verteilungseffekte bei dem Konzept von Fuest und Huber (2001) (Länder)[a]

Land	ESt[b]	KSt[c]	USt[d]	Umlage GewSt[e]	LSt[f]	LFA i. e. S.[g]	Fehl-BEZ[h]	Sonder-BEZ[i]	KFA[j]	Σ
	(1)	(2)	(3)	(4)	(5)	(6)	(7)	(8)	(9)	(10)
NW	486	486	-91	-973	0	16	0	0	-203	-277
BY	384	384	-62	-768	0	-100	0	0	18	-143
BW	354	354	-53	-709	0	-65	0	0	27	-91
NI	190	190	-48	-380	0	70	23	0	-73	-26
HE	197	197	-31	-394	0	17	0	0	3	-10
RP	91	91	-19	-182	0	40	16	0	-46	-9
SH	66	66	-14	-132	0	-14	-7	0	-19	-55
SL	17	17	2	-35	0	-17	-5	0	-3	-23
HH	92	92	-9	-183	0	0	0	0	0	-9
HB	20	20	-3	-40	0	6	1	0	0	5
BE	27	27	64	-55	0	-4	-1	0	0	60
SN	21	21	83	-42	0	-3	0	0	-21	59
ST	12	12	50	-24	0	14	4	0	-16	51
TH	11	11	46	-22	0	-4	0	0	-9	32
BB	15	15	49	-31	0	40	12	0	-25	76
MV	9	9	34	-18	0	2	1	0	-15	22
Summe	1.994	1.994	0	-3.989	0	0	44	0	-381	-338

[a] in Mill. Euro, Rundungsdifferenzen möglich; [b] Lohnsteuer, veranlagte Einkommensteuer und Zinsabschlag; [c] Körperschaft- und Kapitalertragsteuer; [d] Umsatzsteuer; [e] Gewerbesteuerumlage; [f] Landessteuern; [g] Länderfinanzausgleich i.e.S.; [h] Fehlbetrags-Bundesergänzungszuweisungen; [i] Sonderbedarfs-Bundesergänzungszuweisungen; [j] obligatorischer und fakultativer Steuerverbund
Quelle: eigene Berechnungen.

bei den Gemeinschaftssteuern, die den gesamten Ländereinnahmen aus der Gewerbesteuerumlage entsprechen, den jeweiligen finanzausgleichsrelevanten Teil der Mindereinnahmen infolge die Abschaffung der Gewerbesteuerumlage übersteigen, steigen somit die Steuern nach dem Aufkommen in diesen Ländern.[111] Bei einer unveränderten Einwohnerzahl der Länder kommt es somit zu höheren bundesdurchschnittlichen Pro-Kopf-Steuereinnahmen. Während in den ostdeutschen Ländern die Pro-Kopf-Steuereinnahmen

[111] Im Rahmen des Umsatzsteuer-Vorwegausgleichs werden nicht die gesamten Einnahmen der Länder aus der Gewerbesteuerumlage berücksichtigt. Vergleiche dazu auch Abschnitt 3.3.2.

im Vergleich zum Referenzszenario unverändert bleiben, kommt es bei dieser Größe zu einem Anstieg in den westdeutschen Ländern. Diese reformbedingten Veränderungen reichen dabei zwar nicht aus, dass sich der Kreis der empfangsberechtigten Länder ändert. Allerdings bewirken diese Veränderungen aufgrund der Berechnungsvorgabe des § 2 I FAG-BL, dass den meisten empfangsberechtigten Ländern höhere Ergänzungsanteile zustehen. Das Volumen für diese Ergänzungsanteile steigt daher um 414 Mill. Euro auf insgesamt 12.244 Mill. Euro. Da dieser Anstieg jedoch zu Lasten des verbleibenden Länderanteils an der Umsatzsteuer geht, der im Verhältnis der länderweisen Einwohnerzahlen auf alle Länder verteilt wird, kommt es somit in jedem Land im Rahmen dieser Restverteilung zu Mindereinnahmen. Werden beide Effekte zusammengenommen, so zeigt sich, dass es bei den ostdeutschen Ländern zu deutlichen und im Saarland zu sehr geringen Gewinnen kommt, die zu Lasten der restlichen Länder gehen.

Anhand von Spalte 6 wird aber auch deutlich, dass es zu reformbedingten Veränderungen bei den Ausgleichszuweisungen bzw. -beiträgen der Länder kommt. Diese resultieren aus dem Zusammenspiel veränderter Berechnungsgrundlagen, die zur Bestimmung der Transfers herangezogen werden, und Modifikationen bei den Finanzausgleichsregelungen. Aufgrund der Struktur des Länderfinanzausgleichs i. e. S. führen diese Änderungen zunächst einmal zu Rückwirkungen im Rahmen der Finanzkraftbestimmung. Bei der Länderfinanzkraft eines Landes führen diese Änderungen bei drei der vier Komponenten zu Veränderungen. Die Mehreinnahmen bei der Einkommen- und Körperschaftsteuer und die Mindereinnahmen durch die Abschaffung der Gewerbesteuerumlage führen – wie bereits beschrieben – zu einem Anstieg der Steuern nach dem Aufkommen in den westdeutschen Ländern. Die durch den Anstieg der Steuern nach dem Aufkommen ausgelösten Veränderungen bei den Länderanteilen an der Umsatzsteuer gehen ebenfalls in die Länderfinanzkraft ein. Ein dritter, aber nur geringfügiger Effekt, entsteht ebenfalls durch den Anstieg der Steuern nach dem Aufkommen. Denn diese Einnahmen werden im Rahmen der Prämienregelung als Berechnungsgrundlage für die Kürzungsbeiträge zugrunde gelegt. Werden alle drei Effekte zusammen betrachtet, so zeigt sich, dass in allen Ländern die Länderfinanzkraft steigt. Bei der Gemeindefinanzkraft eines Landes, die den zweiten Bestandteil der Finanzkraftmesszahl bildet, kommt es bei einigen Komponenten ebenfalls zu Veränderungen. Sie entstehen erstens durch den Wegfall der Abzugsfähigkeit eines finanzausgleichsrelevanten Teils der Gewerbesteuerumlage. Eine zweite Veränderung ergibt sich hingegen durch die im vorherigen Abschnitt beschriebene Modifikation der Finanzausgleichsregelungen. So werden zum einen nur die Zuschlagseinnahmen aus der Einkommensteuer und die Einnahmen aus der Unternehmensbesteuerung, die zusammen lediglich den Nettoeinnahmen aus der Gewerbesteuer entsprechen, berücksichtigt. Zum anderen wird dieses im Vergleich zum Referenzszenario niedrigere Aufkommen nicht im Verhältnis der länderweisen Grundbeträge der Gewerbesteuer, sondern der länderweisen neuen Bemessungsgrundlagen auf die einzelnen Länder verteilt. Im Gegensatz zu der Länderfinanzkraft, die in allen Ländern steigt, kommt es hier zu einem uneinheitlichen Bild. Lediglich im Saarland kommt es zu einem Anstieg der Gemeindefinanzkraft. In allen anderen Ländern kommt es hingegen zu einem Rückgang der Gemeindefinanzkraft. Werden nun die Veränderungen der beiden Bestandteile zusammen betrachtet, so zeigt sich, dass es in allen Ländern bis auf Niedersachsen, Rheinland-Pfalz,

Bremen und Brandenburg zu einem Anstieg der Finanzkraftmesszahl kommt. Doch diese reformbedingten Veränderungen bei der Finanzkraft haben auch Konsequenzen für die Finanzbedarfsermittlung, da bei der Berechnung der Ausgleichsmesszahl die Finanzkraft zugrunde gelegt wird. Aus dem Zusammenspiel der veränderten Finanzkraft- und Ausgleichsmesszahlen ergeben sich dann die in Spalte 6 ausgewiesenen Veränderungen bei den horizontalen Transfers. Es fällt dabei auf, dass das Umverteilungsvolumen um 132 Mill. Euro auf 7.406 Mill. Euro ansteigt und der Kreis der ausgleichsberechtigten bzw. ausgleichspflichtigen Länder unverändert bleibt. Von den ausgleichspflichtigen Ländern müssen lediglich Bayern und Baden-Württemberg nun mehr Ausgleichsbeiträge leisten. In Hamburg bleibt hingegen die Belastung unverändert. Bei den ausgleichsberechtigten Ländern erhalten Berlin, Sachsen, Thüringen, Schleswig-Holstein sowie das Saarland nun weniger Ausgleichszuweisungen.

Die Veränderungen bei den Finanzkraft- und Ausgleichsmesszahlen sowie den Ausgleichzuweisungen rufen des Weiteren im Rahmen der Bundesergänzungszuweisungen lediglich bei den Fehlbetrags-Bundesergänzungszuweisungen Rückwirkungen hervor (vgl. Spalte 7 und 8). Im Vergleich zum Referenzszenario gibt es zwar keine Veränderung bei der Anzahl derjenigen Länder, die transferberechtigt sind. Auch gibt es keinen Wechsel der transferberechtigten Länder. Allerdings erhalten Berlin, Schleswig-Holstein und das Saarland nun weniger Leistungen vom Bund. Zu keinen Veränderungen bei der Transferhöhe kommt es hingegen in Sachsen und Thüringen. Die restlichen empfangsberechtigten Länder erhalten zusammen demgegenüber zusätzlich 57 Mill. Euro an Fehlbetrags-Bundesergänzungszuweisungen. Weitere Verteilungseffekte ergeben sich im Rahmen des obligatorischen und fakultativen Steuerverbunds, die in Spalte 9 ausgewiesen sind und weiter unten noch näher erläutert werden. Unter Berücksichtigung dieser vertikalen Umverteilungseffekte zwischen den Flächenländern und ihren Gemeinden ergeben sich dann die in Spalte 10 dargestellten Veränderungen bei den Gesamteinnahmen der Länder im Vergleich zum Referenzszenario. Es wird dabei deutlich, dass es trotz der aufkommensneutralen Reform bei den primären Einnahmen in den westdeutschen Ländern, mit Ausnahme Bremens, nach Durchführung des Finanzausgleichs zu Verlusten kommt. Zu den größten Verlieren zählen dabei Nordrhein-Westfalen, Bayern und Baden-Württemberg. Auf der anderen Seite kommt es in allen ostdeutschen Ländern zu Gewinnen. Die größten Einnahmenzuwächse verzeichnen dabei Berlin, Sachsen und Brandenburg.

Nachdem nun die reformbedingten Verteilungseffekte bei den Ländern dargestellt wurden, sollen in einem nächsten Schritt die Verteilungseffekte bei den Gemeinden der Länder beschrieben werden. In Tabelle 6.7 sind dazu die Veränderungen bei den länderspezifischen kommunalen Steuereinnahmen und Transferströmen im Vergleich zum Referenzszenario ausgewiesen. Die Summenwerte in der letzten Zeile finden sich dabei in der zweiten Spalte der Tabelle 6.5. Da eine aufkommensneutrale Substitution der Gewerbesteuer durchgeführt wird und Mehreinnahmen bei der Einkommensteuer, die infolge der Abschaffung der Gewerbesteuer entstehen, annahmegemäß in den privaten Sektor zurückgeschleust werden, kommt es bei den Gemeinschafts- und Trennsteuereinnahmen zu keinerlei Veränderungen (vgl. Spalte 1 bis 6). Demgegenüber kommt es jedoch im Zuge der Gewerbesteuerreform zu Verteilungseffekten im Rahmen des kommunalen Finanzausgleichs. Über den obligatorischen Steuerverbund partizipieren die Gemeinden an den reformbedingten Mehreinnahmen bei der Einkommen-, Körperschaft- und Kapitalertragsteuer. Durch die Veränderungen bei den Ländereinnahmen aus der Umsatzsteuer partizipieren die Gemeinden der ostdeutschen Flächenländer sowie des Saarlandes. Die restlichen Flächenländer hingegen geben einen Teil ihrer Mindereinnahmen bei der Umsatzsteuer an ihre Gemeinden weiter. Insgesamt jedoch gewinnen die Gemeinden in allen Flächenländern über diesen Umverteilungsmechanismus (vgl. Spalte 7). Bei

Tabelle 6.7: Verteilungseffekte bei dem Konzept von Fuest und Huber (2001) (Gemeinden)[a]

Land	Primäre Einnahmen						KFA		Σ
	ESt[b]	KSt[c]	USt[d]	GewSt[e] (netto)	GSt[f]	Σ	OSV[g]	FSV[h]	
	(1)	(2)	(3)	(4)	(5)	(6)	(7)	(8)	(9)
NW	0	0	0	0	0	0	203	0	203
BY	0	0	0	0	0	0	82	-100	-18
BW	0	0	0	0	0	0	150	-177	-27
NI	0	0	0	0	0	0	57	16	73
HE	0	0	0	0	0	0	84	-87	-3
RP	0	0	0	0	0	0	34	12	46
SH	0	0	0	0	0	0	23	-4	19
SL	0	0	0	0	0	0	7	-4	3
HH	0	0	0	0	0	0	0	0	0
HB	0	0	0	0	0	0	0	0	0
BE	0	0	0	0	0	0	0	0	0
SN	0	0	0	0	0	0	32	-11	21
ST	0	0	0	0	0	0	18	-1	16
TH	0	0	0	0	0	0	16	-6	9
BB	0	0	0	0	0	0	20	6	25
MV	0	0	0	0	0	0	14	1	15
Summe	0	0	0	0	0	0	740	-359	381

[a] in Mill. Euro, Rundungsdifferenzen möglich; [b] Lohnsteuer, veranlagte Einkommensteuer und Zinsabschlag; [c] Körperschaft- und Kapitalertragsteuer; [d] Umsatzsteuer; [e] Gewerbesteuer bzw. Einnahmen aus deren Substitution; [f] Grundsteuer A und B; [g] obligatorischer Steuerverbund; [h] fakultativer Steuerverbund
Quelle: eigene Berechnungen.

den reformbedingten Wirkungen auf den fakultativen Steuerverbund lassen sich demgegenüber bei den Flächenländern drei Ländergruppen unterschieden. Eine erste Gruppe besteht lediglich aus Nordrhein-Westfalen. Hier treten keinerlei Veränderungen auf, da weder die Landeseinnahmen aus der Gewerbesteuerumlage noch die Einnahmen bzw. Ausgaben des Länderfinanzausgleichs in den fakultativen Steuerverbund einfließen (vgl. Tabelle 5.1). Die zweite Gruppe besteht aus Niedersachsen, Rheinland-Pfalz, Brandenburg und Mecklenburg-Vorpommern. In diesen Ländern werden die Zuwächse bei den Einnahmen aus dem obligatorischen Steuerverbund verstärkt. Dies liegt in Niedersachsen, Rheinland-Pfalz und Mecklenburg-Vorpommern daran, dass die Gemeinden lediglich an den Mehreinnahmen des entsprechenden Landes bei den Ausgleichszuweisungen und den Fehlbetrags-Bundesergänzungszuweisungen partizipieren. In Brandenburg hingegen werden die Gemeinden auch an den Mindereinnahmen des Landes beteiligt, die durch die Abschaffung der Gewerbesteuerumlage entstehen. Allerdings fallen diese Mindereinnahmen geringer aus als die Mehreinnahmen bei den Ausgleichszuweisungen und Fehlbetrags-Bundesergänzungszuweisungen. Eine dritte Ländergruppe besteht aus den restlichen Flächenländern. In diesen Ländern kommt es zu Mindereinnahmen, so dass die Rückwirkungen der Reform auf den fakultativen Steuerverbund die positiven Veränderungen des obligatorischen Steuerverbundes dämpfen. In Hessen und Sachsen-Anhalt werden die Mindereinnahmen bei der Gewerbesteuer nur zum Teil durch Mehreinnahmen im Rahmen des Länderfinanzausgleichs i. e. S. und der Fehlbetrags-Bundesergänzungszuweisungen ausgeglichen. In den restlichen Ländern dieser Gruppe werden die Mindereinnahmen bei der Gewerbesteuerumlage hingegen durch Mindereinnahmen im Rahmen des Länderfinanzausgleichs i. e. S. und der Fehlbetrags-Bundesergänzungszuweisungen verstärkt. Unter Berücksichtigung dieser vertikalen Umverteilungseffekte zwischen den Flächenländern und ihren Gemeinden ergeben sich dann die in Spalte 9 dargestellten Veränderungen bei den Gesamteinnahmen der Gemeinden im Vergleich zum Referenzszeanario. Es wird dabei deutlich, dass es – wie auch bei den Ländern – trotz der aufkommensneutralen Reform bei den primären Einnahmen für die Gemeinden der Länder Bayern, Baden-Württemberg und Hessen nach Durchführung des Finanzausgleichs zu Verlusten kommt. In den restlichen Flächenländern kommt es demgegenüber zu Gewinnen.

Vor diesem Hintergrund sollen nun in einem letzten Schritt die Verteilungseffekte bei den Gemeinden in Bayern dahingehend untersucht werden, ob es trotz der Aufkommensneutralität bei den primären Einnahmen für die einzelnen Gemeinden zu negativen Einnahmeeffekten kommt. In der Tabelle 6.8 sind dazu die Veränderungen der kommunalen Steuereinnahmen und Transferströme der bayerischen Gemeinden ausgewiesen. Um dabei jedoch nicht die Veränderungen für die 2.056 Gemeinden auflisten zu müssen, werden zur Vereinfachung die Gemeinden dabei nach der Höhe der Nettoeinnahmen aus der Gewerbesteuer, die den Einnahmen aus der Substitution der Gewerbesteuer entsprechen, sortiert und zusammengefasst.

Bei den primären Einnahmen kommt es annahmegemäß zu keinen Veränderungen (vgl. Spalte 1 bis 6). Verteilungseffekte ergeben sich lediglich im Rahmen des bayerischen kommunalen Finanzausgleichs. Durch die Veränderungen der Einnahmen des Landes, die sowohl bei den Steuern als auch Ausgleichsbeiträgen auftreten und in Tabelle 6.6 ausgewiesen sind, kommt es zu Rückwirkungen auf die Gemeindeschlüsselmasse. So erhöhen sich die Landesanteile an der Einkommen-, Körperschaft- und Umsatzsteuer insgesamt um 706 Mill. Euro. Auf der anderen Seite sinken die Einnahmen des Landes durch die Abschaffung der Gewerbesteuerumlage um 768 Mill. Euro. Des Weiteren steigt die Belastung im Rahmen des Länderfinanzausgleichs i. e. S. um 100 Mill. Euro an. Bei der Annahme eines unveränderten kommunalen Anteils am Familienleistungsausgleich und gleichbleibender Verbundquoten kommt es somit zu einem geringfügigen Rückgang der Anteilsmasse auf 2.268 Mill. Euro. Unter Berücksichtigung der Pauschalabzüge und Aufteilungsquoten ergibt sich eine Gemeindeschlüsselmasse in Höhe von 1.371 Mill. Euro. Im Vergleich zur Referenzsituation kommt es somit lediglich zu einem Rückgang von rund 12 Mill. Euro. Weitere Rückwirkungen im Rahmen des Schlüsselzuweisungssystems resultieren aus den Modifikationen bei den Finanzausgleichsregelungen. Aufgrund der

Tabelle 6.8: Verteilungseffekte bei dem Konzept von Fuest und Huber (2001) (Gemeinden in Bayern)[a]

Gemeinden mit ... Mill. Euro GewSt (netto)	Primäre Einnahmen ESt[b]	KSt[c]	USt[d]	GewSt[e] (netto)	GSt[f]	Σ	KFA SSZ[g]	ASZ[h]	Umlage[i]	Σ
	(1)	(2)	(3)	(4)	(5)	(6)	(7)	(8)	(9)	(10)
<0,5	0	0	0	0	0	0	-30	-80	-25	-135
0,5 bis 1	0	0	0	0	0	0	-6	-7	8	-4
1 bis 5	0	0	0	0	0	0	-4	11	70	78
≥5	0	0	0	0	0	0	-3	107	172	275
Summe	0	0	0	0	0	0	-43	31	226	214

[a] in Mill. Euro, Rundungsdifferenzen möglich; [b] Lohnsteuer, veranlagte Einkommensteuer, Zinsabschlag und Einkommensteuerersatz; [c] Körperschaft- und Kapitalertragsteuer; [d] Umsatzsteuer; [e] Gewerbesteuer bzw. Einnahmen aus deren Substitution; [f] Grundsteuer A und B; [g] Sonderschlüsselzuweisungen; [h] allgemeine Schlüsselzuweisungen; [i] Kreis- bzw. Bezirksumlage
Quelle: eigene Berechnungen.

Struktur des Schlüsselzuweisungssystems führen diese Änderungen zunächst einmal zu Rückwirkungen bei der Steuerkraftbestimmung. Aufgrund der notwendigen Normierung der Zuschlagseinnahmen aus der Einkommensteuer und der Einnahmen aus der Unternehmensbesteuerung müssen zwei Steuerkraftzahlen gebildet werden. Im Vergleich zum Referenzszeanrio kommt es somit durch diese Maßnahme zu Veränderungen bei den Steuerkraftmesszahlen der Gemeinden. Diese Veränderungen bei den Steuerkraftmesszahlen führen zunächst einmal dazu, dass es im Vergleich zum Referenzszenario zu Mindereinnahmen bei den Sonderschlüsselzuweisungen kommt (vgl. Spalte 7). Das gesamte Zuweisungsvolumen, das für die Sonderschlüsselzuweisungen aufgebracht werden muss, geht um 43 Mill. Euro auf 73 Mill. Euro zurück. Dabei kommt es in allen Gemeindekategorien zu Mindereinnahmen. Den größten Rückgang verzeichnen dabei die Gemeinden mit bis zu 0,5 Mill. Euro Gewerbesteuereinnahmen. Rund 70 v. H. der Mindereinnahmen entfallen allein auf diese Gemeindeklasse. Die Veränderungen bei den Steuerkraftmesszahlen haben jedoch daneben auch Konsequenzen für die Gewährung der allgemeinen Schlüsselzuweisungen. Allerdings kommen hier noch weitere Rückwirkungen zum Tragen. So haben Veränderungen bei den Steuerkraftmesszahlen auch Auswirkungen auf die Finanzbedarfsermittlung. Die Steuerkraftmesszahlen gehen nicht nur als Berechnungsgrundlage in die Bestimmung des Gesamtansatzes ein. Zusammen mit den beschriebenen Veränderungen bei der Gemeindeschlüsselmasse, dem Zuweisungsvolumen für die Sonderschlüsselzuweisungen und den Gesamtansätzen führen sie auch zu einem veränderten einheitlichen Grundbetrag, der bei der Bestimmung der Ausgangsmesszahl zugrunde gelegt wird. Aus dem Zusammenspiel der veränderten Steuerkraft- und Ausgangsmesszahlen ergeben sich dann die in Spalte 8 ausgewiesenen Veränderungen bei den allgemeinen Schlüsselzuweisungen. Es wird deutlich, dass es trotz des Anstiegs bei dem für diese Zuweisungen zur Verfügung stehenden Finanzvolumens in Höhe von 31 Mill. Euro, der aus dem Rückgang des Volumens für die Sonderschlüsselzuweisungen und dem geringen Rückgang der Gemeindeschlüsselmasse resultiert, höchst unterschiedliche interkommunale Umverteilungseffekte im Vergleich zum Referenzszenario gibt. Die Gemeinden mit bis zu 0,5 Mill. Euro Gewerbesteuereinnahmen erhalten nun 80 Mill. Euro weniger allgemeine Schlüsselzuweisungen. Bei den Gemeinden mit 0,5 bis 1 Mill. Euro Gewerbesteuereinnahmen fällt der Rückgang hingegen geringer aus. Er beträgt in dieser Gemeindeklasse nur 7 Mill. Euro. Bei den Gemeinden mit 1 bis 5 Mill. Euro Gewerbesteuereinnahmen kommt es demgegenüber zu einem leichten Anstieg der allgemeinen Schlüsselzuweisungen. Er beläuft sich auf 11 Mill. Euro. In der Gemeindeklasse, in der die Gemeinden über mindestens 5 Mill. Euro Gewerbesteuereinnahmen verfügen, kommt es ebenfalls zu einem Anstieg. Die Gemeinden hier erhalten nun zusammen 107 Mill. Euro mehr allgemeine Schlüsselzuweisungen. Der Vergleich der Gemeindeklassen zeigt somit, dass nicht alle Gemeindegruppen an dem Zuwachs des für die allgemeinen Schlüsselzuweisungen zur Verfügung stehenden Finanzvolumens partizipieren. Auch kommt es zu Umschichtungen, bei denen insbesondere die Gemeinden mit 1 bis 5 Mill. Euro und mindestens 5 Mill. Euro Gewerbesteuereinnahmen zu Lasten der Gemeinden der beiden anderen Gemeindeklassen profitieren.

Nachdem die Verteilungseffekte im Rahmen des Schlüsselzuweisungssystems weitestgehend geklärt sind, können in einem nächsten Schritt die Verteilungseffekte im Rahmen der Kreis- bzw. Bezirksumlagen näher betrachtet werden. Durch die Veränderungen bei den Steuerkraftmesszahlen der Gemeinden kommt es zu Rückwirkungen bei der Belastung im Rahmen der Kreis- bzw. Bezirksumlagen (vgl. Spalte 9).[112] Bei den Gemeinden mit bis zu 0,5 Mill. Euro Gewerbesteuereinnahmen erhöht sich die Umlagebelastung um 25 Mill. Euro. Bei der Gemeindeklasse mit 0,5 bis 1 Mill. Euro Gewerbesteuereinnahmen sinkt hingegen die Umlagebelastung. Allerdings fällt diese Verringerung mit 8 Mill. Euro gering aus. Bei den Gemeinden mit 1 bis 5 Mill. Euro und mindestens 5 Mill. Euro Gewerbesteuereinnahmen kommt es hingegen jeweils zu einem Rückgang der Umlagebelastung in Höhe von 70 Mill. Euro bzw. 172 Mill. Euro. Da somit die gesamte Umlagebelastung um 226 Mill. Euro zurückgeht, kommt es durch die Gewerbesteuerreform zu einem vertikalen Umverteilungseffekt innerhalb der kommunalen Ebene, der zu Lasten der Kreise bzw. Bezirke geht.

Unter Berücksichtigung dieser Verteilungseffekte des kommunalen Finanzausgleichs ergeben sich schließlich die in Spalte 10 ausgewiesenen Veränderungen bei den Gesamteinnahmen. Die Mehreinnahmen der Gemeinden in Höhe von 214 Mill. Euro resultieren aus dem vertikalen Umverteilungseffekt innerhalb der kommunalen Ebene. Eine

---

[112] Im Rahmen des Simulationsmodells werden nur die Rückwirkungen durch die Veränderungen bei den Steuerkraftmesszahlen berücksichtigt. Die beschriebenen Effekte bei den Einnahmen aus Schlüsselzuweisungen kommen erst bei der Berechnung der Umlagen im Folgejahr zum Tragen.

differenziertere Betrachtung der Gemeindeklassen zeigt jedoch, dass es zu Gewinnern und Verlieren kommt. So verzeichnen die Gemeinden mit bis zu 0,5 Mill. Euro Gewerbesteuereinnahmen einen Verlust nach Durchführung des Finanzausgleichs in Höhe von 135 Mill. Euro. Im Vergleich zum Referenzszenario gehen somit die Gesamteinnahmen um rund 10 v. H. zurück. Weitaus weniger dramatisch stellt sich die Situation bei den Gemeinden mit 0,5 bis 1 Mill. Euro Gewerbesteuereinnahmen dar. Der Verlust beträgt in dieser Gemeindeklasse lediglich 4 Mill. Euro. Die Gesamteinnahmen gehen daher auch nur um knapp 1 v. H. zurück. Zu den Gewinnern gehören demgegenüber die anderen beiden Gemeindeklassen. So steigen die Gesamteinnahmen bei den Gemeinden mit 1 bis 5 Mill. Euro um 78 Mill. Euro und bei den Gemeinden mit mindestens 5 Mill. Euro Gewerbesteuereinnahmen um 275 Mill. Euro. Die Gesamteinnahmen steigen somit in diesen beiden Gemeindeklassen um jeweils rund 7 v. H. im Vergleich zum Referenzszenario.

6.1.3.2 *Effizienzwirkungen des Finanzausgleichs*

Nachdem in den vorherigen Abschnitten das Reformkonzept ausführlich dargestellt und die fiskalischen Auswirkungen dieser Option diskutiert worden sind, sollen nun die Effizienzwirkungen des Finanzausgleichssystems bei einer derartigen Substitution der Gewerbesteuer untersucht werden. Als Beurteilungskriterium dienen wiederum – wie auch schon in Kapitel 4 und 5 – die Grenzbelastungen. Bei der Berechnung der Grenzbelastungen wird dabei die gleiche Vorgehensweise gewählt, wie sie auch für die Ermittlung der Grenzbelastungen bei der Gewerbesteuer zugrunde gelegt wurde (vgl. dazu Abschnitt 5.3.1).

Im linken Teil der Tabelle 6.9 ist zunächst die Grenzbelastungssituation bei den Zuschlagseinnahmen aus der Einkommensteuer dargestellt. Dabei werden zur Vereinfachung

Tabelle 6.9: Grenzbelastung bei den Zuschlagseinnahmen aus der Einkommensteuer[a]

Gemeinden mit ... Mill. Euro GewSt (netto)	Min.	Max.	MW[b]	MH[c]	Differenz zum Referenzszenario[d] Min.	Max.	MW[b]	MH[c]
<0,5	9,7	3.423,6	312,2	83,7	-48,4	3.285,8	209,7	19,7
0,5 bis 1	7,3	437,1	86,4	30,2	-48,9	322,0	-6,2	-3,4
1 bis 5	2,6	284,7	52,2	10,6	-52,2	171,3	-29,6	0,7
≥5	0,9	85,6	26,3	0,0	-35,4	-34,5	-42,1	-4,5
insgesamt	0,9	3.423,6	239,4	64,3	-35,4	3.285,8	142,3	13,5

[a] in v. H.; [b] Mittelwert; [c] Anteil der Gemeinden mit Grenzbelastungen von mindestens 100 v. H.; [d] Prozentpunkte
Quelle: eigene Berechnungen.

die 2.056 Gemeinden nach der Höhe der Nettoeinnahmen aus der Gewerbesteuer sortiert und zusammengefasst. Bei den Gemeinden mit bis zu 0,5 Mill. Euro Gewerbesteuereinnahmen liegt die durchschnittliche Grenzbelastung bei 312,2 v. H. Die Grenzbelastungen bewegen sich dabei in einer Spanne zwischen 9,7 v. H. und 3.423,6 v. H. Dabei erleiden in dieser Gemeindeklasse 83,7 v. H. eine Grenzbelastung von mindestens 100 v. H. Bei den Gemeinden mit mindestens 0,5 bis 1 Mill. Euro Gewerbesteuereinnahmen beträgt die durchschnittliche Grenzbelastung hingegen 86,4 v. H. Im Vergleich zu der vorherigen Gemeindeklasse kommt es somit zu einem deutlichen Rückgang. Zu Rückgängen kommt es auch bei den Intervallgrenzen. Während die Intervalluntergrenze nur leicht auf 7,3 v. H. sinkt, reduziert sich die Obergrenze auf 437,1 v. H. Der Anteil der Gemeinden mit einer Grenzbelastung von mindestens 100 v. H. sinkt in dieser Gemeindeklasse auf 30,2 v. H. Insofern kommt es im Vergleich zu der vorherigen Gemeindeklasse zu einem deutlichen Rückgang. Bei den Gemeinden mit mindestens 1 bis 5 Mill. Euro Gewerbesteuereinnahmen sinkt die durchschnittliche Grenzbelastung weiter ab und beträgt 52,2 v. H. Bei den Intervallgrenzen kommt es ebenfalls zu einer weiteren Verringerung. Sie betragen hier 2,6 v. H. und 284,7 v. H. In dieser Gemeindeklasse erleiden auch nur noch 10,6 v. H. eine Grenzbelastung von mindestens 100 v. H. In der letzten Gemeindeklasse, also bei den Gemeinden mit mindestens 5 Mill. Euro Gewerbesteuereinnahmen, liegt die durchschnittliche Grenzbelastung bei nur noch 26,3 v. H. Somit kommt es zu einer deutlichen Reduktion des Mittelwerts im Vergleich zu der vorherigen Gemeindeklasse. Dabei sinkt die Intervalluntergrenze auf 0,9 v. H. und die Intervallobergrenze auf 85,6 v. H. Von den 89 Gemeinden hat keine Gemeinde eine Grenzbelastung von mindestens 100 v. H. Insgesamt beträgt somit die durchschnittliche Grenzbelastung der 2.056 Gemeinden 239,4 v. H. und 64,3 v. H. der Gemeinden erleiden eine Grenzbelastung von mindestens 100 v. H.

Vor diesem Hintergrund soll als Nächstes der Frage nachgegangen werden, wie sich die Grenzbelastungssituation bei den Einnahmen aus der Unternehmensbesteuerung darstellt. In der linken Hälfte der Tabelle 6.10 sind dazu die Basisindikatoren für die einzelnen Gemeindeklassen dargestellt.

Tabelle 6.10: Grenzbelastung bei den Einnahmen aus der Unternehmensbesteuerung[a]

Gemeinden mit ... Mill. Euro GewSt (netto)	Min.	Max.	MW[b]	MH[c]	Differenz zum Referenzszenario[d] Min.	Max.	MW[b]	MH[c]
<0,5	37,2	227,3	90,0	14,5	-20,9	89,5	-12,5	-49,5
0,5 bis 1	36,0	197,8	79,5	1,3	-20,2	82,7	-13,1	-32,3
1 bis 5	34,4	272,0	69,6	2,2	-20,4	158,6	-12,2	-7,7
≥5	17,4	84,9	50,8	0,0	-18,9	-35,2	-17,6	-4,5
insgesamt	17,4	272,0	84,4	10,8	-18,9	134,2	-12,7	-40,0

[a] in v. H.; [b] Mittelwert; [c] Anteil der Gemeinden mit Grenzbelastungen von mindestens 100 v. H.; [d] Prozentpunkte
Quelle: eigene Berechnungen.

Bei den Gemeinden mit bis zu 0,5 Mill. Euro Gewerbesteuereinnahmen beträgt die durchschnittliche Grenzbelastung 90,0 v. H., wobei die Grenzbelastungen in einer Spanne zwischen 37,2 v. H. und 227,3 v. H. liegen. Von den Gemeinden in dieser Gemeindeklasse erleiden 14,5 v. H. eine Grenzbelastung von mindestens 100 v. H. In der nächsthöheren Gemeindeklasse, in der die Gemeinden über mindestens 0,5 bis 1 Mill. Euro Gewerbesteuereinnahmen verfügen, liegt der Mittelwert nur noch bei 79,5

v. H. Die Intervallgrenzen sinken ebenfalls. Sie liegen nun bei 36,0 v. H. und 197,8 v. H. Der Anteil der Gemeinden mit einer Grenzbelastung von mindestens 100 v. H. sinkt auf 1,3 v. H. Bei den Gemeinden mit 1 bis 5 Mill. Euro Gewerbesteuereinnahmen kommt es im Vergleich zu der vorherigen Gemeindeklasse zu einer Reduktion der durchschnittlichen Grenzbelastung. Sie beträgt 69,6 v. H. Bei den Intervallgrenzen kommt es dabei zu entgegengesetzten Bewegungen. Die Intervalluntergrenze sinkt geringfügig auf 34,4 v. H. Demgegenüber steigt die Obergrenze auf 272,0 v. H. an. Von den Gemeinden in dieser Gemeindeklasse erleiden dabei 2,2 v. H. eine Grenzbelastung von mindestens 100 v. H. In der letzten Gemeindeklasse, also den Gemeinden mit mindestens 5 Mill. Euro Gewerbesteuereinnahmen, liegt der Mittelwert bei nur noch 50,8 v. H. Somit kommt es im Vergleich zu der vorherigen Gemeindeklasse zu einem weiteren Rückgang. Die Intervallgrenzen sinken auf 17,4 v. H. und 84,9 v. H. In dieser Gemeindeklasse erleidet dabei keine Gemeinde eine Grenzbelastung von mindestens 100 v. H. Insgesamt beträgt somit die durchschnittliche Grenzbelastung 84,4 v. H. Von den 2.056 Gemeinden haben dabei 10,8 v. H. eine Grenzbelastung von mindestens 100 v. H.

Angesichts dieser Grenzbelastungssituation bei den beiden neuen kommunalen Steuerquellen liegt die Vermutung nahe, dass bei einer Realisierung des Reformkonzepts grundsätzlich mit ähnlichen Effizienzwirkungen des Finanzausgleichs gerechnet werden muss, wie sie schon gegenwärtig bei der Gewerbesteuer vorherrschen. Eine genauere Aussage ist an dieser Stelle jedoch nicht möglich, da letztendlich eine gewisse Unsicherheit darüber vorliegt, inwiefern das Entscheidungskalkül der kommunalen politischen Entscheidungsträger tatsächlich bei einer Realisierung des Reformkonzepts durch das Finanzausgleichssystem verzerrt würde. Es spricht jedoch einiges dafür, dass die Steuerpolitik und ebenso die „Bemessungsgrundlagen"-Politik der Gemeinden auch bei einer Gewerbesteuerreform in ganz ähnlicher Weise wie bisher durch das Finanzausgleichssystem beeinflusst wird.

Vor dem Hintergrund dieser Ungewissheit soll an dieser Stelle dennoch ein erster Versuch unternommen werden, mögliche „Tendenzen" bei den Anreizwirkungen im Vergleich zum Status quo aufzuzeigen. In der jeweiligen rechten Hälfte der beiden Tabellen 6.9 und 6.10 sind für die beiden neuen kommunalen Steuerquellen die Veränderungen bei den Basisindikatoren ausgewiesen. So fällt bei den Einnahmen aus der Unternehmensbesteuerung auf, dass es im Vergleich zur Gewerbesteuer landesweit und in allen Gemeindeklassen zu Rückgängen sowohl bei den durchschnittlichen Grenzbelastungen als auch bei den Anteilen der Gemeinden mit einer Grenzbelastung von mindestens 100 v. H. kommt. Bei dieser neuen kommunalen Steuerquelle könnte es somit dazu kommen, dass die Anreize für viele Gemeinden, höhere Steuersätze zu wählen, geringer ausfallen. Gleichzeitig liegt es nahe, anzunehmen, dass für viele Gemeinden die negativen Anreize bei der „Bemessungsgrundlagen"-Politik ebenfalls geringer ausfallen. Bei den Zuschlagseinnahmen aus der Einkommensteuer sieht die Situation etwas anders aus. Hier wird deutlich, dass es lediglich in der Gemeindeklasse, in der die Gemeinden über Gewerbesteuereinnahmen von bis zu 0,5 Mill. Euro verfügen, bei der durchschnittlichen Grenzbelastung zu einem Anstieg kommt. Zudem fällt bei dieser Gemeindeklasse auf, dass der Anteil der Gemeinden, die eine Grenzbelastung bei dieser neuen kommunalen Steuerquelle von mindestens 100 v. H. erleiden, ebenfalls ansteigt. Bei vielen Gemeinden dieser Gemeindeklasse könnte es somit dazu kommen, dass sowohl die Anreize, höhere Zuschlagssätze zu wählen, als auch die negativen Anreize bei der „Bemessungsgrundlagen"-Politik verstärkt werden. Bei den restlichen Gemeindeklassen kommt es demgegenüber zu einem Rückgang bei der durchschnittlichen Grenzbelastung. Bis auf die Gemeindeklasse, in der die Gemeinden über 1 bis 5 Mill. Euro Gewerbesteuereinnahmen verfügen, kommt es zudem zu einem Rückgang bei dem Anteil der Gemeinden mit einer Grenzbelastung von mindestens 100 v. H. Dennoch könnte es bei den meisten Gemeinden dieser drei Gemeindeklassen dazu kommen, dass die Anreize des Finanzausgleichs, die Zuschlagssätze zu erhöhen, geringer werden und die negativen Anreize auf die „Bemessungsgrundlagen"-Politik abnehmen.

6.2 Analyse des Reformkonzepts der Stiftung Marktwirtschaft (2005b)

6.2.1 Darstellung des Reformkonzepts

Der in Eckpunkten vorliegende Reformvorschlag der STIFTUNG MARKTWIRTSCHAFT (2005b) sieht ebenso wie das bereits vorgestellte Reformkonzept von FUEST und HUBER (2001) die Abschaffung und Substitution der Gewerbesteuer vor. Das Konzept für eine derartige Neuordnung der Kommunalfinanzen beruht dabei jedoch auf einer Vier-Säulen-Lösung. Als Anknüpfungspunkte für diese Gemeindefinanzreform dienen die Bereiche Grundbesitz, Wohnen und Wirtschaften.

Eine erste Säule des Konzepts stellt die Grundsteuer dar. Um den derzeitigen Erhebungsaufwand bei dieser kommunalen Steuer zu reduzieren, die Transparenz für die Bürger zu erhöhen und ein gesichertes Aufkommen zu erreichen, sieht das Konzept als Ausgangspunkt für die Berechnung der Steuer die Verwendung von Bodenrichtwerten vor.[113]

Als eine zweite Säule sieht das Konzept die Einführung einer Bürgersteuer vor. Der Gedanke einer Bürgersteuer beruht dabei auf Art. 106 V GG. Denn diese verfassungrechtliche Vorgabe sieht einen Gemeindeanteil an der Einkommensteuer und ein eventuelles Hebesatzrecht für diesen Gemeindeanteil vor. Bei der Bürgersteuer handelt es sich um eine lokale Einkommensteuer. Dabei ersetzt die Bürgersteuer den derzeitigen Gemeindeanteil an der Lohn- und Einkommensteuer. Der Gemeindeanteil am Zinsabschlag bleibt hingegen davon unberührt. Die Bemessungsgrundlage der Bürgersteuer entspricht der Bemessungsgrundlage der geltenden Einkommensteuer, die nach bundeseinheitlichen Regelungen erhoben wird. Die Höhe des Steuersatzes kann von der einzelnen Gemeinde autonom festgelegt werden. Von einer Staffelung der Steuersätze, bei der sich mit steigenden Einkommen die Steuersätze erhöhen, wird in diesem Konzept abgesehen. Dies kann – ähnlich wie bei den Einkommensteuerzuschlägen im Rahmen des Reformkonzepts von FUEST und HUBER (2001) – damit begründet werden, dass durch die hohe Mobilität der Einkommensteuerpflichtigen die Möglichkeiten, auf lokaler Ebene eine progressive Besteuerung durchzusetzten, begrenzt sind. Die Steuer wird durch die jeweilige Wohnsitzgemeinde erhoben, die auch das gesamte lokale Aufkommen der Bürgersteuer erhält.

---

[113] Auf die Grundsteuer soll an dieser Stelle nicht näher eingegangen werden. Zu den Vor- und Nachteilen der Grundsteuer und für einen Überblick über die Reformoptionen siehe z. B. FUEST und THÖNE (2005).

Als Ersatz für die bisherige Gewerbesteuer sieht das Konzept als dritte Säule eine kommunale Unternehmensteuer und als vierte Säule eine kommunale Betriebslohnsteuer vor. Die kommunale Unternehmensteuer stellt eine wirtschaftskraftbezogene lokale Steuerquelle dar. Die Bemessungsgrundlage der kommunalen Unternehmensteuer entspricht der der allgemeinen Unternehmensteuer. Im Zuge der Neuordnung der Kommunalfinanzen hat die STIFTUNG MARKTWIRTSCHAFT (2005a) auch ein Konzept für eine Unternehmensteuerreform vorgelegt. Die kommunale und die allgemeine Unternehmensteuer bilden demnach die neue Unternehmensbesteuerung. Steuersubjekte bei dieser Besteuerung sind die bisher Körperschaftsteuerpflichtigen und auch die Personengesellschaften. Darüber hinaus werden auch die Einzelunternehmer in den Kreis der Steuerpflichtigen aufgenommen, sofern sie unternehmerische Einkünfte erzielen. Zu diesen Einkünften zählen etwa die Einkünfte aus Gewerbebetrieb, Land- und Forstwirtschaft, selbständiger Arbeit sowie Vermietung und Verpachtung. Der Unternehmensgewinn bildet die Bemessungsgrundlage für die allgemeine und kommunale Unternehmensteuer. Für die Gewinnermittlung sieht das Reformkonzept entweder einen Bestandsvergleich oder eine Überschussrechnung vor. Im Rahmen der kommunalen Unternehmensteuer kann die Höhe des Steuersatzes von der einzelnen Gemeinde autonom festgelegt werden. Wie bei der Bürgersteuer auch sieht das Konzept keine Staffelung der Steuersätze vor. Darüber hinaus ist die Höhe des Steuersatzes bei der kommunalen Unternehmensteuer unabhängig von der Höhe des Steuersatzes bei der Bürgersteuer. Die Steuer wird im Gegensatz zur Bürgersteuer durch die jeweilige Betriebsstättengemeinde erhoben, die auch das gesamte lokale Aufkommen der kommunalen Unternehmensteuer erhält.[114] In Verbindung mit der Bürgersteuer sieht das Reformkonzept somit ebenso wie das Konzept von FUEST und HUBER (2001) die Beseitigung eines gravierenden Mangels des kommunalen Einnahmesystems vor. Da den Gemeinden die Möglichkeit eingeräumt wird, ihre Bürger autonom zu besteuern, kann eine Besteuerung nach dem Äquivalenzprinzip bei der Wohnbevölkerung erfolgen. Ebenso können, wie es das Konzept des Interessenausgleichs verlangt, die Finanzierungslasten kommunaler Leistungen sachgerecht zwischen Wohnbevölkerung und gewerblicher Wirtschaft aufgeteilt werden.

Die kommunale Betriebslohnsteuer, welche eine vierte Säule des Reformkonzepts bildet, soll als stabilisierendes Element zur Kommunalfinanzierung beitragen. Dabei handelt es sich um eine Beteiligung der Gemeinden an der Lohnsteuer der am Ort beschäftigten Arbeitnehmer in Höhe von 2 v. H. Somit bildet die kommunale Betriebslohnsteuer eine wichtige Finanzierungssäule der Betriebsgemeinden. Die Berechnungsgrundlage bildet dabei die Lohnsumme aller Arbeitgeber. Es werden somit auch die öffentlichen Arbeitgeber einbezogen. Um jedoch diese Steuerbelastung zu neutralisieren, sieht das Konzept vor, dass Bund und Länder im gleichen Umfang auf Lohnsteuereinnahmen in Höhe der kommunalen Beteiligung verzichten. Aus diesem Grund wird die kommunale Beteiligung an der Lohnsteuer ohne Hebesatzrecht ausgestattet.

---

[114]Angaben über die Art und Weise einer Zerlegung der Bemessungsgrundlage bei Mehrbetriebsunternehmen lassen sich weder dem Konzept zur Neuordnung der Kommunalfinanzen noch dem Konzept zur Unternehmensteuerreform entnehmen.

6.2.2 Umsetzung und Modellierung

Nachdem nun das Reformkonzept der STIFTUNG MARKTWIRTSCHAFT (2005b) vorgestellt worden ist, soll in diesem Abschnitt der Frage nachgegangen werden, wie das Reformkonzept modelliert und somit in das in Kapitel 5 vorgestellte Simulationsmodell integriert werden kann. Die Modellierung des Reformvorschlags wird dabei – wie auch zuvor bei der Modellierung des Konzepts von FUEST und HUBER (2001) – durch zwei Grundgedanken geleitet. Einerseits wird versucht, möglichst wenig in das Finanzausgleichssystem einzugreifen und gleichzeitig soll die Reform aufkommensneutral für die Gebietskörperschaften erfolgen.

In einem ersten Schritt wird nun zunächst der Frage nachgegangen, wie eine derartige Neuordnung der Kommunalfinanzen aufkommensneutal für die Gebietskörperschaften umgesetzt werden kann. In den Spalten 3 bis 6 der Tabelle 6.11 ist die Abschaffung und

Tabelle 6.11: Aufkommensneutralität bei dem Konzept der Stiftung Marktwirtschaft (2005b)[a]

Gebietskörperschaft	Maßnahme						
	Gemeindeanteil ESt[b]		GewSt[c]				
	Abschaffung	Ersatz	Abschaffung	Mehreinnahmen	Ersatz UntSt[d]	Ersatz BetrLSt[e]	Erstattungen
	(1)	(2)	(3)	(4)	(5)	(6)	(7)
Bund			-1.512	5.902	0	-1.127	-3.263
Länder			-3.989	5.902	0	-1.127	-786
Gemeinden	-21.210	21.210	-19.046	1.238	16.792	2.254	-1.238
Summe	-21.210	21.210	-24.547	13.042	16.792	0	-5.287

[a] in Mill. Euro, Rundungsdifferenzen möglich; [b] Lohnsteuer und veranlagte Einkommensteuer; [c] Gewerbesteuer; [d] kommunale Unternehmensteuer; [e] kommunale Betriebslohnsteuer
Quelle: eigene Berechnungen.

Substitution der Gewerbesteuer dargestellt. In der dritten Spalte sind dabei die Mindereinnahmen von Bund, Ländern und Gemeinden infolge der Abschaffung der Gewerbesteuer ausgewiesen. Insgesamt kommt es im Betrachtungjahr zu Einnahmeausfällen in Höhe von insgesamt 24.547 Mill. Euro. Aufgrund der in Kapitel 2 beschriebenen Verzahnung der Gewerbesteuer mit anderen Steuern kommt es jedoch zu Mehreinnahmen für die Gebietskörperschaften. Diese Mehreinnahmen bei der Einkommen-, Körperschaft- und Kapitalertragssteuer, deren Ermittlung bereits in Abschnitt 6.1.2 beschrieben wurde, sind für die einzelnen Gebietskörperschaftsebenen in Spalte 4 dargestellt. Es wurde dabei bereits berücksichtigt, dass die Gebietskörperschaften unterschiedlich an den in Tabelle 6.2 ausgewiesenen Mehreinnahmen partizipieren. An der Einkommensteuer sind die Gemeinden in Höhe von 15 v. H. und Bund und Länder jeweils in Höhe von 42,5 v. H beteiligt. Somit entfallen von den Mehreinnahmen bei der Einkommensteuer jeweils 3.508 Mill. Euro auf

Bund und Länder und 1.238 Mill. Euro auf die Gemeinden. An den Mehreinnahmen bei der Körperschaft- und Kapitalertragsteuer werden die Gemeinden hingegen nicht beteiligt. Somit entfallen diese Mehreinnahmen gegenwärtig jeweils zur Hälfte in Höhe von 2.394 Mill. Euro auf Bund und Länder. In den Spalten 5 und 6 ist nun die Substitution der Gewerbesteuer dargestellt. Für den aufkommensneutralen Ersatz der Nettoeinnahmen aus der Gewerbesteuer sieht das Reformkonzept zwei Einnahmequellen vor. Eine erste Quelle bildet die kommunale Betriebslohnsteuer. Dabei handelt es sich um eine Umverteilung zu Lasten von Bund und Ländern. Zur Modellierung dieser vertikale Umverteilung wird dabei so vorgegangen, dass die Gemeinden an den Lohnsteuereinnahmen von Bund und Ländern in Höhe von 2 v. H. beteiligt werden. Im Betrachtungsjahr entspricht diese Beteiligung somit 2.254 Mill. Euro. Da der Bund und die Länder jeweils zu gleichen Quoten an den Lohnsteuereinnahmen beteiligt werden, teilen sie sich demnach auch die Mindereinnahmen. Insgesamt ergibt sich somit die in Spalte 6 ausgewiesene vertikale Umschichtung. Da die kommunale Beteiligung an der Lohnsteuer nicht ausreicht, um die gesamten Nettoeinnahmen aus der Gewerbesteuer zu ersetzten, sieht das Reformkonzept die Einführung einer kommunalen Unternehmensteuer vor. Das Aufkommen, das aus dieser Steuer generiert wird, entspricht dabei 16.792 Mill. Euro (vgl. Spalte 5). Für die Neuordnung der Kommunalfinanzen sieht das Reformkonzept neben der Substitution der Gewerbesteuer auch den Ersatz des Gemeindeanteils an der Lohn- und Einkommensteuer vor. In der ersten Spalte sind die kommunalen Einnahmen aus der Beteiligung an der Lohn- und Einkommensteuer im Betrachtungsjahr dargestellt. Bei einer Abschaffung dieser kommunalen Einnahmequelle ergeben sich somit Mindereinnahmen für die Gemeinden in Höhe von 21.210 Mill. Euro. Als aufkommensneutralen Ersatz sieht das Reformkonzept die Einführung einer Bürgersteuer vor (vgl. Spalte 2). Die darüber hinaus vorgesehene Reform der Grundsteuer wird demgegenüber mangels geeigneter Daten und zur Vereinfachung in dieser Untersuchung nicht berücksichtigt.

Um nun eine Aufkommenneutralität für alle Gebietskörperschaften im Zuge dieser Neuordnung der Kommunalfinanzen sicherzustellen, wird unterstellt, dass die verbleibenden Mehreinnahmen der Gebietskörperschaften wieder in den privaten Sektor zurückgeschleust werden. Dabei stellt sich allerdings – wie schon bei der Modellierung des Reformkonzepts von FUEST und HUBER (2001) – die Frage, in welcher Höhe die einzelnen Mehreinnahmen dazu verwendet werden, die Mindereinnahmen von Bund und Länder zu decken. Ein Problem bei den Ländern ist dabei, dass weder die Einkommensteuermehreinnahmen noch die Mehreinnahmen bei der Körperschaft- und Kapitalertragsteuer allein ausreichen, um die gesamten Mindereinnahmen zu decken. Aus diesem Grund wird ebenso wie in Abschnitt 6.1.2 einheitlich für Bund und Länder unterstellt, dass die eine Hälfte der Mindereinnahmen infolge der Abschaffung der Gewerbesteuerumlage durch die Mehreinnahmen bei der Einkommensteuer und die andere Hälfte durch die Mehreinnahmen bei der Körperschaft- und Kapitalertragsteuer finanziert werden. Die Mindereinnahmen infolge der Umschichtung von Lohnsteuereinnahmen zugunsten der Gemeinden wird demgegenüber einzig durch die Mehreinnahmen bei der Einkommensteuer finanziert. Vor diesem Hintergrund fließen die in Spalte 7 ausgewiesenen Werte an die Wirtschaftssubjekte zurück. Die Vorgehensweise für eine aufkommensneutrale Umsetzung des Reformkonzepts ist somit im Wesentlichen geklärt.

In einem zweiten Schritt soll nun der Frage nachgegangen werden, wie die Substitution des Gemeindeanteils an der Lohn- und Einkommensteuer sowie die Substitution der Gewerbesteuer im Einzelnen modelliert werden kann. Im Mittelpunkt steht dabei die Bestimmung der Steuersätze, die jede Gemeinde in Bayern im Rahmen der Bürgersteuer und kommunalen Unternehmensteuer erheben muss, um genau ihre Lohn- und Einkommensteueranteile bzw. ihre nicht durch die kommunale Betriebslohnsteuer gedeckten Nettoeinnahmen aus der Gewerbesteuer zu ersetzen. Ein wesentliches Problem bei der Umsetzung des Reformkonzepts besteht nun allerdings darin, dass nicht für alle Gestaltungsparameter geeignete Primärdaten zur Verfügung stehen. Bei der Bürgersteuer sieht das Konzept vor, dass die einzelnen Gemeinden auf die Bemessungsgrundlage der gegenwärtigen Einkommensteuer zugreifen. Es wird daher im Rahmen dieser Untersuchung so vorgegangen, dass als Bemessungsgrundlage für die Bürgersteuer das zu versteuernde Einkommen des Betrachtungsjahres herangezogen wird. Die Modellierung der Substitution der Gewerbesteuer gestaltet sich demgegenüber aufgrund der Datenproblematik viel schwieriger. In einem ersten Schritt muss zunächst einmal geklärt werden, wie die kommunale Betriebslohnsteuer modelliert werden kann. Ein Problem besteht nun darin, dass keine Daten über die interkommunale Verteilung der Bruttolohnsumme nach dem Betriebsstättenprinzip zur Verfügung steht. Aus diesem Grund wird so vorgegangen, dass der gesamte den bayerischen Gemeinden zustehende Lohnsteueranteil gemäß der Bemessungsgrundlage der kommunalen Unternehmensteuer, die ja nach dem Betriebsstättenprinzip interkommunal verteilt ist, auf die einzelnen Gemeinden aufgeteilt wird. Die so modellierte kommunale Betriebslohnsteuer stellt somit nur eine sehr grobe Annäherung dar. Bei der Bemessungsgrundlage der kommunalen Unternehmensteuer sind mangels geeigneter Daten weitere Abweichungen vom Reformkonzept erforderlich. Dies liegt daran, dass keine Daten über eine interkommunale Verteilung des unternehmerischen Gewinns, wie ihn das Reformkonzept vorsieht, zur Verfügung stehen. Seitdem die Gewerbesteuer jedoch als reine Ertragsteuer konzipiert ist, ähnelt sie immer mehr einer Gewinnsteuer, wie sie das Reformkonzept vorsieht. Aus diesem Grund wird als Bemessungsgrundlage der kommunalen Unternehmensteuer der Gewerbeertrag einer Gemeinde herangezogen. Dieser wird ermittelt, indem der Grundbetrag bzw. Steuermessbetrag der Gewerbesteuer einer Gemeinde durch die Steuermesszahl geteilt wird. Zur Vereinfachung wird dabei die Staffelung der Steuermesszahl, die gegenwärtig bei natürlichen Personen und Personengesellschaften zur Anwendung kommt, vernachlässigt. Es wird somit lediglich die für Kapitalgesellschaften geltende Steuermesszahl, die gegenwärtig 5 v. H. beträgt, zugrunde gelegt.

Auf der Grundlage dieser Bemessungsgrundlagen kann nun als Nächstes untersucht werden, welche Steuersätze die einzelnen Gemeinden erheben müssen. In Tabelle 6.12 sind zunächst die Steuersätze bei der Bürgersteuer dargestellt. Dabei sind die 2.056 Gemeinden wieder nach der Höhe der Nettoeinnahmen aus der Gewerbesteuer bzw. den neuen Einnahmen aus der kommunalen Unternehmensteuer und der kommunalen Betriebslohnsteuer sortiert und zusammengefasst. Der durchschnittliche Steuersatz für die 2.056 Gemeinden beträgt 2,7 v. H. Die Intervalluntergrenze liegt dabei bei 0,7 v. H. und die Intervallobergrenze bei 4,0 v. H. Ein differenzierteres Bild dieser Basisindikatoren zeigt sich, wenn die einzelnen Gemeindeklassen näher betrachtet werden. Bei den Gemeinden mit bis zu 0,5 Mill. Euro Gewerbesteuereinnahmen liegt der durchschnittliche Steuersatz bei 2,7 v. H. Er entspricht somit dem landesdurchschnittlichen Steuersatz. Dabei bewegen sich die Steuersätze in dieser Gemeindeklasse in einem relativ großen Intervall, da die Untergrenze bei 0,7 v. H. und die Obergrenze bei 4,0 v. H. liegt. Bei den Gemeinden mit 0,5

Tabelle 6.12: Steuersätze bei der Bürgersteuer[a]

Gemeinden mit ... Mill. Euro GewSt (netto)	Min.	Max.	MW[b]
<0,5	0,7	4,0	2,7
0,5 bis 1	1,1	3,5	2,7
1 bis 5	1,3	3,7	2,8
≥5	0,9	3,5	2,8
insgesamt	0,7	4,0	2,7

[a] in v. H.; [b] Mittelwert
Quelle: eigene Berechnungen.

bis 1 Mill. Euro Gewerbesteuereinnahmen liegt der durchschnittliche Steuersatz ebenfalls bei 2,7 v. H. Allerdings kommt es bei den Intervallgrenzen zu gegenläufigen Bewegungen. Die Intervalluntergrenze steigt auf 1,1 v. H. und die Obergrenze sinkt auf 3,5 v. H. In der nächsthöheren Gemeindeklasse steigt der durchschnittliche Steuersatz geringfügig an. Er liegt bei diesen Gemeinden mit 1 bis 5 Mill. Euro Gewerbesteuereinnahmen bei 2,8 v. H. und damit über dem Landesdurchschnitt. Im Vergleich zu der vorherigen Gemeindeklasse steigen dabei die beiden Intervallgrenzen. Die Untergrenze liegt nun bei 1,3 v. H. und die Obergrenze bei 3,7 v. H. Bei den Gemeinden mit mindestens 5 Mill. Euro Gewerbesteuereinnahmen liegt der durchschnittliche Steuersatz bei 2,8 v. H. Es tritt somit keine Veränderung im Vergleich zu der vorherigen Gemeindeklasse auf. Die Intervallgrenzen sinken jedoch in dieser Gemeindeklasse. Die Untergrenze liegt nun bei 0,9 v. H. und die Obergrenze bei 3,5 v. H.

Im Vergleich zu den Steuersätzen bei der Bürgersteuer weisen die Steuersätze bei der kommunalen Unternehmensteuer, die in Tabelle 6.13 ausgewiesen sind, ein höheres Niveau auf. Der durchschnittliche Steuersatz für die 2.056 Gemeinden liegt nun bei 9,8 v. H. Dabei bewegen sich die Steuersätze in einer Spanne von 5,7 v. H. und 18,2 v. H. Wie bei den Steuersätzen der Bürgersteuer ergibt sich ein differenzierteres Bild, wenn die Basisindikatoren für die einzelnen Gemeindeklassen näher analysiert werden. Bei den Gemeinden mit bis zu 0,5 Mill. Euro Gewerbesteuereinnahmen liegt der durchschnittliche Steuersatz bei 9,7 v. H. Er liegt somit leicht unter dem Landesdurchschnitt. Die Intervalluntergrenze liegt bei 6,2 v. H. und die Obergrenze bei 15,2 v. H. In der nächsthöheren Gemeindeklasse liegt der durchschnittliche Steuersatz ebenfalls bei 9,7 v. H. Allerdings kommt es bei diesen Gemeinden, die über 0,5 bis 1 Mill. Euro Gewerbesteuereinnahmen verfügen, zu gegenläufigen Bewegungen bei den beiden Intervallgrenzen. Die Untergrenze steigt auf 7,2 v. H., während die Obergrenze auf 13,2 v. H. sinkt. Bei den Gemeinden mit 1 bis 5 Mill. Euro Gewerbesteuereinnahmen steigt der durchschnittliche Steuersatz auf ein Niveau, das geringfügig über dem Landesdurchschnitt liegt. Er beträgt in dieser Gemeindeklasse 9,9 v. H. Bei den Intervallgrenzen kommt es wie in der vorherigen Gemeindeklasse zu gegenläufigen Bewegungen. Die Steuersätze bewegen sich hier in einer

Tabelle 6.13: Steuersätze bei der kommunalen Unternehmensteuer[a]

Gemeinden mit ... Mill. Euro GewSt (netto)	Min.	Max.	MW[b]
<0,5	6,2	15,2	9,7
0,5 bis 1	7,2	13,2	9,7
1 bis 5	5,7	14,7	9,9
≥5	6,2	18,2	11,0
insgesamt	5,7	18,2	9,8

[a] in v. H.; [b] Mittelwert
Quelle: eigene Berechnungen.

Spanne zwischen 5,7 v. H. und 14,7 v. H. In der letzten Gemeindeklasse, also bei den Gemeinden mit mindestens 5 Mill. Euro Gewerbesteuereinnahmen, kommt es im Vergleich zu der vorherigen Gemeindeklasse zu einem relativ deutlichem Anstieg des durchschnittlichen Steuersatzes. Dieser Steuersatz liegt nun bei 11,0 v. H. Dabei steigen die beiden Intervallgrenzen. Bei der Untergrenze kommt es nur zu einer leichten Erhöhung auf 6,2 v. H. Die Obergrenze hingegen steigt deutlich auf 18,2 v. H. an. Die Modellierung einer aufkommensneutralen Substitution des Gemeindeanteils an der Lohn- und Einkommensteuer sowie der Gewerbesteuer ist somit weitestgehend beschrieben.

In einem letzten Schritt muss nun jedoch noch der Frage nachgegangen werden, wie die Einnahmen der Gemeinden aus der Bürgersteuer, kommunalen Unternehmensteuer und kommunalen Betriebslohnsteuer als Berechnungsgrundlagen in den Länderfinanzausgleich i. e. S. und den bayerischen kommunalen Finanzausgleich eingehen sollen. Es ist dabei klar, dass bei der Bürgersteuer und der kommunalen Unternehmensteuer, also bei den Einnahmen mit kommunaler Steuersetzungsautonomie, wie auch bei der Gewerbesteuer eine Normierung erforderlich ist. Eine Normierung der Einnahmen aus der kommunalen Betriebslohnsteuer ist demgegenüber mangels Steuersatzautonomie nicht erforderlich.

Es stellt sich in diesem Zusammenhang jedoch die Frage, ob bei der Normierung bzw. Berücksichtigung der Einnahmen Umverteilungseffekte im Rahmen der jeweiligen Finanzausgleichsmechanismen vermieden werden können. Doch schon in Abschnitt 6.1.2, in dem die Implementierung des Reformkonzepts von FUEST und HUBER (2001) in das Finanzausgleichssystem diskutiert worden ist, wurde deutlich, dass eine finanzausgleichsneutrale Umsetzung des Reformkonzepts nur unter sehr kritischen und unrealistischen Annahmen möglich ist. Aus diesen in Abschnitt 6.1.2 genannten Gründen wird auch hier von der Möglichkeit einer finanzausgleichsneutralen Implementierung des Reformkonzepts abgesehen. Vielmehr wird eine nahe liegende und pragmatische Lösung angestrebt, die nur geringe Modifikationen bei den Finanzausgleichsregelungen erfordert. Diese Lösung sieht im Rahmen des Länderfinanzausgleichs i. e. S. vor, dass für die Einnahmen aus der Bürgersteuer und kommunalen Unternehmensteuer getrennt voneinander jeweils eine Steuerkraftzahl gebildet wird. Dabei wird das jeweilige bundesweite Aufkommen im Verhältnis der länderweisen Bemessungsgrundlagen auf die einzelnen Länder verteilt. Das geltende Verfahren zur Bestimmung der Steuerkraft gemäß § 8 II FAG-BL, das bei den Realsteuern gegenwärtig in Anwendung ist, kann somit beibehalten werden. Die Einnahmen aus der kommunalen Betriebslohnsteuer fließen demgegenüber nach dem Verfahren des § 8 I FAG-BL, das gegenwärtig für den Gemeindeanteil an der Lohn- und Einkommensteuer sowie dem Zinsabschlag vorgesehen ist, in die Steuerkraft ein. Weitere Modifikationen bei den Regelungen des Länderfinanzausgleichs i. e. S. sind nicht notwendig.

Im Rahmen des bayerischen kommunalen Finanzausgleichs soll es bei der Normierung bzw. Berücksichtigung der kommunalen Einnahmen aus der Substitution des Gemeindeanteils an der Lohn- und Einkommensteuer sowie der Gewerbesteuer ebenfalls nur zu geringen Eingriffen bei den Finanzausgleichsregelungen kommen. Vor diesem Hintergrund bleibt zur Normierung der Einnahmen aus der Bürgersteuer und kommunalen Unternehmensteuer das gegenwärtig praktizierte Verfahren zur Bestimmung der kommunalen Steuerkraft, das gemäß Art. 4 II Nr. 1 bis 3 FAG-BY bei den Realsteuern zugrunde gelegt wird, unverändert. Jedoch wird jeweils für die Einnahmen aus der Bürgersteuer und kommunalen Unternehmensteuer eine Steuerkraftzahl gebildet, die dann beide in die Steuerkraftmesszahl einfließen. Zur Bestimmung der Steuerkraftzahlen werden die jeweiligen Einnahmen durch den örtlichen Steuersatz geteilt. Die beiden Bemessungsgrundlagen werden dann mit dem entsprechenden Nivellierungssteuersatz multipliziert. In diesem Zusammmenhang muss jedoch geklärt werden, wie die Nivellierungssteuersätze gewählt werden sollen. Auch hier stellt sich das bereits in Abschnitt 6.1.2 angesprochene Problem, dass es kein allgemein anerkanntes Verfahren zur Niveaubestimmung der Nivellierungssteuersätze gibt. In diesem Zusammenhang besteht nun eine nahe liegende und relativ einfach zu verwirklichende Lösung darin, dass jeweils die landesdurchschnittlichen Steuersätze herangezogen werden. In dieser Untersuchung wird jedoch – wie auch schon bei der Implementierung des Reformkonzepts von FUEST und HUBER (2001) – eine andere Lösung gewählt. Bei dem in Kapitel 5 beschriebenen Referenzszeanrio beträgt der landesdurchschnittliche Gewerbesteuerhebesatz 321 v. H., während der für die Steuerkraftzahl maßgebliche Nivellierungshebesatz bei 300 v. H. liegt. Der Nivellierungshebesatz entspricht somit nur rund 93,5 v. H. des landesdurchschnittlichen Gewerbesteuerhebesatzes. In Rahmen dieser Untersuchung wird nun unterstellt, dass der Finanzausgleichsgesetzgeber einen ähnlichen Abschlag bei den Nivellierungssteuersätzen vorsieht. Aufgrund dieser Annahme ergibt sich bei der Bürgersteuer ein Nivellierungssteuersatz von 2,52 v. H. und bei der kommunalen Unternehmensteuer ein Nivellierungssteuersatz von 9,16 v. H. Für die Einnahmen aus der kommunalen Betriebslohnsteuer wird ebenfalls eine Steuerkraftzahl gebildet. Dabei fließen die Einnahmen in voller Höhe in die Steuerkraftmesszahl ein. Darüber hinausgehende Modifikationen bei den Regelungen des kommunalen Finanzausgleichs sind jedoch nicht erforderlich.

6.2.3 Simulationsergebnisse

6.2.3.1 Verteilungseffekte durch den Finanzausgleich

Nachdem nun die Umsetzung und Modellierung des Reformkonzepts beschrieben worden ist, können nun in einem nächsten Schritt die durch eine derartige Neuordnung der Kommunalfinanzen ausgelösten Rückwirkungen des Finanzausgleichssystems näher analysiert werden.

Tabelle 6.14 gibt daher einen Überblick über die vertikalen Verteilungseffekte zwischen Bund, Ländern und Gemeinden. In der ersten Spalte ist zunächst die vertikale Verteilung der Einnahmen in der Situation ohne Gewerbesteuerrefom dargestellt. Die zweite Spalte weist demgegenüber die Veränderungen im Vergleich zu diesem in Kapitel 5 beschriebenen Referenzszenario aus. Dort kann entnommen werden, wie die Mehreinnahmen von Bund und Ländern bei der Einkommen-, Körperschaft- und Kapitalertragsteuer die Verluste durch den Wegfall der Gewerbesteuerumlage genau ausgleichen. Die Gemeinden ersetzen demgegenüber – wie zuvor beschrieben – aufkommensneutral ihren Gemeindeanteil an der Lohn- und Einkommensteuer sowie ihre Gewerbesteuereinnahmen. Insgesamt bleibt somit das bundesweite Aufkommen trotz der Neuordnung der Gemeindefinanzen unverändert.

Darüber hinaus kann der zweiten Spalte entnommen werden, welche Veränderungen bei den vertikalen Umschichtungen, die zwischen den Gebietskörperschaften stattfinden, durch die Gewerbesteuerreform entstehen. Diese Verteilungswirkungen entstehen dabei sowohl durch die Aufkommensänderungen bei den einzelnen Einnahmequellen als auch durch die geringfügigen Modifikationen einzelner Finanzausgleichsmechanismen. Im Rahmen der Bundesergänzungszuweisungen belaufen sich diese Verteilungswirkungen auf 167 Mill. Euro. Der Bund muss nun durch die Gemeindefinanzreform weniger Fehlbetrags-Bundesergänzungszuweisungen an die empfangsberechtigten Länder leisten. Im Rahmen des obligatorischen und fakultativen Steuerverbundes belaufen sich demgegenüber die Verteilungswirkungen auf 255 Mill. Euro. Über den obligatorischen Steuerverbund müssen die Flächenländer nun 740 Mill. Euro mehr an die Gemeinden abgeben. Gleichzeitig sinken jedoch die vertikalen Umschichtungen zugunsten der Gemeinden über den fakultativen Steuerverbund um 485 Mill. Euro. Die vertikalen Verteilungswirkungen sind somit im Wesentlichen geklärt.

In einem nächsten Schritt sollen daher die Verteilungseffekte bei den einzelnen Ländern näher untersucht werden. In Tabelle 6.15 sind dazu die Veränderungen bei den landesspezifischen Steuereinnahmen und Transferströmen dargestellt. Die einzelnen Summenwerte in der letzten Zeile finden sich dabei in der zweiten Spalte der Tabelle 6.14. Aus den Spalten 1 und 2 lassen sich die Mehreinnahmen der einzelnen Länder bei den Gemeinschaftsteuern und in Spalte 4 die Mindereinnahmen durch den Wegfall der Gewerbesteuerumlage entnehmen. Die Trennsteuereinnahmen, die in der Spalte 5 ausgewiesen sind, bleiben demgegenüber annahmegemäß unverändert. Durch die Gemeindefinanzreform kommt es zu Veränderungen bei den Umsatzsteuereinnahmen der Länder (vgl. Spalte 3). Diese Umverteilungseffekte zwischen den Ländern resultieren dabei aus Veränderungen bei den im Rahmen des Umsatzsteuer-Vorwegausgleichs zugrunde gelegten Berechnungsgrundlagen. Die Mehreinnahmen der westdeutschen Länder bei den Gemeinschaftsteuern, die annahmegemäß den gesamten Ländereinnahmen aus der Gewerbesteuerumlage entsprechen, übersteigen den jeweiligen finanzausgleichsrelevanten Teil

Tabelle 6.14: Vertikale Verteilungseffekte bei dem Konzept der Stiftung Marktwirtschaft (2005b)[a]

Steuerart/ Gebietskörperschaft	Situation vor der Reform	Gewinne/ Verluste
	(1)	(2)
Bundessteuern	79.277	0
Anteil ESt[b]	64.037	756
Anteil KSt[c]	10.229	756
Anteil USt[d]	74.580	0
Umlage GewSt[e]	1.512	-1.512
BEZ[f]	-14.779	167
Steuereinnahmen Bund	214.856	167
Landessteuern (LSt)	20.487	0
Anteil ESt	64.037	1.994
Anteil KSt	10.229	1.994
Anteil USt	61.471	
Umlage GewSt	3.989	-3.989
BEZ	14.779	-167
OSV[g]	-25.898	-740
FSV[h]	-7.030	485
Steuereinnahmen Länder[k]	142.064	-423
Gemeindesteuern (GSt)[i]	9.076	0
Anteil ESt[l]	22.285	0
Anteil KSt	0	0
Anteil USt	2.884	0
GewSt[j] (netto)	19.046	0
OSV	25.898	740
FSV	7.030	-485
Steuereinnahmen Gemeinden[k]	86.219	255
Gesamtsumme	443.139	0

[a] in Mill. Euro, Rundungsdifferenzen möglich; [b] Lohnsteuer, veranlage Einkommensteuer und Zinsabschlag; [c] Körperschaft- und Kapitalertragsteuer; [d] Umsatzsteuer; [e] Gewerbesteuerumlage; [f] Bundesergänzungszuweisungen; [g] obligatorischer Steuerverbund; [h] fakultativer Steuerverbund; [i] Grundsteuer A und B; [j] Gewerbesteuer bzw. Einnahmen aus deren Substitution; [k] ohne kommunalen Finanzierungsbeitrag zum Fonds Deutsche Einheit neben der Erhöhung Gewerbesteuerumlage (vgl. § 6 V GFRG); [l] Lohnsteuer, veranlage Einkommensteuer und Zinsabschlag bzw. Bürgersteuer und Zinsabschlag
Quelle: eigene Berechnungen.

der Mindereinnahmen, die durch den Wegfall der Gewerbesteuerumlage entstehen.[115] Somit steigen in diesen Ländern die Steuern nach dem Aufkommen. Bei einer unveränderten Einwohnerzahl der einzelnen Ländern steigen dadurch nicht nur die bundesdurchschnittlichen Pro-Kopf-Steuereinnahmen. Im Vergleich zum Referenzszenario kommt es auch

Tabelle 6.15: Verteilungseffekte bei dem Konzept der Stiftung Marktwirtschaft (2005b) (Länder)[a]

Land	ESt[b]	KSt[c]	USt[d]	Umlage GewSt[e]	LSt[f]	LFA i. e. S.[g]	Fehl-BEZ[h]	Sonder-BEZ[i]	KFA[j]	Σ
	(1)	(2)	(3)	(4)	(5)	(6)	(7)	(8)	(9)	(10)
NW	486	486	-91	-973	0	143	0	0	-203	-151
BY	384	384	-62	-768	0	25	0	0	4	-32
BW	354	354	-53	-709	0	52	0	0	0	-1
NI	190	190	-48	-380	0	-38	-12	0	-47	-146
HE	197	197	-31	-394	0	266	0	0	-54	181
RP	91	91	-19	-182	0	-1	-1	0	-33	-55
SH	66	66	-14	-132	0	-9	-5	0	-20	-49
SL	17	17	2	-35	0	-26	-8	0	-1	-33
HH	92	92	-9	-183	0	82	0	0	0	73
HB	20	20	-3	-40	0	15	4	0	0	16
BE	27	27	64	-55	0	71	18	0	0	154
SN	21	21	83	-42	0	-195	-55	0	30	-137
ST	12	12	50	-24	0	-99	-28	0	17	-60
TH	11	11	46	-22	0	-122	-34	0	26	-85
BB	15	15	49	-31	0	-82	-23	0	14	-42
MV	9	9	34	-18	0	-80	-22	0	14	-55
Summe	1.994	1.994	0	-3.989	0	0	-167	0	-255	-423

[a] in Mill. Euro, Rundungsdifferenzen möglich; [b] Lohnsteuer, veranlagte Einkommensteuer und Zinsabschlag; [c] Körperschaft- und Kapitalertragsteuer; [d] Umsatzsteuer; [e] Gewerbesteuerumlage; [f] Landessteuern; [g] Länderfinanzausgleich i. e. S.; [h] Fehlbetrags-Bundesergänzungszuweisungen; [i] Sonderbedarfs-Bundesergänzungszuweisungen; [j] obligatorischer und fakultativer Steuerverbund
Quelle: eigene Berechnungen.

in den westdeutschen Ländern zu höheren Pro-Kopf-Steuereinnahmen. Demgegenüber bleiben die Pro-Kopf-Steuereinnahmen in den ostdeutschen Ländern unverändert. Trotz dieser Veränderungen bleibt der Kreis der empfangsberechtigten Länder unverändert. Allerdings kommt es aufgrund der Berechnungsvorgabe des § 2 I FAG-BL dazu, dass den meisten empfangsberechtigten Ländern nun höhere Ergänzungsanteile zustehen. Folglich steigt daher das Umverteilungsvolumen für derartige Ergänzungsanteile um 414 Mill. Euro auf insgesamt 12.244 Mill. Euro. Dieser Anstieg geht jedoch zu Lasten des verbleiben-

[115] Im Rahmen des Umsatzsteuer-Vorwegausgleichs werden – wie in Abschnitt 3.3.2 erläutert wurde – nicht die gesamten Einnahmen der Länder aus der Gewerbesteuerumlage berücksichtigt.

den Länderanteils an der Umsatzsteuer, der im Verhältnis der länderweisen Einwohnerzahl auf die einzelnen Länder aufgeteilt wird. Somit kommt es zu Mindereinnahmen in allen Ländern. Werden nun die beiden Effekte zusammengenommen, so wird deutlich, dass es bei den ostdeutschen Ländern zu deutlichen und beim Saarland zu geringen Gewinnen kommt. Diese Gewinne gehen dabei zu Lasten der restlichen Länder.

Anhand der Spalte 6 wird deutlich, dass es darüber hinaus auch zu reformbedingten Veränderungen bei den Ausgleichszuweisungen und -beiträgen der einzelnen Länder kommt. Im Gegesatz zur Umsatzsteuerverteilung resultieren diese Veränderungen aus dem Zusammenspiel veränderter Bemessungsgrundlagen, die zur Bestimmung der Transfers herangezogen werden, und reformbedingten Eingriffen bei den Finanzausgleichsregelungen. Die Veränderungen führen aufgrund der Struktur des Länderfinanzausgleichs i. e. S. zunächst einmal zu Rückwirkungen bei der Finanzkraftbestimmung. Bei der Länderfinanzkraft kommt es bei drei der vier Komponenten zu Veränderungen. In den westdeutschen Ländern kommt es – wie bereits beschrieben – zu einem Anstieg der Steuern nach dem Aufkommen. Die durch diesen Anstieg ausgelösten Veränderungen bei den Umsatzsteuereinnahmen gehen ebenfalls in die Länderfinanzkraft ein. Ein dritter, aber nur geringfügiger Effekt, entsteht ebenfalls durch den Anstieg der Steuern nach dem Aufkommen. Da die Steuern nach dem Aufkommen im Rahmen der Prämienregelung als Berechnungsgrundlage eingehen, kommt es auch zu Rückwirkungen bei den Kürzungsbeiträgen. Werden alle drei Effekte zusammen betrachtet, so zeigt sich, dass in allen Ländern die jeweilige Länderfinanzkraft steigt. Bei der Gemeindefinanzkraft, die den zweiten Bestandteil der Finanzkraftmesszahl eines Landes bildet, kommt es ebenfalls zu Veränderungen. Eine erste Veränderung entsteht durch den Wegfall der Abzugfähigkeit eines finanzausgleichsrelevanten Teils der Gewerbesteuerumlage. Eine zweite Veränderung ergibt sich durch die Berücksichtigung der Einnahmen aus der kommunalen Betriebslohnsteuer bei der Berechnung der Gemeindefinanzkraft. Weitere Veränderungen entstehen durch die Berücksichtigung und Normierung der Einnahmen aus der Bürgersteuer und kommunalen Unternehmensteuer. Im Gegensatz zu der Länderfinanzkraft, die in allen Ländern steigt, kommt es bei der Gemeindefinanzkraft zu einem uneinheitlichen Bild. Lediglich im Saarland und in den ostdeutschen Flächenländern kommt es zu einem Anstieg der Gemeindefinanzkraft. Werden nun die beiden Bestandteile der Finanzkraftmesszahl eines Landes zusammen betrachtet, so zeigt sich, dass es in allen Ländern bis auf Nordrhein-Westfalen, Hessen, Bremen und Berlin zu einem Anstieg der Finanzkraft kommt.

Diese Veränderungen führen jedoch auch unmittelbar zu Rückwirkungen bei der Finanzbedarfsermittlung, da bei der Berechnung der Ausgleichsmesszahl die Finanzkraft zugrunde gelegt wird. Die in der Spalte 6 dargestellten Veränderungen bei den horizontalen Transfers ergeben sich somit erst aus dem Zusammenspiel der veränderten Ausgleichs- und Finanzkraftmesszahlen. Im Vergleich zum Referenzszenario sinkt dabei das Umverteilungsvolumen um 567 Mill. Euro auf 6.707 Mill. Euro. Der Kreis der ausgleichspflichtigen bzw. ausgleichsberechtigten Länder bleibt dabei unverändert. Allerdings müssen nun alle ausgleichspflichtigen Länder weniger Transfers an die ausgleichsberechtigten Länder leisten. Innerhalb der Gruppe der ausgleichsberechtigten Länder erhalten jedoch Bremen und Berlin nun mehr Transferleistungen. Bei den restlichen empfangsberechtigten Ländern fällt auf, dass die ostdeutschen Flächenländer im Vergleich zu den westdeutschen Flächenländern höhere Verluste erleiden. Die Veränderungen bei den Ausgleichs- und Finanzkraftmesszahlen sowie den Ausgleichszuweisungen führen des Weiteren im Rahmen der Fehlbetrags-Bundesergänzungszuweisungen zu Rückwirkungen (vgl. Spalte 7). Im Vergleich zum Referenzszenario bleibt der Kreis der empfangsberechtigten Länder unverändert. Bis auf Bremen und Berlin erhalten nun alle restlichen empfangsberechtigten Länder weniger Transfers vom Bund. Auch hier kommt es bei den ostdeutschen Flächenländern zu den größten Einbußen. Im Rahmen der Sonderbedarfs-Bundesergänzungszuweisungen kommt es demgegenüber zu keinen Veränderungen (vgl. Spalte 8).

Weitere Verteilungseffekte, die in Spalte 9 ausgewiesen sind und weiter unten noch näher erläutert werden, ergeben sich im Rahmen des obligatorischen und fakultativen Steuerverbundes. Insgesamt ergeben sich somit die in Spalte 10 dargestellten Veränderungen bei den Gesamteinnahmen der Länder. Trotz der aufkommensneutralen Reform bei den primären Einnahmen kommt es in allen Ländern mit Ausnahme von Hessen, Bremen und Berlin zu Verlusten. Zu den größten Verlieren zählen dabei Nordrhein-Westfalen, Niedersachsen und Sachsen. In Baden-Württemberg hingegen bleiben die Gesamteinnahmen nahezu unverändert.

Nach dieser Darstellung der Verteilungseffekte sollen nun in einem nächsten Schritt die Veränderungen bei den Gemeinden der Länder näher untersucht werden. In der Tabelle 6.16 sind dazu die Veränderungen bei den landesspezifischen kommunalen Steuereinnahmen und Transferströmen im Vergleich zum Referenzszenario ausgewiesen. Die Summenwerte in der letzten Zeile finden sich dabei in der zweiten Spalte der Tabelle 6.14. Da ein aufkommensneutraler Ersatz des Gemeindeanteils an der Lohn- und Einkommensteuer und der Gewerbesteuer durchgeführt wird und Mehreinnahmen bei der Einkommensteuer, die bei der Abschaffung der Gewerbesteuer entstehen, in den privaten Sektor zurückfließen, kommt es bei den Gemeinschafts- und Trennsteuereinnahmen zu keinen Veränderungen (vgl. Spalte 1 bis 6). Verteilungseffekte entstehen jedoch im Rahmen des obligatorischen und fakultativen Steuerverbundes. Über den obligatorischen Steuerverbund partizipieren die Gemeinden der Flächenländer an den Mehreinnahmen der Länder bei der Einkommen-, Körperschaft- und Kapitalertragsteuer. Darüber hinaus werden die Gemeinden der ostdeutschen Flächenländer sowie des Saarlandes an den Mehreinnahmen bei der Umsatzsteuer beteiligt. Alle restlichen Flächenländer geben hingegen ihre Mindereinnahmen zum Teil an die Gemeinden weiter. Anhand der Spalte 7 wird jedoch deutlich, dass es bei den Gemeinden in allen Flächenländern zu Mehreinnahmen kommt. Bei den reformbedingten Wirkungen auf den fakultativen Steuerverbund ergibt sich demgegenüber ein anderes Bild. Dabei lassen sich die Flächenländer in drei Ländergruppen unterscheiden. Eine erste Gruppe bildet Nordrhein-Westfalen. Hier treten keinerlei Veränderungen auf. Denn die Gemeinden werden im Rahmen des fakultativen Steuerverbundes weder an den Landeseinnahmen aus der Gewerbesteuerumlage noch an den Einnahmen bzw. Ausgaben des Länderfinanzausgleichs beteiligt. Eine zweite Gruppe bilden Niedersachsen, Rheinland-Pfalz, Schleswig-Holstein, das Saarland sowie Mecklenburg-Vorpommern. In diesen Ländern werden die Gemeinden nicht an den Mindereinnahmen der Länder, die durch den Wegfall der Gewerbesteuerumlage entstehen, beteiligt. Allerdings geben die Länder einen Teil ihrer Mindereinnahmen, die sie bei den Ausgleichszuweisungen und Fehlbetrags-Bundesergänzungszuweisungen erleiden, über den fakultativen Steuerverbund an die Gemeinden weiter. Eine letzte Gruppe bilden die

Tabelle 6.16: Verteilungseffekte bei dem Konzept der Stiftung Marktwirtschaft (2005b) (Gemeinden)[a]

Land	Primäre Einnahmen						KFA		Σ
	ESt[b]	KSt[c]	USt[d]	GewSt[e] (netto)	GSt[f]	Σ	OSV[g]	FSV[h]	
	(1)	(2)	(3)	(4)	(5)	(6)	(7)	(8)	(9)
NW	0	0	0	0	0	0	203	0	203
BY	0	0	0	0	0	0	82	-86	-4
BW	0	0	0	0	0	0	150	-150	0
NI	0	0	0	0	0	0	57	-8	47
HE	0	0	0	0	0	0	84	-30	54
RP	0	0	0	0	0	0	34	0	33
SH	0	0	0	0	0	0	23	-3	20
SL	0	0	0	0	0	0	7	-7	-1
HH	0	0	0	0	0	0	0	0	0
HB	0	0	0	0	0	0	0	0	0
BE	0	0	0	0	0	0	0	0	0
SN	0	0	0	0	0	0	32	-62	-30
ST	0	0	0	0	0	0	18	-35	-17
TH	0	0	0	0	0	0	16	-41	-26
BB	0	0	0	0	0	0	20	-34	-14
MV	0	0	0	0	0	0	14	-28	-14
Summe	0	0	0	0	0	0	740	-485	255

[a] in Mill. Euro, Rundungsdifferenzen möglich; [b] Lohnsteuer, veranlagte Einkommensteuer und Zinsabschlag bzw. Bürgersteuer und Zinsabschlag; [c] Körperschaft- und Kapitalertragsteuer; [d] Umsatzsteuer; [e] Gewerbesteuer bzw. Einnahmen aus deren Substitution; [f] Grundsteuer A und B; [g] obligatorischer Steuerverbund; [h] fakultativer Steuerverbund
Quelle: eigene Berechnungen.

restlichen Flächenländer. In diesen Ländern werden die Gemeinden an den Mindereinnahmen infolge der Abschaffung der Gewerbesteuerumlage beteiligt. In den westdeutschen Flächenländern wird dieser Effekt jedoch gedämpft, da die Länder einen Teil ihrer Mehreinnahmen, die sie bei den Ausgleichsbeiträgen erfahren, an ihre Gemeinden weiterleiten. Bei den ostdeutschen Ländern dieser Ländergruppe wird dieser Effekt hingegen verstärkt. Denn bei den Ausgleichszuweisungen und Fehlbetrags-Bundesergänzungszuweisungen erleiden diese Länder Mindereinnahmen, die sie über den fakultativen Steuerverbund zu einem gewissen Teil weitergeben. Unter Berücksichtigung dieser Verteilungseffekte im Rahmen des obligatorischen und fakultativen Steuerverbunds ergeben sich dann die in Spalte 9 dargestellten Gewinne und Verluste bei den Gesamteinnahmen der Gemeinden. Wie auch bei den Ländern kommt es trotz einer aufkommensneutralen Reform der primären Einnahmen zu Veränderungen der Gesamteinnahmen. Es zeigt sich dabei, dass es in Bayern und dem Saarland zu sehr geringen und in den ostdeutschen Flächenländern zu größeren Verlusten bei den Gesamteinnahmen der Gemeinden kommt. Des Weiteren fällt auf, dass sich in Baden-Württemberg die gegenläufigen Einnahmeneffekte bei dem obligatorischen und fakultativen Steuerverbund aufheben. In allen anderen Flächenländern kommt es jedoch zu Gewinnen.

Nachdem nun auch die Verteilungseffekte bei den Gemeinden auf Landesebene dargestellt worden sind, sollen nun in einem letzten Schritt die Verteilungseffekte bei den Gemeinden in Bayern untersucht werden. In Tabelle 6.17 sind die Veränderungen bei den kommunalen Steuereinnahmen und Transferströmen dargestellt. Dabei werden die Gemeinden zur Vereinfachung nach der Höhe der Nettoeinnahmen aus der Gewerbesteuer, die den Einnahmen aus der Substitution der Gewerbesteuer entsprechen, sortiert und zusammengefasst. Bei den primären Einnahmen kommt es annahmegemäß zu keinen Veränderungen (vgl. Spalte 1 bis 6). Die Verteilungswirkungen ergeben sich lediglich im Rahmen des kommunalen Finanzausgleichs. Durch die Veränderungen bei den Einnah-

Tabelle 6.17: Verteilungseffekte bei dem Konzept der Stiftung Marktwirtschaft (2005b) (Gemeinden in Bayern)[a]

Gemeinden mit ... Mill. Euro GewSt (netto)	Primäre Einnahmen						KFA			Σ
	ESt[b]	KSt[c]	USt[d]	GewSt[e] (netto)	GSt[f]	Σ	SSZ[g]	ASZ[h]	Umlage[i]	
	(1)	(2)	(3)	(4)	(5)	(6)	(7)	(8)	(9)	(10)
<0,5	0	0	0	0	0	0	-14	-57	-59	-129
0,5 bis 1	0	0	0	0	0	0	-2	-8	-15	-25
1 bis 5	0	0	0	0	0	0	1	10	-4	7
≥5	0	0	0	0	0	0	6	61	26	92
Summe	0	0	0	0	0	0	-9	6	-52	-55

[a] in Mill. Euro, Rundungsdifferenzen möglich; [b] Lohnsteuer, veranlagte Einkommensteuer, Zinsabschlag und Einkommensteuerersatz bzw. Bürgersteuer, Zinsabschlag und Einkommensteuerersatz; [c] Körperschaft- und Kapitalertragsteuer; [d] Umsatzsteuer; [e] Gewerbesteuer bzw. Einnahmen aus deren Substitution; [f] Grundsteuer A und B; [g] Sonderschlüsselzuweisungen; [h] allgemeine Schlüsselzuweisungen; [i] Kreis- bzw. Bezirksumlage
Quelle: eigene Berechnungen.

men des Landes, die bei den Steuern und Ausgleichszubeiträgen auftreten und in der Tabelle 6.15 dargestellt sind, kommt es zu Rückwirkungen auf die Gemeindeschlüsselmasse. So erhöhen sich die Landeseinnahmen aus der Einkommen-, Körperschaft- und Umsatzsteuer ingesamt um 706 Mill. Euro. Gleichzeitig sinken die Einnahmen des Landes durch den Wegfall der Gewerbesteuerumlage um 768 Mill. Euro. Des Weiteren sinkt die Belastung Bayerns im Rahmen des Länderfinanzausgleichs i. e. S. um 25 Mill. Euro. Es kommt somit zu einem Rückgang der Anteilsmasse auf 2.283 Mill. Euro. Unter Berücksichtigung der Pauschalabzüge und Aufteilungsquoten ergibt sich eine Gemeindeschlüsselmasse in Höhe von 1380 Mill. Euro. Im Vergleich zum Referenzszenario kommt es somit zu einem geringfügigen Rückgang in Höhe von rund 3 Mill. Euro.

Neben dieser Rückwirkung bei der Gemeindeschlüsselmasse gibt es noch weitere Rückwirkungen im Rahmen des Schlüsselzuweisungssystems. Die Normierung bzw. Berücksichtigung der Einnahmen aus der Bürgersteuer, der kommunalen Unternehmensteuer sowie der kommunalen Betriebslohnsteuer führen im Vergleich zum Referenzszenario zu Veränderungen bei den Steuerkraftmesszahlen. Eine erste Konsequenz dieser veränderten Steuerkraftmesszahlen ist, dass es zu Veränderungen bei den Sonderschlüsselzuweisungen kommt (vgl. Spalte 7). Die Gemeinden mit bis zu 0,5 Mill. Euro Gewerbesteuereinnahmen erhalten nun im Vergleich zum Referenzszenario 14 Mill. Euro weniger Sonderschlüsselzuweisungen. Zu Rückgängen kommt es auch bei den Gemeinden mit 0,5 bis 1 Mill. Euro Gewerbesteuereinnahmen. Allerdings betragen die Mindereinnahmen in dieser Gemeindeklasse nur 2 Mill. Euro. In den beiden anderen Gemeindeklassen kommt es demgegenüber zu Mehreinnahmen. Die Gemeinden mit 1 bis 5 Mill. Euro Gewerbesteuereinnahmen erhalten nun 1 Mill. Euro und die Gemeinden mit mindestens 5 Mill. Euro Gewerbesteuereinnahmen 6 Mill. Euro mehr Sonderschlüsselzuweisungen. Insgesamt jedoch sinkt das für diese Zuweisungen benötigte Finanzvolumen um 9 Mill. Euro.

Die Veränderungen bei den Steuerkraftmesszahlen führen darüber hinaus auch zu Rückwirkungen bei den allgemeinen Schlüsselzuweisungen. So haben die Veränderungen bei den Steuerkraftmesszahlen Auswirkungen auf die Finanzbedarfsermittlung. Denn die Steuerkraftmesszahlen gehen nicht nur als Berechnungsgrundlage in die Bestimmung der Gesamtansätze ein. Zusammmen mit den beschriebenen Veränderungen bei der Gemeindeschlüsselmasse, dem Zuweisungsvolumen für die Sonderschlüsselzuweisungen und den Gesamtansätzen führen sie auch zu einem veränderten einheitlichen Grundbetrag, der dann zur Bestimmung der Ausgangsmesszahl herangezogen wird. Die in Spalte 8 dargestellten Veränderungen bei den allgemeinen Schlüsselzuweisungen ergeben sich somit erst aus dem Zusammenspiel der veränderten Ausgangs- und Steuerkraftmesszahlen. Die Gemeinden mit bis zu 0,5 Mill. Euro Gewerbesteuereinnahmen erhalten 57 Mill. Euro weniger allgemeine Schlüsselzuweisungen. Bei den Gemeinden mit 0,5 bis 1 Mill. Euro Gewerbesteuereinnahmen fällt der Rückgang hingegen geringer aus. Er beträgt in dieser Gemeindeklasse nur 8 Mill. Euro. Bei den Gemeinden mit 1 bis 5 Mill. Euro Gewerbesteuereinnahmen kommt es demgegenüber zu einem leichten Anstieg. Er beläuft sich auf 10 Mill. Euro. In der letzten Gemeindeklasse kommt es jedoch zu noch größeren Gewinnen. Die Gemeinden mit mindestens 5 Mill. Euro Gewerbesteuereinnahmen erhalten 61 Mill. Euro mehr allgemeine Schlüsselzuweisungen. Der Vergleich der Gemeindeklassen zeigt somit, dass nicht alle Gemeindeklassen von dem Anstieg des für diese Zuweisungen zur Verfügung stehenden Finanzvolumens, der sich aus dem Rückgang des Volumens für die Sonderschlüsselzuweisungen und dem geringen Rückgang der Gemeindeschlüsselmasse ergibt, partizipieren. Daneben kommt es zu Umschichtungen zwischen den Gemeindeklassen. Die Gemeinden mit 1 bis 5 Mill. Euro und mindestens 5 Mill. Euro Gewerbesteuereinnahmen profitieren dabei zu Lasten der anderen Gemeindeklassen.

Die Verteilungseffekte im Rahmen des Schlüsselzuweisungssystems sind somit beschrieben. Als Nächstes sollen daher noch die Verteilungswirkungen im Rahmen der Kreis- bzw. Bezirksumlagen näher analysiert werden. Die Veränderungen bei den Steuerkraftmesszahlen führen auch zu Rückwirkungen bei der Umlagebelastung.[116] Bei den Gemeinden mit bis zu 0,5 Mill. Euro Gewerbesteuereinnahmen erhöht sich im Vergleich zum Referenzszenario die Umlagebelastung um 59 Mill. Euro. In den beiden nächsthöheren Gemeindeklassen kommt es ebenfalls zu einem Anstieg der Belastung. So beträgt der Anstieg bei den Gemeinden mit 0,5 bis 1 Mill. Euro Gewerbesteuereinnahmen 15 Mill. Euro und bei den Gemeinden mit 1 bis 5 Mill. Euro Gewerbesteuereinnahmen immerhin noch 4 Mill. Euro. Bei den Gemeinden mit mindestens 5 Mill. Euro Gewerbesteuereinnahmen kommt des demgegenüber zu einer Entlastung in Höhe von 26 Mill. Euro. Da die gesamte Umlagebelastung um 52 Mill. Euro steigt, kommt es somit zu einem vertikalen Umverteilungseffekt innerhalb der kommunalen Ebene, der zugunsten der Kreise bzw. Bezirke geht.

Insgesamt kommt es somit zu den in Spalte 10 dargestellten Veränderung bei den Gesamteinnahmen. Die Mindereinnahmen der Gemeinden in Höhe von 55 Mill. Euro resultieren dabei überwiegend aus dem vertikalen Umverteilungseffekt, der innerhalb der kommunalen Ebene stattfindet. Die differenziertere Betrachtung der Gemeindeklassen zeigt jedoch, dass es zu Gewinnen und Verlusten kommt. Die Gemeinden mit bis zu 0,5 Mill. Euro Gewerbesteuereinnahmen erleiden im Zuge der Neuordnung der Kommunalfinanzen insgesamt einen Verlust in Höhe von 129 Mill. Euro. Im Vergleich zum Referenzszenario gehen somit die Gesamteinnahmen um rund 9 v. H. zurück. Zu geringeren Verlusten kommt es auch bei den Gemeinden mit 0,5 bis 1 Mill. Euro Gewerbesteuereinnahmen. Der Verlust beträgt in dieser Gemeindeklasse 25 Mill. Euro. Die Gesamteinnahmen gehen somit um rund 5 v. H. zurück. In den beiden verbleibenden Gemeindeklassen kommt es demgegenüber zu Gewinnen. So steigen die Gesamteinnahmen bei den Gemeinden mit 1 bis 5 Mill. Euro Gewerbesteuereinnahmen um 7 Mill. Euro. Die Gesamteinnahmen bleiben somit fast unverändert. Deutlicher hingegen fällt der Anstieg bei den Gemeinden mit mindestens 5 Mill. Euro aus. Es beläuft sich in dieser Gemeindeklasse auf 92 Mill. Euro. Im Vergleich zum Referenzszenario steigen die Gesamteinnahmen um gut 2 v. H.

6.2.3.2 Effizienzwirkungen des Finanzausgleichs

In den vorherigen Abschnitten wurde das Reformkonzept ausführlich dargestellt und die fiskalischen Auswirkungen dieser Option diskutiert. In diesem Abschnitt sollen nun die Effizienzwirkungen des Finanzausgleichssystems bei einer derartigen Reform der Gewerbesteuer untersucht werden. Als Beurteilungskriterium dienen dabei – wie auch schon in Abschnitt 6.1.3.2 – die Grenzbelastungen. Bei der Berechnung der Grenzbelastungen wird dabei die gleiche Vorgehensweise gewählt, wie sie auch für die Ermittlung der Grenzbelastungen bei der Gewerbesteuer zugrunde gelegt wurde (vgl. dazu Abschnitt 5.3.1). Der linke Teil der Tabelle 6.18 gibt einen Überblick über die Grenzbelastungssituation bei

[116] Im Rahmen des Simulationsmodells werden nur die Rückwirkungen durch die Veränderungen bei den Steuerkraftmesszahlen berücksichtigt. Die Effekte bei den Schlüsselzuweisungen spielen erst im Folgejahr eine Rolle.

der Bürgersteuer. Dazu werden die 2.056 Gemeinden zur Vereinfachung nach der Höhe der Nettoeinnahmen aus der Gewerbesteuer sortiert und zusammengefasst. Bei den Gemeinden mit bis zu 0,5 Mill. Euro Gewerbesteuereinnahmen liegt die durchschnittliche Grenzbelastung bei 89,6 v. H. Die Bandbreite der Grenzbelastungen reicht dabei von 36,0 v. H. bis 470,7 v. H. Der Anteil der Gemeinden mit einer Grenzbelastung von mindestens 100 v. H. beträgt in dieser Gemeindeklasse 10,4 v. H. In der nächsthöheren Gemeinde-

Tabelle 6.18: Grenzbelastung bei der Bürgersteuer[a]

Gemeinden mit ... Mill. Euro GewSt (netto)	Min.	Max.	MW[b]	MH[c]	Differenz zum Referenzszenario[d] Min.	Max.	MW[b]	MH[c]
<0,5	36,0	470,7	89,6	10,4	-22,1	332,9	-12,9	-53,6
0,5 bis 1	33,4	409,8	77,4	1,7	-22,8	294,7	-15,2	-31,9
1 bis 5	33,0	100,2	63,8	0,4	-21,8	-13,2	-18,0	-9,5
≥5	17,3	111,1	54,3	1,1	-19,0	-9,0	-14,1	-3,4
insgesamt	17,3	470,7	83,3	7,7	-19,0	332,9	-13,8	-43,1

[a] in v. H.; [b] Mittelwert; [c] Anteil der Gemeinden mit Grenzbelastungen von mindestens 100 v. H.; [d] Prozentpunkte
Quelle: eigene Berechnungen.

klasse, also bei den Gemeinden mit 0,5 bis 1 Mill. Euro Gewerbesteuereinnahmen, sinkt die durchschnittliche Grenzbelastung auf 77,4 v. H. Zu Rückgängen kommt es auch bei den beiden Intervallgrenzen. Die Untergrenze liegt nun bei 33,4 v. H. und die Obergrenze bei 409,8 v. H. Dabei erleiden 1,7 v. H. der Gemeinden in dieser Gemeindeklasse eine Grenzbelastung von mindestens 100 v. H. Es kommt somit im Vergleich zu der vorherigen Gemeindeklasse zu einem deutlichen Rückgang. Bei den Gemeinden mit 1 bis 5 Mill. Euro Gewerbesteuereinnahmen sinkt die durchschnittliche Grenzbelastung weiter ab. Die beträgt in dieser Gemeindeklasse 63,8 v. H. Die Untergrenze verringert sich dabei nur leicht auf 33,0 v. H. Demgegenüber kommt es jedoch zu einem deutlichen Rückgang bei der Obergrenze. Sie liegt nun bei 100,2 v. H. Von den Gemeinden in dieser Gemeindeklasse haben auch nur 0,4 v. H. eine Grenzbelastung, die mindestens 100 v. H. beträgt. In der letzten Gemeindeklasse kommt es zu einem weiteren Absinken der durchschnittlichen Grenzbelastung. Bei diesen Gemeinden mit mindestens 5 Mill. Euro Gewerbesteuereinnahmen beläuft sie sich nun auf 54,3 v. H. Die Intervalluntergrenze sinkt dabei auf 17,3 v. H., während die Obergrenze auf 111,1 v. H. steigt. Lediglich 1,1 v. H. der Gemeinden in dieser Gemeindeklasse erleiden eine Grenzbelastung von mindestens 100 v. H. Insgesamt beträgt somit für die 2.056 Gemeinden die durchschnittliche Grenzbelastung 83,3 v. H. und 7,7 v. H. der Gemeinden weisen eine Grenzbelastung von mindestens 100 v. H. auf.

Die Grenzbelastungssituation bei der Bürgersteuer ist somit im Wesentlichen beschrieben. In einem nächsten Schritt sollen daher die Grenzbelastungen bei der kommunalen Unternehmensteuer näher betrachtet werden. Ein Überblick über die Grenzbelastungssituation liefert die linke Hälfte der Tabelle 6.19. Bei den Gemeinden mit bis zu 0,5 Mill. Euro Gewerbesteuereinnahmen liegt die durchschnittliche Grenzbelastung bei 89,9 v. H., wobei sich die Grenzbelastungen in einer Spanne zwischen 36,8 v. H. und 235,3 v. H. bewegen. Von den Gemeinden in dieser Gemeindeklasse weisen 13 v. H. eine Grenzbelastung von mindestens 100 v. H. auf. Bei den Gemeinden mit 0,5 bis 1 Mill. Euro Gewerbesteuereinnahmen kommt es im Vergleich zu der vorherigen Gemeindeklasse zu einem Rückgang bei allen vier Basisindikatoren. Die durchschnittliche Grenzbelastung beträgt nun 77,1 v. H. Dabei bewegen sich die Grenzbelastungen in einer Bandbreite von 35,2 bis 226,1 v. H. Bei dem Anteil der Gemeinden mit einer Grenzbelastung von mindestens 100 v. H. fällt der Rückgang hingegen deutlicher aus. Er beläuft sich in dieser Gemeindeklasse auf 2,6 v. H. In der nächsthöheren Gemeindeklasse kommt es im Vergleich zu den beiden vorherigen Gemeindeklassen zu einem weiteren Sinken der durchschnittlichen Grenzbelastung. Sie liegt bei diesen Gemeinden mit 1 bis 5 Mill. Euro Ge-

Tabelle 6.19: Grenzbelastung bei der kommunalen Unternehmensteuer[a]

Gemeinden mit ... Mill. Euro GewSt (netto)	Min.	Max.	MW[b]	MH[c]	Differenz zum Referenzszenario[d] Min.	Max.	MW[b]	MH[c]
<0,5	36,8	235,3	89,9	13,0	-21,3	97,5	-12,6	-51,0
0,5 bis 1	35,2	226,1	77,1	2,6	-21,0	111,0	-15,6	-31,0
1 bis 5	33,5	308,2	65,2	0,7	-21,3	194,8	-16,6	-9,2
≥5	14,7	86,1	49,2	0,0	-21,6	-34,0	-19,2	-4,5
insgesamt	14,7	308,2	83,4	9,6	-21,6	170,4	-13,7	-41,2

[a] in v. H.; [b] Mittelwert; [c] Anteil der Gemeinden mit Grenzbelastungen von mindestens 100 v. H.; [d] Prozentpunkte
Quelle: eigene Berechnungen.

werbesteuereinnahmen bei 65,2 v. H. Zu einem leichten Rückgang kommt es auch bei der Intervalluntergrenze. Bei der Intervallobergrenze hingegen kommt zu einem deutlichen Anstieg. Sie beträgt in dieser Gemeindeklasse 308,2 v. H. Gleichzeitig sinkt jedoch der Anteil derjenigen Gemeinden, die eine Grenzbelastung von mindestens 100 v. H. erleiden. Nur 0,7 v. H. der Gemeinden dieser Gemeindeklasse weisen derartig hohe Grenzbelastungen auf. Bei den Gemeinden mit mindestens 5 Mill. Euro Gewerbesteuereinnahmen liegt die durchschnittliche Grenzbelastung bei nur noch 49,2 v. H. Im Vergleich zu den bereits angesprochenen Gemeindeklassen kommt es zu einer deutlichen Abnahme. Zu einem deutlichen Rückgang kommt es auch bei den Intervallgrenzen. Die Grenzbelastungen bewegen sich in einer Spanne von 14,7 bis 86,1 v. H. Dabei erleidet keine Gemeinde eine Grenzbelastung von mindestens 100 v. H. Für die 2.056 Gemeinden liegt somit die durchschnittliche Grenzbelastung bei der kommunalen Unternehmensteuer bei 83,4 v. H., wobei 9,6 v. H. der Gemeinden eine Grenzbelastung von mindestens 100 v. H. aufweisen. Vor dem Hintergrund dieser Grenzbelastungssituation bei den neuen kommunalen Steuerquellen liegt – wie auch schon bei der Analyse des Konzepts von FUEST und HUBER (2001) – die Vermutung nahe, dass bei der Realisierung eines derartigen Reformkonzepts mit ähnlichen Effizienzwirkungen des Finanzausgleichs gerechnet werden muss, wie sie schon gegenwärtig bei der Gewerbesteuer vorherrschen.

Aus den bereits in Abschnitt 6.1.3.2 genannten Gründen ist an dieser Stelle jedoch keine genauere Aussage möglich. Dennoch soll auch hier für dieses Reformszenario ein erster Versuch unternommen werden, mögliche „Tendenzen“ bei den Anreizwirkungen des Finanzausgleichs im Vergleich zum Status quo aufzuzeigen. Wie auch in Abschnitt 6.1.3.2 sind dazu in der jeweiligen rechten Hälfte der beiden Tabellen 6.18 und 6.19 die Veränderungen bei den Basisindikatoren ausgewiesen. Bei den Einnahmen aus der Bürgersteuer und kommunalen Unternehmensteuer fällt auf, dass es im Vergleich zur Gewerbesteuer landesweit und auch in allen Gemeindeklassen zu Rückgängen bei den durchschnittlichen Grenzbelastungen kommt. Ebenfalls sinken die jeweiligen Anteile der Gemeinden, die eine Grenzbelastung von mindestens 100 v. H. aufweisen. Bei diesen neuen kommunalen Steuerquellen könnte es somit dazu kommen, dass für viele Gemeinden die finanzausgleichsbedingten Anreize, höhere Steuersätze zu wählen, geringer ausfallen. Ebenso liegt es auch nahe, anzunehmen, dass bei beiden kommunalen Steuerquellen für viele Gemeinden die negativen Anreize bei der „Bemessungsgrundlagen“-Politik geringer ausfallen.

6.3 Schlussfolgerung

In diesem Kapitel wurde anhand von Simulationen untersucht, mit welchen allokativen und distributiven Effekten des Finanzausgleichs gerechnet werden muss, wenn es zu einer grundlegenden Gewerbesteuerreform kommen würde. Bei der Umsetzung der beiden hier exemplarisch untersuchten Reformkonzepte wurde allerdings deutlich, dass eine ganze Reihe problematischer Annahmen notwendig sind, um die beiden Konzepte für eine numerische Untersuchung in das Simulationsmodell integrieren zu können. Aus all diesen Gründen muss daher der Aussagegehalt der hier vorgestellten Simulationsergebnisse eingeschränkt werden. Dennoch können sie zu Illustrationszwecken dienen, um die allokativen und distributiven Aspekte des Finanzausgleichs im Kontext einer Gewerbesteuerreform deutlich zu machen.

So zeigt sich bei der Analyse der Verteilungseffekte, dass es bei beiden Vorschlägen zu unterschiedlichen Rückwirkungen auf die Finanzausstattungen von Bund, Länder und Gemeinden kommt. Da bei beiden Vorschlägen eine aufkommensneutrale Substitution der Gewerbesteuer vor Durchführung des Finanzausgleichs unterstellt wurde, konnten so die unterschiedlichen Wirkungsmechanismen des Finanzausgleichssystems identifiziert werden. Die Ergebnisse deuten somit darauf hin, dass es kein einheitliches „Reaktionsmuster“ des Finanzausgleichssystems gibt. Darüber hinaus zeigen die Simulationsergebnisse, dass die Verteilungswirkungen, welche üblicherweise bei der Entwicklung und Analyse von Reformkonzepten vernachlässigt werden, quantitativ bedeutsam sind. Dabei wurden diese Berechnungen durch die beiden Grundgedanken geleitet, dass es bei der Implementierung des Reformkonzepts nur zu möglichst geringen Eingriffen in das Finanzausgleichssystem kommt und gleichzeitig die Substitution der Gewerbesteuer aufkommensneutral für die Gebietskörperschaften erfolgt. Es liegt daher nahe, anzunehmen, dass es bei einer Realisierung derartiger Reformkonzepte in Wirklichkeit zu noch größeren Verteilungseffekten kommen würde. Somit wird jedoch deutlich, dass bei künftigen Entwicklungen und Analysen von Gewerbesteuerreformkonzepten die Verflechtungen des deutschen Finanzausgleichssystems stärker beachtet werden sollten. Bei der Analyse der allokativen Effekte des Finanzausgleichs deuten die Simualtionsergebnisse darauf hin, dass bei den beiden Reformvorschlägen mit ähnlichen Anreizwirkungen des Finanzausgleichs gerechnet werden muss, wie sie schon gegenwärtig bei der Gewerbesteuer vorherrschen. Doch damit wird auch deutlich, dass viele Gemeinden bei den neuen Steuerquellen durch die Einbindung in das Finanzausgleichssystem möglicherweise nicht völlig frei sind bei der Gestaltung ihrer Steuerpolitik und ihrer „Bemessungsgrundlagen"-Politik. Der Finanzausgleich könnte somit möglicherweise dazu beitragen, dass einige Ziele bzw. „gute Absichten" einer Gewerbesteuerreform – wie z. B. die in Kapitel 2 problematisierte Stärkung der kommunalen Finanzautonomie – unterlaufen werden. Die allokativen Aspekte des Finanzausgleichs sollten daher ebenfalls bei künftigen Entwicklungen und Analysen von Gewerbesteuerreformvorschlägen stärker beachtet werden.

Kapitel 7

Reformperspektiven des kommunalen Finanzausgleichs

Anhand der Berechnungen und Analysen in den vorherigen Kapiteln wurde deutlich, dass es bei der bestehenden Gewerbesteuer zu hohen Grenzbelastungen kommt. Darüber hinaus wurde aufgezeigt, dass bei den neuen kommunalen Steuerquellen, welche die Reformkonzepte als Ersatz für die bestehende Gewerbesteuer vorsehen, mit ähnlich hohen Grenzbelastungen wie bei der Gewerbesteuer gerechnet werden muss. Da die hohen Grenzbelastungen des Finanzausgleichs – wie im Kapitel 4 problematisiert – zu allokativen Störungen führen, ergibt sich somit ein über die Frage der Gewerbesteuerreform hinausgehender Reformbedarf bei den föderalen Finanzbeziehungen und dabei insbesondere bei den die Gemeindefinanzen tangierenden Finanzausgleichsmechanismen. Im Folgenden sollen daher zunächst die grundsätzlichen Anforderungen an eine Reform des Finanzausgleichssystems abgeleitet werden. Anschließend werden verschiedene Reformmöglichkeiten vorgestellt und im Hinblick auf ihre allokativen und distributiven Wirkungen untersucht.

7.1 Grundsätzliche Überlegungen

Die Vorschläge zur Reform der föderalen Finanzbeziehungen lassen sich aus zwei Blickwinkeln betrachten: Einen ersten Aspekt bilden die Folgen für die einzelnen Gebietskörperschaften und ein zweiter Aspekt betrifft die politische Umsetzbarkeit. Dabei ist der Letztere der eigentlich entscheidende Aspekt. Denn was nützt der beste Reformvorschlag, wenn er keine Aussicht auf Umsetzung bietet. Die Folgen für die Gebietskörperschaften und die politische Umsetzbarkeit stehen dabei in einer engen Verbindung. Vor allem die Verteilungseffekte sind von besonderer Bedeutung. Denn die politischen Entscheidungsträger der Gebietskörperschaften werden Reformen nur dann zustimmen, wenn sie nicht mit erheblichen Verlusten für die jeweilige Gebietskörperschaft verbunden sind. Ein weiterer Teil der Konsequenzen einer Reform des Finanzausgleichs sind die Anreizwirkungen. Die Ausführungen in Kapitel 4 haben gezeigt, dass vor allem die hohen Grenzbelastungen des Finanzausgleichs zu erheblichen allokativen Störungen führen. Damit steht fest, dass aus ökonomischer Sicht nur diejenigen Reformen des Finanzausgleichs positiv zu beurteilen sind, welche die Grenzbelastungsproblematik abmildern. Im Rahmen einer Analyse des Länderfinanzausgleichs definieren daher FEHR und TRÖGER (2003a) als ein wesentliches Ziel einer ökonomisch sinnvollen Finanzausgleichsreform nicht nur die oftmals von wissenschaftlicher Seite angestrebte drastische Senkung der Grenzbelastungen. Im Gegensatz zu derartigen „Radikalreformen" sehen sie vielmehr sogenannte „Übergangsreformen" vor, bei denen ebenfalls die Grenzbelastungen gesenkt werden, aber gleichzeitig auch die Verteilungseffekte möglichst gering gehalten werden. Ein weiteres Merkmal dieser „Übergangsreformen" besteht darin, dass sie mittelfristig in Richtung „Radikalreformen" ausgebaut werden können. Angesichts der oben gemachten Ausführungen stellt dieses Ziel auch eine gute Grundlage für die Bewertung aller in diesem Kapitel dargestellten Optionen für eine Reform des kommunalen Finanzausgleichs dar.

7.2 Finanzausgleichsreformen bei einem Fortbestehen der Gewerbesteuer

In diesem Abschnitt soll zunächst der Frage nachgegangen werden, durch welche Reformen des bayerischen kommunalen Finanzausgleichs die Grenzbelastungen bei der Gewerbesteuer verringert werden können. Es wird somit eine Reformperspektive für den Fall entwickelt, dass es auch in Zukunft nicht gelingt, eine Lösung für die reformbedürftige Gewerbesteuer zu finden, die den Forderungen der Politik, Kommunen und Wirtschaft entspricht. Um im Folgenden die Verteilungs- und Anreizeffekte verschiedener Finanzausgleichsreformen zu quantifizieren, wird auf das in Kapitel 5 vorgestellte Simulationsmodell zurückgegriffen.

7.2.1 Ableitung und Darstellung von Reformmöglichkeiten

Auf Länderebene stehen die Verteilungs- und Effizienzwirkungen des Finanzausgleichs schon seit einigen Jahren auf der Agenda von Wissenschaft und Politik. Im Laufe der Jahre sind daher viele Vorschläge für eine anreizorientierte Reform des bundesstaatlichen Finanzausgleichs entstanden und untersucht worden.[117] Mit der im Jahre 2001 beschlossenen Neuregelung des bundesstaatlichen Finanzausgleichs wurde ein Reformkompromiss gefunden, der einerseits die Verteilungseffekte begrenzt und anderseits Anreizelemente im Ausgleichsmechanismus verstärken soll.[118] Den Verteilungs- und insbesondere Effizienzwirkungen des Finanzausgleichs auf Gemeindeebene wird demgegenüber weder in der Wissenschaft noch in der Politik vergleichbare Aufmerksamkeit entgegengebracht. Dies ist insofern erstaunlich, da ja bereits erste Untersuchungen eine hohe Grenzbelastung auch bei der Gewerbesteuer nachgewiesen haben und sich die Grenzbelastungssituation kaum von derjenigen auf Länderebene unterscheidet (vgl. Kapitel 4).

Ein erster Vorschlag für eine grenzbelastungssenkende Reform der die Gemeindefinanzen unmittelbar tangierenden Finanzausgleichsmechanismen findet sich in der Arbeit von BARETTI (2002). Demnach werden als Reformoptionen die Senkung des Ausgleichsatzes, mit dem die Differenz zwischen Finanzbedarf und Finanzkraft ausgeglichen wird, oder die Senkung der Gewerbesteuerumlage vorgeschlagen. Diese beiden Reformoptionen werden jedoch nicht einer genaueren Untersuchung im Hinblick auf die damit verbundenen Verteilungs- und Anreizeffekte unterzogen. Im Rahmen dieses Kapitels soll daher zum einen diese Lücke bei der Analyse von Finanzausgleichsreformen auf kommunaler Ebene geschlossen werden. Zum anderen sollen weitere Reformmöglichkeiten abgeleitet werden. Anhand der Darstellung des bayerischen kommunalen Finanzausgleichssystems in Abschnitt 3.7.3 wurde bereits deutlich, dass es eine Vielzahl potentieller Stellschrauben gibt. Darüber hinaus stellt sich die Frage, wie umfangreich die Reformen ausfallen sollen. In dieser Arbeit sollen nur kleinere Reformen im Rahmen des kommunalen Finanzausgleichs abgeleitet und untersucht werden. Diese einfachen Reformvorschläge erfordern nur sehr geringe Eingriffe in das bestehende kommunale Finanzausgleichssystem. Ein zweiter Vorteil besteht darin, dass derartige Finanzausgleichsreformen relativ einfach und

---

[117] Für einen Überblick siehe z. B. BARETTI (2001).

[118] Für eine Analyse dieser jüngsten Finanzausgleichsreform siehe FEHR (2001), LENK (2001) und FEHR und TRÖGER (2003a).

kurzfristig vom Landesgesetzgeber umgesetzt werden können. Darüber hinaus können diese Reformen in ähnlicher Weise auch in den anderen landesspezifischen kommunalen Finanzausgleichssystemen umgesetzt werden. Denn diese einfachen Reformen setzten bei der Grundstruktur des bayerischen kommunalen Finanzausgleichssystems an, die es in ähnlicher Weise auch in den anderen Ländern gibt. Insofern sind die hier abgeleiteten Reformen nicht nur einzig auf die Finanzbeziehungen in Bayern beschränkt.

Vor diesem Hintergrund können neben den beiden bereits angesprochenen Reformmöglichkeiten noch weitere einfache Reformoptionen identifiziert werden, wenn die Determinanten der Grenzbelastung, die in Abschnitt 5.3.2 beschrieben wurden, näher betrachtet werden. Bei der Beschreibung der Entstehung der Grenzbelastung wurde deutlich, dass als weitere zentrale Stellschrauben für eine grenzbelastungssenkende Finanzausgleichsreform der Nivellierungshebesatz, der Ausgleichssatz bei den Sonderschlüsselzuweisungen und der Einbeziehungssatz, mit dem die Einnahmen aus den Schlüsselzuweisungen in die Umlageberechnung einbezogen werden, in Frage kommen. Da sich diese Arbeit auf Reformen des kommunalen Finanzausgleichssystems beschränkt, werden daher im Folgenden die genannten Reformvorschläge mit Ausnahme der Gewerbesteuerumlage näher analysiert.

7.2.2 Effizienzwirkungen

Nachdem nun einige Reformmöglichkeiten abgeleitet worden sind, sollen an dieser Stelle nun die Effizienzwirkungen der einzelnen Vorschläge diskutiert werden. Als Beurteilungskriterium dienen die Grenzbelastungen. Die Ermittlung der Grenzbelastungen erfolgt dabei genauso wie in Kapitel 5. Ein Vergleich mit dem Referenzszenario, das in Abschnitt 5.3.3 dargestellt wurde, zeigt dann auf, inwiefern sich die Grenzbelastungssituation durch die jeweilige Finanzausgleichsreform verändert.

In Tabelle 7.1 sind nun zunächst die Simulationsergebnisse für eine Reform des Ausgleichssatzes bei der Gewährung der allgemeinen Schlüsselzuweisungen ausgewiesen. Die 2.056 Gemeinden werden dabei nach der Höhe der Nettoeinnahmen aus der Gewerbesteuer sortiert und zusammengefasst. Im Referenzszenario beträgt der Ausgleichssatz 55 v. H. In den anderen Spalten sind für alternative Ausgleichsquoten die jeweiligen Veränderungen bei den Basisindikatoren im Vergleich zum Referenzszenario ausgewiesen. Werden zunächst alle Gemeinden zusammen betrachtet, so zeigt sich, dass die landesdurchschnittliche Grenzbelastung nur bei einer Verringerung des Ausgleichssatzes sinkt. Der Rückgang fällt dabei im Vergleich zum Referenzszenario umso stärker aus, je mehr der Ausgleichssatz verringert wird. So kommt es z. B. bei einem Ausgleichssatz in Höhe von 40 v. H. zu einem Rückgang bei der durchschnittlichen Grenzbelastung um 6,7 Prozentpunkte. Bei dem Anteil der Gemeinden, die eine Grenzbelastung von mindestens 100 v. H. erleiden, kommt es zu einer ähnlichen Entwicklung. Auch hier sinkt der Anteil umso stärker, je mehr der Ausgleichssatz reduziert wird. Im Vergleich zu der durchschnittlichen Grenzbelastung fallen hier allerdings die jeweiligen Rückgänge viel stärker aus. Bei einem Ausgleichssatz beispielsweise in Höhe von 40 v. H. beträgt der Rückgang 34,1 Prozentpunkte. Bei den Intervallgrenzen kommt es demgegenüber zu unterschiedlichen Entwicklungen. Wird der Ausgleichssatz reduziert, so sinkt ebenfalls die Intervallobergrenze. Die Intervalluntergrenze hingegen bleibt zunächst unverändert und steigt sogar bei einem

Ausgleichssatz von 40 v. H. um 3,7 Prozentpunkte geringfügig an. Ein differenzierteres Bild ergibt sich, wenn die einzelnen Gemeindeklassen näher betrachtet werden. In allen Gemeindeklassen kommt es zu einem Rückgang bei der durchschnittlichen Grenzbelastung, wenn der Ausgleichssatz gesenkt wird. Auch hier fällt in allen Gemeindeklassen

Tabelle 7.1: Reform des Ausgleichssatzes bei allgemeinen Schlüsselzuweisungen und Grenzbelastungen[a]

Gemeinden mit ... Mill. Euro GewSt (netto)	Basisindikatoren	Ausgleichssatz					
		40 Diff.[e]	45 Diff.[e]	50 Diff.[e]	55[d]	60 Diff.[e]	65 Diff.[e]
<0,5	Min.	2,7	2,7	2,7	58,1	0,0	0,0
	Max.	-12,4	-8,2	-4,1	137,8	4,2	8,2
	MW[b]	-8,1	-5,4	-2,7	102,5	2,6	5,2
	MH[c]	-41,7	-26,4	-11,1	64,0	11,2	17,6
0,5 bis 1	Min.	0,0	0,0	0,0	56,2	0,0	0,0
	Max.	-9,7	-6,4	-3,2	115,1	3,3	6,5
	MW[b]	-4,9	-3,2	-1,3	92,6	1,5	3,2
	MH[c]	-29,3	-22,0	-10,3	33,6	9,9	18,6
1 bis 5	Min.	0,0	0,0	0,0	54,8	0,0	0,0
	Max.	-10,3	-6,9	-3,4	113,4	3,4	6,7
	MW[b]	-2,5	-1,8	-0,9	81,8	0,5	0,7
	MH[c]	-7,4	-6,3	-3,3	9,9	4,7	10,2
≥5	Min.	3,7	0,0	0,0	36,3	0,0	-6,7
	Max.	-15,4	-10,3	-5,1	120,1	5,1	10,0
	MW[b]	-2,2	-1,2	-0,8	68,4	0,5	0,3
	MH[c]	-2,0	-1,1	0,0	4,5	0,0	1,1
insgesamt	Min.	3,7	0,0	0,0	36,3	0,0	-6,7
	Max.	-12,4	-8,2	-4,1	137,8	4,2	8,2
	MW[b]	-6,7	-4,4	-2,2	97,1	2,2	4,2
	MH[c]	-34,1	-22,1	-9,5	50,8	9,7	16,0

[a] in v. H.; [b] Mittelwert; [c] Anteil der Gemeinden mit Grenzbelastungen von mindestens 100 v. H.; [d] Ausgangssituation; [e] Differenz zum Referenzszenario in Prozentpunkten
Quelle: eigene Berechnungen.

der Rückgang umso stärker aus, je mehr der Ausgleichssatz verringert wird. Darüber hinaus fällt auf, dass im Vergleich der Gemeindeklassen untereinander die Rückgänge bei den jeweiligen Ausgleichssatzsenkungen umso stärker ausfallen, je geringer die in den Gemeinden verfügbaren Gewerbesteuereinnahmen ausfallen. Des Weiteren fällt auf, dass lediglich bei den Gemeinden mit bis zu 0,5 Mill. Euro Gewerbesteuereinnahmen die jeweiligen Rückgänge über dem Landesdurchschnitt liegen. Bei dem Anteil der Gemeinden mit Grenzbelastungen von mindestens 100 v. H. kommt es ebenfalls zu Rückgängen, wenn der Ausgleichssatz reduziert wird. Wie bei den durchschnittlichen Grenzbelastungen auch fallen die Rückgänge in den jeweiligen Gemeindeklassen dabei umso deutlicher aus, je mehr der Ausgleichssatz verringert wird. Des Weiteren zeigt der Vergleich der Gemeinden untereinander, dass die Rückgänge bei den alternativen Ausgleichssatzsenkungen umso stärker ausfallen, je geringer die in den Gemeinden verfügbaren Gewerbesteuereinnahmen ausfallen. Außerdem liegen lediglich bei den Gemeinden mit bis zu 0,5 Mill. Euro Gewerbesteuereinnahmen die Rückgänge bei allen alternativen Ausgleichssatzsenkungen über dem Landesdurchschnitt. Bei den Intervallgrenzen kommt es demgegenüber bei den einzelnen Gemeindeklassen zu unterschiedlichen Entwicklungen. In allen Gemeindeklassen kommt es bei den jeweiligen Obergrenzen zu Rückgängen, wenn der Ausgleichssatz gesenkt wird. Diese Rückgänge fallen dabei umso stärker aus, je mehr der Ausgleichssatz verringert wird. Bei den Intervallgrenzen hingegen kommt es nur in zwei Gemeindeklassen zu Veränderungen bei einer Reduktion des Ausgleichssatzes. Bei den Gemeinden mit bis zu 0,5 Mill. Euro Gewerbesteuereinnahmen kommt es bei den verschiedenen Ausgleichssatzreduktionen zu einem Anstieg um 2,7 Prozentpunkte. Bei den Gemeinden mit mindestens 5 Mill. Euro Gewerbesteuereinnahmen kommt es demgegenüber erst bei einem Ausgleichssatz in Höhe von 40 v. H. zu einem Anstieg um 3,7 Prozentpunkte.

Eine nächste Reformmöglichkeit des kommunalen Finanzausgleichs besteht darin, den Ausgleichssatz bei der Gewährung von Sonderschlüsselzuweisungen zu verändern. In der Tabelle 7.2 sind die entsprechenden Simulationsergebnisse dargestellt. Im Referenzszenario beträgt der Ausgleichssatz 15 v. H. In den anderen Spalten sind für verschiedene Ausgleichssätze die jeweiligen Veränderungen bei den Basisindikatoren im Vergleich zum Referenzszenario ausgewiesen. Wie auch bei dem Ausgleichssatz, der bei der Gewährung von allgemeinen Schlüsselzuweisungen zugrunde gelegt wird, kommt es zu einer Senkung der Grenzbelastung nur dann, wenn der Ausgleichssatz reduziert wird. Der Rückgang bei der durchschnittlichen Grenzbelastung der 2.056 Gemeinden fällt dabei umso größer aus, je mehr der Ausgleichssatz reduziert wird. Im Extremfall, bei dem keine Sonderschlüsselzuweisungen mehr gewährt werden, beträgt der Rückgang 5,3 Prozentpunkte. Bei dem Anteil der Gemeinden, die Grenzbelastungen von mindestens 100 v. H. aufweisen, kommt es zu einer parallelen Entwicklung. Auch hier fällt der Rückgang umso stärker aus, je mehr der Ausgleichssatz reduziert wird. Dabei fallen diese Rückgänge bei den alternativen Ausgleichssatzreduktionen viel größer aus als die entsprechenden Rückgänge bei der durchschnittlichen Grenzbelastung. Im Extremfall beträgt der Rückgang 28,8 Prozentpunkte. Bei den Grenzen des Korridors, in dem sich die Grenzbelastungen bewegen, kommt es zu unterschiedlichen Entwicklungen bei einer Reduktion des Ausgleichssatzes. Während die Intervalluntergrenze im Vergleich zum Referenzszenario unverändert bleibt, kommt es bei der Obergrenze zu Rückgängen. Diese Rückgänge steigen dabei mit der Höhe der Ausgleichssatzreduktion.

Ein differenzierteres Bild zeichnet sich wiederum bei der Betrachtung der einzelnen Gemeindeklassen ab. Im Hinblick auf die durchschnittliche Grenzbelastung kommt es in allen Gemeindeklassen zu einem Rückgang, wenn der Ausgleichssatz reduziert wird. Die einzelnen Rückgänge fallen dabei umso größer aus, je mehr der Ausgleichssatz gesenkt wird. Darüber hinaus fällt auf, dass im Vergleich der Gemeindeklassen untereinander die Rückgänge bei den jeweiligen Ausgleichssatzsenkungen umso deutlicher sind, je geringer die in den Gemeinden verfügbaren Gewerbesteuereinnahmen ausfallen. Zudem liegen lediglich bei den Gemeinden mit bis zu 0,5 Mill. Euro Gewerbesteuereinnahmen die jeweiligen Rückgänge über den landesdurchschnittlichen Werten. Bei den Anteilen der Gemeinden, die eine Grenzbelastung von mindestens 100 v. H. erleiden, kommt es ebenfalls in allen Gemeindeklassen zu einem Rückgang bei einer Reduktion des Ausgleichssatzes. Eine Ausnahme bilden die Gemeinden mit mindestens 5 Mill. Euro Gewerbesteuerein-

Tabelle 7.2: Reform des Ausgleichssatzes bei Sonderschlüsselzuweisungen und Grenzbelastungen[a]

Gemeinden mit ... Mill. Euro GewSt (netto)	Basisindikatoren	Ausgleichssatz 0 Diff.[e]	5 Diff.[e]	10 Diff.[e]	15[d]	20 Diff.[e]	25 Diff.[e]
	Min.	2,7	2,7	0,0	58,1	0,0	0,0
<0,5	Max.	-9,3	-6,2	-3,1	137,8	3,1	6,2
	MW[b]	-6,7	-4,5	-2,3	102,5	2,2	4,5
	MH[c]	-35,4	-23,3	-9,2	64,0	10,3	14,8
	Min.	0,0	0,0	0,0	56,2	0,0	0,0
0,5 bis 1	Max.	-8,6	-5,7	-2,8	115,1	2,9	5,8
	MW[b]	-3,4	-2,3	-1,1	92,6	1,2	2,4
	MH[c]	-25,4	-20,2	-9,5	33,6	6,1	12,5
	Min.	0,0	0,0	0,0	54,8	0,0	0,0
1 bis 5	Max.	-6,0	-5,3	-2,7	113,4	2,6	5,2
	MW[b]	-1,3	-0,8	-0,5	81,8	0,2	0,5
	MH[c]	-5,5	-5,2	-1,9	9,9	2,9	4,7
	Min.	0,0	0,0	0,0	36,3	0,0	0,0
≥5	Max.	-5,3	-5,2	-2,7	120,1	2,7	5,4
	MW[b]	-0,6	-0,5	-0,2	68,4	0,1	0,2
	MH[c]	-1,1	0,0	0,0	4,5	0,0	0,0
	Min.	0,0	0,0	0,0	36,3	0,0	0,0
insgesamt	Max.	-9,3	-6,2	-3,1	137,8	3,1	6,2
	MW[b]	-5,3	-3,5	-1,8	97,1	1,8	3,5
	MH[c]	-28,8	-19,5	-7,9	50,8	8,4	12,5

[a] in v. H.; [b] Mittelwert; [c] Anteil der Gemeinden mit Grenzbelastungen von mindestens 100 v. H.; [d] Ausgangssituation; [e] Differenz zum Referenzszenario in Prozentpunkten
Quelle: eigene Berechnungen.

nahmen. Erst wenn keine Sonderschlüsselzuweisungen mehr gewährt werden, kommt es zu einem leichten Rückgang um 1,1 Prozentpunkte. In allen anderen Gemeindeklassen fällt der Rückgang jedoch umso stärker aus, je mehr der Ausgleichssatz reduziert wird. Es fällt dabei auf, dass die jeweiligen Rückgänge der Gemeinden mit bis zu 0,5 Mill. Euro Gewerbesteuereinnahmen sowie der Gemeinden mit 0,5 bis 1 Mill. Euro Gewerbesteuereinnahmen über dem Landesdurchschnitt liegen. Bei den Intervallobergrenzen kommt es in allen Gemeindeklassen zu einem Rückgang, der umso höher ausfällt, je mehr der Ausgleichssatz gesenkt wird. Bei der Untergrenze hingegen kommt es zu unterschiedlichen

Entwicklungen. Lediglich bei den Gemeinden mit bis zu 0,5 Mill. Euro Gewerbesteuereinnahmen kommt es zu einer Veränderung. Sinkt der Ausgleichssatz auf ein Niveau von 5 v. H. oder 0 v. H., so steigt die Intervalluntergrenze um 2,7 Prozentpunkte an.

Eine dritte Reformmöglichkeit des kommunalen Finanzausgleichs besteht darin, den Nivellierungshebesatz der Gewerbesteuer und damit die Steuerkraftmesszahlen der Gemeinden zu verändern. In der Tabelle 7.3 sind die entsprechenden Simulationsergebnisse dargestellt. Im Referenzszenario beträgt der Nivellierungshebesatz 300 v. H. In den anderen Spalten sind für alternative Normierungssätze die jeweiligen Veränderungen bei den Basisindikatoren im Vergleich zum Referenzszenario ausgewiesen. Anhand der Simulationsergebnisse wird deutlich, dass eine Senkung der Grenzbelastung nur durch eine Reduktion des Nivellierungshebesatzes erreicht werden kann. Der Rückgang bei der durchschnittlichen Grenzbelastung der 2.056 Gemeinden fällt dabei umso größer aus, je mehr der Nivellierungshebesatz gesenkt wird. So beträgt z. B. der Rückgang 8,2 Prozentpunkte, wenn der Nivellierungshebesatz auf ein Niveau von 270 v. H. gesenkt wird. Der Anteil der

Tabelle 7.3: Reform des Nivellierungshebesatzes und Grenzbelastungen[a]

Gemeinden mit ... Mill. Euro GewSt (netto)	Basisindikatoren	Nivellierungshebesatz 270 Diff.[e]	280 Diff.[e]	290 Diff.[e]	300[d]	310 Diff.[e]	320 Diff.[e]
	Min.	-3,7	-2,4	-1,2	58,1	1,3	2,5
<0,5	Max.	-11,8	-8,2	-3,6	137,8	4,6	9,1
	MW[b]	-9,0	-5,9	-3,0	102,5	3,0	5,9
	MH[c]	-45,2	-30,3	-13,0	64,0	12,9	19,2
	Min.	-3,7	-2,4	-1,2	56,2	1,3	2,5
0,5 bis 1	Max.	-11,7	-9,0	-3,2	115,1	3,2	5,6
	MW[b]	-7,1	-4,9	-2,4	92,6	2,2	4,8
	MH[c]	-29,3	-22,4	-12,0	33,6	12,9	21,1
	Min.	-3,5	-2,3	-1,2	54,8	1,2	2,4
1 bis 5	Max.	-9,1	-3,0	-0,2	113,4	6,6	6,0
	MW[b]	-6,1	-4,1	-2,2	81,8	1,6	3,6
	MH[c]	-8,1	-7,7	-3,7	9,9	4,0	14,9
	Min.	-1,6	-1,1	-0,5	36,3	0,6	1,1
≥5	Max.	-12,4	-9,8	-0,1	120,1	0,1	-25,1
	MW[b]	-5,6	-3,8	-1,2	68,4	0,7	1,3
	MH[c]	-3,4	-3,4	-1,1	4,5	-2,3	-4,5
	Min.	-1,6	-1,1	-0,5	36,3	0,6	1,1
insgesamt	Max.	-11,8	-8,2	-3,6	137,8	4,6	9,1
	MW[b]	-8,2	-5,4	-2,7	97,1	2,6	5,3
	MH[c]	-36,6	-25,2	-11,2	50,8	11,1	17,8

[a] in v. H.; [b] Mittelwert; [c] Anteil der Gemeinden mit Grenzbelastungen von mindestens 100 v. H.; [d] Ausgangssituation; [e] Differenz zum Referenzszenario in Prozentpunkten
Quelle: eigene Berechnungen.

Gemeinden mit einer Grenzbelastung von mindestens 100 v. H. verringert sich ebenfalls bei einer Reduktion des Nivellierungshebesatzes. Die jeweilige Verringerung fällt dabei umso stärker aus, je mehr der Nivellierungshebesatz abgesenkt wird. Bei einem Nivellierungshebesatz von z. B. 270 v. H. beträgt der Rückgang 36,6 Prozentpunkte. Bei den Intervallgrenzen kommt es auch zu Rückgängen, wenn der Nivellierungshebesatz reduziert wird. Dabei fallen sowohl bei der Untergrenze als auch Obergrenze die Rückgänge umso größer aus, je weiter der Nivellierungshebesatz verringert wird. Allerdings fallen bei der Obergrenze die jeweiligen Rückgänge bei den verschiedenen reduzierten Nivellierungshebesätzen deutlicher aus.

Werden die Gemeinden differenzierter betrachtet, so zeigt sich, dass es in allen Gemeindeklassen zu einem Rückgang bei dem Mittelwert der Grenzbelastung kommt, der umso größer ausfällt, je mehr der Nivellierungshebesatz abgesenkt wird. Des Weiteren wird deutlich, dass im Vergleich der Gemeindeklassen untereinander die Rückgänge bei den jeweiligen Verringerungen des Normierungssatzes umso stärker ausfallen, je geringer die in den Gemeinden verfügbaren Gewerbesteuereinnahmen ausfallen. Zudem liegen lediglich bei den Gemeinden mit bis zu 0,5 Mill. Euro Gewerbesteuereinnahmen die jeweiligen Rückgänge über dem Landesdurchschnitt. Bei dem Anteil der Gemeinden, die eine Grenzbelastung von mindestens 100 v. H. aufweisen, kommt es auch in allen Gemeindeklassen zu einem Rückgang, wenn der Nivellierungshebesatz gesenkt wird. Dabei fallen die jeweiligen Rüchgänge umso deutlicher aus, je mehr der Normierungssatz reduziert wird. Darüber hinaus zeigt ein Vergleich der Gemeindeklassen, dass die Rückgänge umso stärker ausfallen, je geringer die in den Gemeinden verfügbaren Gewerbesteuereinnahmen ausfallen. Außerdem kommt es lediglich bei den Gemeinden mit bis zu 0,5 Mill. Euro Gewerbesteuereinnahmen bei allen alternativen Normierungssatzreduktionen zu Rückgängen, die über den landesdurchschnittlichen Werten liegen. Im Hinblick auf die beiden Intervallgrenzen kommt es ebenfalls in allen Gemeindeklassen zu Rückgängen, die mit der Reduktion des Normierungssatzes ansteigen. Bei der Untergrenze fällt allerdings auf, dass es in allen Gemeindeklassen mit Ausnahme der Gemeindeklasse, bei der die Gemeinden über mindestens 5 Mill. Euro Gewerbesteuereinnahmen verfügen, bei den einzelnen alternativen Reduktionen des Normierungssatzes zu ähnlich hohen Rückgängen kommt.

Eine letzte Reformmöglichkeit des kommunalen Finanzausgleichs, die im Rahmen dieser Arbeit untersucht wird, besteht darin, den Einbeziehungssatz zu verändern, mit dem die Einnahmen aus den Schlüsselzuweisungen in die Berechnung der Kreis- bzw. Bezirksumlage einbezogen werden. In Tabelle 7.4 sind die Simulationsergebnisse dargestellt. Im Referenzszenario beträgt der Einbeziehungssatz 80 v. H. In den anderen Spalten sind wiederum für alternative Werte des Finanzausgleichsparameters die jeweiligen Veränderungen bei den Basisindikatoren im Vergleich zum Referenzszenario ausgewiesen. Anhand der Simulationsergebnisse wird deutlich, dass eine Senkung der Grenzbelastung nur dann erreicht werden kann, wenn der Einbeziehungssatz erhöht wird. So sinkt bei den 2.056 Gemeinden der Mittelwert bei der Grenzbelastung umso stärker, je mehr der Einbeziehungssatz erhöht wird. Bei einem Satz von 100 v. H., bei dem also die Steuerkraftmesszahl und die Einnahmen aus den Schlüsselzuweisungen gleich gewichtet werden, beträgt der Rückgang bei der durchschnittlichen Grenzbelastung 4,8 Prozentpunkte.

Zu Rückgängen kommt es ebenfalls bei dem Anteil der Gemeinden, die eine Grenzbelastung von mindestens 100 v. H. erleiden. Auch hier fällt der Rückgang umso größer aus, je mehr der Einbeziehungssatz erhöht wird. Bei einem Einbeziehungssatz in Höhe von 100 v. H. beträgt der Rückgang 23,8 Prozentpunkte. Bei den Intervallgrenzen demgegenüber

Tabelle 7.4: Reform des Einbeziehungssatzes und Grenzbelastungen[a]

Gemeinden mit ... Mill. Euro GewSt (netto)	Basisindikatoren	Einbeziehungssatz 0 Diff.[e]	60 Diff.[e]	70 Diff.[e]	80[d]	90 Diff.[e]	100 Diff.[e]
	Min.	0,0	0,0	0,0	58,1	0,0	0,0
<0,5	Max.	31,2	7,8	3,9	137,8	-3,8	-7,7
	MW[b]	22,1	5,5	2,7	102,5	-2,8	-5,6
	MH[c]	33,8	18,3	11,0	64,0	-12,0	-28,7
	Min.	0,0	0,0	0,0	56,2	0,0	0,0
0,5 bis 1	Max.	23,2	5,8	2,9	115,1	-2,8	-5,7
	MW[b]	16,6	4,2	2,1	92,6	-2,1	-4,1
	MH[c]	47,0	20,7	9,5	33,6	-10,3	-21,5
	Min.	0,0	0,0	0,0	54,8	0,0	0,0
1 bis 5	Max.	29,4	6,2	3,0	113,4	-3,1	-6,2
	MW[b]	10,7	2,6	1,3	81,8	-1,4	-2,7
	MH[c]	40,8	11,6	4,7	9,9	-3,7	-6,6
	Min.	0,0	0,0	0,0	36,3	0,0	0,0
≥5	Max.	21,6	4,5	2,3	120,1	-2,3	-4,5
	MW[b]	4,7	1,2	0,6	68,4	-0,5	-1,1
	MH[c]	7,9	2,2	0,0	4,5	0,0	0,0
	Min.	0,0	0,0	0,0	36,3	0,0	0,0
insgesamt	Max.	31,2	7,8	3,9	137,8	-3,8	-7,7
	MW[b]	19,2	4,8	2,4	97,1	-2,4	-4,8
	MH[c]	35,1	17,0	9,5	50,8	-10,2	-23,8

[a] in v. H.; [b] Mittelwert; [c] Anteil der Gemeinden mit Grenzbelastungen von mindestens 100 v. H.; [d] Ausgangssituation; [e] Differenz zum Referenzszenario in Prozentpunkten
Quelle: eigene Berechnungen.

kommt es zu uneinheitlichen Entwicklungen. Während die Obergrenze mit der Höhe des Einbeziehungssatzes sinkt, bleibt die Untergrenze unverändert. Ein differenzierteres Bild ergibt die Betrachtung der einzelnen Gemeindeklassen. Im Hinblick auf die durchschnittliche Grenzbelastung kommt es in allen Gemeindeklassen zu einem Rückgang, wenn der Einbeziehungssatz erhöht wird. In allen Gemeindeklassen fällt dabei der Rückgang umso deutlicher aus, je mehr der Einbeziehungssatz erhöht wird. Des Weiteren zeigen die Simulationsergebnisse, dass im Vergleich der Gemeindeklassen untereinander die Rückgänge bei den jeweiligen Erhöhungen des Einbeziehungssatzes umso stärker sind, je geringer die in den Gemeinden verfügbaren Gewerbesteuereinnahmen ausfallen. Außerdem liegen lediglich bei den Gemeinden mit bis zu 0,5 Mill. Euro Gewerbesteuereinnahmen die jeweiligen Rückgänge über dem Landesdurchschnitt. Bei den Anteilen der Gemeinden mit einer Grenzbelastung von mindestens 100 v. H. kommt es ebenfalls in fast allen Gemeindeklassen zu einem Rückgang, der umso größer ausfällt, je mehr der Einbeziehungssatz ansteigt. Eine Ausnahme bildet die Gemeindeklasse, in der die Gemeinden über mindestens 5 Mill. Euro Gewerbesteuereinnahmen verfügen. Hier kommt es im Vergleich zum Referenzszenario zu keinen Veränderungen. Darüber hinaus zeigt ein Vergleich der Gemeindeklassen, dass die jeweiligen Rückgänge umso stärker ausfallen, je geringer die in den Gemeinden verfügbaren Gewerbesteuereinnahmen ausfallen. Zudem kommt es lediglich bei den Gemeinden mit bis zu 0,5 Mill. Euro Gewerbesteuereinnahmen bei allen alternativen Erhöhungen des Einbeziehungssatzes zu Rückgängen, die über dem Landesdurchschnitt liegen. Die Intervalluntergrenzen bleiben demgegenüber bei allen Gemeindeklassen im Vergleich zum Referenzszenario bei einer Erhöhung des Einbeziehungssatzes unverändert. Bei den Obergrenzen kommt es hingegen zu Rückgängen, die umso größer ausfallen, je mehr die Einnahmen aus den Schlüsselzuweisungen in die Berechnung der Kreis- bzw. Bezirksumlage einbezogen werden.

Insgesamt kann somit festgehalten werden, dass der Finanzausgleichsgesetzgeber schon mit derartig einfachen Finanzausgleichsreformen erreichen kann, dass die Grenzbelastungen reduziert werden. So zeigen die Simulationsergebnisse, dass eine erste grenzbelastungssenkende Reformmöglichkeit für den Finanzausgleichsgesetzgeber darin besteht, den Ausgleichssatz bei der Gewährung der allgemeinen Schlüsselzuweisungen zu reduzieren. Ebenso kann der Gesetzgeber die Grenzbelastungssituation entschärfen, wenn es zu einer Senkung des Ausgleichssatzes, der bei der Gewährung der Sonderschlüsselzuweisungen zugrunde gelegt wird, kommt. Eine weitere grenzbelastungssenkende Reformoption für den Finanzausgleichsgesetzgeber besteht in der Verringerung des Nivellierungshebesatzes bei der Gewerbesteuer. Darüber hinaus kann der Finanzausgleichsgesetzgeber jedoch auch eine Milderung der Grenzbelastungsproblematik anhand einer Erhöhung des Einbeziehungssatzes, mit dem die Einnahmen aus den Zuweisungen in die Berechnung der Kreis- bzw. Bezirksumlagen eingehen, erreichen. Anhand der jeweilgen Simulationsergebnisse für die wenigen alternativen Parameterwerte wird jedoch nicht nur deutlich, in welche Richtung die einzelnen Stellschrauben des kommunalen Finanzausgleichs für eine grenzbelastungssenkende Reform verändert werden müssen. Die Simulationsergebnisse zeigen ebenso das Potential der grenzbelastungssenkenden Reformen auf. Denn die Milderung der Grenzbelastungsproblematik bei allen hier betrachteten Stellschrauben ist umso größer, je mehr der jeweilige Finanzausgleichsparameter in die entsprechende Richtung verändert wird.

7.2.3 Verteilungseffekte

Im letzten Abschnitt wurden die Effizienzwirkungen verschiedener Reformmöglichkeiten untersucht. Es wurde dabei deutlich, in welche Richtung die jeweiligen Stellschrauben des kommunalen Finanzausgleichs verändert werden müssen, um die Grenzbelastungen zu reduzieren. An dieser Stelle sollen nun die Verteilungseffekte der einzelnen Vorschläge diskutiert werden. Dazu werden die Steuereinnahmen und Transferströme für alternative Parameterwerte der jeweiligen Stellschrauben berechnet. Ein Vergleich mit dem Referenzszenario, das in Abschnitt 5.2 dargestellt wurde, zeigt dann auf, zu welchen fiskalischen Auswirkungen es durch die jeweilige Reform des kommunalen Finanzausgleichs kommt. Da im Rahmen dieser Arbeit nur Reformen des kommunalen Finanzausgleichs betrachtet werden, kommt es für Bund und Länder zu keinen fiskalischen Auswirkungen.

In Tabelle 7.5 sind nun die Simulationsergebnisse für eine erste Reformmöglichkeit, nämlich eine Variation des Ausgleichssatzes bei der Gewährung der allgemeinen Schlüsselzuweisungen, ausgewiesen. Die 2.056 Gemeinden werden dabei wiederum nach der Höhe der Nettoeinnahmen aus der Gewerbesteuer sortiert und zusammengefasst. In der Referenzsituation beträgt der Ausgleichssatz 55 v. H. In den anderen Spalten der Tabelle sind für alternative Ausgleichssätze die jeweiligen Veränderungen bei den Zuweisungen und Umlagen im Vergleich zum Referenzszenario ausgewiesen. Werden

Tabelle 7.5: Reform des Ausgleichssatzes bei allgemeinen Schlüsselzuweisungen und Verteilungseffekte[a]

Gemeinden mit ... Mill. Euro GewSt (netto)	Einnahmen	Ausgleichssatz in v. H.					
		40	45	50	55[f]	60	65
		Diff.[g]	Diff.[g]	Diff.[g]		Diff.[g]	Diff.[g]
	SSZ[b]	0	0	0	82	0	0
<0,5	ASZ[c]	-62	-41	-20	583	19	34
	Umlage[d]	0	0	0	-850	0	0
	Gesamteinnahmen[e]	-62	-41	-20	1.424	19	34
	SSZ[b]	0	0	0	14	0	0
0,5 bis 1	ASZ[c]	-2	-1	0	132	1	1
	Umlage[d]	0	0	0	-351	0	0
	Gesamteinnahmen[e]	-2	-1	0	529	1	1
	SSZ[b]	0	0	0	10	0	0
1 bis 5	ASZ[c]	17	11	5	157	-5	-12
	Umlage[d]	0	0	0	-862	0	0
	Gesamteinnahmen[e]	17	11	5	1.207	-5	-12
	SSZ[b]	0	0	0	10	0	0
≥5	ASZ[c]	46	31	15	395	-15	-23
	Umlage[d]	0	0	0	-1.281	0	0
	Gesamteinnahmen[e]	46	31	15	4.176	-15	-23
	SSZ[b]	0	0	0	116	0	0
Summe	ASZ[c]	0	0	0	1.267	0	0
	Umlage[d]	0	0	0	-3.344	0	0
	Gesamteinnahmen[e]	0	0	0	7.337	0	0

[a] in Mill. Euro, Rundungsdifferenzen möglich; [b] Sonderschlüsselzuweisungen; [c] allgemeine Schlüsselzuweisungen; [d] Kreis- bzw. Bezirksumlage; [e] einschließlich der primären Steuereinnahmen; [f] Ausgangssituation; [g] Differenz zum Referenzszenario
Quelle: eigene Berechnungen.

die Gemeinden insgesamt betrachtet, so fällt auf, dass es weder bei den Gesamteinnahmen noch bei den Sonderschlüsselzuweisungen, allgemeinen Schlüsselzuweisungen sowie der Umlagebelastung zu Veränderungen kommt. Bei der Gewährung der Sonderschlüsselzuweisungen kommt es zu keinerlei Veränderung, da dieser Transfermechanismus – wie im Kapitel 3 beschrieben – unabhängig ist von der Gewährung der allgemeinen Schlüsselzuweisungen. Bei der Umlagebelastung der einzelnen Gemeinden kommt es demgegenüber aus einem anderen Grund zu keinerlei Veränderungen. Die durch eine Variation des Ausgleichssatzes ausgelösten Rückwirkungen bei den allgemeinen Schlüsselzuweisungen kommen erst im Folgejahr zum Tragen. Denn die Einnahmen aus den Schlüsselzuweisungen gehen erst mit einem Jahr Verzögerung als Berechnungsgrundlage in die Ermittlung der Kreis- bzw. Bezirksumlage ein. Bei den allgemeinen Schlüsselzuweisungen kommt es hingegen zu keinen Veränderungen, da das für die Gewährung der allgemeinen Schlüsselzuweisungen insgesamt zur Verfügung stehende Finanzvolumen durch die Reform nicht verändert wird. Die jeweiligen Variationen des Ausgleichssatzes führen demnach nur zu Umverteilungseffekten zwischen den Gemeinden. Dies wird deutlich, wenn die einzelnen Gemeindeklassen näher betrachtet und miteinander verglichen werden. So führt eine anreizorientierte Reform, bei der eine Senkung des Ausgleichssatzes erforderlich ist, dazu, dass die Gemeinden mit bis zu 0,5 Mill. Euro und 0,5 bis 1 Mill. Euro Gewerbesteuereinnahmen zugunsten der beiden anderen Gemeindeklassen verlieren. Diese Umverteilungseffekte fallen dabei umso größer aus, je mehr der Ausgleichssatz gesenkt wird.

Neben der Reform des Ausgleichssatzes bei den allgemeinen Schlüsselzuweisungen besteht eine weitere Reformmöglichkeit darin, die Ausgleichsquote bei den Sonderschlüsselzuwei-sungen zu verändern. In der Tabelle 7.6 sind nun die Simulationsergebnisse für eine derartige Reformmöglichkeit ausgewiesen. In der Referenzsituation beträgt der Ausgleichssatz 15 v. H. In den anderen Spalten der Tabelle sind für verschiedene Ausgleichssätze die jeweiligen Veränderungen bei den Zuweisungen und Umlagen im Vergleich zum Referenzszenario dargestellt. Bei der Betrachtung der 2.056 Gemeinden insgesamt wird deutlich, dass sich die Einnahmen aus den Zuweisungen verändern. Dabei kommt es jedoch nur zu Umschichtungen zwischen Sonderschlüsselzuweisungen und allgemeinen Schlüsselzuweisungen. Dies liegt daran, dass die insgesamt für die beiden Zuweisungen zur Verfügung stehende Gemeindeschlüsselmasse durch eine Variation des Ausgleichssatzes nicht verändert wird. Vielmehr kommt es durch die Variationen des Ausgleichssatzes bei den einzelnen empfangsberechtigten Gemeinden zu Veränderungen bei der Höhe der Sonderschlüsselzuweisungen. Darüber hinaus sind auch Veränderungen bei der Anzahl der empfangsberechtigten Gemeinden möglich. Insgesamt kommt es dadurch zu Veränderungen bei dem für diese Zuweisungen benötigten Finanzvolumen. Da dieses Finanzvolumen der unveränderten Gemeindeschlüsselmasse vorab entzogen wird, kommt es somit auch zwangsläufig zu Veränderungen bei der Gewährung von allgemeinen Schlüsselzuweisungen. Denn diese Veränderung bei dem für die allgemeinen Schlüsselzuweisungen zur Verfügung stehenden Finanzvolumen kommt bei dem iterativen Verfahren zur Bestimmung des einheitlichen Grundbetrags, der für die Bestimmung der Ausgangsmesszahlen der Gemeinden benötigt wird, zum Tragen. Durch die damit verbundenen Veränderungen bei den Ausgangsmesszahlen der Gemeinden kommt es bei den empfangsberechigten Gemeinden schließlich zu Veränderungen bei der Höhe der allgemeinen Schlüsselzuweisungen. Es ist darüber hinaus möglich, dass sich zudem der Kreis der empfangsberechtigten Gemeinden verändert. Im Hinblick auf die Berechnung der Umlagen haben diese Veränderungen bei den Einnahmen aus den Sonderschlüsselzuweisungen und allgemeinen Schlüsselzuweisungen allerdings keinerlei Auswirkungen. Denn diese Veränderungen spielen erst – wie bereits erläutert – im Folgejahr

Tabelle 7.6: Reform des Ausgleichssatzes bei Sonderschlüsselzuweisungen und Verteilungseffekte[a]

Gemeinden mit ... Mill. Euro GewSt (netto)	Einnahmen	Ausgleichssatz in v. H. 0 Diff.[g]	5 Diff.[g]	10 Diff.[g]	15[f]	20 Diff.[g]	25 Diff.[g]
	SSZ[b]	-82	-55	-27	82	27	55
<0,5	ASZ[c]	33	22	11	583	-11	-23
	Umlage[d]	0	0	0	-850	0	0
	Gesamteinnahmen[e]	-49	-32	-16	1.424	16	32
	SSZ[b]	-14	-9	-5	14	5	9
0,5 bis 1	ASZ[c]	12	8	4	132	-3	-7
	Umlage[d]	0	0	0	-351	0	0
	Gesamteinnahmen[e]	-2	-1	-1	529	2	2
	SSZ[b]	-10	-7	-3	10	3	7
1 bis 5	ASZ[c]	19	13	6	157	-7	-13
	Umlage[d]	0	0	0	-862	0	0
	Gesamteinnahmen[e]	10	6	3	1.207	-4	-6
	SSZ[b]	-10	-7	-3	10	3	7
≥5	ASZ[c]	52	35	17	395	-17	-34
	Umlage[d]	0	0	0	-1.281	0	0
	Gesamteinnahmen[e]	42	28	14	4.176	-14	-28
	SSZ[b]	-116	-77	-39	116	39	77
Summe	ASZ[c]	116	77	39	1.267	-39	-77
	Umlage[d]	0	0	0	-3.344	0	0
	Gesamteinnahmen[e]	0	0	0	7.337	0	0

[a] in Mill. Euro, Rundungsdifferenzen möglich; [b] Sonderschlüsselzuweisungen; [c] allgemeine Schlüsselzuweisungen; [d] Kreis- bzw. Bezirksumlage; [e] einschließlich der primären Steuereinnahmen; [f] Ausgangssituation; [g] Differenz zum Referenzszenario
Quelle: eigene Berechnungen.

bei der Berechnung der Kreis- bzw. Bezirksumlagen eine Rolle. Aus diesem Grund bleibt die Umlagebelastung aller Gemeinden unverändert. Ein differenzierteres Bild zeigt sich jedoch, wenn die einzelnen Gemeindeklassen näher betrachtet werden. So kommt es z. B. bei einer grenzbelastungssenkenden Reform, für die eine Senkung des Ausgleichssatzes erforderlich ist, in jeder Gemeindeklasse zu Mindereinnahmen bei den Sonderschlüsselzuweisungen. Diese fallen dabei in allen Gemeindeklassen umso stärker aus, je mehr der Ausgleichssatz reduziert wird. Die bei einer Senkung des Ausgleichssatzes eingesparten Finanzmittel erhöhen dabei das für die allgemeinen Schlüsselzuweisungen zur Verfügung stehende Finanzvolumen. Ein Vergleich der Gemeindeklassen zeigt, dass alle Gemeindeklassen an diesem zusätzlichen Zuweisungsvolumen partizipieren. Bei den

Gesamteinnahmen zeigt sich jedoch, dass die Gemeinden mit bis zu 0,5 Mill. Euro und 0,5 bis 1 Mill. Euro Gewerbesteuereinnahmen zugunsten der beiden anderen Gemeindeklassen verlieren. Dieser Umverteilungseffekt fällt dabei umso stärker aus, je mehr der Ausgleichssatz reduziert wird.

Eine dritte Reformmöglichkeit besteht darin, dass der Nivellierungshebesatz der Gewerbesteuer bei der Steuerkraftbestimmung verändert wird. In der Tabelle 7.7 sind die Simulationsergebnisse ausgewiesen. In der Referenzsituation beträgt der Nivellierungshebesatz 300 v. H. In den anderen Spalten sind für alternative Normierungssätze die jeweiligen Veränderungen bei den Zuweisungen und Umlagen im Vergleich zum Referenzszenario ausgewiesen. Werden zunächst die Gemeinden insgesamt betrachtet, so zeigt

Tabelle 7.7: Reform des Nivellierungshebesatzes und Verteilungseffekte[a]

Gemeinden mit ... Mill. Euro GewSt (netto)	Einnahmen	Nivellierungshebesatz in v. H.					
		270 Diff.[g]	280 Diff.[g]	290 Diff.[g]	300[f]	310 Diff.[g]	320 Diff.[g]
<0,5	SSZ[b]	-8	-5	-3	82	3	5
	ASZ[c]	-17	-12	-6	583	5	11
	Umlage[d]	13	9	5	-850	-4	-8
	Gesamteinnahmen[e]	-12	-8	-4	1.424	4	8
0,5 bis 1	SSZ[b]	-2	-1	-1	14	0	1
	ASZ[c]	0	0	0	132	1	1
	Umlage[d]	10	7	3	-351	-3	-7
	Gesamteinnahmen[e]	8	5	3	529	-2	-5
1 bis 5	SSZ[b]	-1	-1	0	10	1	1
	ASZ[c]	4	2	1	157	-2	-3
	Umlage[d]	36	24	12	-862	-12	-24
	Gesamteinnahmen[e]	39	25	13	1.207	-13	-26
≥5	SSZ[b]	-1	-1	0	10	0	1
	ASZ[c]	25	17	9	395	-8	-17
	Umlage[d]	67	45	23	-1.281	-22	-44
	Gesamteinnahmen[e]	91	60	31	4.176	-30	-61
Summe	SSZ[b]	-12	-8	-4	116	4	8
	ASZ[c]	12	8	4	1.267	-4	-8
	Umlage[d]	126	84	42	-3.344	-41	-83
	Gesamteinnahmen[e]	126	84	42	7.337	-41	-83

[a] in Mill. Euro, Rundungsdifferenzen möglich; [b] Sonderschlüsselzuweisungen; [c] allgemeine Schlüsselzuweisungen; [d] Kreis- bzw. Bezirksumlage; [e] einschließlich der primären Steuereinnahmen; [f] Ausgangssituation; [g] Differenz zum Referenzszenario
Quelle: eigene Berechnungen.

sich, dass sich die Einnahmen aus den beiden Zuweisungen verändern. Dabei kommt es jedoch nur zu Umschichtungen zwischen Sonderschlüsselzuweisungen und allgemeinen Schlüsselzuweisungen. Auch hier liegt dies daran, dass die insgesamt für die beiden Zuweisungen zur Verfügung stehende Gemeindeschlüsselmasse durch eine Variation des Nivellierungshebesatzes nicht verändert wird. Die Variationen bei dem Nivellierungshebesatz führen zu Veränderungen bei den Steuerkraftmesszahlen der Gemeinden. Aus diesem Grund kommt es bei den einzelnen empfangsberechtigten Gemeinden zu Veränderungen bei der Höhe der Sonderschlüsselzuweisungen. Zudem ist es möglich, dass sich die Anzahl der empfangsberechtigten Gemeinden verändert. Diese Effekte führen nun dazu, dass es zu Veränderungen bei dem für diese Zuweisungen benötigten Finanzvolumen kommt. Da dieses Finanzvolumen der konstanten Gemeindeschlüsselmasse vorab entnommen wird, kommt es schon allein deshalb zu Veränderungen bei der Gewährung der allgemeinen Schlüsselzuweisungen. Doch nicht nur die Veränderung bei dem für die allgemeinen Schlüsselzuweisungen zur Verfügung stehenden Finanzvolumen kommt bei dem iterativen Verfahren zur Bestimmung des einheitlichen Grundbetrags zum Tragen. Bei der Bestimmung des einheitlichen Grundbetrags fließen ebenso die Veränderungen bei den Steuerkraftmesszahlen sowie die durch die Veränderungen der Steuerkraftmesszahlen ausgelösten Veränderungen bei den Gesamtansätzen ein. Insgesamt kommt es somit zu Veränderungen bei den Ausgangsmesszahlen der Gemeinden. Aus dem Zusammenspiel mit den veränderten Steuerkraftmesszahlen kommt es somit bei den empfangsberechtigten Gemeinden zu Veränderungen bei der Höhe der allgemeinen Schlüsselzuweisungen. Darüber hinaus ist es möglich, dass sich die Anzahl der empfangsberechtigten Gemeinden verändert. Diese Effekte bei den Einnahmen aus den Sonderschlüsselzuweisungen und allgemeinen Schlüsselzuweisungen spielen jedoch – wie auch schon bei den zuvor beschriebenen Reformmöglichkeiten – im Reformjahr keine Rolle. Allerdings kommt es aufgrund der Veränderungen bei den Steuerkraftmesszahlen in allen Gemeinden zu Rückwirkungen bei der Berechnung der Kreis- bzw. Bezirksumlagen. Insgesamt kommt es somit bei Variationen des Nivellierungshebesatzes zu Veränderungen bei den Gesamteinnahmen der Gemeinden.

Werden nun jedoch wiederum die einzelnen Gemeindeklassen näher betrachtet und miteinander verglichen, so zeigen sich die reformbedingten Verteilungseffekte zwischen den Gebietskörperschaften. Bei einer grenzbelastungssenkenden Reform, also bei einer Senkung des Nivellierungshebesatzes, kommt es in allen Gemeindeklassen zu einem Rückgang bei den Sonderschlüsselzuweisungen. Die bei einer Senkung des Nivellierungshebesatzes eingesparten Finanzmittel erhöhen dabei das für die allgemeinen Schlüsselzuweisungen zur Verfügung stehende Finanzvolumen. Ein Vergleich der Gemeindeklassen zeigt, dass nicht alle Gemeindeklassen an diesem zusätzlichen Zuweisungsvolumen partizipieren. Während die Einnahmen aus den allgemeinen Schlüsselzuweisungen bei den Gemeinden mit 0,5 bis 1 Mill. Euro Gewerbesteuereinnahmen bei den verschiedenen Senkungen des Nivellierungshebesatzes unverändert bleiben, verlieren die Gemeinden mit bis zu 0,5 Mill. Euro Gewerbesteuereinnahmen zugunsten der beiden restlichen Gemeindeklassen. Dieser Umverteilungseffekt ist dabei umso stärker, je mehr der Nivellierungshebesatz reduziert wird. Im Hinblick auf die abzuführenden Kreis- bzw. Bezirksumlagen fällt auf, dass es in allen Gemeindeklassen zu einer Verringerung der Umlagebelastung kommt. Es kommt somit auch zu einer vertikalen Umverteilung zu Lasten der Kreise und Bezirke. Diese Verringerung bzw. vertikale Umverteilung fällt dabei umso größer aus, je mehr der Normierungssatz gesenkt wird. Werden nun schließlich die Gesamteinnahmen der einzelnen Gemeindeklassen näher betrachtet, so zeigt sich, dass bei einer grenzbelastungssenkenden Reform lediglich die Gemeinden mit bis zu 0,5 Mill. Euro Gewerbesteuereinnahmen Mindereinnahmen erleiden.

Eine letzte Reformmöglichkeit besteht nun darin, dass der Einbeziehungssatz, mit dem die Einnahmen aus den beiden Zuweisungen in die Berechnung der Kreis- bzw. Bezirksumlagen einbezogen werden, verändert wird. In der Tabelle 7.8 sind die Simulationsergebnisse für eine derartige Reformmöglichkeit ausgewiesen. In der Referenzsituation beträgt der Einbeziehungssatz 80 v. H. In den anderen Spalten der Tabelle sind für verschiedene Einbeziehungssätze die jeweiligen Veränderungen bei den Zuweisungen und Umlagen im Vergleich zum Referenzszenario dargestellt. Bei der Betrachtung der

Tabelle 7.8: Reform des Einbeziehungssatzes und Verteilungseffekte[a]

Gemeinden mit ... Mill. Euro GewSt (netto)	Einnahmen	Einbeziehungssatz in v. H.					
		0	60	70	80[f]	90	100
		Diff.[g]	Diff.[g]	Diff.[g]		Diff.[g]	Diff.[g]
	SSZ[b]	0	0	0	82	0	0
<0,5	ASZ[c]	0	0	0	583	0	0
	Umlage[d]	235	59	30	-850	-29	-58
	Gesamteinnahmen[e]	235	59	30	1.424	-29	-58
	SSZ[b]	0	0	0	14	0	0
0,5 bis 1	ASZ[c]	0	0	0	132	0	0
	Umlage[d]	55	14	7	-351	-7	-14
	Gesamteinnahmen[e]	55	14	7	529	-7	-14
	SSZ[b]	0	0	0	10	0	0
1 bis 5	ASZ[c]	0	0	0	157	0	0
	Umlage[d]	64	16	8	-862	-8	-16
	Gesamteinnahmen[e]	64	16	8	1.207	-8	-16
	SSZ[b]	0	0	0	10	0	0
≥5	ASZ[c]	0	0	0	395	0	0
	Umlage[d]	70	18	9	-1.281	-8	-17
	Gesamteinnahmen[e]	70	18	9	4.176	-8	-17
	SSZ[b]	0	0	0	116	0	0
Summe	ASZ[c]	0	0	0	1.267	0	0
	Umlage[d]	424	106	53	-3.344	-52	-105
	Gesamteinnahmen[e]	424	106	53	7.337	-52	-105

[a] in Mill. Euro, Rundungsdifferenzen möglich; [b] Sonderschlüsselzuweisungen; [c] allgemeine Schlüsselzuweisungen; [d] Kreis- bzw. Bezirksumlage; [e] einschließlich der primären Steuereinnahmen; [f] Ausgangssituation; [g] Differenz zum Referenzszenario
Quelle: eigene Berechnungen.

2.056 Gemeinden insgesamt wird deutlich, dass es bei Variationen des Einbeziehungssatzes lediglich bei den Umlagen zu Veränderungen kommt. Die Ermittlungen der Sonderschlüsselzuweisungen und allgemeinen Schlüsselzuweisungen bleiben hingegen von einer derartigen Reform unberührt. Werden nun die einzelnen Gemeindeklassen näher betrachtet, so wird deutlich, wie sich die gesamten Veränderungen auf die einzelnen Gemeindeklassen aufteilen. So kommt es z. B. bei einer grenzbelastungssenkenden Reform, bei der der Einbeziehungssatz im Vergleich zum Referenzszenario erhöht wird, in allen Gemeindeklassen zu Mindereinnahmen. Diese höhere Umlagebelastung entsteht dadurch, dass nun ein größerer Teil der Einnahmen aus den beiden Zuweisungen in die Berechnung der Kreis- bzw. Bezirksumlagen einbezogen wird. Doch damit kommt es im Zuge einer derartigen Reform gleichzeitig auch zu einer vertikalen Umverteilung zugunsten der Kreise und Bezirke. Diese Mindereinnahmen der Gemeinden bzw. die vertikale Umschichtungen fallen dabei umso höher aus, je mehr der Einbeziehungssatz angehoben wird.

Eine Beurteilung der distributiven Effekte der einzelnen grenzbelastungssenkenden Reformmöglichkeiten des Finanzausgleichs erscheint jedoch insgesamt ziemlich schwierig. Insbesondere ist zu berücksichtigen, dass es bei der Reform des Nivellierungshebesatzes sowie der Reform des Einbeziehungssatzes zu vertikalen Umverteilungen zwischen den Gemeinden einerseits und den Kreisen und Bezirken andererseits kommt. Bei den beiden anderen Reformmöglichkeiten kommt es demgegenüber nur zu Umverteilungseffekten innerhalb der Familie der Gemeinden. Außerdem stellt sich natürlich die Frage der Maßstäbe für die Verteilungseffekte des Finanzausgleichs. Insgesamt erscheinen jedoch alle grenzbelastungssenkenden Reformmöglichkeiten insbesondere dann ein „erträgliches" Verteilungsergebnis nach sich zu ziehen, wenn es nur zu kleinen Veränderungen bei den jeweiligen Finanzausgleichsparametern kommt. Dies dürfte die Chancen auf eine politische Realisierung nachhaltig stärken. Zudem gelingt vielleicht dadurch der Einstieg in einen Prozess, bei dem es schrittweise zu einer immer stärkeren anreizorientierten Ausgestaltung des Finanzausgleichs kommt.

7.3 Finanzausgleichsreformen bei einer Reform der Gewerbesteuer

Anhand der Berechnungen und Analysen in den letzten Kapiteln wurde deutlich, dass bei den neuen kommunalen Steuerquellen, die die Reformkonzepte als Ersatz für die bestehende Gewerbesteuer vorsehen, mit ähnlich hohen Grenzbelastungen wie bei der Gewerbesteuer gerechnet werden muss. Da jedoch die hohen Grenzbelastungen des Finanzausgleichs zu allokativen Störungen führen, ergibt sich somit ein zusätzlicher Aspekt, der bei einer Reform der Gewerbesteuer beachtet werden sollte. Dieser zusätzliche Reformbedarf bei dem deutschen Finanzausgleichssystem und dabei insbesondere bei den die Gemeindefinanzen unmittelbar tangierenden Finanzausgleichsmechanismen wird jedoch überlicherweise bei der Diskussion um eine Gewerbesteuerreform nicht aufgegriffen.

Um nun jedoch konkrete Perspektiven für eine grenzbelastungssenkende Finanzausgleichsreform für den Fall aufzuzeigen, dass es zu einer Reform der Gewerbesteuer kommt, müsste bekannt sein, wie das jeweilige Reformkonzept in das Finanzausgleichssystem implementiert wird. Vor diesem Hintergrund soll an dieser Stelle exemplarisch für die im Rahmen dieser Arbeit untersuchten Gewerbesteuerreformkonzepte eine Perspektive für grenzbelastungssenkende Finanzausgleichsreformen entwickelt werden.

In Kapitel 6 wurde gezeigt, dass die hier untersuchten Konzepte für eine Substitution der Gewerbesteuer mit nur geringen Eingriffen in das derzeit geltende Finanzausgleichssystem implementiert werden können. Komplexität und Struktur der Finanzausgleichsregelungen bleiben somit erhalten. Aus diesem Grund steht daher eine Vielzahl von Stellschrauben zur Verfügung. Sollen jedoch die Reformen des Finanzausgleich den in Abschnitt 7.2.1 aufgestellten Kriterien genügen, so stehen mit Blick auf den kommunalen Finanzausgleich im Prinzip die gleichen zentralen Stellschrauben zur Verfügung, die auch schon im Abschnitt 7.2 im Mittelpunkt standen. So bestehen sowohl bei dem Konzept von FUEST und HUBER (2001) als auch bei dem Konzept der STIFTUNG MARKTWIRTSCHAFT (2005b) erste Möglichkeiten darin, die jeweiligen Ausgleichssätze bei der Gewährung der Sonderschlüsselzuweisungen bzw. allgemeinen Schlüsselzuweisungen zu variieren. Des Weiteren kann bei beiden Gewerbesteuerreformkonzepten von der Möglichkeit Gebrauch gemacht werden, den Einbeziehungssatz bei der Berechnung der Kreis- bzw. Bezirksumlagen zu verändern. Darüber hinaus besteht eine weitere Reformmöglichkeit des Finanzausgleichs darin, die jeweiligen Normierungssätze zu variieren. Bei dem Konzept von FUEST und HUBER (2001) kommen somit der Nivellierungszuschlagssatz bei den Zuschlagseinnahmen aus der Einkommensteuer oder der Nivellierungssteuersatz bei den Einnahmen aus der Unternehmensbesteuerung als Stellschrauben in Frage. Bei dem Konzept der STIFTUNG MARKTWIRTSCHAFT (2005b) stehen demgegenüber die Nivellierungssteuersätze bei der Bürgersteuer oder kommunalen Unternehmensteuer zur Verfügung. In diesem Zusammenhang stellt sich jedoch dann unmittelbar die Frage, in welche Richtung die jeweiligen zentralen Stellschrauben zu verändern sind, um die Grenzbelastungen bei den neuen kommunalen Steuerquellen zu reduzieren. Da die Vorschläge zur Substitution der Gewerbesteuer – wie im Kapitel 6 dargestellt – mit nur geringen Eingriffen in das bestehenden Finanzausgleichssystem implementiert werden, bleiben die zentralen Mechanismen des Finanzausgleichs erhalten. Aus diesem Grund müssten die jeweiligen Stellschrauben prinzipiell in die gleiche Richtung verändert werden, wie dies auch bei einem Fortbestehen der Gewerbesteuer erforderlich wäre. Da bei derartigen Finanzausgleichsreformen mit ganz ähnlichen Verteilungseffekten gerechnet werden muss, könnte jedoch leicht die Gefahr entstehen, dass die Verteilungseffekte, die allein durch die Gewerbesteuerreform entstehen, verschärft werden.

7.4 Schlussfolgerung

In diesem Kapitel wurde der Frage nachgegangen, durch welche Finanzausgleichsreformen die Anreizorientierung des deutschen Finanzausgleichssystems gestärkt werden kann. Den Ausgangspunkt für diese Überlegungen bildeten dabei die Berechnungen und Analysen in den letzten Kapiteln. Dort zeigt sich zum einen, dass es gegenwärtig bei der bestehenden Gewerbesteuer zu hohen Grenzbelastungen kommt. Zum anderen wurde aber auch deutlich, dass bei neuen kommunalen Steuerquellen, welche als Ersatz für die Gewerbesteuer in den Reformkonzepten vorgesehen sind, mit ähnlich hohen Abschöpfungen gerechnet werden muss. Aufgrund der damit einhergehenden allokativen Störungen ergibt sich somit ein über die Frage der Gewerbesteuerreform hinausgehender Reformbedarf bei den die Kommunalfinanzen tangierenden Finanzausgleichsmechanismen.

Vor diesem Hintergrund wurden zunächst für den Fall, dass die Gewerbesteuer auch weiterhin fortbestehen wird, einige Möglichkeiten für eine Reform des kommunalen Finanzausgleichs aufgezeigt. Da es aufgrund der hohen Komplexität des Finanzausgleichssystems eine Vielzahl an potentiellen Stellschrauben gibt, beschränkte sich diese Arbeit auf einige wenige Finanzausgleichsparameter. Diese einfachen Reformoptionen zeichnen sich dadurch aus, dass sie nur geringe Eingriffe in das bestehende Finanzausgleichssystem erfordern, sie relativ einfach und kurzfristig vom Finanzausgleichsgesetzgeber realisiert werden können und sie zudem in ähnlicher Form auch in den kommunalen Finanzausgleichssystemen der anderen Länder umgesetzt werden können. Für die einzelnen Stellschrauben wurden dann für verschiedene Werte des jeweiligen Finanzausgleichsparameters Simulationen anhand des in Kapitel 5 bereits verwendeten Simulationsmodells durchgeführt, um die allokativen und distributiven Effekte derartiger Finanzausgleichsreformen bestimmen zu können. Anhand der Simulationsergebnisse bezüglich der Grenzbelastungen konnte somit zum einen aufgezeigt werden, in welche Richtung die jeweiligen Finanzausgleichsparameter verändert werden müssen, damit die Grenzbelastungen im Vergleich zum Referenzszenario verringert werden. Zum anderen konnte auch das grenzbelastungsverringernde Potential derartiger Finanzausgleichsreformen deutlich gemacht werden. Anhand der Simulationsergebnisse konnten aber auch die distributiven Wirkungen derartiger Reformen des kommunalen Finanzausgleichs verdeutlicht werden. Dabei zeigt sich, dass es insbesondere bei kleinen grenzbelastungssenkenden Veränderungen der jeweiligen Finanzausgleichsparameter auch nur zu geringen Veteilungseffekten kommt. Somit dürften die Chancen auf politische Realisierung wohl gerade bei solchen kleinen Reformen am größten sein. Eine nachhaltige Entschärfung der Grenzbelastungsituation bei der Gewerbesteuer ist somit möglicherweise nur in mehreren Schritten realisierbar.

Darüber hinaus wurde in diesem Kapitel auch für den Fall, dass es zu einer Substitution der Gewerbesteuer kommt, der Frage nachgegangen, durch welche Finanzausgleichsreformen die Anreizorientierung des Finanzausgleichssystems gestärkt werden kann. Um jedoch konkrete Finanzausgleichsreformen entwickeln zu können, ist die Kenntnis erforderlich, wie das Konzept für eine derartige Substitution der Gewerbesteuer in das deutsche Finanzausgleichssystem implementiert wird. Anhand der Ausführungen in Kapitel 6 wurde deutlich, dass die im Rahmen dieser Arbeit betrachteten Gewerbesteuerreformvorschläge mit geringen Eingriffen in das bestehende Finanzausgleichssystem implementiert werden können. Verfolgt der Gesetzgeber bei einer so grundlegenden Gewerbesteuerreform ein ähnliches Ziel, so stehen ebenfalls die hier betrachteten Stellschrauben des kommunalen Finanzausgleichs in ganz ähnlicher Weise zur Verfügung. Da die Wirkungsweise der Finanzausgleichsmechanismen durch eine Substitution der Gewerbesteuer dann nicht verändert wird, kommen prinzipiell die gleichen Veränderungen der jeweiligen Finanzausgleichsparameter in Betracht, um die Grenzbelastungen bei den neuen kommunalen Steuerquellen zu verringern. Die fiskalischen Nebenwirkungen derartiger Reformen dürften dabei ähnlich ausfallen, wie sie auch bei einem Fortbestehen der Gewerbesteuer zu erwarten wären.

Kapitel 8

Zusammenfassung

Die Gestaltung der vertikalen und horizontalen Finanzbeziehungen gehört zu den umstrittensten Fragestellungen in der deutschen Finanzpolitik. In Zeiten knapper öffentlicher Kassen bei unverändertem bzw. sogar wachsendem Aufgabenbestand ist die Frage der aufgabenadäquaten Verteilung von Finanzmitteln naturgemäß von besonderer Bedeutung, zumindest aber auch von besonderer Strittigkeit. In der jüngsten Vergangenheit spielen jedoch auch immer mehr die allokativen Wirkungen des Finanzausgleichs eine Rolle. Vor diesem Hintergrund untersucht die vorliegende Arbeit die allokativen und distributiven Aspekte des deutschen Finanzausgleichssystems im Kontext einer Gewerbesteuerreform, die ebenfalls zu den finanzpolitischen „Dauerbrennern" gehört, und erweitert somit die finanzwissenschaftlichen Erkenntnisse zum Finanzausgleich.

Hierfür wurde zunächst in Kapitel 2 die aktuelle Diskussion um eine Reform der Gewerbesteuer näher beleuchtet. Dazu wurde die Ausgestaltung der Gewerbesteuer und ihre Bedeutung für die kommunalen Haushalte herausgearbeitet. Dabei wurde deutlich, dass der Gewerbesteuer für die kommunalen Einnahmen sowohl quantitativ als auch qualitativ eine zentrale Rolle zukommt. Im Anschluss daran wurden die Defizite der Gewerbesteuer und damit die Notwendigkeit für eine grundlegende Gemeindesteuerreform aufgezeigt. Eine grundlegende Reform der Gewerbesteuer stößt jedoch auf große Widerstände, weil die damit verbundenen Umverteilungseffekte zwischen Branchen und Regionen sehr komplexe Interessengegensätze auslösen. Dadurch gesellen sich zu den „üblichen" Konflikten zwischen Staat und Wirtschaft sowie zwischen Bund, Ländern und Gemeinden unterschiedliche Betroffenheiten innerhalb der Wirtschaftsverbände, zwischen den Ländern und insbesondere zwischen den Gemeinden. All dies hat bisher eine systematische und zukunftsfähige Reform der Gewerbesteuer praktisch unmöglich gemacht. Doch die bestehende kommunale Finanznot ist auch eine Reformlokomotive. Es bleibt somit die Hoffnung, dass sich ökonomische Vernunft auch im politischen Prozess durchsetzten wird und es möglicherweise schon bald zu einer grundlegenden Gemeindesteuerreform kommt.

Um für diesen Fall die allokativen und distributiven Wirkungen des Finanzausgleich beleuchten zu können, wurde in Kapitel 3 zunächst das deutsche Finanzausgleichssystem ausführlich dargestellt. Es wurde dabei aufgezeigt, dass die Haushalte der Gebietskörperschaften durch zahlreiche horizontale und vertikale Finanzausgleichsmechanismen miteinander verbunden sind. Neben der hohen Komplexität und Intransparenz konnte dabei auch verdeutlicht werden, dass sich in dem derzeitigen Finanzausgleichssystem die ausgeprägte Verteilungsorientierung des deutschen Föderalismus widerspiegelt. Die Darstellung konnte des Weiteren dazu genutzt werden, um aufzuzeigen, dass es sich bei dem Finanzausgleichssystem um ein feingliedriges, ineinander greifendes und äußerst sensibles Räderwerk handelt. Bei einer grundlegenden Reform der Gewerbesteuer muss daher immer mit finanzausgleichsbedingten Rückwirkungen bei den Einnahmen der Gebietskörperschaften gerechnet werden. Um jedoch neben den distributiven Aspekten auch die allokativen Aspekte des Finanzausgleichs im Kontext einer Gewerbesteuerreform untersuchen zu können, widmete sich Kapitel 4 zunächst den allokativen Wirkungen des bestehenden Finanzausgleichssystems bei der Gewerbesteuer. Dabei konzentrierte sich die Untersuchung auf solche kommunalen Entscheidungsparameter, die in einem direkten Zusammenhang stehen mit der Pflege der Gewerbesteuer. In einem ersten Schritt wurden die Anreizwirkungen des Finanzausgleichs auf das lokale Besteuerungsverhalten untersucht. Es wurde dabei deutlich, dass die im Rahmen der theoretischen Literatur vermuteten Anreizwirkungen durch erste empirische Untersuchungen gestützt werden. Der Finanzausgleich hat demnach eine Anreizwirkung auf die lokale Steuerpolitik. Die ersten empirischen Untersuchungen für Deutschland deuten sogar darauf hin, dass die Gemeinden gegenwärtig einen Anreiz haben, höhere Hebesätze bei der Gewerbesteuer zu wählen. In einem zweiten Schritt wurden die Anreizwirkungen des Finanzausgleichs auf die lokale „Bemessungsgrundlagen"-Politik untersucht. Auch in diesem Bereich bestätigen sich die in der theoretischen Literatur vermuteten Anreizwirkungen des Finanzausgleichs durch erste empirische Untersuchungen. So deuten die ersten empirischen Arbeiten darauf hin, dass die Gemeinden gegenwärtig nur sehr geringe Anreize haben durch eine „Bemessungsgrundlagen"-Politik die Standortattraktivität zu verbessern und somit die lokale Steuerbasis zu erhöhen. Das deutsche Finanzausgleichssystem setzt somit unterschiedliche Anreize bei der Pflege der Gewerbesteuer. Durch die Einbindung in das deutsche Finanzausgleichssystem wird daher bei vielen Gemeinden die Finanzautonomie eingeschränkt.

Auf der Grundlage dieser in Kapitel 3 und 4 gewonnenen Erkenntnisse wurden in den nachfolgenden Kapiteln die allokativen und distributiven Aspekte des Finanzausgleichs im Kontext einer Gewerbesteuerreform untersucht. Die Darstellung der Grundlagen für eine derartige Analyse war Aufgabe von Kapitel 5. Um eine umfassende Untersuchung in dieser Arbeit überhaupt vornehmen zu können, wurde ein Simulationsmodell entwickelt, das das in Kapitel 3 dargestellte Finanzausgleichssystem abbildet. Aus diesem Grund wurden in diesem Kapitel zunächst das Simulationsmodell und der verwendete Datensatz erörtert. Im zweiten Teil des Kapitels wurden dann zum einen die Steuereinnahmen und Finanzausgleichsleistungen der Gebietskörperschaften für den Fall, dass es zunächst zu keiner Reform der Gewerbesteuer kommt, anhand des Simulationsmodells bestimmt. Zum anderen wurden auch die Grenzbelastungen bei der Gewerbesteuer, die als Beurteilungskriterien für die Effizienzwirkungen des Finanzausgleichssystems herangezogen wurden, für die bayerischen Gemeinden berechnet.

Im sechsten Kapitel wurde die eigentliche Analyse der allokativen und distributiven Aspekte des Finanzausgleichs im Kontext einer Gewerbesteuerreform durchgeführt. Aufgrund der Vielzahl potentieller Gewerbesteuerreformkonzepte wurde die Analyse exemplarisch für zwei Reformvorschläge durchgeführt. In einem ersten Schritt wurden die beiden Konzepte dargestellt und ihre wesentliche Vorteile gegenüber der bestehenden Gewerbesteuer erläutert. In einem zweiten Schritt wurde für beide Konzepte aufgezeigt, wie sie für eine numerische Untersuchung in das Simulationsmodell intergriert werden können. Anhand der Simulationsergebnisse wurden dann die allokativen und distributiven Effekte des Finanzausgleichs beschrieben und problematisiert. Da jedoch für eine derartige numerische Untersuchung eine ganze Reihe problematischer Annahmen notwendig waren, muss der Aussagegehalt der Simulationsergebnisse eingeschränkt werden. Dennoch konnten trotz dieser Einschränkung die allokativen und distributiven Aspekte des Finanzausgleichs im Kontext einer Gewerbesteuerreform illustriert werden. So zeigte die Analyse der Verteilungseffekte, dass es bei den beiden Gewerbesteuerreformvorschlägen zu unterschiedlichen Rückwirkungen auf die Finanzausstattungen von Bund, Ländern und Gemeinden kommt. Diese Ergebnisse deuten somit darauf hin, dass es kein einheitliches „Reaktionsmuster“ des Finanzausgleichssystems gibt. Darüber hinaus zeigten die Simulationsergebnisse aber auch, dass die Verteilungswirkungen quantitativ bedeutsam sein können. Im Hinblick auf die allokativen Aspekte des Finanzausgleichs im Kontext einer Gewerbesteuerreform zeigten die Simulationsergebnisse, dass bei beiden Gewerbesteuerreformkonzepten mit ähnlichen Anreizwirkungen – wie bei der bestehenden Gewerbesteuer – gerechnet werden muss. Im Kern bedeutet dieses Resultat, dass eine Gemeindesteuerreform allein nicht dazu ausreicht, um zu verhindern, dass durch die kommunale Einbindung in das Finanzausgleichssystem in vielen Gemeinden die Finanzautonomie eingeschränkt wird.

Aus diesem Grund wurde in Kapitel 7 abschließend untersucht, durch welche Reformen des Finanzausgleichssystems die Grenzbelastungen bei den kommunalen Steuerquellen gesenkt werden können. Aufgrund der hohen Komplexität des deutschen Finanzausgleichssystems beschränkte sich die Analyse dabei auf den kommunalen Finanzausgleich. In einem ersten Schritt wurde für den Fall, dass die Gewerbesteuer fortbestehen wird, eine derartige Reformperspektive entwickelt. Da es in der Literatur kaum Vorschläge für eine anreizorientierte Reform des kommunalen Finanzausgleichs gibt, mussten zuerst Reformmöglichkeiten identifiziert werden. Anhand des Simulationsmodells wurden dann die Vorschläge für eine Finanzausgleichsreform untersucht. Der Schwerpunkt lag dabei auf den Effizienzwirkungen, die mit diesen Vorschlägen verbunden sind. Aber auch die Verteilungsimplikationen wurden näher untersucht, da mit den zu erwartenden distributiven Veränderungen die politische Umsetzbarkeit eng verknüpft ist. Anhand dieser Untersuchung wurde dann auch eine erste Reformperspektive für den Fall aufgezeigt, dass es zu einer Reform der Gewerbesteuer kommt.

Für die weitere Diskussion um eine Reform der Gemeindefinanzen ist abschließend anzumerken, dass das Wissen um mögliche Finanzausgleichseffekte nichts an der Prioritätenliste einer Gemeindefinanzreform ändert. Es sollte jedoch in Zukunft stärker beachtet werden, dass sich die Reformbemühungen nicht allein auf die Gewerbesteuer beschränken dürfen, sondern unweigerlich auch in einer Reform der föderalen Finanzbeziehungen münden müssen.

Anhang

A.1 Vorzeichen von (4.9) und (4.11)

Aus dem totalen Differential von (4.8) folgt:

$$\begin{aligned} h_t dt + h_T dT &= 0 \\ \frac{dt}{dT} = b_T &= -\frac{h_T}{h_t} \\ \frac{h_t}{h_t} + b_T &= \frac{h_t}{h_t} - \frac{h_T}{h_t} \\ 1 + b_T &= \frac{1}{h_t}(h_t - h_T). \end{aligned} \tag{A.1}$$

Da $h_t < 0$, hat der Ausdruck $1 + b_T$ das umgekehrte Vorzeichen des Ausdrucks h_t-h_T. Dabei ergeben sich h_t und h_T, indem (4.8) abgeleitet wird nach t und T:

$$\begin{aligned} h_t &= K'[\cdot](1+\rho') + (1+\frac{1}{N}\rho')(K'[\cdot] + tK''[\cdot](1+\rho')) + tK'[\cdot]\frac{1}{N}\rho'' \\ h_T &= K'[\cdot](1+\rho') + (1+\frac{1}{N}\rho')tK''[\cdot](1+\rho') + tK'[\cdot]\frac{1}{N}\rho''. \end{aligned}$$

Unter Verwendung (4.8) lauten die beiden Ausdrücke

$$h_t = 2K'[\cdot] + K'[\cdot]\rho' + K'[\cdot]\rho'\frac{1}{N} - (1+\rho')\frac{K[\cdot]K''[\cdot]}{K'[\cdot]} - \frac{K[\cdot]}{(N+\rho')}\rho'' \tag{A.2}$$

$$h_T = K'[\cdot] + K'[\cdot]\rho' - (1+\rho')\frac{K[\cdot]K''[\cdot]}{K'[\cdot]} - \frac{K[\cdot]}{(N+\rho')}\rho''. \tag{A.3}$$

Somit ist die Differenz

$$(h_t - h_T) = (1+\frac{1}{N}\rho')K'[\cdot] < 0 \tag{A.4}$$

negativ und der Term $1 + b_T$ hat ein positiven Vorzeichen. Das Vorzeichen von (4.11) lässt sich aus dem totalen Differential von (4.10) bestimmen:

$$\begin{aligned} H_t dt + H_T dT &= 0 \\ \frac{dt}{dT} = B_t &= -\frac{H_t}{H_T} \\ \frac{H_T}{H_T} + B_t &= \frac{H_T}{H_T} - \frac{H_t}{H_T} \\ 1 + B_t &= \frac{1}{H_T}(H_T - H_t). \end{aligned} \tag{A.5}$$

Da $H_T < 0$ folgt, dass $1+B_t$ das inverse Vorzeichen hat von $H_T - H_t$. Anhand der Ableitungen von (4.10) nach t und T erhält man für H_T und H_t entsprechend:

$$\begin{aligned} H_t &= (1+\rho')K'[\cdot]+(1+\rho')(1+\rho')TK''[\cdot]+TK'[\cdot]\rho'' \\ H_T &= (1+\rho')K'[\cdot]+(1+\rho')(K'[\cdot]+(1+\rho')TK''[\cdot])+TK'[\cdot]\rho''. \end{aligned}$$

Die Verwendung von (4.10) ergibt

$$H_t = (1+\rho')K'[\cdot]-(1+\rho')\frac{K[\cdot]K''[\cdot]}{K'[\cdot]}-\frac{K[\cdot]}{(1+\rho')}\rho'' \tag{A.6}$$

$$H_T = 2(1+\rho')K'[\cdot]-(1+\rho')\frac{K[\cdot]K''[\cdot]}{K'[\cdot]}-\frac{K[\cdot]}{(1+\rho')}\rho''. \tag{A.7}$$

Somit ist die Differenz

$$(H_T - H_t) = (1+\rho')K'[\cdot] < 0 \tag{A.8}$$

negativ und der Ausdruck $1+B_t$ hat ein positives Vorzeichen.

A.2 Vorzeichen von (4.9) und (4.11) bei vertikaler Umverteilung

Aus dem totalen Differential von (4.21) folgt:

$$\begin{aligned} h_t dt + h_T dT &= 0 \\ \frac{dt}{dT} = b_T &= -\frac{h_T}{h_t} \\ \frac{h_t}{h_t} + b_T &= \frac{h_t}{h_t} - \frac{h_T}{h_t} \\ 1 + b_T &= \frac{1}{h_t}(h_t - h_T). \end{aligned} \tag{A.9}$$

Da $h_t < 0$ ist, hat der Ausdruck $1+b_T$ das umgekehrte Vorzeichen des Ausdrucks h_t-h_T. Zur Bestimmung von h_t und h_T ist die Ableitung von (4.21) nach t und T zu bilden:

$$\begin{aligned} h_t = {} & K'[\cdot](1+\rho')+(1+\frac{1}{N}\rho')(K'[\cdot]+tK''[\cdot](1+\rho'))+tK'[\cdot]\frac{1}{N}\rho'' \\ & -(1+\frac{1}{N}\rho')uK''[\cdot](1+\rho')-uK'[\cdot]\frac{1}{N}\rho'' \\ & +(1+\frac{1}{N}\rho')\beta TK''[\cdot](1+\rho')+\beta TK'[\cdot]\frac{1}{N}\rho'' \\ h_T = {} & K'[\cdot](1+\rho')+(1+\frac{1}{N}\rho')tK''[\cdot](1+\rho')+tK'[\cdot]\frac{1}{N}\rho'' \\ & -(1+\frac{1}{N}\rho')uK''[\cdot](1+\rho')-uK'[\cdot]\frac{1}{N}\rho''+\beta K'[\cdot](1+\frac{1}{N}\rho') \\ & +(1+\frac{1}{N}\rho')\beta TK''[\cdot](1+\rho')+\beta TK'[\cdot]\frac{1}{N}\rho''. \end{aligned}$$

Unter Verwendung von (4.21) lassen sich die beiden Gleichungen umformen zu

$$h_t = 2K'[\cdot]+K'[\cdot]\rho'+K'[\cdot]\rho'\frac{1}{N}-(1+\rho')\frac{K[\cdot]K''[\cdot]}{K'[\cdot]}-\frac{K[\cdot]}{(N+\rho')}\rho'' \tag{A.10}$$

$$\begin{aligned} h_T &= K'[\cdot]+K'[\cdot]\rho'+\beta K'[\cdot]+\beta K'[\cdot]\frac{1}{N}\rho' \\ &\quad -(1+\rho')\frac{K[\cdot]K''[\cdot]}{K'[\cdot]}-\frac{K[\cdot]}{(N+\rho')}\rho''. \end{aligned} \tag{A.11}$$

Die Differenz

$$(h_t-h_T)=(1-\beta)(1+\frac{1}{N}\rho')K'[\cdot]<0 \tag{A.12}$$

ist negativ und somit hat der Ausdruck $1+b_T$ ein positives Vorzeichen. Das Vorzeichen von (4.11) läßt sich ganz analog bestimmen. Aus dem totalen Differential von (4.22) folgt:

$$\begin{aligned} H_t dt + H_T dT &= 0 \\ \frac{dt}{dT}=B_t &= -\frac{H_t}{H_T} \\ \frac{H_T}{H_T}+B_t &= \frac{H_T}{H_T}-\frac{H_t}{H_T} \\ 1+B_t &= \frac{1}{H_T}(H_T-H_t). \end{aligned} \tag{A.13}$$

Unter Berücksichtigung von $H_T<0$ folgt, dass $1+B_t$ das umgekehrte Vorzeichen hat wie der Ausdruck H_T-H_t. Zur Bestimmung von H_T und H_t ist die Ableitung von (4.22) nach t und T zu bilden:

$$\begin{aligned} H_t &= (1-\beta)((1+\rho')K'[\cdot]+(1+\rho')(1+\rho')TK''[\cdot]+TK'[\cdot]\rho'') \\ &\quad +uK''[\cdot](1+\rho')(1+\rho')+uK'[\cdot]\rho'' \\ H_T &= (1-\beta)((1+\rho')K'[\cdot]+(1+\rho')(K'[\cdot]+(1+\rho')TK''[\cdot])+TK'[\cdot]\rho'') \\ &\quad +uK''[\cdot](1+\rho')(1+\rho')+uK'[\cdot]\rho''. \end{aligned}$$

Unter Verwendung von (4.22) folgt für die Gleichungen

$$H_t = (1-\beta)((1+\rho')K'[\cdot]-(1+\rho')\frac{K[\cdot]K''[\cdot]}{K'[\cdot]}-\frac{K[\cdot]}{(1+\rho')}\rho'') \tag{A.14}$$

$$H_T = (1-\beta)(2(1+\rho')K'[\cdot]-(1+\rho')\frac{K[\cdot]K''[\cdot]}{K'[\cdot]}-\frac{K[\cdot]}{(1+\rho')}\rho''). \tag{A.15}$$

Die Differenz

$$(H_T-H_t)=(1-\beta)(1+\rho')K'[\cdot]<0 \tag{A.16}$$

ist negativ und der Ausdruck $1+B_t$ somit positiv.

A.3 Vorzeichen von (4.31)

Die totalen Differentiale von $b(T,N,u,\beta)$ und $B(t,u,\beta)$ lauten

$$\begin{aligned} dt &= b_T dT + b_\beta d\beta \\ dT &= B_t dt + B_\beta d\beta. \end{aligned}$$

Es wird dabei unterstellt, dass die beiden Größen N und u unverändert bleiben. Nach Umformungen folgt

$$\frac{dt+dT}{d\beta} = \frac{d\tau}{d\beta} = \frac{(1+b_T)B_\beta + (1+B_t)b_\beta}{1-B_t b_T}. \tag{A.17}$$

Zur Bestimmung des Vorzeichens von (A.17) sind b_β und B_β zu bestimmen. Aus dem totalen Differential von (4.21)

$$h_t dt + h_\beta d\beta = 0$$

folgt

$$-\frac{h_\beta}{h_t} = \frac{dt}{d\beta} = b_\beta. \tag{A.18}$$

Die Ableitung von (4.21) nach β ergibt

$$h_\beta = TK'[\cdot](1+\frac{1}{N}\rho') < 0. \tag{A.19}$$

In ähnlicher Weise folgt aus dem totalen Differential von (4.22)

$$H_T dT + H_\beta d\beta = 0$$

mit

$$-\frac{H_\beta}{H_T} = \frac{dT}{d\beta} = B_\beta. \tag{A.20}$$

Die Ableitung von (4.22) nach β ergibt

$$H_\beta = -K[\cdot] - TK'[\cdot](1+\rho') \gtreqless 0. \tag{A.21}$$

Unter Verwendung von (A.9), (A.13), (A.18), (A.20) und der Differenz (A.12) und (A.16) kann (A.17) umgeformt werden zu

$$\begin{aligned} \frac{d\tau}{d\beta} &= \frac{(\frac{1}{h_t}(h_t - h_T))(-\frac{H_\beta}{H_T}) + (\frac{1}{H_T}(H_T - H_t))(-\frac{h_\beta}{h_t})}{1-B_t b_T} \\ &= \frac{\frac{-H_\beta(h_t - h_T)}{H_T h_t} + \frac{-h_\beta(H_T - H_t)}{H_T h_t}}{1-B_t b_T} \\ &= \frac{\frac{K(1+\frac{1}{N}\rho')(1-\beta)K'[\cdot]}{H_T h_t}}{1-B_t b_T} < 0. \end{aligned}$$

Unter Berücksichtigung von $h_t < 0$, $H_T < 0$ und der Annahme (4.23) ist das Vorzeichen negative.

A.4 Vorzeichen von (4.32)

Die totalen Differentiale von $b(T,N,u,\beta)$ und $B(t,u,\beta)$ lauten

$$\begin{aligned} dt &= b_T dT + b_u du \\ dT &= B_t dt + B_u du. \end{aligned}$$

Es wird unterstellt, dass N und β verändert sind. Nach Umformungen resultiert

$$\frac{dt+dT}{du} = \frac{d\tau}{du} = \frac{(1+b_T)B_u + (1+B_t)b_u}{1-B_t b_T}. \tag{A.22}$$

Aus dem totalen Differential von (4.21)

$$h_t dt + h_u du = 0$$

folgt

$$-\frac{h_u}{h_t} = \frac{dt}{du} = b_u. \tag{A.23}$$

Die Ableitung von (4.21) nach u ergibt

$$h_u = -K'[\cdot](1+\frac{1}{N}\rho') > 0. \tag{A.24}$$

In analoger Vorgehensweise folgt aus dem totalen Differential von (4.22)

$$H_T dT + H_u du = 0 \tag{A.25}$$

nach Umformungen

$$-\frac{H_u}{H_T} = \frac{dT}{du} = B_u. \tag{A.26}$$

Die Ableitung von (4.22) nach u ergibt

$$H_u = K'[\cdot](1+\rho') < 0. \tag{A.27}$$

Mit (A.9), (A.13), (A.23), (A.26) , (A.12) und (A.16) kann (A.22) umgeformt werden zu:

$$\begin{aligned} \frac{d\tau}{du} &= \frac{(\frac{1}{h_t}(h_t - h_T))(-\frac{H_u}{H_T}) + (\frac{1}{H_T}(H_T - H_t))(-\frac{h_u}{h_t})}{1-B_t b_T} \\ &= \frac{\frac{-H_u(h_t-h_T)}{H_T h_t} + \frac{-h_u(H_T-H_t)}{H_T h_t}}{1-B_t b_T} \\ &= \frac{\frac{-K'[\cdot]K'[\cdot](1+\rho')(1+\frac{1}{N}\rho')(1-\beta) + K'[\cdot]K'[\cdot](1+\rho')(1+\frac{1}{N}\rho')(1-\beta)}{H_T h_t}}{1-B_t b_T} \\ &= 0. \end{aligned}$$

Folglich hat eine Variation von u keine Auswirkungen auf den konsolidierten Steuersatz.

A.5 Datensatz des Simulationsmodells

Für das Simulationsmodell wurde ein umfangreicher Datensatz aus mehreren Datenquellen erstellt. In diesem Anhang soll nun kurz die Datenherkunft dokumentiert werden. Der erforderliche Datensatz für das Simulationsmodell lässt sich in zwei Bereiche auf-

Tabelle A.1: Datenquellen für den bundesstaatlichen Finanzausgleich

Quelle
BUNDESMINISTERIUM DER FINANZEN (2004)
BUNDESRAT (2003)
STATISTISCHES BUNDESAMT (2003a)

teilen. Ein erster Teil betrifft die Berechnung des bundesstaatlichen Finanzausgleichs. Der erforderliche Datensatz für diesen Teil des Simulationsmodells wurde aus den in Tabelle A.1 aufgelisteten Datenquellen zusammengestellt. Ein zweiter Bereich betrifft

Tabelle A.2: Datensätze aus der Datenbank des Bayerischen Landesamtes für Statistik und Datenverarbeitung

Merkmal	Kurzbeschreibung
AC0100	Amtliche Einwohnerzahl
AD0400	Bevölkerung mit Nebenwohnung
AD0504	Nachträglich anerkannte Bevölkerung mit Nebenwohnung
K11013K11	Sozialhilfeausgaben
TA0010	Schlüsselzuweisungen nach Art. 1 FAG-BY (endgültig)
TA0015	Sonderschlüsselzuweisungen nach Art. 3 FAG-BY (endgültig)
TA0020	Schlüsselzuweisungen nach Art. 1 FAG-BY (vorläufig)
TA0025	Sonderschlüsselzuweisungen nach Art. 3 FAG-BY (vorläufig)
TA0210	Aufkommen Grunderwerbsteuer
TB0110	Gemeindeanteil an der Einkommensteuer
TC0030	Gemeindesteueraufkommen Grundsteuer A
TC0040	Gemeindesteueraufkommen Grundsteuer B
TC0050	Gemeindesteueraufkommen Gewerbesteuer (brutto)
TC0060	Örtlicher Hebesatz Grundsteuer A
TC0070	Örtlicher Hebesatz Grundsteuer B
TC0080	Örtlicher Hebesatz Gewerbesteuer
TM3500	Einkommensteuerersatz
TM3600	Gemeindeanteil an der Umsatzsteuer (ohne Härteausgleich)
TM3650	Gemeindeanteil an der Umsatzsteuer (Härteausgleich)

die Berechnung des bayerischen kommunalen Finanzausgleichs. Mit Unterstützung des Bayerischen Staatsministeriums der Finanzen wurde der für diesen zweiten Teil des Simulationsmodells erforderliche Datensatz aus mehreren Datenquellen zusammengestellt.

Unveröffentlichte Daten wurden von dem Bayerischen Staatsministerium der Finanzen zur Verfügung gestellt. Der überwiegende Teil der finanzausgleichsrelevanten Daten wurde jedoch im Rahmen einer Auftragsarbeit von Bayerischen Landesamt für Statistik und Datenverarbeitung zusammengestellt und für die externe Nutzung aufbereitet. Die Tabelle A.2 gibt einen Überblick über die einzelnen Datensätze, die aus der Datenbank des Bayerischen Landesamtes für Statistik und Datenverarbeitung entnommen wurden. Des Weiteren wurden auch allgemein verfügbare Gemeindedaten bei der Erstellung des für das Simulationsmodells erforderlichen Datensatzes herangezogen, die von dem Bayerischen Landesamt für Statistik und Datenverarbeitung regelmäßig veröffentlicht werden (vgl. BAYERISCHES LANDESAMT FÜR STATISTIK UND DATENVERARBEITUNG (2001;2003)).

Darüber hinaus wurde für die Modellierung des Reformkonzepts der STIFTUNG MARKTWIRTSCHAFT (2005b) der oben beschriebene Datensatz des Simulationsmodells erweitert. Da eine Veröffentlichung der Daten bezüglich des zu versteuernden Einkommens zum Zeitpunkt der Datensatzerstellung noch ausstand, wurden diese Daten auf Anfrage von dem Statistischen Bundesamt und dem Bayerischen Landesamt für Statistik und Datenverarbeitung für die externe Nutzung vorab zur Verfügung gestellt.

Literaturverzeichnis

BARETTI, C. (2001): Anreizwirkungen des Länderfinanzausgleichs – Theoretische und empirische Analyse. München.

BARETTI, C. (2002): Wird kommunale Standortpolitik bestraft? Die Anreizeffekte des kommunalen Finanzsystems. ifo Schnelldienst 55 (7), 10-16.

BARETTI, C., B. HUBER und K. LICHTBLAU (2001): Weniger Wachstum und Steueraufkommen durch den Finanzausgleich. Wirtschaftsdienst 81 (1), 38-44.

BARETTI, C., B. HUBER und K. LICHTBLAU (2002): A Tax on Tax Revenue: The Incentive Effects of Equalizing Transfers: Evidence from Germany. International Tax and Public Finance 9, 631-649.

BAYERISCHER STÄDTETAG (2003): Reform der Gewerbesteuer: Anforderungen und Auswirkungen. München.

BAYERISCHES LANDESAMT FÜR STATISTIK UND DATENVERARBEITUNG (2001): Bezirks- und Kreisumlagen, Schlüsselzuweisungen, Steuer- und Finanzkraft für 2001. München.

BAYERISCHES LANDESAMT FÜR STATISTIK UND DATENVERARBEITUNG (2003): Gemeindedaten 2003. CD-ROM.

BAYERISCHES STAATSMINISTERIUM DER FINANZEN (2001): Der kommunale Finanzausgleich in Bayern: Die Finanzierung der bayerischen Gemeinden, Landkreise und Bezirke.

BAYERISCHES STAATSMINISTERIUM DER FINANZEN (2002): Starkes Bayern – starke Kommunen: Die Finanzausstattung der bayerischen Gemeinden, Landkreise und Bezirke im Jahr 2002.

BERTHOLD, N., S. DREWS und E. THODE (2001): Die föderale Ordnung in Deutschland – Motor oder Bremse des wirtschaftlichen Wachstums. Zeitschrift für Wirtschaftspolitik 50 (2), 113-140.

BOADWAY, R. (2004): The Theory and Practice of Equalization. CESifo Economic Studies 50, 211-254.

BOADWAY, R. und M. KEEN (1996): Efficiency and the Optimal Direction of Federal-State Transfers. International Tax and Public Finance 3, 137-155.

BRÜLHART, M. und M. JAMETTI (2004): Horizontal versus Vertical Tax Competition: An Empirical Test.

BROER, M. (2001): Ersatzvorschläge für eine Gewerbesteuer – Darstellung und Vergleich einiger häufig genannter Ansätze. Wirtschaftsdienst 81 (12), 713-721.

BROER, M. (2003a): Der Länderfinanzausgleich in Deutschland. WISU 32 (11), 1365-1367.

BROER, M. (2003b): Wirkungen des kommunalen Zuschlags zur Einkommen- und Körperschaftsteuer. Wirtschaftsdienst 83 (9), 599-607.

BROER, M. (2004): Ist die Körperschaftsteuer eine gute Gemeindesteuer? Wirtschaftswissenschaftliches Studium 33 (2), 117-120.

BÜTTNER, T. (1999): Nationaler und regionaler Steuerwettbewerb – Problematik und empirische Relevanz. Beihefte der Konjunkturpolitik 49, 111-142.

BÜTTNER, T. (2000): Steuerwettbewerb im Föderalstaat: Eine empirische Analyse der kommunalen Hebesatzpolitik. In: T. Büttner, Hrsg., Finanzverfassung und Föderalismus in Deutschland und Europa. Baden-Baden.

BÜTTNER, T. (2003a): Kommunale Zuschläge bei Einkommen- und Körperschaftsteuer: Reformoptionen und Konsequenzen. Referat anlässlich des Symposiums Kommunale Steuer- und Finanzreform zur Feier des 75-jährigen Gründungsjubiläums des Finanzwissenschaftlichen Forschungsinstituts an der Universität zu Köln am 6. Dezember 2002.

BÜTTNER, T. (2003b): Zur Aufkommens- und Budgetwirkung der gemeindlichen Steuerpolitik: Empirische Ergebnisse für baden-württembergische Gemeinden.

BÜTTNER, T. (2005): The Incentive Effect of Fiscal Equalization Transfers on Tax Policy. CESifo Working Paper No. 1404.

BUCOVETSKY, S. und M. SMART (2002): The Efficiency Consequences of Local Revenue Equalization: Tax Competition and Tax Distortions. CESifo Working Paper No. 767.

BUNDESMINISTERIUM DER FINANZEN (2003): Gemeindefinanzreform. Monatsbericht des BMF 9/2003, 49-55.

BUNDESMINISTERIUM DER FINANZEN (2004): Finanzbericht 2005.

BUNDESMINISTERIUM DER FINANZEN (2005a): Bund-Länder Finanzbeziehungen auf der Grundlage der geltenden Finanzverfassungsordnung.

BUNDESMINISTERIUM DER FINANZEN (2005b): Der Gemeindeanteil an der Einkommensteuer in der Gemeindefinanzreform.

BUNDESMINISTERIUM DER FINANZEN (2005c): Die Gewerbesteuerumlage in den alten und neuen Ländern.

BUNDESRAT (2003): Zweite Verordnung zur Durchführung des Finanzausgleichsgesetzes im Ausgleichsjahr 2001. Bundesrats-Drucksache 577/03.

CARL, D. (1995): Bund-Länder-Finanzausgleich im Verfassungsstaat. Baden-Baden.

CAVLOVIC, A. und H. JACKSON (2003): Bother the Neighbour? Intergovernmental Tax Interactions in the Canadian Federation. Department of Finance Working Paper 2003-09.

DAHLBY, B. (1996): Fiscal Externalities and the Design of Intergovernmental Grants. International Tax and Public Finance 3, 397-412.

DAHLBY, B. (2002): The Incentive Effects of Fiscal Equalization Grants.

DAHLBY, B. und N. WARREN (2003): Fiscal Incentive Effects of the Australian Equalization System. Economic Record 79, 434-445.

DEPATER, J. A. und G. M. MYERS (1994): Strategic Capital Competition: A Pecuniary Externality and a Corrective Device. Journal of Urban Economics 36, 66-78.

DÖRING, T. und D. STAHL (2000): Institutionenökonomische Aspekte der Neuordnung des bundesstaatlichen Finanzausgleichs: Anmerkungen zum Urteil des Bundesverfassungsgerichts über ein „Maßstäbegesetz"für den Länderfinanzausgleich vom 11. November 1999. In: A. Schüller, Hrsg., Studien zur Ordnungsökonomik. Stuttgart.

FEHR, H. (2001): Fiskalische und allokative Konsequenzen des neuen Länderfinanzausgleichs. Wirtschaftsdienst 81 (10), 573-579.

FEHR, H. und M. TRÖGER (2002): Die verdeckten Verteilungswirkungen des bundesdeutschen Finanzausgleichs. Wirtschaftsdienst 82 (10), 609-617.

FEHR, H. und M. TRÖGER (2003a): Die Anreizwirkungen des Länderfinanzausgleichs: Reformanspruch und Wirklichkeit. Vierteljahreshefte zur Wirtschaftsforschung 72 (3), 391-406.

FEHR, H. und M. TRÖGER (2003b): Interdependenzen zwischen Gemeindefinanzen und dem Länderfinanzausgleich. In: J. Lange, Hrsg., Wege aus der Verflechtungsfalle. Zur Reform der Gemeindefinanzen. Rehburg-Loccum.

FEHR, H. und M. TRÖGER (2003c): Länderfinanzausgleich und Kommunalfinanzen. ifo Schnelldienst 56 (8), 14-21.

FEHR, H. und M. TRÖGER (2003d): Wer finanziert den Fonds „Deutsche Einheit"? Die Gemeindefinanzen im Zeichen der Bund-Länder-Finanzbeziehungen. Jahrbücher für Nationalökonomie und Statistik 223 (6), 744-751.

FELD, L. P. und T. DÖRING (2004): Reform der Gewerbesteuer: Wie es Euch gefällt? – Eine Nachlese. Volkswirtschaftliche Beiträge Nr. 27/2004.

FENGE, R. und M. WREDE (2004): EU Regional Policy: Vertical Fiscal Externalities and Matching Grants. CESifo Working Paper No. 1146.

FÄRBER, G., A. FUGMANN HESSING und M. JUNKERNHEINRICH (2003): Reform der Gemeindefinanzen – ein Vorschlag der Bertelsmann Stiftung. Gütersloh.

FUEST, C. und B. HUBER (2001): Zur Reform der Gewerbesteuer, Gutachten, erstellt im Auftrag des Ministeriums für Wirtschaft im Saarland. München.

FUEST, C. und B. HUBER (2003): Lösungsmöglichkeiten und Probleme bei der Gewerbesteuerreform. Wirtschaftsdienst 83 (9), 560-565.

FUEST, C. und M. THÖNE (2003): Substitution der Gewerbesteuer: Eine Kombination aus Zuschlägen zur Einkommen- und Körperschaftsteuer und reformierter Grundsteuer. Referat anlässlich des Symposiums Kommunale Steuer- und Finanzreform zur Feier des 75-jährigen Gründungsjubiläums des Finanzwissenschaftlichen Forschungsinstituts an der Universität zu Köln am 6. Dezember 2002.

FUEST, C. und M. THÖNE (2005): Gemeindefinanzreform: Hintergründe, Defizite, Alternativen. FiFo-Berichte 1, Köln.

GESKE, O.-E. (2001): Der bundesstaatliche Finanzausgleich. Münschen.

GRABOW, B. und B. HOLLBACH-GRÖMIG (1994): Zur Bedeutung des Standortfaktors „Kommunale Steuern und Abgaben“. Der Gemeindehaushalt 95 (7), 145-149.

HABERSTOCK, L. und V. BREITHECKER (2000): Einführung in die Betriebswirtschaftliche Steuerlehre: mit Fallbeispielen, Übungsaufgaben und Lösungen. Bielefeld.

HAUSNER, K. H. (2003): Vergleich des bundesstaatlichen Finanzausgleichs in Österreich und Deutschland vor dem Hintergrund der Ökonomischen Theorie des Föderalismus. Frankfurt a. M.

HAYASHI, M. und R. BOADWAY (2001): An Empirical Analysis of Intergovernmental Tax Interaction: The Case of Business Income Taxes in Canada. Canadian Journal of Economics 34, 481-503.

HÄDE, U. (1996): Finanzausgleich: die Verteilung der Aufgaben, Ausgaben und Einnahmen im Recht der Bundesrepublik Deutschland und der Europäischen Union. Tübingen.

HEINEMANN, A. W. (2004): Die staatliche Aufgaben- und Einnahmenverteilung in der Bundesrepublik Deutschland: Geltendes System und grundlegende Reformmöglichkeiten zur Neuordnung. Frankfurt a. M.

HENNEKE, H.-G. (1998): Die Kommunen in der Finanzverfassung des Bundes und der Länder: Darstellung. Wiesbaden.

HUBER, B. (2002): Finanzkrise der Gemeinden – Eine Reform ist überfällig. Volkswirtschaftliche Korrespondenz der Adolf-Weber-Stiftung 41 (7/02).

HUBER, B. und K. LICHTBLAU (1997): Systemschwächen des Finanzausgleichs – Eine Reformskizze. IW-Trends 24 (4), 24-44.

HUBER, B. und K. LICHTBLAU (1998): Konfiskatorischer Finanzausgleich verlangt eine Reform. Wirtschaftsdienst 78 (3), 142-147.

HUBER, B. und K. LICHTBLAU (2000): Ein neuer Finanzausgleich – Reformoptionen nach dem Verfassungsgerichtsurteil. Beiträge zur Wirtschafts- und Sozialpolitik 257.

INHESTER, M. (1998): Kommunaler Finanzausgleich im Rahmen der Staatsverfassung. Berlin.

JANEBA, E. und W. PETERS (2000): Implikationen des kommunalen Finanzausgleichs auf den Standort- und Steuerwettbewerb. Beihefte der Konjunkturpolitik 50, 35-53.

JUNKERNHEINRICH, M. (2003): Reform der Gemeindefinanzen. Wirtschaftsdienst 83 (9), 555-559.

KEEN, M. (1998): Vertical Tax Externalities in the Theory of Fiscal Federalism. IMF Staff Papers 45 (3).

KEEN, M. und C. KOTSOGIANNIS (1996): Federalism and Tax Competition.

KEEN, M. und C. KOTSOGIANNIS (2002): Does Federalism Lead to Excessively High Taxes? American Economic Review 92 (1), 363-370.

KEEN, M. und C. KOTSOGIANNIS (2003): Leviathans and Capital Tax Competition in Federations. Journal of Public Economic Theory 5 (2), 177-199.

KELDERS, C. und M. KÖTHENBÜRGER (2003): Tax Incentives in Fiscal Federalism: An Integrated Perspektive.

KESPER, I. (1998): Bundesstaatliche Finanzordnung: Grundlagen, Bestand, Reform. Baden-Baden.

KIRCHHOF, P. (1980): Der Finanzausgleich als Grundlage kommunaler Selbstverwaltung. Deutsches Verwaltungsblatt 95, 711-719

KITTERER, W. (2001): Maßstäbe für eine Reform des Finanzausgleichs? ifo Schnelldienst 54 (2), 7-10.

KOMMISSION ZUR REFORM DER GEMEINDEFINANZEN (2003): Bericht der Arbeitsgruppe „Kommunalsteuern“ vom 20. Juni 2003.

KROGSTRUP, S. (2002): What do Theories of Tax Competition Predict for Capital Taxes in EU Countries? A Review of the Tax Competition Literature. HEI Working Paper No. 05/2002.

KÖTHENBÜRGER, M. (2002): Tax Competition and Fiscal Equalization. International Tax and Public Finance 9, 391-408.

KÖTHENBÜRGER, M. (2005): Der Einfluss des kommunalen Finanzausgleichs auf die Hebesatzpolitik der Kommunen. In: H.-G. Napp, Hrsg., Finanzwissenschaft im Wandel.

KUHN, T. (1988): Schlüsselzuweisungen und fiskalische Ungleichheit: eine theoretische Analyse der Verteilung von Schlüsselzuweisungen. Frankfurt am Main.

KUHN, T. (1996): Mechanismen des kommunalen Finanzausgleichs. Das Wirtschaftsstudium 25 (7), 666-674.

LENK, T. (1993): Reformbedarf und Reformmöglichkeiten des deutschen Finanzausgleichs: Eine Simulationsstudie. Baden-Baden.

LENK, T. (2001): Finanzwirtschaftliche Bedeutung der Neuregelung des bundesstaatlichen Finanzausgleichs – Eine allokative und distributive Wirkungsanalyse für das Jahr 2005. Diskussionsbeiträge Nr. 26, Universität Leipzig.

LENK, T. und H.-J. RUDOLPH (2003): Die kommunalen Finanzausgleichssysteme in der Bundesrepublik Deutschland – Die Bestimmung des Finanzbedarfs. Arbeitspapier Nr. 25, Universität Leipzig, Institut für Finanzen - Finanzwissenschaft.

LENK, T. und H.-J. RUDOLPH (2004): Die kommunalen Finanzausgleichssysteme in der Bundesrepublik Deutschland – Die Ermittlung der Finanzkraft. Arbeitspapier Nr. 26, Universität Leipzig, Institut für Finanzen - Finanzwissenschaft.

LIEBIG, C. (2002): Die Umstellung der Lohn- und Einkommensteuer auf das Betriebstätten-Prinzip – Eine Simulationsrechnung zur Finanzkraftsteigerung des Stadtstaates Bremen. In: W. Elsner, Hrsg., Neue Alternativen des Länder-Finanzausgleichs: Modellrechnungen und Gutachten unter besonderer Berücksichtigung der Stadtstaaten-Problematik. Frankfurt a. M.

LITTMANN, K. (1997): Über das Elend kommunaler Umlagen. Marginalien zu den Entwicklungen der kommunalen Finanzverfassungen. In: K. Lüder, Hrsg., Staat und Verwaltung: Fünfzig Jahre Hochschule für Verwaltungswissenschaften Speyer. Berlin.

LUDWIG, A. und F. TROMMER (1996): Finanzausgleich in Bayern: problemorientierte Einführung für Studium und Praxis. Kronach/Frankenwald.

MILBRADT, G. und D. DIEDRICHS (2001): Berücksichtigung der kommunalen Einnahmenautonomie beim Finanzausgleich. Wirtschaftsdienst 81 (6), 331-339.

ROSE, G. (2004): Ertragsteuern. Berlin.

SACHVERSTÄNDIGENRAT ZUR BEGUTACHTUNG DER GESAMTWIRTSCHAFTLICHEN ENTWICKLUNG (2001): Für Stetigkeit – Gegen Aktionismus. Wiesbaden.

SANDER, M. (2001): Ersatz der Gewerbesteuer durch eine Gemeindeeinkommensteuer. Wirtschaftsdienst 81 (8), 447-455.

SCHEMMEL, L. (2002): Kommunale Steuerautonomie und Gewerbesteuerabbau. Wiesbaden.

SCHERF, W. (2000a): Der Länderfinanzausgleich in Deutschland: ungelöste Probleme und Ansatzpunkte einer Reform. Frankfurt a. M.

SCHERF, W. (2000b): Die Bedeutung der Nivellierungshebesätze im kommunalen Finanzausgleich. In: R. Lüdeke, W. Scherf, W. Steden, Hrsg., Wirtschaftswissenschaft im Dienste der Verteilungs-, Geld- und Finanzpolitik: Festschrift für Alois Oberhauser zum 70. Geburtstag. Berlin.

SCHERF, W. (2001): Perspektiven der kommunalen Besteuerung. In: N. Andel, Hrsg., Probleme der Kommunalfinanzen. Berlin.

SCHERF, W. (2003): Sachgerechte Verteilung staatlicher Finanzzuweisungen. Finanzwissenschaftliche Arbeitspapiere Nr. 66-2003.

SCHÖNE, W.-D. (1999): Lehrbuch der Gewerbesteuer. Herne.

SCHWARZ, K.-A. (1997): Der kommunale Finanzausgleich – Verfassungsrechtliche Grundlagen und Anforderungen. Der Gemeindehaushalt 98 (2), 25-28.

SMART, M. (1998): Taxation and Deadweight Loss in a System of Intergovernmental Transfers. Canadian Journal of Economics 31, 189-206.

SNODDON, T. (2003): On Equalization and Incentives: An Empirical Assessment. Discussion Paper Laurier University, Waterloo.

STATISTISCHES BUNDESAMT (1984): Statistisches Jahrbuch 1984 für die Bundesrepublik Deutschland. Wiesbaden.

STATISTISCHES BUNDESAMT (1994): Statistisches Jahrbuch 1994 für die Bundesrepublik Deutschland. Wiesbaden.

STATISTISCHES BUNDESAMT (2002a): Finanzen und Steuern, Fachserie 14, Reihe 10.1, Realsteuervergleich – Realsteuern, kommunale Einkommen- und Umsatzsteuerbeteiligung 2000. Wiesbaden.

STATISTISCHES BUNDESAMT (2002b): Statistisches Jahrbuch 2002 für die Bundesrepublik Deutschland. Wiesbaden.

STATISTISCHES BUNDESAMT (2003a): Finanzen und Steuern, Fachserie 14, Reihe 10.1, Realsteuervergleich – Realsteuern, kommunale Einkommen- und Umsatzsteuerbeteiligung 2001. Wiesbaden.

STATISTISCHES BUNDESAMT (2003b): Statistisches Jahrbuch 2003 für die Bundesrepublik Deutschland. Wiesbaden.

STATISTISCHES BUNDESAMT (2004): Statistisches Jahrbuch 2004 für die Bundesrepublik Deutschland. Wiesbaden.

STIFTUNG MARKTWIRTSCHAFT (2005a): Kommission „Steuergesetzbuch": Neuordnung der Unternehmensteuer. Tagungsbericht des Symposiums vom 22. September 2005 in Berlin.

STIFTUNG MARKTWIRTSCHAFT (2005b): Kommission „Steuergesetzbuch": Vier Säulen für die Kommunalfinanzen. Tagungsbericht des Symposiums vom 29. September 2005 in Berlin.

THIEM, H. (1996): Aufgaben und Entwicklung der Kreisumlage. In: F. Kirchhof, H. Meyer, Hrsg., Kommunaler Finanzausgleich im Flächenbundesland. Baden-Baden.

TIPKE, K. und J. LANG (1996): Steuerrecht. Köln.

VESPER, D. (2000): Kommunalfinanzen und kommunaler Finanzausgleich in Brandenburg. Berlin.

WILDASIN, D. (1989): Interjurisdictional Capital Mobility: Fiscal Externality and a Corrective Subsidy. Journal of Urban Economics 25, 193-212.

WILDASIN, D. (2003): Fiscal Competition: An Introduction. Journal of Public Economic Theory 5 (2), 169-176.

WILSON, J. D. (1999): Theories of Tax Competition. National Tax Journal 52, 269-304.

WILSON, J. D. und D. WILDASIN (2004): Tax Competition: Bane or Boon. Journal of Public Economics 88, 1065-1091.

WREDE, M. (1996): Vertical and Horizontal Tax Competition: Will unco-ordinated Leviathans end up on the wrong side of the Laffer Curve. Finanzarchiv N.F. 53, 461-479.

WREDE, M. (2000): Shared Tax Sources and Public Expenditures. International Tax and Public Finance 7, 163-175.

WREDE, M. (2002): Fiskalische Externalitäten im föderativen Staat. Tübingen.

ZENTHÖFER, W. und G. LEBEN (1999): Körperschaftsteuer, Gewerbesteuer. Stuttgart.

ZIMMERMANN, F. (1988): Das System der kommunalen Einnahmen und die Finanzierung der kommunalen Aufgaben in der Bundesrepublik Deutschland: ein Grundriss. Köln.

ZIMMERMANN, H. (1999): Kommunalfinanzen: Eine Einführung in die finanzwissenschaftliche Analyse der kommunalen Finanzwirtschaft. Baden-Baden.

ZIMMERMANN, H. (2003): Fiskalkrieg in Deutschland? Zur Zukunft der föderativen Finanzbeziehungen. Wirtschaftsdienst 83 (12), 786-791.

ZIMMERMANN, H. und R.-D. POSTLEP (1980): Beurteilungsmaßstäbe für Gemeindesteuern. Wirtschaftsdienst 60 (5), 248-253.

ZODROW, G. R. und P. MIESZKOWSKI (1986): Pigou, Tiebout, Property Taxation, and the Underprovision of Local Public Goods. Journal of Urban Economics 19, 356-370.

Peter Lang · Europäischer Verlag der Wissenschaften

Sebastian Lobe

Unternehmensbewertung und Terminal Value

Operative Planung, Steuern und Kapitalstruktur

Frankfurt am Main, Berlin, Bern, Bruxelles, New York, Oxford, Wien, 2006.
XXIV, 363 S., 74 Abb., 55 Tab.
Regensburger Beiträge zur betriebswirtschaftlichen Forschung.
Verantwortlicher Herausgeber: Jochen Drukarczyk. Bd. 45
ISBN 978-3-631-53907-1 · br. € 56.50*

Diese Arbeit beschäftigt sich mit dem so genannten Endwert bzw. Terminal Value in der Unternehmensbewertung. Es wird gezeigt, wie angesichts eines sehr langen Zeithorizonts das operative Geschäft eines Unternehmens und dessen Kapitalstruktur geplant werden kann. Ein „one size fits all"-Modell verbietet sich aufgrund jeweils spezifischer Unternehmenssituationen. Deshalb wird das Spektrum plausibler Planungsmodelle auch breit gefächert. Entscheidende Determinanten wie Renditen von Reinvestitionen, Reinvestitionsbeträge, Buchrenditen und Wachstum, sowie Steuerregime (mit persönlichen Steuern und Unternehmensteuern) und Finanzierungspolitiken werden theoretisch fundiert analysiert. Dies ist wichtig, da sich die Qualität und damit die Verteidigungsfähigkeit eines Terminal Value entlang der Plausibilität seiner ökonomischen Annahmen bemisst, die jedoch allzu häufig durch das jeweilige Modell implizit getroffen werden.

Aus dem Inhalt: Wie kann das operative Geschäft eines Unternehmens (Aktivseite) und dessen Kapitalstruktur (Passivseite) angesichts eines sehr langen Zeithorizonts geplant werden? · Welchen Einfluss können dabei Unsicherheit und Steuern (Unternehmensteuern und persönliche Steuern) auf die Bewertung dieser Pläne ausüben? · Analyse operativer Planungsmodelle anhand des Phasenbezugs und der einzelnen Planungsparameter Überschusswachstum, Buchrenditen und Buchwertwachstum sowie Reinvestitionswachstum · Die Grundmodelle der Discounted Cashflow-Ansätze · u.v.m.

Kolibri 360 GmbH
Ferdinand-Jühlke-Straße 7
99095 Erfurt, Deutschland
produktsicherheit@kolibri360.de

Druck:
CPI Druckdienstleistungen GmbH
im Auftrag der
Kolibri 360 GmbH
Ferdinand-Jühlke-Str. 7
99095 Erfurt